Religion in Philosophy and Theology

12

Hermann Deuser

Gottesinstinkt

Semiotische Religionstheorie und Pragmatismus

Mohr Siebeck

Hermann Deuser, geboren 1946; Studium der Ev. Theologie, Germanistik und Philosophie in Frankfurt/Main, Marburg und Tübingen; 1973 Promotion; 1978 Habilitation; 1981–93 Professor für Ev. Theologie an der Bergischen Universität Wuppertal; 1990/91 Forschungssemester an der Boston University, School of Theology; 1993–97 Professor für Systematische Theologie an der Universität Gießen; seit 1997 Professor für Systematische Theologie und Religionsphilosophie an der Universität Frankfurt/Main.

ISBN 3-16-148355-3
ISSN 1616-346X (Religion in Philosophy and Theology)

Die Deutsche Bibliothek verzeichnet diese Publikation in der Deutschen Nationalbibliographie; detaillierte bibliographische Daten sind im Internet über *http://dnb.ddb.de* abrufbar.

Das Buch wurde von Gulde-Druck in Tübingen auf alterungsbeständiges Werkdruckpapier gedruckt und von der Buchbinderei Held in Rottenburg gebunden.

Der Theologischen Fakultät der Universität Kopenhagen
für die Verleihung der Ehrendoktorwürde
in Dankbarkeit und herzlicher Verbundenheit zugeeignet

Vorwort

„Durch Instinkt? fragst du; durch ihn, den *blinden*, den *unverständigen* den *Thiergeist*? Durch ihn! antworte ich, den allein wahrhaft sehenden; den allein aus der Quelle wissenden; den Geist der *Vorsehung*; den Gottesgeist."
[Friedrich Heinrich Jacobi, 1811][1]

Es ist ungewöhnlich, Gott und Instinkt zusammenzudenken oder auch nur zu nennen! Doch versetzen wir uns einmal probeweise in eine Welt, die von der wissenschaftlichen Isolation neuzeitlicher Theologie und Religions-philosophie nicht mehr gezeichnet ist und dem limitierten Vernunftgebrauch, wie ihn der naturwissenschaftlich-technische Zeitgeist verordnet hat, nicht mehr unterliegt – so ist der religiöse Glaube an Gott plötzlich wieder eine Selbstverständlichkeit, eine im schließenden Denken vorausliegende Bega-bung, so tragfähig wie die Verhaltensinstinkte der Tierwelt. I. Kant hatte diese natürliche Sicht der Dinge für seine moralisch-vernünftige Begründung der Religion gerade ausschließen müssen, und er war mit diesem Ausschluss des Naturtriebs erfolgreicher als mit der philosophischen Anerkennung der Religion, die er damit hatte erreichen wollen. Der „Instinkt" als „gefühltes Bedürfnis [...], etwas zu tun oder zu genießen, wovon man noch keinen Begriff hat"[2], gehört für Kant in den Zusammenhang der Erläuterungen des menschlichen „Hanges zum Bösen", und H. Cohen repräsentiert im 20. Jahrhundert genau diese Denktradition, wenn er die „Religion der Vernunft" gerade im Gegenzug zu „animalischen Grundkräften" definiert.[3] Die Überzeugungskraft des religiösen Glaubens im Herzen und Gefühl aber verdankt sich nicht dem rationalen Argument (obwohl dieses hinzutreten kann), und der Gottesbegriff wird nicht lebendig aufgrund von Einsicht (obwohl diese zur Kommunikation hinzutreten muss), sondern die primäre Kraft der Religiosität und des Gottesglaubens ist von eigener Art; sie lässt sich wissenschaftlich respektieren und darstellen, wenn die Wissenschaft selbst diesen Respekt und diese Darstellungsfähigkeit nicht künstlich von sich

---

[1] F.H. JACOBI, *Ueber eine Weissagung Lichtenbergs*, in: Schriften zum Streit um die göttlichen Dinge und ihre Offenbarung (2000), 17.

[2] I. KANT, *Die Religion innerhalb der Grenzen der bloßen Vernunft* (1793), A 19 Anm., in: Werke Bd. 7, 676. – Zu entsprechenden Belegen aus KANTs *Kritik der Urteilskraft* vgl. H. DEUSER (2001), 103f.

[3] H. COHEN (1959), 6f.

ausschließt. Von G.W. Leibniz' *kleinen Perzeptionen* (*petites perceptions*)[4], die unsere Wahrnehmung schon bestimmen, bevor sie zu Bewusstsein kommt, bis zu C.S. Peirce' forschungslogisch-evolutionistischem Begriff der *Abduktion* reicht der Bogen der wohl begründeten Alternativen zu Kants Denksystematik. Sie musste schließlich auch den *Anthropomorphismus* als gefährlich ausschließen, weil er moralphilosophisch unkontrolliert erscheint, während er doch für Menschen „kaum zu vermeiden" sei![5] Die Wissenschaftseinstellung der *American Philosophy* wiederum gibt gute Gründe, genau diesen Zusammenhang von Begriffsbildung und menschlicher Darstellungsweise in seiner Unvermeidlichkeit zu erforschen, anstatt eine problematische Vermeidungsstrategie als Wissenschaft auszuzeichnen – und das alles gilt erst recht für den Religions- und Gottesbegriff: „Man eifert so sehr gegen Anthropomorphismen und erinnert sich dessen nicht, dass Christi Geburt der größte und bedeutungsvollste ist."[6]

Die pragmatistische Zuordnung von Glauben und Handeln und die semiotische Strukturanalyse von Darstellungsvorgängen – beides in der Tradition amerikanischer Philosophie und speziell im Anschluss an C.S. Peirce – sollen in diesem Buch zur Anschauung bringen und nachweisen, dass dem typisch neuzeitlichen Denkmuster der Philosophie- und Religionsauffassung Kants widersprochen werden kann. Nicht nur aus theologischen und religionsphilosophischen Impulsen, sondern aus allgemeinen wissenschaftstheoretischen Gründen ist heute eine Religionstheorie zu entwickeln, die dem Gottesbegriff und dem religiösen Glauben ihre respektable Selbständigkeit und Selbstverständlichkeit zurückgibt. Für dieses Programm spricht die Einheit der wissenschaftlichen Welterschließung und die Aufhebung der gegenseitigen Isolation von Natur- und Geisteswissenschaften.

Die hier gesammelten Aufsätze sind für diesen Band neu bearbeitet und aufeinander abgestimmt worden, sie verbreitern generell die Begründungsbasis im Vergleich zur vorausgegangenen Sammlung von Aufsätzen zu Peirce' Religionsphilosophie[7], und sie wären ohne die neuen Arbeitsmöglichkeiten an der Goethe-Universität Frankfurt am Main nicht möglich geworden. Der Zusammenarbeit mit Gesche Linde habe ich in Sachen Pragmatismus und Semiotik vieles zu verdanken – bis hin in die Titelformulierung dieses Bandes. Silvia Landmann und besonders Heidi Weber und Andrea Guevara danke ich herzlich für die Bearbeitung des Literaturverzeichnisses, die Formatierungsarbeiten und die Erstellung der Register.

Hermann Deuser — Frankfurt am Main, im Januar 2004

---

[4] G.W. LEIBNIZ, *Neue Abhandlungen* (1703-05), Schriften Bd. III/1 (1985), XXIIIff.

[5] KANT, Die Religion, A 242, aaO. 839.

[6] S. KIERKEGAARD, Journal DD:34 (1837), in: Journale und Aufzeichnungen (2005).

[7] Vgl. H. DEUSER (1993).

Inhalt

Einleitung: American Philosophy

„Modernism is the family of cultural responses to the panic of Europeans about the collapse of their religion and values in the face of modern science."
[R.C. Neville (1992), 171.]

A. Die Grundlegung des Zeichenereignisses (J. Edwards)

Die amerikanische Philosophie beginnt im englischen Puritanismus der Kolonialzeit, ihr erster großer Repräsentant ist der „Puritaner, Prediger, Philosoph" Jonathan Edwards (1703-1758).[1] Unter der reformatorischen Voraussetzung, dass Gott selbst und ohne menschliche Vermittlungsleistungen die rechtfertigende Gnade schenkt, und unter der calvinistischen Voraussetzung, dass es sich dabei um eine göttliche Erwählung vor aller Zeit handelt, die die Verwerfung der Nichterwählten zur Konsequenz hat, und schließlich unter der zeitgenössischen Erfahrung massenbewegender, das individuelle Leben bestimmender Bekehrungsfrömmigkeit in der ersten Hälfte des 18. Jahrhunderts, der Zeit der „Großen Erweckung" (Great Awakening) in Neuengland[2] – unter diesen Voraussetzungen ergibt sich eine ganz spezifisch protestantische Kultursituation: Die gesuchte und in Bekehrungserlebnissen auch erfahrene besondere Frömmigkeit steht in der Spannung, ganz von Gott und zugleich ganz beim Menschen zu sein. Kirchliche Institutionserfahrungen als Medium zählen nicht, das Werk des heiligen Geistes wird im Glauben den einzelnen Menschen gegenwärtig. Gibt es hierfür aber ein Maß und Ziel, innere und äußere Kriterien, dass es sich um Wirkungen des heiligen Geistes, d.h. wirklich um den christlichen Glauben und die Gnade Gottes handelt? Menschliche Bedingungen können dafür nicht gelten, wenn göttliche Erwählung alles schon entschieden haben soll; und doch sind es die empfangenden Menschen, die wissen wollen, wie es sub specie gratiae um sie steht. Deshalb ist es eine bedrängende Menschheitsfrage, „what are the distinguishing qualifications of those that are in favor with God, and entitled to his eternal rewards?"[3]

---

[1] J.E. SMITH (1992), chap. 1; vgl. R.W. JENSON (1992), chap. 1.
[2] Vgl. J.E. SMITH, *Introduction*, in: A J. Edwards Reader, XIX; SMITH (1992), 29f.
[3] J. EDWARDS: A Treatise Concerning Religious Affections (1746), in: A Jonathan Edwards Reader, 137-171; 137.

J. Edwards' *A Treatise Concerning Religious Affections* (1746) stellt sich diesem ebenso theologischen wie psychologischen Problem der „religiösen Affekte". Darunter sind reale Wirkungen zu verstehen, nicht einfach Emotionen, bloße Stimmungslagen oder kurzfristig herstellbare Gefühlszustände. Äußerlich eindeutige „Effekte" sind es allerdings auch nicht, sondern offenbar innere Bewegungen im Blick auf Verstehensvollzüge und äußere Handlungskonsequenzen. „Einwirkungen" wäre eine denkbare deutsche Übersetzung, und in diesem Sinne soll im folgenden der Terminus „Affekte" gebraucht werden. Was Edwards damit versucht, ist eine philosophisch-theologische Seelen- und Handlungslehre. Sie kann rückblickend als *pragmatistisch* bezeichnet werden, so wie C.S. Peirce in einer späteren Fußnote (1893) zu seiner berühmten Definition der *pragmatischen Maxime* von 1878 das Jesus-Wort aus Mt 7, 16 in Anspruch genommen hat: „Ye may know them by their fruits".[4] Denn dieser Satz ist eines von Edwards entscheidenden Argumenten für die kritische Bestimmung religiöser Affekte!

Affekte, so definiert Edwards, sind „kräftigere [more vigorous] und fühlbare [sensible] Ausübungen [exercises] der Neigung [inclination] und des Willens der Seele."[5] Die Seelenvermögen der verstandesmäßigen Wahrnehmung, theoretischen Sichtweise und unterscheidenden Beurteilung, kurz: „understanding", sind von jenem affektiven Beteiligtsein, das nicht mehr in der Zuschauerperspektive aufgefasst werden kann, zu unterscheiden: als „Neigung" und „Wille" bezüglich der jeweils ins Auge gefassten Handlungen, als „Bewusstsein" [„mind"] bezüglich der Ausübung dieses Seelenvermögens und schließlich einfach als das „Herz" eines Menschen. Je kräftiger und fühlbarer seine Affekte sind, desto mehr kommt es dabei auch zu körperlichen Reaktionen. In einem zweiten Gedankengang bezieht Edwards das über die Affekte Gesagte zugleich auf den Ursprung von Handlungen [actions].[6] Ohne Affekte gäbe es überhaupt keine Handlungen, und das gilt entsprechend für die Religion. Dass Affekte eben nicht nur psychisch-subjektive Zustände beschreiben, die für die Realität der Welt irrelevant bleiben, das liegt entscheidend an der Bindung zwischen Affekt und Handlung: „take away all love and hatred, all hope and fear, all anger, zeal and affectionate desire, and the world would be, in a great measure, motionless and dead".[7] Weil schließlich zur (calvinistisch üblichen) Selbstprüfung ebenfalls die wirkliche Handlung der bloß inneren Betrachtung vorgezogen werden muss[8], wird als zwölftes und letztes „Zeichen" für wahre religiöse Affekte die „christliche Praxis" aus-

[4] PEIRCE, C.S., CP 5.402, n. 2 (vgl. EP 1, 132 n. 10). – Vgl. M. RAPOSA (1993).
[5] EDWARDS, J., aaO. 141.
[6] Ibid. 144f.: „the affections are very much the spring of men's actions".
[7] Ibid. 145.
[8] Ibid. 155: „Assurance is not be obtained so much by self-examination, as by action."

gewiesen.[9] Die Ausgangsfrage nach der religiösen Bedeutung psychosomatischer Zustände wird demnach handlungstheoretisch beantwortet. Zwar wird die Kraft der religiösen Affekte nirgends geleugnet, doch letztlich ist wahrer Glaube nicht durch Affektsteigerung zu verifizieren, „truly divine" ist allein das „supernaturale Prinzip der [göttlichen] Liebe".[10] Der religiöse Affekt erscheint dann als notwendige, nicht als hinreichende Bedingung „wahrer Religion".[11] Letztere aber unterscheidbar zu machen, verlangt wiederum eine Untersuchung der „Zeichen" für „in Wahrheit gnadenhafte und heilige Affekte".[12]

Dass Edwards in diesem theologisch entscheidenden Zusammenhang überhaupt den Zeichenbegriff benutzt, ist neu und geht offensichtlich auf den Einfluss J. Lockes zurück.[13] Zeichen machen eine Differenz zwischen dem, was sie selbst sind, worauf sie sich beziehen und was sie bewirken.[14] D.h. die Zeichen wahrer Religiosität sind, sofern sie gültig sind, Affekte des heiligen Geistes. Diese herausgehobene Funktion des Zeichenbegriffs ist deshalb möglich, weil Edwards die äußerlichen Zeichen als Kriterien wahrer Religiosität nicht gelten lässt[15] und weil er zudem biblisch-theologisch zwischen einer „allgemeinen" Wirksamkeit des Geistes Gottes in der Schöpfung bzw. auf den „natürlichen Menschen" und der speziellen Heiligung im neutestamentlichen Sinne unterscheidet.[16] Im Grunde liegen daher zwei unterschiedliche Zeichenbegriffe vor: Es gibt die äußerlichen und nur negativen Zeichen, die nichts beweisen, und die positiven, wirklichen Zeichen religiöser Affekte, die – weil sie Zeichen der Gnade Gottes sind – den „neuen Menschen", sein „Herz" ganz und gar bestimmen: „So that new holy disposition of heart that attends this new sense, is not a new faculty of will, but a foundation laid in the nature of the soul, for a new kind of exercises of the same faculty of will."[17] Diese grundlegende Veränderung ist schöpferisch neu und steht doch in gewissem Sinne in Kontinuität mit den natürlichen Bedingungen[18], Willen und Handlung. Diese sind wiederum an den Zeichen der wahren Religiosität zu erken-

---

[9] Ibid. 164ff.

[10] Ibid. 140.

[11] Ibid. 148: „As there is no true religion, where there is nothing else but affection; so there is no true religion where there is no religious affection."

[12] Ibid. 153 (part III).

[13] Vgl. J. LOCKE (1981), Buch III: „Von den Wörtern", Kap. I/II; SMITH (1992), 31.

[14] SMITH (1992), 37: „Edwards, moreover, pays attention to three 'directions' in connection with signs; in some cases the direction is the affection itself, in others the emphasis is on the ground of the affection or what calls it forth, and in still others, Edwards's concern is with the consequences or what issues from an affection."

[15] EDWARDS, aaO. 149: „Part II. Showing What Are No Certain Signs [...]".

[16] Ibid. 156, 161f.; vgl. auch SMITH (1992), 37f.

[17] Ibid. 161.

[18] Vgl. zu dieser ausdrücklichen Kontinuität trotz entscheidender Differenz zwischen Natur und Gnade SMITH (1992), 39.

nen. So heißt es bereits in den Ausführungen zum ersten der zwölf Zeichen, dass im geheiligten Menschen nicht nur die Gott-Relation, sondern der Mensch selbst wirksam verändert ist, weil der Geist in ihm „wohnt" [„dwelling"] – „as an abiding principle of action".[19] Das zuletzt diskutierte zwölfte Zeichen kommt darauf zurück: „Christian practice is the greatest sign of grace [...] the *principal sign*", das von Christus selbst eingesetzte Zeichen (Mt 7, 16): „Ye shall know them by their fruits".[20]

Um keine Missverständnisse aufkommen zu lassen, schickt Edwards seiner Erläuterung des Praxiskriteriums drei Bedingungen voraus: Die christliche Praxis gehört in den festen Rahmen „christlicher Regeln", nicht irgendeine Praxis kann gemeint sein; die christliche Praxis muss mit vollem „Ernst" und höchster „Sorgfalt" verfolgt werden; und sie muss das Leben bis an sein Ende bestimmen. D.h. das Praxiskriterium hat den Charakter des Unbedingten, nicht Beliebigen. Denn es ist die „Frömmigkeit", die in solcher Praxis wirkt wie die „Quelle" im „Strom".[21] Dass diese Relation von innerer Herzenskraft und Handlung nun andererseits gar keine Besonderheit des Religiösen darstellt, sagt Edwards ausdrücklich. Vernunft und Common Sense lehren entsprechend, dass die wirkliche Handlung eines Menschen erst eindeutig macht, was er im Ernst glaubt. Die Wahrheit des Herzens ist die Tat, und deshalb ist die christliche Praxis das „Zeichen der Zeichen", das „Zeugnis der Zeugnisse" für Gottes Gnade.[22]

Es ist diese theologisch konsequente und handlungstheoretisch unauflösliche Verbindung von innerem Wirken des religiösen Affekts und der Lebenspraxis, die in der amerikanischen Religionsphilosophie lebendig bleiben wird; und es sind die Zeichen, die zur verstehenden Vermittlung und zum kritischen Kriterium unentbehrlich werden. Edwards hat beides nicht nur gepredigt, sondern schulbildend in die philosophisch-theologische Diskussion überführt.

B. Die Kontinuität von Geist und Natur (R.W. Emerson)

Hundert Jahre nach J. Edwards ist in Neuengland die kritische Distanz zur puritanischen Tradition enorm gewachsen, der intellektuelle Zeitgeist ist dem Unitarismus verpflichtet und wissenschaftliche Rationalität wird auch auf Bibelstudium und Religion angewandt. Doch die sich hier anschließende, mit dem Auftreten R.W. Emersons (1803-1882) verbundene neue Epoche steht nicht für nüchterne Wissenschaftstheorie. Im Gegenteil, die allein für die

---

[19] EDWARDS, aaO. 158.

[20] Ibid. 165f. – Vgl. auch C. SCHRÖDER (1998), 102ff.; F. KELLETER (2002), 273ff.

[21] Ibid. 164f.

[22] Ibid. 167-170. – Vgl. zur zeichentheoretisch genaueren („theosemiotischen") Analyse im Hinblick auf PEIRCE bei RAPOSA (s.o. Anm. 4), 157ff.

amerikanische Philosophie geltende Epochenbezeichnung des *Transzendentalismus* hat darin ihre Besonderheit, dass sie die affektbestimmte Gewissheitsfrage und Handlungsorientierung aus puritanischer Religiosität in der keineswegs seelenlosen Universalität des göttlichen Kosmos, der *Natur*, wie Emerson in idealistisch-romantischem Pathos sagt, fundiert sieht.[23] Damit wird Emerson zum Vordenker und Musterbild einer Religionsphilosophie, die ganz unterschiedliche religiöse, kulturelle und wissenschaftliche Ideen assoziiert, aber um so entschiedener zu einer Einheit zusammenschweißt. Über die Vermittlung englischer Literatur (S.T. Coleridge [1772-1834], T. Carlyle [1795-1881]) werden kontinentale idealistische und romantische Bewegungen als neue Initiativen aufgenommen, die Grundbegriffe der Transzendentalphilosophie I. Kants stehen Pate – und ausgerechnet diese werden problemlos und emphatisch mit Naturfrömmigkeit einschließlich swedenborgianischer Wissenschafts- und Religionsanschauungen Nordamerikas kombiniert. Dass E. Swedenborg (1688-1772)[24] als Zeuge für die geist-seelische Vermittlung alles Natürlichen und Göttlichen genannt werden kann, macht eben den eigentümlich produktiven, in seinen Herkunftsorientierungen aber auch widersprüchlichen Charakter des Transzendentalismus aus. Kants Frühschrift *Träume eines Geistersehers, erläutert durch Träume der Metaphysik* (1766) hatte derartige Naturanschauungen verhindern wollen, und für die deutsche Philosophie und (protestantische) Theologie der beiden folgenden Jahrhunderte ist dies fast ausnahmslos gelungen; für die vom Transzendentalismus geprägte *American Philosophy* glücklicherweise nicht. Gott, Geist, Seele und Natur gehören nicht getrennten Wissenschaftswelten an, sondern sie entwickeln sich in einem ursprünglichen Erfahrungskontinuum. Peirce' Philosophie des *Synechismus*, des Kontinuums, wird darauf zurückkommen.

Spricht Emerson von der *Seele*, so meint er nicht die fromme Innenseite vorgeschriebener kirchlicher Rituale und Glaubensinhalte, sondern die „infinite soul", an der sich die gängige kirchliche Praxis gerade versündigt.[25] Gegen die puritanische Tradition gesuchter Heiligkeit als Korrespondenz der Erwählung im christlichen Alltag fasst Emerson *Seele* als vorgegebene, göttliche, zu entdeckende und zu befreiende Natürlichkeit. Diese Seele ist nicht als individuelles Eigentum zu verstehen, sondern als die jeweils Anteil gebende universale (christliche) Liebe.[26]

---

[23] Vgl. hier und im folgenden die Einleitung v. M. PÜTZ u. G. KRIEGER, in: R.W. EMERSON (1990), 27-51; zur Gegenwartsbedeutung von EMERSONs Programm „nature, books and action" (im frühen Vortrag „The American Scholar" [1837]) vgl. NEVILLE (1992), 161ff.

[24] Vgl. in: EMERSON, aaO. 305f. Anm. 29; PEIRCE, RS, 447 Anm. 1.

[25] Zu dieser Kirchenkritik vgl. kurzgefaßt in der „Harvard-Divinity-School-Address" von 1838, in: EMERSON (1950), 64-84; 76.

[26] Ibid. 74: „The time is coming when all men will see that the gift of God to the soul is not a vaunting, overpowering, excluding sanctity, but a sweet, natural goodness like thine and mine, and that so invites thine and mine to be and to grow." – Ibid. 73: „The soul knows no

Inbegriff dieser Universalität ist die *Natur* – zugleich der Titel von Emersons frühestem Essay, der die Motive des Transzendentalismus exponiert. Das Motivfeld *Sprache* [*Language*] soll hier herausgehoben werden, der Abschnitt, der die poetisch-religiöse Vermittlungsfähigkeit der Natur direkt zum Thema macht. Die „Natur", sagt Emerson, „ist das Medium [vehicle] des Denkens", und das in einer dreifach gestuften Produktivität von *Zeichen* bzw. *Symbolen*[27]:

Auf erster Stufe wiederholt Emerson (ohne selbst diese Vorgeschichte zu benennen) die auf Augustin und die Stoa zurückgehende Auffassung von *Wörtern* als *Zeichen* – abgeleitet über ihren Naturzusammenhang. Allerdings so, dass er sich mit den natürlichen Zeichen (Augustin: signa naturalia) nicht weiter aufhält und diese direkt überführt sieht in die Sprache (Augustin: signa data). Die Übertragungsfähigkeit der Wörter ins Geistige hat demnach eine natürliche Basis, und diese These entspricht zugleich dem Denkansatz von J. Locke im dritten Buch des *Essay Concerning Human Understanding.* Um *Ideen* kommunikativ werden zu lassen, geht die Sprache von sinnlich Wahrnehmbarem aus und verallgemeinert es auf der Basis der Zeichenfunktion von Wörtern – bis hin zu Ideen für das nicht Sichtbare.[28] Und wenn Emerson im selben Gedanken auch die Zeichenfunktion der Wörter als Vermittlung zwischen „natural history" und „supernatural history", und sofort anschließend zwischen „outer creation" und „inner creation"[29] markiert, so steht beides wiederum in augustinisch-platonischer Tradition, kann zugleich aber auch erkenntnistheoretisch im Sinne der Bildung und Kommunikation von Ideen gelesen werden, wie Locke es vorgetragen hatte. Wie in der Entstehung der Sprache – sichtbar noch beim Spracherwerb von Kindern – ist es die aus dem Natürlichen stammende Zeichenkraft der Wörter, die als Vermittlung zum Geistigen genutzt werden kann: „Words are signs of natural facts" („Wörter sind Zeichen von natürlichen Gegenständen [Tatsachen]").[30] Ohne diese Vermittlungsleistung der Sprache und der Zeichenkraft der Wörter wäre der Zusammenhang von Natur und Geist, worum es Emerson bei allem zu tun ist, gar nicht darstellbar.

Mit der zweiten Stufe wechselt Emerson insofern die Perspektive, als er jetzt bestimmte *Zeichenformen* (wie Emblem, Bild, Analogie, Allegorie) betrachtet, die die genannten Vermittlungsleistungen im Sinne einer offensicht-

---

persons. It invites every man to expand to the full circle of the universe, and will have no preferences but those of spontaneous love."

[27] EMERSON (1990), 101ff. („Die Natur", Abschnitt IV); vgl. EMERSON (1950), 14ff.

[28] S.o. Anm. 13. EMERSONs Beispiel, *Geist* bedeute ursprünglich *Wind*, findet sich fast wortgleich bei J. LOCKE: „So bedeutet das Wort *Geist* ursprünglich Atem", vgl. LOCKE (1981), Buch III, Kap. I.5. – Zur semiotischen Denktradition vgl. DEUSER, Semiotik (2000).

[29] EMERSON (1950), 14; (1990), 101.

[30] Ibid. (1950), 14. – Die dt. Übers. (1990), 101, ist hier zu frei (für „facts" steht „Erscheinungen") und auch unpräzise (für „signs of" steht „Zeichen für").

lichen Gegenseitigkeit von Natur und Geist zustande bringen. Zusammenfassend steht dafür das *Symbol*.[31] Naturgegenstände haben von sich aus die Kraft, etwas zum Ausdruck zu bringen, was über ihr – auf den ersten Blick – rein natürliches Dasein hinausgeht. Anders gesagt: die Natur ist zeichenfähig. So wie Menschen an der „All-Seele" [universal soul] partizipieren, die ihnen vorausliegt, so leben sie unter dem „Firmament"; und die allgemeine „Vernunft" kommt so in der ewigen Ruhe des Himmels stellvertretend zum Ausdruck [type of Reason].[32] Im Rahmen solcher Vergleichsfähigkeit spricht Emerson nun von Natursymbolik, und an ihrem Fußpunkt – genetisch in der Sprachentstehung aus der Poesie – steht die Bildhaftigkeit [picturesque]. Das *Bild* [image] belegt wohl am deutlichsten die ursprüngliche Sprachkraft: Von der Natur zu lernen heißt, „neue Bilder" [new imagery] schaffen zu können.[33] Emersons Theologie der schöpferischen Ursprünglichkeit hat hier ihre sprachphilosophische Korrespondenz: Wo Bilder aufgrund von Natur entstehen, wirkt schöpferische „Spontaneität" aus der „Ursprünglichen Ursache" [Original Cause][34]. Aus ursprünglicher Bildhaftigkeit stammt die Fähigkeit des Denkens, zeichenhaft mit der Wirklichkeit so umzugehen, wie sie selbst schon veranlagt ist. Deshalb gilt der Grundsatz: „Wir wissen mehr von der Natur, als wir nach Belieben mitteilen können."[35]

Auf dritter Stufe wiederholt Emerson die fundamentale Vermittlungsfunktion des Symbols für das produktive Verhältnis von Geist und Natur, nicht mehr in einzelnen Feldern und Beispielen, sondern in der Totale: „Natur ist das Symbol des Geistes."[36] Die Natur ist nicht nur ein Reservoir für die Produktion von Bildern, aus der die Sprache – und damit die menschliche Kommunikation über Zeichen – lebt; die Natur steht nicht nur zur Verfügung, sondern sie ist selbst und als solche zeichenhaft. Obwohl Emerson quasi empiristisch bei den natürlichen Gegenständen eingesetzt hatte, gilt hier zugleich die idealistische Wendung (ohne dass der empiristische Ansatz deshalb korrigiert werden müsste): „das Gesamt der Natur [ist] eine Metapher für den menschlichen Geist". Emersons Begriff für diese swedenborgianische Konti-

---

[31] Ibid. (1950), 14: „Particular natural facts are symbols of particular spiritual facts"; d.h. „bestimmte natürliche Gegenstände [Tatsachen] sind Symbole von bestimmten geistigen Gegenständen [Tatsachen]."

[32] Ibid., 15. – Die dt. Übers. ([1990], 102) gibt „type" fälschlich mit „Sinnbild" wieder. Damit geht die Differenzierungsmöglichkeit des Begriffspaars „type"/ "token" verloren. Sinnbilder (Embleme) wären nämlich „tokens" aufgrund der Analogisierung von Himmel als „type of Reason".

[33] (1990), 104f.

[34] (1950), 17; die dt. Übers. ([1990], 105) gibt „Original Cause" mit „Urgrund" wieder.

[35] (1990), 105.

[36] Ibid. 101; vgl. zur Ausführung im Folgenden 106-108.

nuität von „Geist und Materie" ist der der „Relation"[37]; und diese Relation wird – ganz wie in der metaphysischen Tradition und ganz wie bei J. Edwards – als *real* behauptet; oder besser: über die vorgelegte Zeichen- und Sprachtheorie als *real* nachgewiesen. Konstruktive Phantasie ist eben nur dann nicht bloße Erfindung, wenn sie an der Natur, der Seele, der Schöpfung Gottes Anteil hat. Dass eine schöpferische Ursprünglichkeit, die allem anderen vorausliegt, nur gedacht werden kann, wenn und weil sie ein sich gegenüber anderes Materielles hervorbringt, ist eine Vorstellung neuplatonisch-mystischer ebenso wie romantisch-idealistischer Motive. Emerson verarbeitet diese Traditionen nicht nur in der Emphase seiner Poesie, sondern er begründet diese zeichentheoretisch in der Kontinuität von Geist und Materie. Was das für die *American Philosophy* bedeutete, zeigt am besten die berühmte Formulierung von Peirce in der 4. *Pragmatismus-Vorlesung* von 1903: Das „Universum" ist „ein großes Symbol für Gottes Absicht".[38]

C. Die Einheit der Erfahrung (W. James)

Der Psychologe und Philosoph W. James (1842-1910) stammt als begabter Autor und Wissenschaftler ganz aus dem Lebenszusammenhang des amerikanischen Transzendentalismus und der selbstbewussten Intellektualität Neuenglands. Neu ist für seine Epoche die naturwissenschaftliche Konsequenz der eigenen Ausbildung und die methodische Verpflichtung aus deren Standards und Fortschritten im 19. Jahrhundert. Der Swedenborgianer Henry James, Sr. (W. James' Vater), bleibt aber insofern wirksame Hintergrundfigur für die philosophische Anschauung des Universums, weil bei aller empirischen Exaktheit die Einheit der menschlichen Erfahrung, zur der existentielle Freiheit ebenso gehört wie Religiosität, nicht ohne Verlust und Fehler aufgegeben werden kann. James' Religionsphilosophie hat dementsprechend im öffentlichen Wissenschaftsbewusstsein seiner Zeit vor allem zwei Thesen mit großer Beredsamkeit, Kompetenz und Überzeugungswillen vertreten: Erstens, eine reduktionistisch-naturale Welterklärung, die alle psychische wie geistige Realität auf neurophysiologische Basisbedingungen zurückführt, ist in sich widersprüchlich und scheitert an der menschlichen Selbsterfahrung – und de-

---

[37] (1950), 18f.; vgl. (1990), 106f.: „Die Gesetze der moralischen Natur entsprechen denen der Dinge wie ein Gesicht seinem Abbild im Spiegel. 'Die sichtbare Welt und das Beziehungsgefüge [relation] ihrer Teile ist das Zifferblatt der unsichtbaren.' [Swedenborg] Die Axiome der Physik übersetzen die Prinzipien der Ethik [...] Diese Verwandtschaft [relation] von Geist und Materie ist nicht das Phantasieprodukt irgendeines Dichters, sondern sie gründet sich auf den Willen Gottes und ist damit der freien Einsicht aller Menschen zugänglich."

[38] PEIRCE, VP, 78; vgl. EP 2, 193: „the Universe is a vast representamen, a great symbol of God's purpose, working out ist conclusions in living realities."

ren höchster Ausdruck ist die Religiosität; und zweitens, aus dieser Erfahrungsbindung folgt die wissenschaftliche Berechtigung, den religiösen Glauben im Blick auf Handlungs- und Denkzusammenhänge so ernst zu nehmen, dass er als realitätserschließende Bedingung des Welterkennens eingestuft werden muss.

Die erste These hat ihre zusammenhängende Präsentation und religionspsychologische Dokumentation in den *Gifford-Lectures* von 1901/02 gefunden[39], worin das empirische Wahrheitskriterium der Naturwissenschaften mit den vielfältigen Zeugnissen religiöser Offenbarungen, über die der positivistische Sammlerfleiß des 19. Jahrhunderts reichlich verfügte, konfrontiert wird. Im Ergebnis ist es die herausragende Sonderstellung der breit belegten mystischen Erfahrungen der Weltreligionen, an denen – für James gerade auch christentumsspezifisch und im Rahmen der damit weiterentwickelten *American Philosophy* – die pragmatistische Wahrheit der religiösen Hypothese gezeigt werden kann: „mystische Zustände" sind die „Fenster, durch die der Geist auf eine größere und umfassendere Welt hinausschaut [.../...], Hypothesen, die wir willentlich ignorieren, aber denkend nicht außer Kraft setzen können."[40] Dass diese Hypothese, gegründet auf die absolut überzeugende Gefühlswahrheit des Individuums, auch wissenschaftlich und philosophisch gültig ist, belegt James einmal durch die Begrenztheit objektiver Methoden der Wahrheitsfindung – und das betrifft die moderne Wissenschaftstheorie ebenso wie jede rationale Beweistheologie –, und zum andern durch das „Prinzip", das er im eigenständigen Anschluss an Peirce „Pragmatismus" nennt. Es besteht darin, dass Denken als „Bewegung" zwischen „Überzeugung" und „Handeln" aufzufassen ist[41], dass also Subjektivität und Objektivität in einem vermittelten Prozess nur wirksam gedacht werden können. Dessen Grund und Ursprung aber sind der Reflexion niemals wirklich zugänglich, die „Sphäre des Gefühls und der direkten Erfahrung des Individuums"[42] hat hier ihren Rang und ist für die in allem wirksame Relation von Überzeugung und Handeln unabdingbar. Genau dies zeigt am klarsten die Religiosität; ihr Realitätszugang ist unüberholbar, denn er allein bildet einen Widerpart zum wissenschaftlichen Reduktionismus und Pluralismus aus: die Einheit der individuellen Ursprungserfahrung, die sich in gelebten Überzeugungen ausdrückt. James hat diesen spezifischen Vorrang der (mystischen) religiösen Erfahrung pointiert auch in seinen *Pragmatismus-Vorlesungen* von 1906/07 im wissen-

---

[39] JAMES, W. (1997). – Vgl. zum wissenschaftsgeschichtlichen Kontext von James' Psychologie und Philosophie L. MENAND (2001); zur systematischen Auswertung H. PUTNAM (1990), 217-251.

[40] Ibid. 422f.

[41] Ibid. 437f.

[42] Ibid. 446.

schaftstheoretischen Kontext verteidigt.[43] Es ist ein krasses Missverständnis, diesen religionsphilosophisch akzentuierten Pragmatismus als den Fehlschluss vom Nutzen einer Überzeugung auf die Wahrheit dieser Überzeugung zu karikieren, denn der Vorrang der Einheit gründet in einer Anschauung des Universums, einer Wahrnehmungstheorie, in einer Common-Sense-Philosophie, also in menschlicher (persönlicher) Erfahrung. Auch wenn James diese kosmologische Grundstruktur seiner Philosophie nicht ausreichend deutlich gemacht und sich darin klar von Peirce unterschieden hat – das Prinzip des Pragmatismus verlangt auch bei James den Respekt vor ursprünglicher Erfahrung im gegebenen Weltkontext: „In jedem lebendigen Akt der Wahrnehmung ist etwas Glitzerndes und Funkelndes, das sich nicht einfangen lassen will und für das die Reflexion zu spät kommt."[44] Diese Einsicht bleibt das religionsphilosophische Markenzeichen der *American Philosophy.*

Die zweite These zur realitätserschließenden Kraft des religiösen Glaubens hatte James bereits in einem Vortrag von 1896 in die für die Naturwissenschaften provokante Formulierung gefasst: „Der Wille zum Glauben"! Denn wenn gilt, dass „unsere nicht-intellektuelle Natur unsere Überzeugungen" beeinflusst, dann müsste sich unter bestimmten Bedingungen der religiöse Glaube als – gerade auch im Wissenschaftskontext – notwendig zeigen lassen.[45] Auch hier ist es die „mitfühlende Natur" des Menschen im „Universum", die sich als immer mitlaufende, wenn auch objektiv schwer beweisbare, Bedingung von relevanter Erkenntnis aufdrängt und dem szientistischen „Intellektualismus" widerspricht.[46] Soll auch in diesem Punkt eine Karikatur des Pragmatismus vermieden werden (geglaubt wird, was sympathisch ist und sich aufdrängt, und deshalb ist es wahr), muß wiederum die Relation von Glaube (Überzeugungsbildung) und Handeln im Weltzusammenhang („Universum") beachtet werden. James' stärkste Argumente sind sicher die, in denen er zeigen kann, dass bestimmte Handlungen und Handlungsresultate nur dann zustande kommen, wenn Menschen aus Überzeugung sich entsprechend verhalten bzw. Handlungsentscheidungen wollen – auch und gerade dann, wenn es wissenschaftlich-objektive Absicherungen für die betreffenden Tatbestände (noch) gar nicht gibt.[47] Wer einen anderen Menschen liebt, konstituiert den Tatbestand dieser Liebe dadurch mit, dass er an sie glaubt. Doch auch hier könnte es sich um eine bloß psychologische Relation gegen-

---

[43] Vgl. DEUSER, Pragmatismus (2000) ; s.u. Kap. III.10.

[44] JAMES (1997), 449; vgl. zum unterschiedlichen Denkstil von Peirce und James die Darstellung von H. PAPE, (2002), 111ff. – Eine ähnliche Begründungsproblematik im Blick auf den religiösen Glauben ergibt sich dann für J. DEWEY, s.u. Kap. III.11.

[45] JAMES, W. (1975), 137. – Zur genaueren Analyse von James' Apologie des religiösen Glaubens aufgrund des gefühlsmäßigen Vorrangs von Optionen in bestimmten „lebendigen" Entscheidungssituationen vgl. H. SCHULZ (2001), Kap. 5.

[46] Ibid. 155.

[47] Ibid. 150ff.

seitigen Meinens handeln, wenn es nicht Liebe im Prozess des Universums real gäbe, und zwar so, dass der (religiöse) Glaube als solcher das spezifische Organ wäre, das allein dieser Realität entsprechen könnte. Diese Kontinuität des Universums, wie sie dem Transzendentalismus selbstverständlich war, klingt in James' vorsichtiger (religiöser) Eschatologie nach, die allein den Zirkelschluss eines bloßen Fürwahrhaltens widerlegen kann: Religion unterstellt, dass es „Vollendung" gibt, und sie unterstellt, dass es eben der Glaube ist, der diesem Zustand schon jetzt zu entsprechen vermag.[48] Wiederum kann diese realistische Auffassung des Universums – unter den Bedingungen des naturwissenschaftlichen Pluralismus, wie James ihn früh diagnostiziert hat – nur dann vorrangig sein, wenn sie nicht mit objektivistischen (James: supranaturalen oder scholastisch-rationalistischen) Behauptungen oder Beweisen operiert. Im Gegenteil, was der wissenschaftlichen Methode notwendigerweise entgleitet: die Einheit der persönlichen Erfahrung – das ist die Kraft der objektiv gerade unableitbaren Gefühlsseite des Weltzugangs, in dem sich das reale Universum spiegelt.

D. Einheit und Dreigliedrigkeit der Erfahrung (C.S. Peirce)

Erst die kosmologisch umfassende und logisch-semiotisch strukturierte Ausarbeitung des Pragmatismus in Peirce' (Religions-)Philosophie liefert eine voll bewusste und konsistente Systematik der Relation von Glaube und Handeln im Kontinuum des evolutionistischen Weltprozesses. Der Gottesglaube ist darin eigentlich eine Selbstverständlichkeit, die allerdings im Zeitalter der tendenziell agnostischen – oder in diesen Fragen hilflosen – Moderne eigens ausgewiesen werden muss. Der wissenschaftstheoretische Grunddissens, in dem sich Peirce' systematisches Denken als *American Philosophy* deshalb mit der deutschen Transzendentalphilosophie (I. Kant) befindet, kann exemplarisch in den beiden gegenläufigen Erkenntnistheorien verankert werden.

Kant hatte gesagt, die Dingwelt (d.h. die „Naturformen") sei an sich selbst „ein rohes chaotisches Aggregat"[49], also eine unendliche Fülle von vielerlei ungeordneten Zusammenpassungsmöglichkeiten, so dass die Einheit der Erkenntnis über die Natur eben aus dieser nicht hergeleitet werden könne. Hier trotzdem Begriffe zu bilden ist folglich die exquisite Leistung des Verstandes bzw. der Kategorien. Dann stellt sich aber die Frage, wie und warum diese überhaupt zur Dingwelt passen; oder anders: Was berechtigt uns denn dazu, auf unsere Verstandesleistungen zu vertrauen? Die Antwort, wie Kant sie in der *Kritik der Urteilskraft* versucht, bleibt unbefriedigend, weil Kant das, was

[48] Ibid. 152f.

[49] Vgl. diese Formulierung in der ersten Fassung der „Einleitung in die Kritik der Urteilskraft", KANT, H 14, in: Werke Bd. 8, 186.

er mit der einen Hand gibt, mit der anderen wieder nimmt: Die systematische Einheitsbildung, die mit jeder Naturerkenntnis praktiziert wird, nämlich die: „zu dem Besonderen das Allgemeine zu finden“, wird zwar als unentbehrlich nachgewiesen; da sie aus dem empirischen Befund aber nicht begründbar ist, muss es sich um eine Zutat der Urteilskraft handeln: die Natur so anzusehen und zu behandeln, „als ob“ sie für uns passend wäre.[50] Es kommt zu der zwiespältigen Konstruktion, der Natur selbst etwas zu unterstellen (dass sie „eine für uns fassliche Gleichförmigkeit beobachtet habe“[51]), was ihr zugleich wiederum objektiv nicht zukommen kann. Deshalb muss dieselbe „Gleichförmigkeit“ als Hinsichtnahme der Urteilskraft „a priori“ gelten und einsehbar sein, weil sonst eine für uns passende und vertrauenswürdige Naturerkenntnis gar nicht zustande käme. Die subjektive Reflexionskapazität der Urteilskraft muss der Natur eine Zweckmäßigkeit unterlegen, weil es gar nicht anders geht.[52]

(1) Daran ist zutreffend, dass ohne Einheitsbildung überhaupt keine gedankliche Verallgemeinerung zustande kommen kann; auch kann diese nicht einfach „dogmatisch“ verordnet gedacht werden (für Peirce fällt solches Denken unter die überholte „Methode der Autorität“ bzw. neuzeitlich gesehen unter die „Apriori-Methode“[53]); dass die Einheit aber transzendental vorausgegeben sein soll, ohne die Rückbindung an den Prozeß ihrer Herausbildung (Entdeckung, Entwicklung, Überzeugungskraft) einzubeziehen, erscheint als unzulässige Abstraktion vom Forschungsverhalten der Menschen. Kant zahlt für diese Abstraktion mit dem Preis unerklärter Setzungen, hier vor allem der Trennung in Dingwelt und Denkwelt, deren Herkünfte und Gründe gar nicht mehr diskutiert werden können. Peirce (und die *American Philosophy*) ersetzen das transzendental-apriorische Modell durch den Entwicklungsgedanken als erkenntnistheoretisches Prinzip, das allein darin besteht, unseren Erfahrungen im Herausbilden der Wahrheit entsprechen zu wollen. Dies geschieht im Wechsel des Auftretens von realem Zweifel und wiedergewonnener Überzeugung im Lebens- und Handlungszusammenhang (Pragmatismus und Fallibilismus). Dieser Prozess ist nicht psychologisch zu reduzieren, sondern insistiert auf der (idealen) letzten denkbaren Möglichkeit aller Menschen, zu derselben begründeten und wahren Auffassung über die Realität zu kommen: Allein das ist die „Methode der Wissenschaft.“[54] Und wenn diese selbst in Bewegung ist, muss das ihr zugrundeliegende Gesetz als entwicklungsfähig gedacht werden, es ist folglich ein „evolutionäres Ge-

[50] Ibid. H 14; A XXVf., in: Werke Bd. 8, 186; 252f.
[51] Ibid. H 19; Bd. 8, 190.
[52] Ibid. A XXXIIIff.; Bd. 8, 258ff.
[53] PEIRCE, EP 1, 117-119.
[54] Ibid. 120.

setz".[55] Die von Kant allem Erkennen vorgegebene Apriorität der transzendentalen Frage nach den „Bedingungen der Möglichkeit" und die daraus folgenden problematischen Implikationen des immer mitlaufenden „Ich denke" der transzendentalen Apperzeption und eines unerkennbaren „Ding an sich selbst"[56] werden bei Peirce also ersetzt durch ein Denken, das aus dem Erfahrungsvorgang und aus der Bindung an Erfahrung (wie Kant sie ja fordert) an keiner Stelle sozusagen vertikal aussteigt (um transzendentale, gesetzgebende Bedingungen zu etablieren), sondern Denken aus seinem Prozedere selbst zu bestimmen sich vornimmt. Man könnte folglich sagen, anstelle der transzendentalen Apperzeption des „Ich denke" steht bei Peirce ein phänomenologisches „Wir erfahren"! Die Relation von menschlichem Erkennen zu den Dingen selbst ist dabei nicht übersprungen, sondern zum fortlaufenden problematischen Medium der Wahrheitsfindung gemacht. Wir haben nicht die Wahrheit der Dinge (als könnten wir von unserer Erfahrung mit ihnen absehen), doch wir beziehen uns genau auf diese und nicht auf eine Erscheinungswelt, hinter der unergründbar erst die Sachen selbst wären. Peirce hat deshalb konsequent gegen Kant behauptet: „we have *direct experience of things in themselves*."[57]

(2) Dass Peirce dies behaupten kann, hat seinen tieferen Grund nicht nur in der Dynamisierung des Erkenntnisprozesses, sondern diese stützt sich bereits auf die Entdeckung der Brückenfunktion der Zeichen für die Darstellung von Erfahrung und Wirklichkeit. Die Wendung gegen Kant ist semiotisch begründet, und die zugrunde liegende Semiotik beruht auf Peirce' logischen Arbeiten. Deren Ergebnis lautet: Jedes Zeichenereignis ist relational dreigliedrig aufgebaut: Etwas (ein Zeichen) steht für etwas anderes (das durch das Zeichen bezeichnete Objekt) für einen Interpretationsvorgang (den Interpretanten). Bemerkenswert an dieser Definition des Zeichens bzw. des Vorgangs von Zeichenbildung (Semiosis) ist, dass sie nicht nur Zeichen und Bezeichnetes zusammenstellt („aliquid stat pro aliquo"[58]), sondern dies immer im Blick auf ein Drittes tut, um dessentwillen das Zeichenverhältnis sich allein darstellt und wirksam wird; und dass dieses Dritte nicht ein geistiger (menschlicher) Interpret oder Rezipient sein muss, sondern dass der menschliche Geist selbst als Zeichenprozess gedacht wird. Im Kontext der Frage nach religiösen Affekten ist hier an J. Edwards als Vorgänger zu erinnern, doch Peirce hält vor allem logisch-mathematische und wissenschaftstheoretische Begründungen

---

[55] PEIRCE, CP 6.91; NZ, 403. – Vgl. DEUSER (1996).

[56] KANT, *Kritik der reinen Vernunft*, § 16 (B 132); A 249ff. bzw. B 306ff., in: Werke Bd. 3, 136ff.; 276ff. – Vgl. zur Diskussion dieser Abschnitte W. CARL und M. WILLASCHEK, in: KANT, I. (1998), Nr. 8 u. 13; V. GERHARDT (2002), Kap. 3.

[57] PEIRCE, CP 6.95; vgl. NZ, 406.

[58] Vgl. die bei V.M. COLAPIETRO (1989), 4, zitierte „klassische Definition"; im übrigen zu PEIRCE' Ableitung der kategorialen Semiotik PAPE (2002), Kap. 5 u. 6.

dieser semiotischen Universalstruktur bereit; und die zunächst genannte Brückenfunktion der Zeichen ist dann nicht nur ein Hilfsmittel zur Verständigung, nicht nur die Zugangsweise des Verstandes bezüglich der sog. Außenwelt, sondern die Wirklichkeit selbst ist als Prozess strukturiert. An dessen Wachstum partizipieren die geistigen Aktivitäten der Menschen (Wahrnehmen, Erkennen und Denken) in spezifischer Weise. Jetzt erst ist klar und zwingend, warum Peirce gegen Kant einwenden kann, die Ding-an-sich-Konstruktion sei ein Fehler: Peirce fällt damit nicht in einen erkenntnistheoretischen Dogmatismus zurück, als sollte die begriffsbildende Erfahrungsabhängigkeit unseres Erkennens geleugnet werden. Im Gegenteil, er teilt diesen kritischen Ansatz Kants, übernimmt aber nicht dessen Trennung in Dingwelt und Denkwelt, weil die Darstellungsfunktion der Zeichen in keiner Weise hintergangen werden kann. Ein „Ding an sich" jenseits aller Erfahrung überhaupt ist ein Widerspruch, weil alles Denken zeichenvermittelt und also auf etwas Bestimmtes bezogen sein muss; umgekehrt wird die Erfahrbarkeit von dem uns Fremden, noch Unbekannten keineswegs geleugnet, sondern sie liegt gerade im Prozess der real möglichen Erkennbarkeit aufgrund von Darstellungen. Das gilt selbstverständlich auch für den Gottesbegriff im Verhältnis zum Weltprozess als ganzem.

(3) Die erkenntnistheoretische Prozessualität bedeutet nun für die Auffassung der Natur (wenn die Trennung von Dingwelt und Denkwelt nicht mehr regiert), dass es bei ihrer Charakterisierung als „rohes chaotisches Aggregat"[59] nicht sein Bewenden haben kann. Peirce' Argumentation läuft nicht darauf hinaus, an den Naturdingen doch etwas sehen zu wollen, was nach moderner Wissenschaftsauffassung an ihnen nicht ausgemacht werden kann, sondern der Erkenntnisprozess selbst ist hintergründiger zu problematisieren, sofern menschliche Erkenntnis selbst in die Naturvorgänge verwickelt ist. Dies ist nun gerade für die *Kritik der Urteilskraft* kein neuer Gedanke; im Gegenteil, Kant versucht ja, die Teleologie des Natürlichen, die sich jeder oberflächlichen Mechanik entzieht, zu verteidigen. Allerdings immer im transzendentalen Denkmuster, so dass die gesuchte „Zweckmäßigkeit" eben bloß subjektive Zutat bleibt. Genau dieser Sperrvermerk kann entfallen, wenn, wie Peirce 1878 schreibt, die berühmte Frage Kants nach den „synthetischen Urteilen a priori" noch „allgemeiner" gestellt werden muss, nämlich: „Wie sind synthetische Urteile überhaupt möglich?"[60] Denn damit wird der Erfahrungs-, Denk- und Wissenschaftsprozess im ganzen thematisiert, und es zeigt sich, dass die Möglichkeit eines gegenständlich bezogenen, weiterführenden Urteilens bereits darauf beruhen muss, dass gewisse Tendenzen vorliegen, in die sich einzulassen dem menschlichen Denken gerade nicht fremd sein kann. Andernfalls gäbe es keine realistische Wahrscheinlichkeit dafür, dass über-

[59] S.o. Anm. 49.

[60] PEIRCE, EP 1, 167.

haupt jemals der Glückstreffer einer produktiven, naturgesetzlichen Erkenntnis hätte gelandet werden können. Schlussfolgerndes Denken und Naturprozess liegen ineinander, so dass „jede einzelne Wahrheit der Wissenschaft auf der Affinität beruht, die die menschliche Seele zu der des Universums besitzt, so unvollkommen diese Affinität ohne Zweifel ist."[61]

(4) Hinter dieser zugleich metaphysischen und empirischen Position wird nicht nur die Naturanschauung der *American Philosophy* erkennbar, sondern jetzt auch die naturwissenschaftlichen Fortschritte und Triumphe des 19. Jahrhunderts, speziell die Evolutionstheorien. Wenn es die beobachteten Fakten erfordern, Entwicklungsübergänge zu denken, dann steht die sinnenhafte Natur der denkenden Ich-Spontaneität nicht mehr fremd gegenüber, sondern diese muss sich mit jener in einem kontinuierlichen Zusammenhang schon befinden. Auch dies erklärt sich aus Peirce' Semiotik, der Analyse von Darstellungen, derzufolge der Kontakt zwischen Sinnenwelt und Denkwelt niemals zerrissen werden kann. „Zweckmäßigkeit", wie Kant sie in der zwischen den Fronten vermittelnden Urteilskraft rettend lokalisiert, erscheint deshalb bei Peirce als „Habit-Taking", die Fähigkeit, Verhaltensformen anzunehmen und herauszubilden. Der synthetischen Einheitsbildung des Denkens geht nicht ein „rohes chaotisches Aggregat" voraus, sondern eine auf Ordnungsstrukturen bereits angelegte und darin produktiv sich entwickelnde Natur, deren erstes Element jeweils in Qualitäten auftritt, die Ausgangspunkt jeder Semiose und damit jeder logischen Analyse sein müssen. Dann können die Demarkationslinien zwischen Naturkausalität und Spontaneität beseitigt werden, und der in natürlichen wie geistigen Prozessen – die in einem kreativen Sinn „chaotische" oder „zufällige" Elemente enthalten – angelegte Zusammenhang heißt deshalb: „Fähigkeit zur Verhaltensbildung" [habit-taking capacity].[62]

(5) Auch in ontologischer Hinsicht ist es durchaus nicht so, als wollte Peirce nun doch in die Natur etwas hineingeheimnissen, was die moderne Wissenschaft entmythologisiert hatte. Aber wenn Realität das ist, was sich im Entwicklungsprozess und in der Wahrheitsfindung – unter Beteiligung der Menschen und ihrer Geschichte, aber nicht abhängig von dieser – einmal herausstellen wird, dann ist die Abhebung eines „Ding an sich selbst" von der Welt der Erscheinungen überflüssig geworden. Denn im evolutionären Prozess gedacht sind die Dinge immer so, wie sie erscheinen und umgekehrt; und genau so entwickelt sich alles im existentiellen, handlungsbezogenen und forschungslogischen Rhythmus von Zweifeln und Überzeugungsbildung (Glaube). Um dieses Relationsgeflecht zu strukturieren, hat Peirce Kants Kategorientafel bestritten und Realkategorien an ihre Stelle gesetzt, die mit den Zeichenprozessen und Zeichenstrukturen zusammenstimmen. Dies erst ergibt,

[61] PEIRCE, EP 2, 152 (Übers. H.D.); vgl. VP, 29.

[62] PEIRCE, RS, 364; vgl. CP 6.490, p. 336.

vollständig beschrieben, das bereits genannte Prozessmedium der Wahrheitsfindung in seiner immer zugleich formal dreigliedrig semiotischen und material dreigliedrig phänomenologischen Struktur. Zusammenfassend formuliert, wie Peirce es im *Gottesargument* (1908) vorlegt[63]: Erfahrene und erfahrbare Wirklichkeit überhaupt – universalienrealistisch verstanden – tritt auf als 1. pure Möglichkeit, 2. die „rohe Wirklichkeit von Dingen und Tatsachen“ und 3. die Bindungsfähigkeit im Herstellen von Zusammenhängen, was genau die Leistung eines Zeichens ausmacht: als solches einen Gegenstand mit einer diesen bezeichnenden Interpretation zu verbinden. Die Semiotik gibt eben nicht nur eine Strukturbeschreibung von Wahrnehmungs-, Erkenntnis- oder Sprachvorgängen, sondern sie bildet als dreigliedrige Struktur die Realität ab – so wie wir sie erfahren und darin weiterbilden. Die Realität ist ein Zeichenprozess.[64]

(6) Das alte Problem der Verhältnisbestimmung von Unmittelbarkeit und Vermittlung ist damit insofern gelöst, weil in geistigen Leistungen immer eine dreistellige Vermittlungsrelation vorausgesetzt werden muss, in der aber die zweistellige Gegenstandsrelation (Existenzerfahrung) ebenso wenig als „aufgehoben“ gedacht wird, wie die qualitative Ursprünglichkeit der ersten (unmittelbaren) Wahrnehmungs- und Wirkelemente nicht nachträglich als Schein durchschaut und damit aufgelöst werden kann. Die erfahrene Realität ist dreigliedrig (als vermittelte Einheit: *symbolisch*), aber in ihr ist notwendig *ikonische* Einheit (als erste Qualität) ebenso unauflösbar vorhanden wie der Anstoß an Existierendem (in der *Index*relation). Gerade das christliche, personale Symbol „Gott“ vermag diese Dreiheit vollständig darzustellen, weil in ihr Erstheits- und Existenzrelation ebenso gelten wie die Vermittlung des Geistes.

---

[63] PEIRCE, RS, 330f.; vgl. EP 2, 435.

[64] Der Anschluss an und die Differenz zu KANT ist hier am deutlichsten im Vergleich zum „Schematismus“-Kapitel in der *Kritik der reinen Vernunft*. Denn wie Begriffe und Erscheinungen zusammenkommen, kann KANT nicht eigentlich erklären, PEIRCE’ Zeichenmodell aber scheint sich schon anzubahnen, wenn es bei KANT heißt (A141/142; Bd. 3, 190): „Dieser Schematismus unseres Verstandes, in Ansehung der Erscheinungen und ihrer bloßen Form, ist eine verborgene Kunst in den Tiefen der menschlichen Seele, deren wahre Handgriffe wir der Natur schwerlich jemals abraten, und sie unverdeckt vor Augen legen werden. So viel können wir nur sagen: das *Bild* ist ein Produkt des empirischen Vermögens der produktiven Einbildungskraft, das *Schema* sinnlicher Begriffe (als der Figuren im Raume) ein Produkt und gleichsam ein Monogramm der reinen Einbildungskraft a priori, wodurch und wornach die Bilder allererst möglich werden [...].“ – Zur Diskussion dieser Abschnitte vgl. G. SEEL, in KANT (1998), Nr. 9.

E. Imagination und Wahrheit als Wertübertragung (R.C. Neville)

In der Gegenwart hat die *American Philosophy* eine repräsentative Anwendung in der Religionsphilosophie und Theologie von R.C. Neville gefunden. Hier überschneiden sich Entwicklungslinien von J. Edwards und R.W. Emerson mit der Kosmologie von A.N. Whitehead und der kategorialen Semiotik von C.S. Peirce, so dass gerade in der Anerkennung und Einstufung der naturwissenschaftlichen Weltsicht eine Metaphysik der Kreativität entworfen werden kann, deren betont nicht-modernistischer, nicht-reduktionistischer, nicht-agnostischer, sondern im Gegenteil kosmologischer, normativer, religiöser Charakter quer zu den spät-modernen Problemlagen europäischer, jedenfalls deutscher Theologie (und Philosophie) zu stehen kommt.[65] Die nicht-transzendentale Erkenntnistheorie und Kosmologie der *American Philosophy* jetzt vorausgesetzt wird es nicht verwundern, dass hier eine „Wertlehre des Denkens" [Axiology of Thinking] entworfen wird, als deren Fußpunkt „Imagination" zu gelten hat und deren Wahrheitsauffassung sich als „carryover of value" darstellt.[66] Wirklichkeit wird mehr in substanz-selbständiger Grund-Gegenständlichkeit vorgestellt, sondern immer als Ereignis ihres Werdens und sich Darstellens[67]; dies wiederum nicht subjektabhängig-nominalistisch, sondern so, wie kosmologisch die Ereignisse sich zusammenfügen und insofern als solche bereits werthaft sind. Menschliche Einbildungskraft (Imagination) und Interpretation werten nicht erst sozusagen zusätzlich und interessenhalber von außen, sondern partizipieren am Werden von Ereignissen. Grundlegend ist dabei (im Anschluss an Peirce' kategoriale Semiotik) das kreative Ersterfassen der Imagination, eine Synthesisleistung, die aber wiederum klar gegen Kants transzendentale Apprehension (Reproduktion und Rekognition[68]) profiliert werden muss: Die Dinge sind in ihrem Auftreten synthetisiert, sie werden dies nicht erst durch eine zusätzliche Verstandesleistung. In der Imagination zieht sich zusammen, was ihr gegenwärtig ist, und die religiöse Imagination ist es, die die erste und ursprüngliche Weltwerdung im Ereignis empfindet: „religion expresses an apprehension of the founding character of human experience."[69] Man kann hinzufügen, dieser Ursprungsakt des religiösen Glaubens

[65] S.u. Kap. IV.13.

[66] Aus dem vierfach gegliederten Gesamtentwurf: Imagination, Interpretation, Theorie, Verantwortung (vgl. zur Grundlegung in: NEVILLE (1981), 30ff., 50ff.) wird hier allein die Religionsbegründung aufgrund von Imagination und der Wahrheitsbegriff im Rahmen der Interpretationstheorie skizziert.

[67] Ibid. 69 (im Anschluß an A.N. WHITEHEAD): „An 'occasion' is the prehending of the world into a harmonious, definite indivual."

[68] Vgl. KANT, *Kritik der reinen Vernunft*, A 98-110; Bd. 3, 161-169. – Zur Diskussion dieses Zusammenhanges vgl. H. HOPPE, in: KANT (1998), Nr. 7; und NEVILLE (1981), 139ff.

[69] NEVILLE (1981), 170.

entspricht der Schöpfung *ex nihilo*, insofern gehören Gott und Glaube im schöpferischen Ereignis zusammen.

Die Wahrheit dieser Imagination besteht immer darin, dass die im Ereignis liegende Werthaftigkeit, ihre Stimmigkeit, Ausdruckskraft, Wirkung etc. in die erfassende Interpretation – unter den jeweiligen Kontextbedingungen – übergeht. Die Wahrheitsbegriffe der Logik, Ontologie, Linguistik, Physik etc. sind dann immer besondere Anwendungsfälle von Kontextualität, worin die Wertübertragung kontrollierbar ist[70]; eine durchaus „naturalistische Strategie"[71], in der das Maß der Wahrheit der Ereigniszusammenhang, die Kontinuität mit den natürlichen Ereignissen bleibt; allerdings semiotisch immer so, dass die neuen Interpretationen durch Objektkorrespondenz ebenso ausgezeichnet sind wie durch ihre perspektivische Selbstständigkeit. Naturale Ereigniskreativität und kontextuelle Interpretationswahrheit vermeiden szientistischen Reduktionismus, linguistische Einseitigkeit, konstruktivistische Beliebigkeit, kurz: die Sackgassen spät-moderner Philosophien und Theologien, die den Verlust der Selbstverständlichkeit Gottes kaschieren müssen. Dass das Selbstverständliche sich gleichwohl denken und begründen lässt, ohne damit von solchen Denkakten abhängig oder durch sie ersetzt zu werden, ist ein weiterer Vorteil der *American Philosophy*, genauer: des Pragmatismus und der kategorialen Semiotik im Kontinuum kosmologischer Prozessualität. Zeichenereignisse machen immer Voraussetzungen geltend: Der Grund der Welt kommt in ihr zur Darstellung.

---

[70] NEVILLE (1989), 1989, 65ff.; vgl. in Anwendung auf religiöse Symbolisierung NEVILLE (2001), 15; und (2002).

[71] NEVILLE (1989), 70.

Kapitel I

Grundlegung

1. Kategoriale Semiotik und Pragmatismus

In der großen europäischen Philosophie regiert von Beginn an, seit Platon und Aristoteles, die Spannung zwischen idealer Universalität und Einzelwirklichkeit. Die platonische *Idee*, z.B. die der Gerechtigkeit, hat gegenüber einzelnen gerechten Taten den Vorzug der vollständigen Realisierung von allem Gerechten; die aristotelische *Idee* dagegen ist als Formprinzip mit bestimmten Realisierungen verbunden und nicht ohne diese: Gerechtigkeit zwischen den Menschen. Wenn demnach bestimmbare Formen des Denkens und der Sprache zwischen Idee und Wirklichkeit vermitteln müssen, dann sollte es auch möglich sein, diese Vermittlungsleistung als solche auszuzeichnen und in ihrer Regelhaftigkeit zu verallgemeinern. Das geschieht seit Aristoteles unter dem Stichwort der *Kategorien* (Aussageformen), wird in der Moderne entscheidend verändert durch I. Kant und Ende des 19. Jahrhunderts in neuer Initiative und kritisch gegenüber den beiden Vorgängern fortgeführt durch den Nordamerikaner C.S. Peirce.[1]

Dass zur Markierung von philosophischen Epochengrenzen gerade die Kategorien taugen, hat seinen Grund im jeweils in ihnen bezeugten wissenschaftstheoretischen Methodenbewusstsein. Für Peirce sind es die modernen Naturwissenschaften und die neuen Forschungsergebnisse der mathematischen Logik seiner Zeit, aus denen sein Kategorienbegriff motiviert ist – verbunden und in Auseinandersetzung mit den ihn ebenfalls prägenden klassischen, scholastischen, empiristischen und idealistischen Positionen der Philosophiegeschichte.

In Status und Ausführung der Kategorienlehren geht es bereits bei Aristoteles und Kant nicht nur um Anwendungsprobleme der Logik, sondern um die jeweilige philosophische Einstellung im ganzen. Diese steht für den selbstbewussten naturwissenschaftlichen Zeitgeist der zweiten Hälfte des 19. Jahrhunderts in neuer Kraftprobe zur Diskussion: ob die philosophische Erkenntnis auf methodisch gesichertes empirisches Wissen beschränkt werden muss oder ob die Fragilität menschlichen Wissenkönnens nicht doch eine eigenständige, spekulative Begriffsarbeit verlangt.

---

[1] Vgl. die Einleitung von K. OEHLER, in: ARISTOTELES, Kategorien (1984), 37-56. – Zur Übersicht über Leben und Werk vgl. K. OEHLER (1993); H. PAPE/ H. DEUSER, TRE 26 (1996), 164-176.

Peirce' Frühschriften diskutieren bereits neben traditionell metaphysischen und zeitgenössisch naturphilosophischen Fragen im wesentlichen Probleme der Logik der Wissenschaften, d.h. jene regelhafte Vermittlungsleistung *zwischen* Idee und Einzelgegenstand, Sprache und dem von ihr Bezeichneten, Denkvermögen und Erfahrungen. Es ist Peirce' Vortrag aus dem Jahr 1867: *Eine neue Liste der Kategorien*[2], mit dem er – nachträglich gesehen und ohne dass dies über hundert Jahre hin überhaupt Aufsehen erregt hätte – eine Epochenwende in der Philosophie herbeigeführt hat.

A. Kategorien

a. Die Grundlegung der drei Kategorien

Die Entdeckung der drei Hauptkategorien geschieht 1867 in der Weise, dass Peirce zwischen den beiden Polen des aristotelischen Begriffs der *Substanz* auf der einen Seite und des kantischen Begriffs der Einheit des *Seins* auf der anderen Seite das Zustandekommen elementarer Erfahrungsbegriffe untersuchen will. Die beiden Pole sind wie Grenzbegriffe zu verstehen, über die hinausgehend gar nichts mehr gedacht werden kann. Die Polarität selbst aber ist nicht als symmetrisches Gleichgewicht, sondern als in spezifischer Weise gerichtet und organisiert vorzustellen. Hinsichtlich der beiden Grenzbegriffe bleibt Peirce von der Fragestellung her jeweils traditionell, seine eigentliche Entdeckung aber besteht in den drei dazwischen liegenden und eigenständig aufzufassenden Hauptkategorien.

Zunächst zu den beiden Grenzbegriffen: Mit Aristoteles wird ausgehend von der Subjekt-Prädikat-Struktur des Satzes das jeder denkbaren Aussage immer Zugrundeliegende als „Es" bezeichnet: das, was im Akt der „Aufmerksamkeit" dieser *„überhaupt gegenwärtig ist"*.[3] Hier kann von einer Verstandesleistung im Sinne einer Vereinheitlichung noch keine Rede sein. Was jeweils *gegenwärtig* ist, muss offenbar als Voraussetzung von allem anderen gedacht werden, ohne darin im einzelnen schon bestimmt zu sein. Deshalb kann dieses vorausliegende „Es" auch nicht selbst zur Bestimmung von anderem herangezogen werden. Von etwas zu sagen, es sei „Es", ist offensichtlich sinnlos; und nicht nur das, im zugrundeliegenden „Etwas" ist ein „Es" bereits vorausgesetzt. Peirce kann folglich das hier für „die Gegenwart überhaupt" stehende „Es" (mit der ersten Kategorie des Aristoteles) als *Substanz* bezeichnen: der eine Grenzbegriff der drei zu ermittelnden Hauptkategorien.

Ihm gegenüber steht die gelungene Aussage, also ein Satz, der einem „Etwas" ein bestimmtes Prädikat zuordnet, z.B.: „Der Ofen ist schwarz."[4] Mit

---

[2] Vgl. W 1, no. 4; EP 1, no. 1; SS 1, 147-159.

[3] SS 1, 147 (§ 3)

[4] Ibid. 147 (§ 4).

Kant spricht Peirce hier vom *Sein* (im Gegenüber zur *Substanz*), weil in der Verstandesleistung, die Vielheit von Sinneseindrücken in einer Prädikation zur Einheit zu bringen, grammatikalisch die Kopula eines Behauptungssatzes zum Ausdruck kommt: Das „Ist" im Satz bildet die Einheit durch die Verbindung von *Schwärze* mit der *Substanz* („Ofen"), ohne dass mit „ist" selbst etwas inhaltlich zum Ausdruck gebracht würde. Insofern taugt „Sein" auch nicht als Prädikat für eine Substanz, und „Substanz" (*Es*) kann, wie gesagt, nicht als Bestimmung für etwas auftreten. Alles, was für die gesuchten Bestimmungen notwendig und damit kategorial gesehen entscheidend ist, muss sich also innerhalb dieser Pole der Substanz und des Seins abspielen.

Auf der Seite der Substanz liegt Vielfältigkeit vor: all das, was gegenwärtig ist und als „Es" sich der Aufmerksamkeit präsentiert. Innerhalb der Aufmerksamkeit aber kann differenziert werden, wenn von der Einheitsbildung, dem Gegenpol der Substanz, vom Satz (Sein) her gedacht wird; und zwar so, dass dessen notwendige Elemente voneinander abgehoben werden. Dieses Verfahren der Abhebung entwickelt Peirce als eine rein logische Unterscheidbarkeit in drei Stufen, und in der dadurch gegebenen Anordnung werden die drei Hauptkategorien ermittelt.[5] Wir versuchen, diese drei Schritte mitzugehen:

(1) In der Einheit des Satzes („Dieser Ofen ist schwarz"[6]) wird die „Qualität" der Schwärze genutzt, um sie dem vorliegenden Subjekt zusprechen zu können. Das bedeutet, dass Schwärze zwar im Satz sozusagen zu diesem Ofen selbst gehört, nicht aber mit diesem ununterscheidbar identisch ist. Sonst könnte die Qualität gar nicht zugesprochen werden. Schwärze als Qualität ist von einer Allgemeinheit, die als Ermöglichungsgrund in der Anwendung auf einen bestimmten Fall konkret wird. Das Schwarzsein dieses Ofens verdankt sich demnach an erster Stelle notwendigerweise – und in allen entsprechenden Fällen – der Qualitätsbeziehung. Für diese Verallgemeinerung (wie „Schwärze") spricht Peirce von einer „reinen Abstraktion", die im konkreten Fall durch Bestimmung einer Substanz im Satz zur Anwendung kommt. Die Satzverbindung durch die Kopula (das „Sein") braucht diese allgemeine Qualität. Deshalb ist zusammenfassend zu sagen (ibid.): „Man kann eine solche reine Abstraktion, in bezug auf die sich eine *Qualität* oder ein allgemeines Attribut konstituiert, als einen *Grund* bezeichnen. Der Bezug auf einen Grund kann nicht vom Sein, Sein aber von ihm abstrahiert werden."

---

[5] Zur genaueren Analyse dieses Verfahrens vgl. die Darstellungen bei H. PAPE (1989), Kap. 10.1; und U. BALTZER (1994), Kap. II.4.

[6] SS 1, 151 (§ 7). – Vgl. zu diesem und den folgenden beiden Paragraphen U. BALTZER, aaO. Kap. I.5-7; C. HAUSMAN (1993), 96-107.

Anders gesagt: Diese Ermittlung der ersten Hauptkategorie der *Qualität* (*Bezug auf einen Grund*)[7] zeigt die prinzipielle Verbindbarkeit von Substanz und Sein (im Satz), weil vom „Sein" her gesehen genau dieser Grundbezug dargestellt wird, weshalb in dieser Richtung von diesem Zusammenhang („Substanz" als Grundbezug ist „Sein") nicht abgesehen werden kann. Das Zusprechen von Qualität ist im Rahmen der Einheitsbildung des Satzzusammenhanges elementar notwendig, soll überhaupt etwas Bestimmbares prädiziert werden können. In der umgekehrten Richtung (von der „Substanz" her gesehen) aber gilt: Die *Abstraktion* oder *Qualität* kann aus dem Zusammenhang der Einheitsbildung herausgelöst betrachtet werden. Der „Bezug auf einen Grund" ermöglicht zwar – gegenüber dem „Es" der Substanz bzw. des Satzsubjektes – einen Zusammenhang aufgrund seiner Qualität, diese stammt aber allein aus sich selbst in der Allgemeinheit ihres Ermöglichungsgrundes, nicht aus etwas Anderem.

(2) In der Qualifizierung liegt zugleich die Möglichkeit von „Unterschied und Übereinstimmung" mit anderen vorkommenden Qualitäten.[8] Denn außer dass ein bestimmter Ofen schwarz ist, so könnte Peirce' eigenes Beispiel fortgeführt werden, ist er auch schwer, groß, heiß, nützlich etc. Es stellt sich damit heraus, dass die zuerst genannte „Beziehung auf einen Grund" bereits eine kunstvolle Abhebung gegenüber der Tatsache war, dass immer mehrere und darin aufeinander bezogene Qualifizierungen vorliegen. „Unterschied und Übereinstimmung" dieser Qualifizierungen haben insofern zwar einen gemeinsamen Grund (z.B. die Farbbestimmung), die Beziehung zu einer anderen Qualität bleibt aber trotzdem selbständig hinsichtlich ihres eigenen Grundes (z.B. der Weiße gegenüber der Schwärze). Peirce bezeichnet dieses Verhältnis aufgrund von „Unterschied und Übereinstimmung" als den „Bezug auf ein Korrelat", d.h. an zweiter Stelle ist der notwendige elementare Begriff der „Relation" einzuführen. Diese zweite Hauptkategorie deckt das vorliegende (zweistellige) Verhältnis zwischen Relat und Korrelat, und dieser „Bezug auf ein Korrelat" kann nun nicht von dem in ihm mitgegebenen „Bezug auf einen Grund" abstrahieren, wohl aber umgekehrt der Qualitätsbezug vom Korrelatbezug, wie es entsprechend bei der Einführung der ersten Hauptkategorie auch geschehen ist.[9] Der Richtungssinn vom „Sein", hier: vom „Korrelat", her gesehen impliziert notwendig das Relat, d.h. den Grund-Qualitäts-Bezug;

---

[7] Vgl. dann die Übersicht in SS 1, 153 (§ 11); zur semiotischen Problematik des „Grundes" V.M. Colapietro (1996), 129-140.

[8] SS 1,152 (§ 8).

[9] Der hierfür entscheidende Satz am Ende von § 8, der den beiden Schlußsätzen in den §§ 7 u. 9 analog ist, fehlt in der dt. Übers. von SS 1, 152; er lautet: „Reference to a correlate cannot be prescinded from reference to a ground; but reference to a ground may be prescinded from reference to a correlate." (Übersetzt: „Der Bezug auf ein Korrelat kann nicht vom Bezug auf einen Grund abstrahiert werden; der Bezug auf einen Grund aber kann vom Bezug auf ein Korrelat abstrahiert werden.")

während im umgekehrten Richtungssinn von der „Substanz", hier: vom Grund-Bezug her gesehen die Eigenständigkeit (Abstrahierbarkeit) der Qualität gewahrt bleibt.

(3) Im dritten Schritt zeigt sich erneut, dass die vorherige Ableitung nur als abgehoben von der jetzt folgenden verstanden werden konnte. Zwischen *Relat* und *Korrelat* muss deren Verhältnis vorausgesetzt werden: als Bedingung des „Vergleichs" von Relat und Korrelat, ermöglicht durch eine „vermittelnde Darstellung" („mediating representation").[10] Eines der Beispiele, die Peirce hier zum Beleg anführt, ist das der Übersetzung: Wenn in zwei verschiedenen Sprachen zwei Wörter (z.B. franz. *homme* und dt. *Mensch*) „dasselbe zweibeinige Wesen" als Wortzeichen repräsentieren, so setzt dieser „Vergleich" der beiden Darstellungen in *Relat* und *Korrelat* bereits eine diese beiden „vermittelnde Darstellung" voraus. Der Sachbezug verlangt als dritte Hauptkategorie die *Darstellung* (*representation*), worin wir die Aussageeinheit „insgesamt als *unsere* betrachten".[11] In dieser Wendung kündigt sich zugleich die abschließende, „unmittelbare" Integrationsleistung des „Seins" bezüglich der „Substanz" an, weil nun mehr als die Darstellung von etwas (als Relat und Korrelat) gar nicht erwartet werden kann. Ist die Einheitsbildung – das angeeignete Verständnis – in den Elementen von Grundbezug, Korrelat und Darstellung erreicht, so ist alles erreicht, und die dritte Hauptkategorie ist die letzte in der Reihe.

Im Anschluß an das engl. Wort *interpreter* für Dolmetscher nennt Peirce die dritte Hauptkategorie „Darstellung (Bezug auf einen Interpretanten)", und sie kann wiederum „nicht vom Bezug auf ein Korrelat, der letztere aber vom ersteren abstrahiert werden."[12] Wenn eine Darstellung vorliegt, enthält sie notwendig den Korrelat-Bezug und den Grund-Bezug. Nur so kann die „Substanz" (die Gegenwärtigkeit von etwas) in der Einheit des „Seins" erfasst werden, nämlich in einer dreistelligen Darstellungsform und Gegenstandsbeziehung, worin drei aufeinander angewiesene Relationen zu unterscheiden sind und die nächstfolgende die vorhergehende(n) enthält, nicht umgekehrt[13]:

1.) in einem „Quale", dem Grund-Bezug,

2.) in einem „Relat", dem Grund- und Korrelat-Bezug,

3.) in einem „Repräsentamen", dem Grund-, Korrelat- und Interpretanten-Bezug.

b. Die universalen Kategorien: Erstheit, Zweitheit, Drittheit

Die in Peirce' Gesamtwerk vielfältig und zunehmend differenzierter entworfene *Zeichentheorie* ist auch in der Kategorienschrift von 1867 deutlich er-

---

[10] Ibid. 152 (§ 9).
[11] Ibid. 153 (§ 10).
[12] Ibid. 153 (§ 9).
[13] Ibid. 154 (§ 13).

kennbar und entsprechend den drei Hauptkategorien in „drei Arten von Darstellungen“ ausdrücklich formuliert: 1) *Ähnlichkeiten* (aufgrund der gemeinsamen „Qualität“ von Darstellung und Objekt), 2) *Indizes* (aufgrund der „Entsprechung von Tatsachen“ zwischen Darstellung und Objekt) und 3) *Symbole* (als Darstellungen von Objekten aufgrund einer „zugeschriebenen Eigenschaft“).[14]

Vor der weiteren Bearbeitung dieses dreigliedrigen Zeichenbegriffs ist zunächst aber die dafür bereits als gültig vorausgesetzte Universalität der Kategorien zu begründen. Dazu ist im letzten Paragraphen (§ 15) der Kategorienschrift ein erster Schritt getan, insofern Peirce die Dreigliedrigkeit der Kategorien als *Darstellungen* und in ihrer „grundlegenden“ Bedeutung jedenfalls an einer „universalen Wissenschaft“, der Logik, nachweisen will. Hier ist dann nur noch von den *drei* „Begriffen des Bezugs“ die Rede, nicht mehr von *fünf* Kategorien, wie es zuletzt in § 11 hieß. D.h. die beiden Grenzbegriffe der „Substanz“ und des „Seins“ können am Ende unberücksichtigt bleiben, sie waren auf dem Weg zur Entdeckung der eigentlichen drei Kategorien funktional eingesetzt. Deshalb ist auch die in unserer Ableitung dafür eigens gewählte Terminologie der „Hauptkategorien“ jetzt überflüssig geworden. Die Konstruktion der fünf Kategorien zu Beginn zielte auf die drei Kategorien der *Darstellung*.

„Substanz“ und „Sein“ erscheinen demgegenüber als nicht in gleicher Weise „elementare Begriffe“. Notwendig und hinreichend für die Struktur einer vollständigen *Darstellung* ist die Unreduzierbarkeit der drei Kategorien in ihrem spezifischen Aufbau und ihrer relativen Selbständigkeit: in ihrer Abhebbarkeit von der ersten über die zweite zur dritten Kategorie. Auf diese Weise wird in der Kategorienschrift bereits eine zwar auf logischen Einsichten basierende, zugleich aber auch vom wahrgenommenen, vorgestellten und gedachten *Phänomen* her allgemein plausible Analyse geboten. Entsprechend wird Peirce später in seiner Wissenschaftssystematik die Aufgabe der Ermittlung der Kategorien der philosophischen Grunddisziplin der *Phänomenologie* oder *Phaneroskopie* zuweisen, der allein die *Mathematik*, d.h. die Relationenalgebra, noch vorausliegt.[15] Die drei Kategorien geben daher eine strukturell vollständige – und formal nachweisbare[16] – Aufbaulogik jeder denkbaren begrifflichen *Darstellung*, die zugleich alltagsweltlich (*phänomenologisch*) in der menschlichen Erfahrung unhintergehbar fundiert ist.

---

[14] Ibid. 155 (§ 14).

[15] Vgl. H. DEUSER, Phaneroskopie (1989); H. PAPE, *Einleitung*, in: SS 2, 15-42.

[16] Zum formalen Nachweis der Irreduzibilität von Dreistelligkeit und der Reduzierbarkeit von 3+n-stelligen Relationen auf 3-stellige (unter Bezug auf die Arbeiten von H.G. HERZBERGER und R. BURCH) vgl. PAPE (s.o.Anm. 15), 39ff.; PAPE (2002), 180; und in PEIRCE, LU, 210 Anm. 5.

Angewandt auf den Erkenntnisprozess, die *Logik der Forschung*, bedeutet dies: Die „ersten“ – und als solche jedem Zweifel zunächst entzogenen – *Wahrnehmungen*, die in alle folgenden kritischen Bestimmungen als Prämissen eingehen, wurzeln in einem immer vorausliegenden Erfahrungszusammenhang. Die formale Relationenlogik, die alltagsweltlich orientierte Phänomenologie und der Forschungsprozess sind insofern aufs engste miteinander verbunden. Die strukturelle Bestimmbarkeit durch die Kategorien benennt an erster Stelle die unverzichtbaren Prämissen (*Qualitäten*), die den folgenden Bestimmungen vorausliegen. In der Perspektive dieser prinzipiellen Unbestimmtheit wird damit anstelle des Grenzbegriffs der „Substanz“ die phänomenologisch vorausliegende jeweilige Gegenwart des „Wahrnehmungsuniversums“ erkennbar, Peirce spricht dafür auch vom *Phaneron*; und in der Perspektive der Bestimmbarkeit tritt an die Stelle des Grenzbegriffs des „Seins“ die Wahrheit und Vernünftigkeit des Erkenntnisprozesses.[17] Beide Perspektiven aber sind in den drei Kategorien bereits vertreten: Die Unbestimmtheit im Bezug auf einen *Grund*: Erstheit; die Bestimmtheit in ihrem empirischen Bezug auf ein *Korrelat*: Zweitheit; und die Prozessbestimmtheit als Darstellung im Bezug auf einen *Interpretanten*: Drittheit.

Peirce' Manuskript von 1887/88 *Eine Vermutung über das Rätsel [der Sphinx]* dokumentiert dann den bewussten Schritt zur umfassenden Anwendung der Kategorien für alle Wirklichkeitsbereiche. Dieser Text war zu Peirce' Lebzeiten unveröffentlichtes Fragment geblieben, weil das Programm, die drei Kategorien gerade in den für den modernen Begriff der Erfahrung führenden Wissenschaften (Metaphysik, Psychologie, Physiologie, Biologie, Physik) nachzuweisen, sich offensichtlich noch nicht befriedigend durchführen ließ. Im ersten, dem grundlegenden Kapitel mit der Überschrift *Trichotomie* aber wird die phänomenologisch universale Anwendbarkeit und Plausibilität der drei Kategorien begründet: in ihrer künstlich gewählten und seither gültigen Terminologie von *Erstem, Zweitem, Drittem* oder *Erstheit, Zweitheit, Drittheit.*

Die Vorstellung des *Ersten* verlangt konsequent das Absehen von jedem Anderen oder Vermittelnden. Das Erste ist ursprünglich und spontan, entzieht sich in seiner Unmittelbarkeit dem Zugriff; bildlich gesprochen: „Was die Welt für Adam war – an jenem Tage, als er seine Augen für sie öffnete, bevor er irgendwelche Unterscheidungen gemacht hatte und sich seiner eigenen Existenz bewußt war".[18] Darauf baut die Vorstellung des *Zweiten*, dass neben dem Ersten ein Anderes (bzw. mehrere Andere) vorausgesetzt werden muss, die vermittelnde Unterscheidung als solche aber noch unerfasst bleibt: *Zweitheit* ist die Härte der Empirie, die Aufdringlichkeit der Gegenstände, das

[17] Vgl. U. BALTZER (1994), 217ff.
[18] *Eine Vermutung über das Rätsel [der Sphinx]*, in: RS, 116; vgl. 115-121; 130f.

feste Gegenüber von Ja und Nein, Aktiv und Passiv, Anfang und Ende.[19] Wird schließlich die Relation zwischen Erstem und Zweitem als deren wirksame Vermittlung gedacht, ist die Vorstellung des *Dritten* erreicht, der „Prozeß" zwischen Anfang und Ende, die Beziehung als solche, ohne die eine verallgemeinernde Bezugnahme auf ein *Erstes* und *Zweites* gar nicht denkbar wäre.[20]

Weil in der Drittheit die Zweitheit und in dieser die Erstheit vorausgesetzt werden muss, ist die Dreigliedrigkeit gezeigt: die Nicht-Reduzierbarkeit der drei Kategorien. Dass damit aber auch die kategoriale Vollständigkeit der ordinalen Reihe von Erstem, Zweitem, Drittem erreicht ist, bedarf einer weiteren Begründung. Peirce gibt das relationenlogische Beispiel, dass das Ereignis des Schenkens zunächst als Beleg dafür gelten kann, dass eine triadische Relation („A schenkt C an B") grundsätzlich nicht aus dyadischen Beziehungen zwischen A und B, A und C, B und C aufgebaut werden kann; dass wohl aber ein „vierfacher Sachverhalt" („daß A an B ein C für den Preis von D verkauft") in zwei triadische Relationen aufgelöst werden kann: Das hier vorliegende „Geschäft E" besteht einerseits aus dem Handel zwischen A und B, andererseits aus dem Verkauf von C zum Preis D. In E sind die beiden Triaden also verknüpft, bzw. in E können sie als Triaden getrennt werden, und nach diesem Muster sind alle Relationen auf ihre triadischen Grundformen rückführbar.[21]

Dass die drittheitliche Struktur für alle Verstehensprozesse gilt („etwas", A, wird von B als C *wahrgenommen*; A wird in seiner Beziehung zu C durch B *erkannt*; B *denkt* C als Folge von A), ist selbstverständlich. Die Universalität der Kategorien beruht aber nicht auf dieser hermeneutischen oder subjekttheoretischen Einsicht, sondern diese ist ein spezifischer Fall der allgemeinen kategorialen Darstellbarkeit aller Wirklichkeit als Erstheit, Zweitheit, Drittheit. Die Prozesse der Evolution stammen sozusagen aus einem *Ersten*, dessen Kreativität auf Bestimmungen (*Zweites*) zielt, die in ihrer vernünftigen Regelhaftigkeit sich als *Drittes* darstellen. Definitiv abgeschlossene „allgemeine Tatsachen"[22] (Gesetze, Regularitäten, Universalien) kann es in diesem Prozess nicht geben, sondern konsequent nur die Anerkennung seiner Ermöglichung, Erfahrung und prinzipiellen Verstehbarkeit. Dieses Verstehen wiederum ist kategorial gegliedert, seine Konstitutionsbedingung ist aber nicht das triadische Selbstbewusstsein, sondern dieses ist selbst ein Produkt des schöpferischen Prozesses der Erfahrungsuniversen: der triadisch, d.h.

---

[19] Ibid. 116ff.; 120.

[20] Ibid. 118ff.; vgl. 128ff.

[21] Ibid. 122f.; zur genaueren formalen Darstellung dieser Operationen vgl. K.L. KETNER, in: P.H. SAMWAY (1995), 195ff.

[22] Ibid. 163; zur kosmologischen und evolutionistischen Anwendung vgl. 120f. u. 167ff.

kategorial als Erstheit, Zweitheit und Drittheit strukturierten Wirklichkeit. Die Kategorien zeigen die Welt, wie sie sich selbst darstellt.

B. Semiotik

Gegen Peirce' neue Begründung der Kategorien sind zwei Einwände aus gegensätzlicher Orientierung zu erwarten: Für naturalistische oder empiristische Philosophien ist Peirce' Einbettung der Zweitheit, d.h. der Welt der Tatsachen, zwischen ihrer Ermöglichung aus kreativer Spontaneität (Erstheit) und ihrer Erfassung in verhaltenswirksamer Regelhaftigkeit (Drittheit) unverständlich. Solange allein (empirische) Tatsachen als primär und Gesetze als davon abgeleitete „theoretische“ Hypothesen ohne eigenen Tatsachenwert angesehen werden, bleibt allerdings die Möglichkeit von Neuem (im Sinne der Erstheit) ebenso unerklärt wie die reale Wirksamkeit und Einsichtigkeit von Gesetzen (im Sinne der Drittheit), denen die Tatsachen gehorchen. Der Einwand, allein messbare Fakten seien im Sinne strenger Wissenschaft und Methode fundamental, greift folglich zu kurz.

Der zweite Einwand ist der der idealistischen oder transzendentalen Begründungslogik, für die Peirce' Nachweis der Nicht-Reduzierbarkeit von Erstheit und Zweitheit unvollziehbar erscheinen muss. Denn solange Wissen und Selbstbewusstsein als Konstitutionsbedingungen von allem anderen angesehen werden, wirkt die Eigenständigkeit der Dinge, der Qualitäten und Relate/Korrelate nur als naive Projektion. Doch müssen – umgekehrt – nicht Erstheit und Zweitheit immer schon vorausgehen? Wie könnte sonst die ganz unbestreitbare Gewinnung wissenschaftlicher Erfahrung aus den Vorgaben der Natur erklärt werden, sofern der Lebensprozess durchaus nicht mit dem Denken – jedenfalls nicht mit dem Denken von Menschen – beginnt?

Die Zeichentheorie ist Peirce' systematische Antwort auf die beiden genannten erkenntnis- und wissenschaftstheoretischen Gegenpositionen.

a. Zeichenprozesse

Die neuzeitliche Philosophie – hier vertreten durch den methodischen Zweifel im Geiste Descartes[23] – streitet gegen die mittelalterliche Bindung kritischen Denkens an natürliche, göttliche und institutionelle Autorität mit der Behauptung, dass im Denken selbst die Prinzipien seines Wissens aufzufinden seien und diese allein als letzte Autorität zu gelten hätten. Peirce tritt diesem Theo-

---

[23] Vgl. zur Position und Kritik des Cartesianismus *Einige Konsequenzen aus vier Unvermögen* (1868); zur Begründung von PEIRCE' Gegenthesen ist auch der vorausliegende Aufsatz *Fragen hinsichtlich gewisser Vermögen, die man für den Menschen in Anspruch nimmt* (1868) heranzuziehen, beide in: PEIRCE, SP, Nr. 1 u. 2; vgl. EP 1, no. 2 u. 3. – Zur Interpretation dieser beiden Texte vgl. K. OEHLER (1993), Kap. II.2; R.S. CORRINGTON (1993), 76-92.

rietypus der Moderne mit vier Thesen entgegen, die mit der Negation der Legitimität jener Philosophie zugleich ein semiotisches Gegenprogramm entfalten:

(1) Das substanzielle Selbstbewusstsein, das nach Descartes' Projekt in der Lage sein soll, sich *klar und distinkt* zu erfassen, setzt das menschliche Vermögen der *Introspektion* voraus, d.h. einen exklusiven Selbstbezug ohne Angewiesenheit auf Erkenntnis der Außenwelt. Dieser Selbstbezug würde (2) das Vermögen der *Intuition* voraussetzen, nämlich diese exklusive Selbstwahrnehmung vermittlungslos und anfänglich nicht nur machen, sondern auch von Erkenntnissen äußerer Dinge unterscheiden zu können. Peirce widerlegt beide Annahmen dadurch, dass er die Unmöglichkeit einer Unmittelbarkeit, die zugleich (im Selbst- oder Außenbezug) um sich wissen könnte, nachweist. Nehmen wir das Beispiel des Hörens: Dass *ich* höre, kann von mir selbst gar nicht festgestellt werden, ohne dass ich mich auf den Akt des Hörens von *etwas* beziehe, d.h. die Introspektion kommt immer schon zu spät, sie bleibt der Wahrnehmung nachgeordnet; und sich auf etwas *zu beziehen*: auf den Ton oder das Geräusch im Beispiel des Hörens, ist in das unmittelbare (augenblickliche) Wahrnehmungsereignis eingebunden (und also interpretativ vermittelt), nicht mehr von diesem zu unterscheiden oder noch einmal anders zu wissen, d.h. die Intuition, wenn es sie gäbe, wäre im Wortsinn gegenstandslos. Daraus folgt, dass jedes Gefühl ebenso wie jede Wahrnehmung und wie alle Erfahrungen überhaupt, sofern sie zugänglich werden, bereits vermittelt sind über vorausgehende und als Kontext auftretende Bezugnahmen. (3) Dieses immer notwendige und vorausgehende Bezugnehmen aber bedeutet: „Wir haben kein Vermögen, ohne Zeichen zu denken."[24] Und konsequent schließt dieser alles umfassende Vermittlungsprozess der Zeichen, demgegenüber Intuition und Introspektion ins Leere gehen müssten, eben diese prinzipielle Leerheit aus: (4) „Wir haben keinen Begriff von einem absolut Unerkennbaren."

Diese philosophische Grundlegung impliziert zusammen mit dem Zeichenbegriff, dass das Denken niemals an einem Nullpunkt beginnen kann, sondern immer bereits in einem „*Prozeß* der Erkenntnis"[25] steht. Dieser entspricht den verschiedenen Formen des *Syllogismus*[26], d.h. aus jeweiligen Prämissen folgen nach Regeln bestimmte Konklusionen. Im Beispiel des Hörens: Die Wahrnehmung eines Tons oder einer Reihe von Tönen wird soweit verfolgt, bis klar ist, dass dieser Ton genau dem Ruf einer Eule entspricht (deduktiver Schluss), dass diese Töne für alle Eulen typisch sind (induktiver Schluss) oder dass dieser gehörte Ton dann sinnvoll zu erklären ist, wenn er als Ruf einer Eule aufgefasst wird (hypothetischer Schluss).

---

[24] SP, 42.

[25] Ibid. 43.

[26] Ibid. 44ff.

Diese Logik der Schlussformen, die Peirce bereits auf Wahrnehmungsprozesse anwendet, kommt ganz ohne Instrospektion oder Intuition aus. Deren Begründung und Notwendigkeit läge umgekehrt darin, dass eine Vermittlungsleistung des Schließens zuallererst negiert werden müsste. Peirce aber gewinnt durch die Feststellung der immer gegenwärtigen Abläufe von Schlussfolgerungen, dass keine dem Denken heteronome Erst- oder Letztinstanz angenommen werden muss. Die Allgemeinheit des Denkens besteht gerade darin, schon im Fußpunkt allen Erkennens, in der Wahrnehmung, immer bereits Konklusionen, d.h. Allgemeinbegriffe für Einzelnes angewandt zu haben. Dem entspricht die Struktur, der jedes Zeichenereignis genügt: Dass das Zeichen in seiner *Qualität* mit dem *Objekt*, für das das Zeichen steht, in einer *Interpretation* verbunden ist.[27] Diese formale Struktur lässt allerdings noch nicht direkt erkennen, worin die spezifische Lösung des Problems von Allgemeinheit und Einzelwahrnehmung besteht; auch nicht, warum Peirce bei der Einführung dieses Zeichenbegriffs sagen kann, Menschen würden in der Gegenwart eines Zeichenereignisses selbst zum Zeichen.[28]

Die erste Frage erklärt sich so, dass immer wieder betont und entdeckt werden muss: Ein Zeichen ist das Gegenteil von Isolation. Das Zeichen besteht selbst in seinem Relationengefüge (Zeichen, Objekt, Interpretant), und diese Grundstruktur ist prozessual angelegt auf erneute Bezeichnungsfolgen, Zeichenverkettungen, in denen der Interpretant selbst wieder zum Zeichen wird etc. Im Beispiel des Hörens: Ein gehörter Ton, der als Ruf einer Eule interpretiert wird, wird als solcher erinnert, verknüpft mit anderen Interpretationen, steht als vogelkundliches Merkmal zur Verfügung, kann musikalisch nachgeahmt und in dieser Funktion völlig neue und andersartige Interpretationen auslösen. Für Peirce ist dabei entscheidend, dass im "Strom der Ideen"[29] eine Kontinuität zwischen dem ersten Auftreten eines Zeichenereignisses und allen folgenden Interpretationen herrscht; und diese erst lässt die Logik der Schlussformen zwingend mit der Zeichenstruktur verbunden sein. Dann wird auch ersichtlich, warum die Behauptung der Allgemeinheit von Konklusionen schon im Akt der Wahrnehmung (Wahrnehmungsurteil) der Unerklärbarkeit im unmittelbaren Gegenwärtigsein (der Prämissen der Wahrnehmung) nicht widerspricht[30]: Konklusionen aufgrund von Prämissen liegen in der Zeit, das jeweilige Gegenwärtigsein von Zeichenqualitäten ist damit bereits vergangen, wenn die Bezugnahme der Interpretation zugreift. Etwas (Zeichen) als etwas (Objekt) wahrzunehmen, zu erkennen oder zu denken (Interpretant) ermög-

---

[27] Vgl. ibid. 54. – Der oben gewählte Begriff der *Interpretation* steht erläuternd für den (drittheitlichen) Terminus des *Interpretanten*, s. o. Abschnitt A.a.(3).

[28] Ibid. 54: „Wenn wir denken, dann erscheinen wir selbst, so wie wir in diesem Moment sind, als ein Zeichen.“

[29] Ibid. 55.

[30] Ibid. 59f.

licht auf verschiedenen und vervielfältigbaren Stufungen der Verallgemeinerung die geistige *Vermittlung* des *Unmittelbaren.* Das Vermittelte kann auf derselben Ebene nicht mehr unmittelbar gemacht werden, das wäre ein Widerspruch in sich selbst. Das Unmittelbare aber ist in seiner jeweils vergangenen Gegenwärtigkeit als Ausgangsqualität von einer solchen Unbestimmtheit (weil Ungreifbarkeit), dass sie gar keinen Erklärungsanspruch mitbringt, es sei denn vermittelt aufgrund von Konklusionen im Zeichenprozess.

Die zweite Frage findet folglich ihre Beantwortung darin, dass im Augenblick des Zeichenereignisses Menschen in den Zusammenhang einer jeweiligen Gegenwart, die Vergangenheit wird und in Zukunft im Zeichenprozess neu interpretiert werden kann, eingetreten sind bzw. sich selbst darin vorfinden. Die Zeichenstruktur ist auf das Selbstsein anzuwenden, d.h. ein menschliches Selbst interpretiert sich auch selbst als vergangen, gegenwärtig und zukünftig.[31] Im Beispiel des Hörens: Dass Menschen den Ruf der Eule nicht nur hören, sondern als gehörten weitergeben, sich darauf berufen und ihn erwarten können, dass dieser Ruf repräsentiert werden kann, ohne akustisch jeweils auftreten zu müssen, dass über seine natürliche oder übertragene Bedeutung gestritten werden kann, das alles zeigt, wie von der ersten Wahrnehmungsqualität über die Objektbezeichnung bis in die vielfach übertragbaren Interpretationen die Zeichenprozesse wachsen und Menschen sich in ihnen befinden. So ist das *Hören* ein konstitutiver Teil des Menschen, und in der *Gemeinschaft* der Menschen hat es seinen realen Zusammenhang, zugleich auch seine Überprüfungsinstanz und zukünftige weitere Ausbildung. In Hörereignissen steht das Menschsein auf dem Spiel. Deshalb kann, verallgemeinert gesagt, gelten, „daß das Wort oder Zeichen, das der Mensch gebraucht, der Mensch selbst *ist*."[32]

b. Zeichenuniversen

Peirce' Lebenswerk besteht in der immer weitergehenden Präzisierung und Begründung der Zeichenstruktur und entsprechend differenzierter Zeichenformen. Die prominentesten sind bis in die Spätphilosophie *Ikon*, *Index* und *Symbol*, d.h. die Objektbeziehung von Zeichen lässt sich gemäß den Kategorien aufbauen[33]: Der bewusste Repräsentationsakt ist ein *Symbol*, ein Zeichenereignis, das aufgrund festgelegter, gewachsener Gewohnheit interpretiert wird (z.B. ein Lied oder eine Oper in der entsprechenden Hör- oder Interpretationsgewohnheit); der direkte Objektzusammenhang ist konstitutiv im Falle des *Index*, eines Zeichenereignisses, das aufgrund einer Einwirkung zustande

---

[31] Vgl. CORRINGTON (1993), 86f.

[32] SP, 79.

[33] S.o. Anm. 14; vgl. die drei kategorialen „Elemente des Denkens": *Repräsentation*, *Relation* und *Qualität* in SP, 60. – Zu PEIRCE' später Zeichenklassifikation vgl. PAPE (1989), Kap. 10; HAUSMAN (1993), 67-93.

kommt (z.B. ein Pfiff oder Schrei, die sofort bezüglich ihrer Verursachung gehört werden); die auch unabhängig von allen möglichen Zusammenhängen bestehende Ähnlichkeit definiert das *Ikon*, ein Zeichenereignis, das allein durch seine Qualität zur Stellvertretung in der Lage ist (beispielsweise stehen der Ton oder die Tonfolge einer Panflöte für ein entsprechendes Gefühl).

Zeichen sind demnach nicht einfach nur die materialen Vehikel, die für etwas anderes stehen, sondern die *kategoriale Semiotik* beschreibt auf der Basis von Zeichenvermittlungen den umfassenden, schlusslogisch und gemäß der Zeichenstruktur gegliederten Prozess von Repräsentationsleistungen. In diesen allein ist die sogenannte Außenwelt menschlich zugänglich. Dass unsere Konklusionen bezüglich der Evolution aller Wirklichkeit selbst *hypothetisch* bleiben, zeigt nur, dass menschliches Denken die Gegenstandswelt nicht hervorbringt, also auch diesbezügliche Aussagen nicht beweisen kann, wohl aber an ihrer Entwicklung Anteil hat. Den Hypothesen aber – oder wie Peirce später sagt: der Logik der *Abduktion* oder instinktiven Vernunft[34] – kein Vertrauen zu schenken, würde bedeuten, in den künstlichen Zweifel des Cartesianismus zurückzufallen. Das Ineinanderliegen von logischen Schlussformen und kategorialer Zeichenstruktur in der Entwicklung der *Gemeinschaft* der Menschen ist alles, worauf menschliche Erfahrung setzen kann. Was unter diesen Bedingungen sich darstellt, in Zeichenereignissen repräsentiert wird, ist die *Realität*; oder anders: *das Reale* ist „von der Natur einer Erkenntnis".[35] Deshalb können z.B. Töne, Rufe, Melodien, Texte überhaupt *als* diese und wie sie sind gehört und verstanden werden. „Erkenntnis" aber ist notwendig dreigliedrig, und so auch das Zurechtfinden in der Welt. Es geschieht in den – kategorial und semiotisch aufzufassenden – drei *Universen der Erfahrung*[36]: der Realität der Ideen (ikonischer Erstheit), der Tatsachen (indexikalischer Zweitheit) und der Repräsentationen (symbolischer Drittheit).

C. Pragmatismus

Realität und Gemeinschaft sind in der Zeichenstruktur miteinander verkoppelt: Interpretationen reagieren auf Zeichen von Objekten und bilden diese in differenzierten Prozessen weiter aus. Wenn diese Zeichenketten keinen Nullpunkt und kein beziehungsloses Außerhalb haben, wie Peirce' Erkenntnistheorie der Zeichenprozesse nachgewiesen hat, dann ist ihr natürliches und soziales Eingebettetsein selbst von Bedeutung: Philosophisches Wissen kann überprüfen, sich aber nicht selbst begründen. Deshalb ist der Zweifel als

[34] Vgl. VP, 115-117; EP 2, 216-218.

[35] SP, 45; vgl. 76ff.

[36] Vgl. diese Zusammenfassung in: *Ein vernachlässigtes Argument für die Realität Gottes* (1908), RS, 330f.

theoretisches Prinzip erfahrungsfremd; Ausgangspunkte, Überzeugungen, Erfahrungszusammenhänge müssen faktisch vorausgesetzt werden. Denken lebt von Zweifeln, diese selbst aber setzen Überzeugung und Gewissheit voraus: „Wir wollen nicht vorgeben, in der Philosophie etwas zu bezweifeln, was wir in unserem Herzen nicht bezweifeln!“[37]

a. Die pragmatische Maxime

Auf der Basis wissenschaftstheoretischer Diskussionen (zwischen Juristen, Naturwissenschaftlern, Philosophen, Theologen) zu Beginn der 70er Jahre in Cambridge (Massachusetts), im Freundeskreis des sogenannten *Metaphysical Club*, prägte Peirce den Begriff *Pragmatismus*. Beleg dafür sind seine eigenen späteren Äußerungen, William James' öffentliche Bekanntmachung 1898 und vor allem - allerdings noch ohne dass dieser Begriff selbst vorkäme – die ersten beiden Artikel der Aufsatzserie *Illustrations of the Logic of Science* von 1877/78.[38] Bevor im zweiten Aufsatz dieser Reihe, *Über die Klarheit unserer Gedanken* (1878), die später sogenannte *pragmatische Maxime*[39] eingeführt wird, summiert Peirce seine Einwände gegen die bisherige philosophische *Methode* der Gewinnung begrifflicher Klarheit. Es sind zunächst Descartes und Leibniz, an deren Kriterium der *Klarheit und Distinktheit* von Begriffen gezeigt werden kann, dass die entsprechend geforderte Begriffsdefinition erstens nach der problematischen Fähigkeit der *Introspektion*[40] verlangt, um die geistige Selbstüberprüfung jener Klarheit bewerkstelligen zu können, und dass die Begriffsdefinition zweitens weder etwas „Neues“ entdecken noch die Bildung von „Überzeugungen“ wirklich berücksichtigen kann. Eine derartige Definitionslehre kann allein Ordnung in die „bestehenden Überzeugungen“ („existing beliefs“) bringen, sonst nichts.[41]

---

[37] SP, 41.

[38] Zum *Metaphysical Club* vgl. die Einleitung von M.H. FISCH, in: W 3, XXIX-XXXVII; und L. MENAND (2001), chap. 9. – Die Aufsatzserie selbst findet sich in: W 3, EP 1 und dt. (in Auswahl) in: SP (1. Teil, II.6-10).

[39] Vgl. dann zu Beginn der ersten Pragmatismusvorlesung (1903), VP, 3: „Eine gewisse Maxime der Logik, die ich *Pragmatismus* genannt habe ...“. – Sowohl der Begriff *pragmatisch* wie der der *Maxime* gehen auf den Sprachgebrauch I. KANTs zurück und markieren den Lebens- und Handlungszusammenhang der Theoriebildung, vgl. die Hinweise von E. WALTHER, in: VP, 153 Anm. 1; K. OEHLER, Einleitung, in: ÜK, 16ff.; H. PAPE (2002), Kap. 1.

[40] Vgl. ÜK, 41ff.; s.o. Anm. 23.

[41] ÜK, 43; zur hier schon vorausgesetzten (natur-)wissenschaftlichen Methode auf der Basis von *Überzeugung/ Glaube* und realem *Zweifel*, wie er in dem vorausgehenden Artikel *Die Festlegung einer Überzeugung* vorgetragen wurde (dt. in: SP, 1. Teil, II.6) vgl. die Darstellung bei OEHLER, Kommentar, in: ÜK, 103-110; D.R. ANDERSON (1995), chap. 3. – Die im folgenden für PEIRCE' Gedankengang entscheidenden Begriffe „doubt“, „belief“, „habit“ werden durchgehend mit *Zweifel*, *Überzeugung*, *Verhaltensgewohnheit* übersetzt (OEHLER übersetzt „belief“ durch „Fürwahrhalten“, „habit“ durch „Gewohnheit“).

Geht es dagegen um die Klarheit menschlichen Wissens im Sinne der wissenschaftlichen Methode und der Suche nach Wahrheit, so ist gerade um dieser höheren Klarheit willen auf die praktische Situation der Forschung zurückzukommen; und die überraschende Stärke von Peirce' Begründung dieser Klarheit besteht durchaus auch darin, dass alltagsweltliche Begrifflichkeit und Analogien ständig im Spiel sind:

(1) Aktives Denken hat nichts anderes zum Ziel als die „Herstellung von Überzeugung" („production of belief").[42]

(2) *Überzeugung* ist dreifach zu bestimmen: Wir sind ihrer „gewahr", sie bringt den Zweifel zur Ruhe, sie führt zu einer *Verhaltensgewohnheit*.[43]

(3) Der Gesamtprozess – von einer Überzeugung zum Zweifel, und von diesem zum erneuten „Zustand der Ruhe" – steht im Horizont des *Handelns*, und dieses setzt *Entscheidung* voraus.[44]

Auf dieser Basis zieht Peirce zwei Folgerungen: Eine negative, wir können sie die *Ausschlussregel* nennen, und eine positive: die *Handlungsregel* oder *pragmatische Maxime*.

Die *Ausschlussregel* besagt: Klarheit wird dadurch erreicht, dass aus einem Gedanken all das ausgeschlossen wird, was nicht zu seiner möglichen Handlungsbestimmung gehört. Die *Handlungsregel* besagt: Was ein Gedanke *bedeutet*, ist durch die zu ihm gehörenden *Verhaltensgewohnheiten* vollständig erfasst.[45] Diese letztere Formulierung ist zugleich eine erste Fassung der *pragmatischen Maxime*; und es erscheint geboten, diese Unterscheidung (zwischen verschiedenen Fassungen) einzuführen, denn die zweite Fassung lautet: „Unser Begriff von etwas *ist* unser Begriff von seinen wahrnehmbaren Wirkungen".[46] Die berühmte dritte Fassung summiert dann am Ende dieses Abschnitts den Gedankengang wie folgt: „Überlege, welche Wirkungen, die denkbarerweise praktische Bezüge haben könnten, wir dem Gegenstand unseres Begriffs in Gedanken zukommen lassen. Dann ist unser Begriff dieser Wirkungen das Ganze unseres Begriffs des Gegenstandes."[47]

Für die Interpretation der Maxime wie für das Verständnis der Philosophie des *Pragmatismus* seither ist ein markanter Unterschied darin zu sehen, ob der Akzent auf der zweiten Fassung bzw. dem letzten Satz der dritten Fassung liegt oder ob die Frage der praktischen „Wirkungen" im Rahmen der Hand-

---

[42] ÜK, 48f.; vgl. 52f.

[43] ÜK, 53ff.

[44] ÜK, 53, 49, 59.

[45] ÜK, 59: „Um seine Bedeutung zu entfalten, müssen wir daher einfach bestimmen, welche Gewohnheiten es erzeugt [...] Nun hängt die Identität einer Gewohnheit davon ab, wie sie uns handeln lassen könnte, nicht bloß unter solchen Umständen, wie sie wahrscheinlich entstehen, sondern unter solchen, die überhaupt möglicherweise auftreten können, gleichgültig wie unwahrscheinlich sie sein mögen."

[46] ÜK, 61.

[47] ÜK, 63.

lungsregel der ersten Fassung bzw. des ersten Satzes der dritten Fassung verstanden werden soll. Peirce selbst hat auf die hier möglichen Missverständnisse – auch im Blick auf die seit der Jahrhundertwende dann konkurrierenden und ihm gänzlich fremden Schulbildungen des *Pragmatismus* – hingewiesen.[48] Es geht im Kern darum, ob die *pragmatische Maxime* strikt im Sinne der *Ausschlussregel* und der zweiten Fassung reduktionistisch auf bestimmte einzelne, empirische „Wirkungen" fixiert werden kann, oder ob sie – wie in der ersten Fassung und im ersten Satz der summarischen Formulierung – ganz im Kontext *möglicher* Handlungen in der *Zukunft*, d.h. orientiert an allgemeinen Bestimmungen und Verhaltensgewohnheiten verstanden werden muss. Dann kann es sich nicht um einzelne Faktenüberprüfungen handeln, die über die Bedeutung von Begriffen zu Gericht sitzen würden, sondern die *Verhaltensgewohnheit* als Kriterium zielt in ihrer Allgemeinheit auf das „denkbarerweise Praktische", wie es in bestimmten Situationsbeziehungen „überhaupt möglicherweise auftreten" könnte.[49] Während Peirce' eigenes Beispiel (im folgenden dritten Abschnitt) vom Diamanten, dessen Härte als im Einzelfall praktische Wirkung der empirischen Überprüfung offen steht, eher die erste Deutung der *pragmatischen Maxime* zu stützen scheint und damit in die falsche Richtung weist[50], zeigt der vierte und letzte Abschnitt dieses Artikels doch unzweideutig den ontologischen und *realistischen* Zusammenhang, in dem Peirce' die Leistungsfähigkeit der *pragmatischen Maxime* bereits 1878 fundiert. Das *Reale*, wie es in einem allgemeinen Prädikat zum Ausdruck gebracht ist, wird gerade nicht als Einzelnes, Empirisches oder als auf einzelne faktische Handlungen reduziert verstanden, sondern als Inbegriff dessen, was sich aufgrund der im Handlungshorizont teilnehmenden Überzeugungs-, Zweifels- und Verhaltensproduktivität herausstellen *wird*. Wahrheit und Realität sind folglich mit der *Hoffnung* der wissenschaftlichen Methode aufs innigste verbunden, auf dem Wege zu derjenigen umfassenden Realitätsbestimmung zu sein, der „jeder letztlich zustimmen muß".[51] Prinzipielle Unerklärbarkeit und Unerkennbarkeit sind damit ebenso ausgeschlossen wie jede Tatsachenideologie, die keinen schöpferischen Zusammenhang mehr kennt. Bei aller Polemik gegen (logisch nicht geklärte) *Metaphysik* wird in Peirce' Begriff der *Realität* geradezu leidenschaftlich gefordert, dass die „praktischen Wirkungen", auf die die *pragmatische Maxime* zielt, in den Prozess der Rea-

---

[48] Vgl. die im nächsten Abschnitt noch heranzuziehenden späteren Kommentierungen der *pragmatischen Maxime*, in: ÜK, 63-67 (Anm. 2 u. 3), und die Darstellung der selbstkritischen Revisionen und erneuerten Begründungen bei C. HOOKWAY (1992), chap. VIII. – Zur Rezeptionsgeschichte vgl. OEHLER (1993), 134ff.

[49] ÜK, 59; vgl. in diesem Sinne auch die Interpretationen von HAUSMAN (1993), 37-51; CORRINGTON (1993), 35-40

[50] ÜK, 67: „Es gibt absolut keinen Unterschied zwischen einem harten Ding und einem weichen Ding, solange sie nicht auf die Probe gestellt werden."

[51] ÜK, 89.

lität und der ihr korrespondierenden Wahrheitsfindung gehören. *Realität* wäre folglich ein prozesshaft-pragmatischer Universalbegriff[52], an dem menschliches Denken in seinen Allgemeinbegriffen (kategorial und semiotisch) partizipiert, ohne dass *Realität* damit von den aktuellen Denkvollzügen einzelner Menschen abhängig gemacht würde.

b. Pragmatizismus

Peirce' Spätphilosophie, seine semiotischen, logischen, kosmologischen und metaphysischen Manuskripte seit der Jahrhundertwende zeichnen sich durch drei Initiativen aus: die kategorial und semiotisch begründete, eigenständige Entwicklung seines logischen Systems der *Existentiellen Graphen*, die auf dem Vorrang von mathematischer Logik und Phänomenologie beruhende *Wissenschaftsklassifikation* und die Abstimmung dieser spezifischen Konsequenzen seiner Philosophie mit dem Schulbegriff des *Pragmatismus*.[53]

Dass Peirce mit dem sich vielfältig entwickelnden Pragmatismus zu Beginn des 20. Jahrhunderts und entsprechend dem sogenannten Neo-Pragmatismus[54] zu Beginn des 21. Jahrhunderts wenig gemein hat, zeigt sich bereits in seinen kritischen Kommentaren zur *pragmatischen Maxime*, in deren modifizierter Wiederaufnahme und Verteidigung in der ersten der *Pragmatismus-Vorlesungen* (1903) und demonstrativ durch die Entscheidung für den die eigene Philosophie abgrenzenden Terminus *Pragmatizismus* im Jahr 1905.[55]

Wenn die Bedeutung eines Begriffes allein in seinen „praktischen Folgen" erfasst werden soll, wie Peirce auch 1903 wiederholt[56], so impliziert dies:

(1) den dafür konstitutiven Zusammenhang von „Überzeugung" („belief") und „Handlung" („action") bzw. „Lebensführung" („conduct");

(2) das „konditionale"[57] oder hypothetische Verhältnis zwischen Begriff und praktischen Wirkungen, das die Allgemeinheit des Begriffs im Unterschied zu seinen faktischen Anwendungen herausstellt.

Es wird also keineswegs die Bedeutung eines Begriffs mit einem akuten Handlungsvollzug identifiziert, sondern die „Interpretation eines Symbols" geschieht im Rahmen des kategorialen Aufbauzusammenhanges von jeweils

---

[52] ÜK, 89/91.

[53] Vgl. jeweils H. PAPES *Einleitungen*, in: SS 2 u. 3.

[54] Vgl. die Diskussionen bezüglich R. RORTY, D. DAVIDSON, H. PUTNAM bei C.R. HAUSMAN (1993), chap. 5.

[55] Vgl. *Was heißt Pragmatismus*, in: SP, 432; entsprechend in: RS, 296, 353ff., 358f.

[56] VP, 13.

[57] ÜK, 67 Anm. – In diesem Sinne formuliert Peirce in der 1. Pragmatismus-Vorlesung (VP, 5): „Pragmatismus ist das Prinzip, daß jedes theoretische Urteil, das in einem Indikativsatz ausdrückbar ist, eine unklare Form des Denkens ist, deren einzige Bedeutung, wenn sie eine besitzt, in der Tendenz liegt, eine korrespondierende praktische Maxime zu verstärken, die als ein Konditionalsatz, dessen Nachsatz im Imperativ steht, ausdrückbar ist." – Vgl. die Übersicht zu PEIRCE' späten Interpretationen des Pragmatizismus bei J.J. FITZGERALD (1966), chap. VII.

ursprünglicher *Überzeugung* (Erstheit: im Sinne der realen Hypothesenbildung), Präzisierung des „intellektuellen Bedeutungsgehalts“ im Blick auf „das *gedachte* Handeln“ (Zweitheit: im Sinne der entsprechenden Begriffsgegenstände) und „Entschließungen zum Handeln“ (Drittheit: im Sinne von selbstkontrollierter allgemeiner Verhaltensgewohnheit, die einzelne Handlungen sowohl fundiert als auch transzendiert).[58]

Die *pragmatische Maxime* ist nur dann missverständlich, wenn Peirce' durchgängige Abwehr des modernen Psychologismus und Nominalismus nicht beachtet wird: Wenn Erkenntnis und Wahrheit auf im Menschen angelegte Bewusstseinszustände, auf Einzelfakten bzw. Einzelhandlungen begründet werden und damit jeden allgemeinen – und logischen, d.h. kategorialen und semiotischen – Status verlieren müssen. *Realismus* bedeutet demgegenüber für Peirce immer, dass der Lebens- und Erfahrungszusammenhang von schöpferischer Spontaneität (Erstheit), natürlichen Gegenständen (Zweitheit) und geistigen Zusammenhängen (Drittheit) nicht übersprungen und nicht neutralisiert werden kann, auch und gerade nicht in den Wissenschaften und ihrer Methode. Der *Pragmatizismus* fordert deshalb die Beachtung dieser lebendigen „Kontinuität“, worin die Liebesethik Jesu als logisches Prinzip („an ihren Früchten sollt ihr sie erkennen“) ebenso gültig ist wie die methodische Orientierung an der Wahrheitssuche auf der Basis von Überzeugung, Zweifel und Verhaltensgewohnheit in der Gemeinschaft aller Menschen.[59]

In diesem Horizont wird auch verständlich, warum Peirce' Pragmatizismus Themen der Metaphysik nicht ausschließt, sondern als Prüfstücke der eigenen Philosophie gerade gesucht hat. Die Relation von hypothetischer Überzeugung, Begriffsbildung und Lebensführung ist der Schlüssel auch für Peirce' *Gottesargument* und die logische wie kosmologische Bedeutung des religiösen Glaubens.[60] „Farben und Töne“ sind Beispiele für ursprüngliche (ikonische) Qualitäten in der „Ökonomie des Universums“, die sich evolutionär in differenzierten (indexikalischen) Gestaltungen entwickeln und wie in einem Kunstwerk zu einem realen (symbolischen) Ganzen gehören.[61] Der Pragmatizismus verbindet die kategoriale Semiotik mit der Praxis der Wissenschaften und der Lebensführung, indem er den konstitutiven Zusammenhang von Überzeugung/ Glaube, Begriffsklärung und Verhaltensgewohnheit als realen Darstellungsprozess zu verstehen lehrt. Die Menschen sind mit ihrer Natur und Kultur, mit ihren Gemeinschaftsformen und ihrer Wahrheitssuche mitvollziehende lebendige Zeichen dieses Universums der Darstellungen.

---

[58] Vgl. ÜK, 65/67 Anm. 3.

[59] Vgl. ÜK, 63/65 Anm. 2. – Zur Ethik Jesu im Kontext der *American Philosophy* s.o. *Einleitung*; zur Kritik des Nominalismus, s.u. Kap. I.3.

[60] Vgl. RS, 323ff.: *Das erste Kapitel der Logik*; 329ff.: *Ein vernachlässigtes Argument für die Realität Gottes*; dazu s.u. Kap. II.6.

[61] VP, 77ff.

2. Die phänomenologischen Grundlagen der Trinität

A. Phänomen und Phänomenologie

Der heute übliche Begriff *Phänomen* bezeichnet das Auftreten von etwas (Gegenstand, Ereignis, Entität) oder alltagssprachlich auch dieses *Etwas* selbst. In diesem Sprachgebrauch wird nicht ausdrücklich darauf reflektiert, dass eine Differenz zwischen der jeweiligen *Sache selbst* und ihrem *Auftreten für uns* besteht. Denn das Auftreten von etwas stellt sich für andere oder unter anderen Umständen durchaus anders dar, und schon der dadurch sich irgendwann einstellende Vergleich unterschiedlichen Sich-Darstellens der offenbar *selben Sache* macht die hier zugrundeliegende Differenz zwingend.

Was sich *als* etwas darstellt, macht damit bereits einen Unterschied an sich selbst, und es ist dieser ganz natürliche Sinn von *Repräsentation*, der keinem religiösen Glauben und keiner Theologie fremd ist: Die Gottheit ist nicht einfach sie selbst und als solche, sondern sie *erscheint*, sie *stellt sich dar*, ist *repräsentiert* oder wird *erfahren* (gefühlt, gesehen, gehört) in ...! Selbst magische Religionen sind nicht ohne elementare Darstellungserfahrungen denkbar, und erst recht sind Mythos und Logos, narrative wie symbolische Religionen das, was sie sind, ganz selbstverständlich aufgrund der Differenz von Gott selbst und seinen Erscheinungen, seinen *Repräsentationen*. Letztere allein „haben" wir – sicherlich nicht zur Verfügung; aber die Repräsentation ist es, die sich Menschen erschließt: *als* ihr Gott (vgl. Ex 3, 14; Jes 6; Mt 16, 13-20 [Bekenntnis des Petrus]).

Dass menschliches Wissen unter der Differenz von Bewusstsein und Gewusstem entsteht, wird in der Philosophie des deutschen Idealismus zum Aufbauprinzip der Wissenschaft selbst erhoben und von Hegel in der *Phänomenologie des Geistes* als Selbstanalyse der „Wissenschaft der Erfahrung des Bewußtseins" vorgetragen.[1] Damit wird einerseits die vom Phänomen her gegebene Differenz zwischen der Sache selbst und ihrer Repräsentation verschoben und aus der Perspektive der internen Produktivität des Zum-Bewusstsein-Kommens nachkonstruiert, andererseits wird zum ersten Mal *phänomenologisch* diese Produktivität als (geschichtlicher) Erfahrungsvorgang be-

[1] So der Titel des I. Teils des 1807 konzipierten *Systems des Wissenschaft*. Zur Vorgeschichte des Begriffs *Phänomenologie* von J.H. LAMBERT (1764) über HERDER, KANT und FICHTE vgl. W. BAUMGARTNER (1989).

schrieben, der als solcher über den alten Gegensatz von Ich-Subjekt und Gegenstand, Für-mich-sein und An-sich-sein, Bewusstseinsinhalte und Bewusstseinsgegenstände, transzendentaler und empirischer Erkenntnislehre hinausführt. Denn das Dritte ist jeweils der Prozess selbst oder die jeweilige *Erfahrung des Hervortretens im Zusammenhang.*

Wird eine solche Phänomenologie nicht nur in der Geschichte und Selbstauslegung des Geistes angeschaut, sondern in ihrer Feinstruktur analysiert und dort experimentell festgehalten, wo das kreative Auftreten der Phänomene jeweils anzusetzen ist und die „Erfahrung des Bewusstseins" mit und von den Dingen in Bewegung kommt, dann sind *phänomenologisch* die folgenden Unterscheidungen an *jedem Phänomen selbst* zu treffen:

(P_{I}) *Etwas* zeigt sich (oder erscheint, stellt sich dar).
(P_{II}) Etwas *zeigt sich* (oder erscheint, stellt sich dar).

Im Falle von P_{II} ist bereits impliziert, dass ein solches *Sich-Darstellen* immer nur als Repräsentation für ... vorstellbar ist, beispielsweise für ein menschliches Wahrnehmen, Erkennen und Denken. Im Falle von P_{I} müssen zweifellos zwei Modi unterschieden werden:

($P_{I.1}$) *Etwas* zeigt sich – im Sinne seines *Was*-Charakters.
($P_{I.2}$) *Etwas* zeigt sich – im Sinne seines *Dass*-Charakters oder Daseins.

Mit diesen Unterscheidungen ist nun genau die Dreigliedrigkeit der Peirceschen Phänomenologie oder *Phaneroskopie*[2] erreicht, die neben der Phänomenologie Husserls[3] heute den Schulbegriff dieser umfassenden philosophischen Grundlagentheorie bestimmt. Am Phänomen selbst sind jeweils zu unterscheiden:

(P_1) Etwas als solches (Qualität)
(P_2) Etwas als Dasein im Verhältnis zu anderem (Existenz bzw. Relation)
(P_3) Etwas in seinem Sich-Zeigen-Für (Repräsentation)

B. Kategoriale Semiotik

Der spezifisch moderne Zuschnitt der Phänomenologie wird dadurch sichergestellt, dass sich das *Auftreten von Phänomenen* sowohl von der (im Sinne Kants „dogmatischen") metaphysischen Behauptung einer reinen Gegenstandswelt *außerhalb* des Bewusstseins als auch von einer auf empirische

---

[2] S.o. Kap. I.1, Anm. 15.
[3] Vgl. L. LANDGREBE (1989); K. HELD, *Einleitung*, in: E. HUSSERL (1985/ 1986).

Psychologie reduzierten Beschreibung von Bewusstseinsvorgängen kritisch unterscheidet. Wenn sich nämlich zeigen lässt, dass die sogenannte *Außenwelt* gar nicht anders erscheint als über Bewusstseinsprozesse vermittelt und dass diese *Prozesse* wiederum gar nicht anders strukturiert sein können, als dass sie in sich konstitutiv auf Objektzusammenhänge verweisen, von denen her sie bestimmt werden, so folgt daraus:

(1) Solche Objektzusammenhänge sind vom Bewusstsein weder erfunden noch als Bewusstseinsinhalte in eine irreale Sonderwelt verbannt.

(2) Der Darstellungsprozess (bezüglich seiner Objektzusammenhänge) ist als solcher nicht mehr zu hintergehen und in allen Wahrnehmungs-, Beschreibungs- und Erkenntnisleistungen menschlichen Fühlens, Denkens und wissenschaftlichen Arbeitens schon enthalten.

(3) Diese beiden Folgerungen zu bestreiten, ist nur möglich, wenn entweder im Rahmen einer „dogmatischen" Metaphysik gegenüber allen geistigen Erfassungen separat existierende Substanzen oder Welten behauptet werden (*Dogmatismus*), oder wenn die Selbständigkeit geistiger Prozesse geleugnet wird (*Nominalismus*).

(4) Die Erkundung der Allgemeinheit dieser strukturierten *Prozessualität* aber verdient den Rang der *ersten Wissenschaft*. Diese (gegenüber der „dogmatischen") neu bestimmte *Metaphysik* beschreibt folglich die allgemeinsten Erscheinungsformen von Welterfahrung. Phänomenologie als erste Philosophie ist offen für das Auftreten von allem, was *erscheint* bzw. *repräsentiert wird*.

Peirce hat unter diesen Bedingungen kritischer Wissenschaftseinstellung die Konsequenz gezogen, dass es ein „Erstes" im Sinne eines Rückgangs auf einen definitiven und menschlich zugänglichen Anfang des Denkens (in intuitiver Unmittelbarkeit oder in einer Innenschau des Selbstbewusstseins) nicht geben kann, dass also „Denken nicht in einem Zeitpunkt zustande kommen kann, sondern eine Zeit verlangt"; und dies bedeutet, „daß jeder Gedanke durch einen anderen interpretiert werden muß oder daß alles Denken in Zeichen geschieht."[4] Neu für den damit auf den Weg gebrachten Begriff von Phänomenologie ist nicht so sehr die Vermitteltheit allen Denkens, sondern die strukturelle Entdeckung, dass es sich bei Bewusstseinsabläufen notwendigerweise und immer um Vorgänge in der Zeit, d.h. um *Schlussformen* bzw. prinzipiell um *Relationen* handeln muss. Eine Relation ist eine Zuordnung zwischen Zweien, wobei die Relation selbst diesen gegenüber als ein Drittes fungiert. Dafür steht der *syllogistische Denkprozess*[5]: ein Darstellungszusam-

[4] SP, 31; s.o. Kap. I.B.a (Anm. 23). – Zur systematischen Ableitung der Zeichentheorie vgl. M. VETTER (1999), §§ 4-9.

[5] SP, 44: „Aber geht alles Denken wirklich im syllogistischen Prozeß vor sich? Es ist sicherlich sehr zweifelhaft, daß eine Konklusion – als etwas, das unabhängig wie ein Bild im Verstande existiert – plötzlich zwei Prämissen, die auf gleiche Weise im Verstand existieren,

menhang von Zeichen. Letztere sind dann nicht als linguistische Abstraktion gegenüber der Wirklichkeit und auch nicht als exklusive Spielwelt des Bewusstseins, von Texten oder Fiktionen angesetzt[6] (obwohl keine dieser Hinsichten phänomenologisch ausgeschlossen ist!), sondern die Relationalität der Zeichen vermittelt immer zugleich mit dem Zeichen seinen *realen* Objekt- und Darstellungszusammenhang. Peirce' Zeichenbegriff ist insofern aus drei kooperierenden Wissenschaftssparten hergeleitet: Formal verdankt er sich Peirce' Arbeiten zur *Logik der Relative*, philosophisch gesehen den Arbeiten zur *Kategorienlehre* und schließlich wissenschaftstheoretisch der *Logik der Forschung*.[7] Die Einführung des umfassenden und prozessual gedachten Begriffs der *Semiose*, d.h. einer Zeichentheorie, die die Relationenlogik ebenso umfasst wie die (ontologisch, kosmologisch und wissenschaftstheoretisch ausgelegte) Kategorienlehre, geschieht demgemäss in der Entfaltung einer *kategorialen Semiotik*. Sie hat *phänomenologischen* Zuschnitt, weil die strukturelle Darstellbarkeit verwiesen ist an das zunächst unbefangene und unbeschnittene Auftreten aller möglichen Phänomene im Rahmen von Wahrnehmung, Erfahrung und Denken überhaupt. Denkprozesse in Zeichenzusammenhängen (in der Zeitfolge) schließen folglich die *Gegenwärtigkeit* von Gefühlsqualitäten[8] ebenso wenig aus wie die *Gegenständlichkeit* empirischer Objekte in Raum und Zeit. Die Semiose, der Zeichenprozess, meint niemals ‚nur' Zeichen (gegenüber oder abgehoben von einer noch einmal ganz anderes oder ‚tiefer' gelagerten Wirklichkeit), sondern die zeichenvermittelte Realität, wie sie im Denken in der Zeit auftritt.[9] Das so begründete triadische Zei-

---

ersetzt. Aber es ist eine ständige Erfahrung, daß, wenn jemand von den Prämissen überzeugt wurde, in dem Sinne, daß er nach ihnen handeln und von ihnen sagen wird, daß sie wahr sind, er unter günstigen Umständen auch bereit sein wird, nach deren Konklusion aus ihnen zu handeln und zu sagen, daß sie wahr ist. Es findet also etwas im Organismus statt, das dem syllogistischen Prozeß äquivalent ist."

[6] Im Vergleich mit linguistischen Zeichentheorien, etwa denen von F. DE SAUSSURE oder L. HJELMSLEV, muss deshalb im Falle des phänomenologischen Zeichenbegriffs bei PEIRCE von einem „holistic approach" gesprochen werden, vgl. J. DINES JOHANSEN (1993), 65.

[7] Zur „Logik der Relative" vgl. PEIRCE' Aufsatz von 1897, in: SS 1, Nr. 11; dazu H. PAPE (1989), 422ff.; zur Kategorienlehre s.o. Kap. I.1.A.

[8] Vgl. SP, 59: „Folglich ist jeder Gedanke, insofern er ein Fühlen besonderer Art ist, einfach eine letzte unerklärbare Tatsache. Dies steht jedoch nicht in Widerspruch zu meinem Postulat, daß solche unerklärbaren Tatsachen nicht zugestanden werden sollten. [...] als etwas Gegenwärtiges ist jedes Gefühl gleich jedem anderen und verlangt keinerlei Erklärung, da es nur Allgemeines enthält. So bleibt nichts, das wir wirklich von Gefühlen aussagen können, unerklärbar, sondern nur etwas, das wir reflexiv nicht erkennen können. Wir verfallen somit nicht in den Widerspruch, das Vermittelte unvermittelt zu machen."

[9] Ibid. 77: „Nichts steht also dem entgegen, daß wir die Dinge der Außenwelt so erkennen, wie sie wirklich sind; und es ist höchst wahrscheinlich, daß wir sie so in zahlreichen Fällen erkennen, obwohl wir niemals absolut sicher sein können, daß dies in irgendeinem speziellen Falle tatsächlich so ist."

chenmodell lässt sich dann wie folgt präzisieren (wobei die Ziffern den drei Kategorien entsprechen, phänomenbezogen unterschieden und der Zeichenstruktur gemäß formuliert werden):

(1_P) Das *Zeichen* gibt dem Gedanken „seine materielle Qualität oder das Gefühl des Soseins“,

(2_P) die *reale Verbindung zum Objekt* bringt den Gedanken „in *Relation* zu einem anderen [Gedanken]“,

(3_P) die „Repräsentation“ schließlich ist die (nur im Denkprozess primäre) Vermittlungsleistung dessen, was sich sozusagen vorrepräsentativ als *etwas* (im Sinne von 1_P und 2_P) präsentiert hat.[10]

Die Selbstdarstellung Gottes, so hat es Luther in der Evangeliumspredigt zu Joh 1, 1-14, eingeschärft, geschieht kraft einer besonderen Zeichenvermittlung: Der *eine* Gott (Gen 1, 1; Dtn 6, 4) unterscheidet sich von sich selbst, sofern er *spricht* und *segnet*.[11] Diese Selbstunterscheidung Gottes[12] impliziert das Konzept der *immanenten Trinität*: Dass „Gott mit sich selbst zu sich selbst rede [...], aber dasselbe Wort sei nicht ein lediger Wind oder Schall, sondern bringe mit sich das ganze Wesen göttlicher Natur“.[13] Einheit und Unterscheidung zugleich zu denken ist aber nur dann möglich, wenn die strukturell erforderliche Selbstunterscheidung im Auftreten eines und desselben Ereignisses vorgestellt werden kann. Die kategoriale Semiotik löst dieses Problem, weil der Begriff des Phänomens die Unterscheidung nach (1_P), (2_P) und (3_P) in sich schließt und diese wiederum als Zeichenstruktur erläutern kann, nämlich als *Akt* (Repräsentation) der *Bezeichnung* von *etwas*. Zeichenstruktur und kategoriale Unterscheidung sind jeweils dreigliedrig, machen in ihrer Zuordnung aber auch darauf aufmerksam, dass offenbar bestimmte *Zeichenformen* wirksam sind, wenn in bestimmter Hinsicht die Vermittlungsleistung von Zeichenprozessen differenziert betrachtet werden soll. Luther entspricht an der zitierten Stelle diesem Erfordernis, indem er für die Selbstunterscheidung Gottes eine besondere Zeichenform in Anspruch nimmt: das

[10] Vgl. ibid. 60.

[11] Kirchenpostille 1521/22 (WA 10/1, 1, 180ff.), in: M. LUTHER (1960), Ergänzungsreihe Bd. 4, 140ff.; hier: 142: „'Gott sprach', so daß Gott und sein Wort zweierlei sein müssen.“ – Ibid. 143: „'Der Geist Gottes schwebt über den Wassern', da muß der Geist Gottes auch etwas anderes sein, denn der ihn bläset, und doch vor allen Kreaturen. Item, da er sagt, Gott habe gebenedeiet die Kreaturen [...], daher ihm die Schrift das Leben und die Güte zueignet.“

[12] Ibid. 142 (hier nur bezüglich der zweiten Person der Trinität formuliert): „Und also zwingt und schleußt diese Schrift, daß diese zwei Personen seien ein vollkommener Gott, und ein jeglicher ist der wahre, einige, vollkommene, natürliche Gott, der alle Ding geschaffen hat, und daß der Sprecher sein Wesen nicht von dem Wort, sondern das Wort von dem Sprecher sein Wesen habe, doch alles ewiglich und in Ewigkeit außer allen Kreaturen.“

[13] Ibid. 143f.

Bild, worin nicht zwischen Urbild und Abbild, wie sonst üblich, nicht zwischen Zeichen und Bezeichnetem, Wort und Bedeutung unterschieden werden kann. Denn die „göttliche Natur" *ist* ihr Bild selbst.[14] In der Terminologie der kategorialen Semiotik ist dies genau der Fall des *ikonischen Zeichens*, von dem die Zeichenform der distanzierten Verweisrelation (z.B. Wort und Bedeutung) als *indexikalisches Zeichen* und schließlich der lebendige Repräsentationsakt selbst als *symbolisches Zeichen* abzugrenzen sind.[15]

Im weiteren Erfahrungszusammenhang muss aber die Konzentration auf das *ikonische Zeichen* durch die Perspektiven des *indexikalischen* und des *symbolischen Zeichens* erweitert werden. Denn sowie das qualitative *Sosein* im Vergleich auf andere Qualitäten trifft, ergeben sich bestimmte *Relationen* zu anderen bezeichenbaren Gegenständen; und sowie diese Verhältnisbestimmung als solche sich ausbildet, ist diese selbst bezeichenbar, ohne dass das hier adäquate Zeichen durch bildhafte Gemeinsamkeit (ikonisches Zeichen) oder aus der Objektrelation herkommende Verweisung (indexikalisches Zeichen) bestimmt sein müsste. Das *symbolische Zeichen* ist nichts anderes als eine Interpretations- und Verhaltensübereinkunft – so wie die Wörter unserer Sprachen (sofern sie nicht eindeutig onomapoetischer Prägung, d.h. ikonisch, sind oder im Kontext indexikalisch festgelegte Funktionen ausfüllen). Die Unterscheidung dieser drei *Zeichenformen* ist also ebenso fundamental wie die der phänomenologischen Kategorien und die der Zeichenstruktur. Angewandt auf die Trinität bedeutet dies, dass die Relation zwischen Vater und Sohn ‚nach außen' die Erschaffung von Welt und Menschen zum Ausdruck bringt und damit dem entspricht, was die dogmatische Tradition als *ökonomische Trinität* bezeichnet.[16] Diese steht dann nicht einfach als eine zweite Ausgabe der Trinität neben der ersten (immanenten), sondern sie hat kategorial und semiotisch konsequent die zweite Stelle inne; und der Repräsentationszusammenhang beider besteht im *symbolischen Zeichen* für den Lebensprozess im schöpferischen Geist Gottes: das „Licht der Welt".[17]

---

[14] Ibid. 144: „daß die göttliche Natur also gebildet wird, daß sie ins Bild ganz mit folget und sie das Bild selbst wird und ist und die Klarheit auch also den Schein auslässet [...], sintemal ein jeglich Wort ist ein Zeichen, das etwas bedeutet. Aber hie ist, das bedeutet wird, natürlich im Zeichen oder im Wort, welchs in andern Zeichen nicht ist; darum nennet er es recht ein wesentlich Bild oder Zeichen seiner Natur."

[15] S.o. Kap. I.1.B.b (Anm. 33).

[16] LUTHER, ibid. 177: „Das Wort, dadurch alle Ding geschaffen sind, ist das Leben, und dasselbe Leben ist ein Licht der Menschen. [...] daß er bekannt würd, ist er gekommen, hat sich unter ihnen leiblich und persönlich erzeigt und ist Mensch worden."

[17] Ibid.: „Da ist das Licht in die Laterne gesetzt und nicht der verlorene Pfennig durch sein Werk und Licht der Laterne nachgelaufen und hat sie gesucht, sondern die Laterne hat den Pfennig gesucht und gefunden mit ihrem Licht, hat drob das ganze Haus dieser Welt mit dem rechten Kehrbesen gekehret und in allen Winkeln gesucht, sucht, kehrt und findet auch noch bis an den Jüngsten Tag."

Setzen wir "I" für das ikonische, "IN" für das indexikalische und "S" für das symbolische Zeichen, so ergibt sich:

(1_I) Qualität: Ikonisches Zeichen, immanente Trinität,
(2_{IN}) Relation: Indexikalisches Zeichen, ökonomische Trinität,
(3_S) Repräsentation: Symbolisches Zeichen, Lebensprozess im schöpferischen Geist Gottes.

sinnl. Wahrnehmungen als 1. Erkenntnisstufe ≠ A-perzeption

C. Perzeption und Ikonizität

Die Basisleistung des ikonischen Zeichens (1_I) – phänomenologisch: *was* etwas ist $(P_{I.1})$ – ist erst dann dem Einwand entzogen, es handle sich entweder um eine idealistisch-subjektiv oder empirisch-objektiv auflösbare Verrätselung, wenn gezeigt werden kann, wie in diesem Falle, an kategorial erster Stelle (1_P), *Wahrnehmung und Wahrgenommenes* primär und real ineinander liegen. Die Diskussion des Perzeptionsproblems gilt damit der *Bildqualität* des Wahrnehmungsaktes, verallgemeinert gesagt: seiner Ikonizität.[18]

Ganz entsprechend der auch im Deutschen mit dem Begriff der Wahrnehmung gegebenen Doppeldeutigkeit ist eine *Perzeption* einerseits vom Gegenständlichen her, vorbewusst, den Sinnen geradezu aufgezwungen, andererseits hat sie eine kognitive Seite, etwas wird aktiv wahrgenommen. Zwischen beidem aber vermittelt das „perceptual judgment", das sich – semiotisch gesehen – auf die ikonisch unmittelbare (sozusagen intramentale) Wahrnehmung bezieht[19] und diese im Urteil generalisiert. Dieser kognititve Akt der Wahrnehmung dessen, was uns als Wahrgenommenes bedrängt, hat aber nichts anderes zur Grundlage als eben die Perzeptionen im ersten, vorbewussten Sinn des Begriffs. Insofern sind zwar die genannten Funktionen der Wahrnehmung zu unterscheiden, sie eröffnen aber keinen skeptischen Graben zwischen Außen- und Innenwelt, sondern im ikonischen Zeichen verschmelzen[20] die immer erst nachträglich vom prüfenden Bewusstsein her gestellten Differenzen; besser gesagt: in der primären Qualität des Ikons *ist* die Realität der Wahrnehmung, was sie ist; denn jede kritische Befragung dieser wahrgenommenen Wahrnehmung kann kategorial erst an zweiter und dritter Stelle folgen.

Schmerzen zu haben ist sicherlich das nächstliegende, weil aufdringlichste Beispiel für den Zwangscharakter von Perzeptionen. Das *Wort* „Schmerz" aber ist davon schon viel zu weit entfernt, als dass es die Ikonizität des

---

[18] Vgl. JOHANSEN (1993),96: „iconicity and perception presuppose each other"; und vor allem C.R. HAUSMAN (1990), 271-308.
[19] Das deckt sich mit PEIRCE' Begriff des „percipuum", vgl. HAUSMAN (1990), 284f.
[20] Vgl. JOHANSEN (1993), 96f.

Empfindens wirklich festhalten könnte.[21] Das ikonische Zeichen aber ist so unwiderstehlich wie der Schmerz, als Zeichen für den Schmerz ihm so ähnlich wie nur möglich. Diese Ähnlichkeit aber kann gewusst und nachgebildet werden, sie ist dann das „percipuum" zwischen der Aufdringlichkeit der Perzeption und ihrer kognitiven Produktivität und Übertragbarkeit. Nur darf die Sprache, in der wir uns auch darüber ganz unvermeidlich verständigen, nicht zu dem Trugschluss verleiten, auch ikonische Zeichen seien deshalb sprachlich gebunden. Ich kann auf Schmerzphänomene (in gegebenem Kontext) hindeuten (2_{IN}), ich kann über Schmerzen sprechen und schreiben (3_S), der Schmerz selbst aber ist in seiner Wahrnehmung und Ikonizität (1_I) ein kategorial Erstes, ein Sosein, das allein dadurch vermittelt ist, dass es als ikonisches Zeichen auftritt.

Nun kann die *Ähnlichkeit*, worin die eigentliche Kraft des ikonischen Zeichens besteht, sich in unterschiedlicher Ausprägung realisieren. Peirce unterscheidet zwischen Bild (image), Diagramm und Metapher[22], wobei dem Bild die größte Nähe zukommt (so wie ein Abbild mit seinem Urbild übereinstimmt), dem Diagramm ein genaues Entsprechungsverhältnis (wie bei einer Landkarte), der Metapher die Übertragungsfunktion der gemeinsamen Züge des Einen in einem Anderen. Dabei darf allerdings der entscheidende *qualitative Aspekt* nicht außer Acht gelassen werden: Die Verständigung *über* ikonische Zeichen misst, vergleicht und benennt; und das sind Tätigkeiten, worin Ikonizität zwar konstitutiv vorkommt, aber nicht mehr dominiert. Erst durch Abstrahieren von den symbolischen und relationalen Verständigungsbedingungen wird die qualitative Ebene wieder erreicht: die jeweils *noch nicht* definitiv gemessen und benannt ist, sondern der dies erst (möglicherweise) bevorsteht. Die ikonische Qualität der Perzeption ist die Möglichkeitsbedingung aller Verwirklichungen. Diese phänomenologische Bestimmung ist also zugleich eine modale (entsprechend der ersten Kategorie [1_P]), und zwar so, dass aufgrund ihrer *Möglichkeits*bedingung ikonische Qualitäten *real* sind; auch dann, wenn sie noch nicht indexikalisch (raumzeitlich) bestimmt und symbolisch benannt werden. Es ist die *Möglichkeit* der Bestimmung, worin die ikonische Qualität spontane Entdeckungen auf den Weg bringt und worin sie im Erfahrungskontinuum an erster Stelle (der Perzeption) die Voraussetzung aller bestimmbaren, bewussten und kontrollierten Erfahrung darstellt.

---

[21] WITTGENSTEINS Beispiele in den *Philosophischen Untersuchungen*, immer auf der Suche nach dem Vermittlungsverhältnis von Sprache und eigenem Empfinden, registrieren sehr genau die kategorialen Spannungen. Seine Klärungsversuche über die symbolischen Zeichen der Sprache können die einmal gesetzte Distanz aber nicht mehr überspringen. Vgl. L. WITTGENSTEIN (1975), Nr. 244: „'So sagst du also, daß das Wort >Schmerz< eigentlich das Schreien bedeute?' – Im Gegenteil; der Wortausdruck des Schmerzes ersetzt das Schreien und beschreibt es nicht."

[22] Vgl. JOHANSEN (1993),98-107.

Raum und Zeit haben deshalb ihre metaphorische Qualität lebensgeschichtlich gesehen darin, dass sie in den sogenannten *Rites de Passage* der Wirklichkeit gemäß – und im Ritus der Möglichkeit nach real – vergegenwärtigen, was lebensentscheidend ist: die *zeitlichen* (Geburt, Erwachsenwerden, Heirat, Tod) und die *räumlichen Übergänge* (zwischen Familien, Gruppen und Kulturen; zwischen heilig und profan: repräsentiert in Häusern, Grenzen, geschlossenen Räumen, Toren, Öffnungen, Wegen).[23] In dieser qualitativen und darin der Möglichkeit nach *realen* Ursprünglichkeit ist das religiöse Verhältnis zur uns bestimmenden Wirklichkeit fundiert, und zwar als Verhältnis ursprünglicher Wahrnehmung. Die Kraft der Religiosität stammt aus dem Sich-Verhalten zur kreativen (und darin real wirksamen) Möglichkeit.

Ursprüngliche Wahrnehmung und Ikonizität beschreiben folglich kreative Möglichkeiten, die natürlicherweise auftreten, aber auch kulturell und imaginativ gefunden und ausprobiert werden können.[24] Die Bindung und Nähe von Kunst und Religion zu diesen *ersten* Phänomenen ist offensichtlich. Im Falle der Kunst wohl in der Weise, dass das Werk gerade in seinem spezifischen Charakter als produziertes Produkt auf das von Natur aus und insofern ursprünglich *Schöpferische* hinauswill; im Falle der Religion so, dass das *ursprünglich* Schöpferische als solches und in seinen eigenen Repräsentationen zu Anschauung und Wirkung gebracht wird. Trifft die (menschlich) religiöse Imagination auf die ursprüngliche Kreativität, so kehrt das Gottesbild die Imagination notwendigerweise ins Empfangen des Bildes um. Denn das Schöpferische überhaupt, das Auftreten des nicht bedingten Neuen, gibt in seinem Entdecken die Bedingung seines Verständnisses. Genau dies ist der Sinn des theologischen Begriffs der *Offenbarung*: ursprüngliches Auftreten von Kreativität als dieseselbst.[25]

D. Realität und Kontinuum

Die kategorialen Unterscheidungen zeigen die Modi der Realität im ganzen, spalten sie aber nicht auf in empirische Wirklichkeit einerseits und Theoriebildung des Bewusstseins andererseits. Es ist diese Einheitssicht von *realer* Erfahrung, die die Phänomenologie vor- bzw. nach-neuzeitlich platziert sein lässt. Nicht die Konstitutionsleistungen des denkenden Subjekts entscheiden letztlich über das, was als real gelten darf, auch nicht die Sinnesdaten zuerst,

---

[23] Vgl. die auf A. VAN GENNEP zurückgehende Begrifflichkeit und die entsprechenden Beispiele bei JOHANSEN (1993), 103f.

[24] Vgl. ibid. 95: "by isolating these may-bes in their purity, PEIRCE calls attention to what is, so to speak, not only essential to but is also the generative power of this kind of sign." – Zur Bedeutung der Kreativität vgl. D.R. ANDERSON (1987), chap. 5.

[25] Vgl. H. DEUSER (1999), §§ 2-4.

auch nicht ein vorrangiges Daseinsverhältnis, sondern das Zusammenpassen und Sich-Herausbilden in der Prozessualität von Evolution und Wahrheitsfindung. Die kategoriale Semiotik ist eine Phänomenologie der *Darstellbarkeit*[26]: Dem Auftreten von etwas (P_1) korrespondiert dessen selbständige Objektrelation (P_2), die sich beide in einem geistigen, d.h. regelhaften und verhaltensbestimmenden Zusammenhang präsentieren (P_3). Diese Dreigliederung *als ganze* ist die Realität oder das dreifach gegliederte *Erfahrungsuniversum*, aus dem sich weder einzelne Zeichenketten mit der Behauptung ihrer boden- oder endlosen Fiktionalität noch einzelne Letztbegründungen herausschneiden lassen. Der „Phänomenalismus von Kant“[27] ist damit vorausgesetzt, sofern das Auftreten von realen Objekten an die hinzukommenden Verstandesleistungen gebunden ist; weitergeführt, sofern dies nicht zur Konstruktion eines unzugänglichen "Ding an sich" verleitet, sondern gerade im Phänomenalismus die Realitätsbestimmung unverkürzt behauptet. In dieser Sache greift Peirce auf den von Duns Scotus geprägten Begriff der *distinctio formalis* zurück und bestimmt im Prozess der Wahrheitsfindung das „in einem wahren Urteil“ gegenständlich Gedachte als *Realität*.[28] Damit können Bezeichnungsakte und das Bezeichnete zwar unterschieden werden, dies macht aber keinen Unterschied in der Sache: Die Verallgemeinerung des Gedachten im Denken (Formaldistinktion) verallgemeinert nichts anderes als die konkreten Einzeldinge. Der Effekt dieses *scholastischen Realismus* ist enorm: Die moderne Entdeckung des Auftretens und Aneignens von Phänomenen muss nicht ontologisch getrennt werden von den sogenannten Dingen selbst. *Gott* ist gerade in seiner Aneignung, d.h. in Wahrnehmung, Erkennen und Denken, eben *Gott*. In diesem Falle zudem als Prüfstück der Realität überhaupt, initiiert und gebunden an die Frage nach dem Ursprung der Erfahrungsuniversen und ihrem Zusammenhang.

Die Realitätsbestimmung im Zusammenhang der kategorialen Semiotik setzt nicht nur *Darstellbarkeit* voraus, sondern diese wiederum ein *Kontinuum* von Raum, Zeit und geistigen Prozessen, in denen menschliches Bewusstsein eine partizipierende Rolle spielt. Das Auftreten von Neuem (1_P) im Verhältnis zur festen Gegenständlichkeit der Objekte (2_P) und der Regelhaftigkeit von Verhaltensformen (3_P) ist zwar diskontinuierlich, aber integrationsfähig im Rahmen kontinuierlicher Erfahrung. Die Repräsentationsleistung geistiger

---

[26] Vgl. zu diesem Begriff im Sinne von PEIRCE' „semiotischem Realismus“ bei H. PAPE (1989), 148ff., 275f., 365f.

[27] Vgl. PEIRCE' Rezension von *Fraser's ,The Works of George Berkeley'*, in: EP 1, 90f.; SP, 118

[28] SP, 119: „Einen Unterschied zwischen dem wahren Begriff eines Dinges und dem Ding selbst zu machen, heißt [...], ein und dasselbe Ding nur von zwei verschiedenen Standpunkten sehen, denn der unmittelbare Gegenstand des Denkens in einem wahren Urteil *ist* die Realität.“ – Zur Bedeutung dieser Bestimmung von Realität und PEIRCE' Kritik am *Nominalismus* s.u. Kap. I.3.C.

Prozessualität (3_S) müsste also zugleich den Zusammenhang (etwa im Naturgesetz) *und* die Zufallsproduktivität des Neuen garantieren. Nur dann ist auch die Prozessualität selbst als ein teleologisches Ganzes evolutionistisch und realistisch zu verteidigen. Peirce' Phänomenologie beantwortet dieses Problem dadurch, dass eine mathematische (infinitesimale) Theorie des Kontinuums auf die Erfahrungsuniversen angewandt und mit der modalen Interpretation der kategorialen Semiotik verbunden wird. In der achten und letzten der *Cambridge Lectures* (1898) ist diese „Logik der Kontinuität" das zentrale Thema:

(1) Peirce erläutert seine topologische Geometrie in der Weise, dass er die Kontinuität von Teilen vergleicht mit der Reihe von „überabzählbaren Mächtigkeiten", die durch Potenzbildungen entstehen, so wie im einfachsten Fall die Menge aller natürlichen Zahlen in der Potenz (z.B. 2^N); d.h. größere Mächtigkeit als diese Potenzreihen ist nicht denkbar, doch ist diese als solche nicht angebbar: Denn es gibt kein letztes Glied, also keine Grenze in der Serie.[29] Die entscheidende Wendung – das Denken des Infiniten und Infinitesimalen einmal vorausgesetzt[30] – im Begriff des Kontinuums ist dann erreicht, wenn Peirce formuliert: „Keine Grenze" zu haben bedeutet hier, „keine Grenze unter den Mächtigkeiten distinkter Einzeldinge".

Handelt es sich aber *nicht* um eine „Menge von distinkten Einzeldingen", sondern um etwas, das „*mehr* ist als jede Mächtigkeit distinkter Einzeldinge", dann gibt es auch eine Grenze. Dieses Letztere nimmt Peirce an und erklärt dieses „Etwas" als ein *Mögliches* [possible], das als solches etwas *Allgemeines* [*general*] darstellt; und der hier benutzte Begriff des Möglichen [„potenzial"] wird definiert als „*unbestimmt, doch fähig zur Bestimmung in jedem speziellen Fall*"; und dies wäre die gesuchte, jetzt aber „*potenzielle* Zusammenstellung [...] aller Möglichkeiten" [„*potenzial* aggregate of all the possibilities"]: eine „*modallogische Auffassung der Mengenlehre*".[31]

(2) Im Unterschied zur Auffassung des Aristoteles – für ihn „*gehörten* die Punkte nicht zu den Linien, obgleich sie auf ihnen liegen"[32], vertritt Peirce' die andere Vorstellung, dass Linienintervalle durch ihre Punkte bestimmt sind, diese also zu ihnen gehören – und das hat erstaunliche Konsequenzen: Denken wir uns eine Linie in einem Punkt P geteilt, so entstehen daraus nach der Teilung zwei neue Punkte zu Begrenzung der beiden neu entstandenen Teilstücke. Was dabei geschieht, erklärt Peirce aus der Logik infinitesimaler Mengen, also der Zahlen zwischen 0 und 1, und zwar als ein „Explodieren" der Punkte in bestimmte Anordnungen.[33] Überraschend ist dabei vor allem,

---

[29] Vgl. LU, 331; dazu der Kommentar von KETNER/ PUTNAM, 67ff.
[30] Vgl. dazu A.W. MOORE (2001).
[31] Kommentar KETNER/ PUTNAM, 73; zum Text, LU, 331f.
[32] KETNER/ PUTNAM, in: LU, 60.
[33] Ibid. 61f.

dass bei der rückwärtigen Verwandlung der Teilungspunkte in ihren Ausgangspunkt P die *Reihenfolge* als beibehalten gedacht wird. Der dadurch entstehende Widerspruch liegt auf der Hand: Wie können zwei Punkte zugleich identisch sein und in bestimmter Relation nebeneinanderliegen? Für Peirce' *Relationenlogik* aber ergibt sich kein Widerspruch: Zunächst kann die Behauptung der Reihenfolge, z.B. „B links von C", offensichtlich nicht zugleich gelten mit „C = B". Aber im Falle von z.B. „Indien und Pakistan" gilt tatsächlich beides, sofern seit 1940, seit der Trennung der Staaten, Indien tatsächlich größer ist als Pakistan (und nicht umgekehrt), und doch *waren* beide bis dahin ein Land. Es geht also darum, dass Teile und ein Ganzes in neu entdeckter und komplexerer Weise zueinander stehen, d.h. *ein* Punkt zu sein meint nicht mehr Identität, sondern infinitesimal mögliche Teilbarkeit und Anordnung in einem bestimmten Verhältnis.[34]

(3) Punkte auf einer Linie sind also so zu verstehen, dass „aus dieser potenziellen Zusammenstellung [potential aggregate] stets eine mächtigere Menge verwirklicht werden kann." Diese „potenzielle Zusammenstellung" enthält aber als solche keine „Einzeldinge", sondern allein die „allgemeinen Bedingungen" zu solcher Bestimmung. [35] Damit ist die Vorstellung einer *ursprünglicher Ermöglichung von Neuen im Rahmen des Kontinuums* erreicht, die Peirce in seiner Kosmologie und Religionsphilosophie zur Erläuterung der *creatio ex nihilo* einsetzt: Aus solcher Möglichkeit entspringt die mögliche Anordnung dessen, was sich dann in Verhaltensgewohnheiten, d.h. in den Gleichförmigkeiten des Naturprozesses, gestalten wird.[36]

Dass die triadische Struktur der Relation bzw. die kategoriale Semiotik den Prozess der realen Welt abbildet, kann selbstverständlich nicht bewiesen werden. Es gibt keinen Beurteilungsstandpunkt außerhalb. Immerhin handelt es sich um eine hervorragend bewährte bzw. in unserer Naturerfahrung wohl begründete *Hypothese* und *Hoffnung*, dass die „Objekte, die wir untersuchen, selbst einer Logik unterworfen sind, die mehr oder weniger mit der Logik identisch ist, die wir verwenden."[37] Die *Vagheit* dieses Wissens ist gemessen an deduktiver Genauigkeit und empirischen Überprüfung eine Schwäche, im Hinblick auf seine *abduktive Überzeugungskraft* dagegen eine unvergleichliche Stärke. Denn allein die Abduktion bringt – als kategorial Erstes (1_P) – unableitbar Neues ins Spiel; sie hat, angesichts der unbestreitbaren Erfolge menschlicher Hypothesenbildungen, offensichtlich *instinktive* Kraft bezüglich

---

[34] Ibid. 62ff. (PEIRCE greift damit zurück auf die Arbeiten von G. CANTOR).

[35] LU, 332. – Im selben Sinne definiert PEIRCE 1902 in BALDWIN'S *Dictionary of Philosophy and Psychology* das Kontinuum (CP 6.170): „A true continuum is something whose possibilities of determination no multitude of individuals can exhaust."

[36] Vgl. RS, 256f. und LU, 371 (aus PEIRCE' Manuskripten unter dem Titel „Logic of Events" von 1898); vgl. H. DEUSER (1993), 106ff.

[37] LU, 345.

der Ursprünglichkeiten, die uns im bewussten Leben gar nicht zur Verfügung stehen, die sich aber durchaus noch in „Sinnesqualitäten" finden lassen: „Farben, Gerüche, Klänge, Empfindungen jeder Art [...]" sind wie vereinzelte „Säulen" die Zeugnisse einer alten Welt „mit ihren Basiliken und Tempeln".[38] Dieser Urzustand war so *real* wie unsere Gegenwart jetzt, und dieser Ermöglichungskraft zu entsprechen gelingt allein der instinktiven Abduktion bzw. den menschlichen Annäherungen an die ursprüngliche Kreativität – und darin liegt das unaufgebbare Recht der Religiosität.[39]

Unter dem Aspekt der Forschungslogik ergibt sich im Anschluss an die bisherigen Kategorienunterscheidungen:

(1_{Abd}) Der *abduktive* Schluss vertritt (instinktiv) das Auftreten von Neuem, den Möglichkeitsraum für die folgende Erschließung von Regelmäßigkeiten und Verhaltensgewohnheiten,

(2_{Ded}) der *deduktive* Schluss expliziert und ordnet das Gefundene,

(3_{Ind}) der *induktive* Schluss überprüft methodisch an der gegebenen Erfahrungswelt.

Zugleich ist aber auch zu sagen, dass diese Forschungslogik *modal* strukturiert und insofern konsequent phänomenologisch im Rahmen der kategorialen Semiotik interpretiert wird. Es gilt folglich auch:

(1_M) Das unausschöpflich *Mögliche* ist an erster Stelle das Auftreten von Qualität, ein *real* Erstes.

(2_N) *Notwendigkeit* kommt nicht dem Prozess selbst, aber bestimmten Folgerungen und Tatsachen unter gegebenen Voraussetzungen zu,

(3_W) die *Wirklichkeit* des Lebensprozesses besteht in seiner Entwicklungs- und Darstellungsfähigkeit, zugleich mit der immer falliblen Überprüfung im Namen der Wahrheitsfindung im Ganzen des Prozesses.

Exkurs: Transzendentale oder kategoriale Phänomenologie des Instinkts (Husserl oder Peirce)?

Transzendentale (genetische) Phänomenologie[40] liegt dann vor, wenn nicht nur das wache Tagesbewusstsein als Instanz der Rückfrage nach den Bedingungen der Möglichkeit von ... zu gelten hat, sondern wenn diesen (im Sinne des frühen Husserl: *statischen*) Sinn von „transzendental" umfassend gerade das *vor* dieser Gegenwart liegende und auf Erwartungen ausgreifende ur-genetische „Vor-Ich" in Betracht gezogen wird: *Genetisch-instinktive* Trans-

---

[38] Ibid. 347.

[39] Ibid. 347f.; vgl. zu *Instinkt* und *Abduktion* die 6. Pragmatismus-Vorlesung, VP, 115ff.; zum entsprechenden Begriff des *Realismus* M. GRÜNEWALD (1992).

[40] Vgl. K. HELD (s.o. Anm. 3), in: E. HUSSERL, Texte II, 38ff.; Nam-In Lee (1993).

zendentalität meint „den Prozeß der *übergreifenden Mehrmeinung*“[41] von leiblich bestimmten Intentionalitäten *vor* aller Bewusstheit und Objektivierung. Daher ist Husserls Begriff des Transzendentalen mit dem Kants eigentlich unvereinbar, andererseits aber hält Husserls Spätphilosophie ausdrücklich am transzendentalen Charakter der Phänomenologie fest, z.B. in dem Versuch, das instinktive (vorbewusste) „Vor-Ich“ mit einem dem Bewusstsein analog gedachten „Ur-Ich“ zu identifizieren, dessen Wesen unmittelbare, quasi-bewusste Nähe ausdrückt.[42] Die letzte Frage der genetischen Phänomenologie der Instinkte ist konsequent die nach dem Grund bzw. dem „Ich“, das alle Teleologie und „Urfaktizität“ umspannt: *Gott*, der „All-gestaltende [...] Und die Welt hat ihr Sein aus Gott und ist sonst ‚nichts'.“[43] Die Instinktlehre kulminiert im „göttlichen Trieb“, Husserls Aufnahme von *creatio ex nihilo* bzw. *creatio continua*.[44]

Kategoriale (semiotische) Phänomenologie liegt dann vor, wenn das Organisationszentrum des *Ego* als Sonderfall universaler Semiosen erkannt ist, an denen der menschliche Geist zwar Anteile hat und diese produktiv mit vollzieht – ein Sonderfall aber, der mit dieser Relativierung seinen (subjektiv-idealistischen) Alleinvertretungsanspruch einbüßt. *Instinktbegriff* und *Abduktion* markieren dann die fällige Ablösung der neuzeitlichen Dualität von konstitutivem Ich-Bewusstsein und ihm äußerlicher Gegenstandswelt (in der *Gott* ohnedies nicht vorkommen kann). Die „transzendentale“ Terminologie wirkt dann wie ein Relikt, als gäbe es zur letzten Instanz des Ich-Bewusstseins und seiner über den theoretischen Zweifel gewonnenen Denkgewissheit keine Alternative. Wenn es richtig ist, dass – in humaner Perspektive – die im Erfahrungsprozess (wirklichen) Zweifels und wirklicher Befriedigung gewonnenen Überzeugungen durch nichts anderes mehr zu hintergehen sind, bleibt als Methode der Wahrheitsfindung immer nur die Selbstanwendung dieser Abläufe im Rahmen ihrer kategorialen Darstellbarkeit. Damit partizipiert die menschliche Vernunft instinktiv am kosmischen Wachstum der Erfahrungsuniversen.[45]

---

[41] NAM-IN LEE, 177. – Vgl. E. HUSSERL, *Die Krisis der europäischen Wissenschaften und die transzendentale Phänomenologie* (1936), 52/53; zit. nach: HELD (Hg.), Texte II, 258/259: „Ist es nicht ein Problem, das in eine Reihe rückt mit dem Problem der Instinkte im gewöhnlichen Sinn? Ist es nicht das *Problem der verborgenen Vernunft*, die erst offenbar geworden sich selbst als Vernunft weiß?“

[42] NAM-IN LEE, 214f.

[43] HUSSERL-Ms. F I 24, 41; zit. nach LEE, 232.

[44] HUSSERL-Ms. A V 21, 102; zit. nach LEE, ibid.

[45] Vgl. RS, 289: „*Kein* Begriff, auch kein mathematischer, ist absolut präzise; und manche der allerwichtigsten Begriffe, die wir täglich gebrauchen, sind extrem vage. Trotzdem sind unsere instinktiven Überzeugungen, die solche Begriffe enthalten, weit vertrauenswürdiger als die am besten gesicherten Ergebnisse der Wissenschaft, wenn diese in ihrer wissenschaftlich präzisen Weise verstanden werden. Zum Beispiel denken wir alle, daß es ein

E. Trinität

„Daher müssen wir uns wol hüten nicht alles antitrinitarische als kezerisch oder unchristlich zu verwerfen".[46] Diese Mahnung Schleiermachers galt besonders im Blick auf England und Amerika, nachdem dort für biblizistische, aufgeklärte und intellektuelle Frömmigkeiten im Namen eines modernen Christentums die Trinität nicht nur undenkbar, sondern einfach überflüssig erscheinen musste. Schleiermachers *Glaubenslehre* hat sich diesen Positionen verständnisvoll angenähert, und seine eigene Kritik an der traditionellen Trinitäts*lehre* hat die Sacheinwände wirkungsvoll in die dogmatische Arbeit integriert. Jede philosophisch-theologische Verteidigung der Trinität muss folglich Schleiermachers Fragen beantworten können.

Es sind zunächst drei weniger gravierende Einwände, die Schleiermacher vorträgt: a) Die Trinitätslehre ist keine eigentliche „Glaubenslehre", sondern „nur ein verknüpfender Saz."[47] b) Wäre die Trinität „zu beweisen", könnte es sich nur um ein religiös irrelevantes „Philosophem" handeln, das als solches in der Glaubenslehre keinen Platz hätte.[48] c) Die kirchliche Trinitätsformel (Substanz- oder Wesenseinheit in drei Personen oder Hypostasen) ist nicht nur historisch bedingt, sondern stammt aus einer Zeit, in der das Christentum ganz andere Auseinandersetzungen zu führen und ganz andere Begrifflichkeiten zur Verfügung hatte, als das gegenwärtig angemessen und zu fordern wäre.[49]

Auf alle drei Einwände zusammengenommen ist zu antworten, dass die Trinität nur dann kein überholtes und künstliches Lehrstück veralteter Begrifflichkeit darstellt, wenn aufgrund bestimmter Gemeinsamkeiten von philosophisch-phänomenologischen und theologisch-religiösen Hinsichten gezeigt wird, dass Wahrnehmen, Erfahren und Denken *Gottes* immer in sich schon dreigliedrig strukturiert ist, dass also Frömmigkeit, Gebet, Gefühl, Ritual, Erfahrungen mit Gott, Bekenntnisse und Reflexionen in ihrem jeweils einheitlichen Auftreten zugleich – der kategorialen Zeichenstruktur gemäß – einen Verweisungszusammenhang darstellen. Die Erfahrungsuniversen im Kontinuum, der phänomenologische Realismus, umschließen Frömmigkeit und philosophische Reflexionsformen gleichermaßen. Dann ist durchaus *mit*

Element von Ordnung im Universum gibt. Kann irgendein Laborexperiment dieser Behauptung mehr Gewißheit verleihen als ihr durch Instinkt und Common Sense schon zukommt? Es ist lächerlich, solch eine Frage überhaupt aufzuwerfen. Doch wenn es jemand unternimmt, *präzise* anzugeben, worin diese Ordnung besteht, wird er schnell entdecken, daß er alles überschreitet, was die Logik ihm garantiert." – Zum Begriff der Erfahrungsuniversen vgl. RS, 330f.

[46] F. SCHLEIERMACHER (1984), Bd. 2, § 188/3. – S.u. Kap. II.5, Anm. 10.

[47] Ibid. § 187.

[48] Ibid. § 187/3.

[49] Ibid. § 188/2 u. 3.

Schleiermacher festzustellen: Die Trinität ist der „wahre Schlußstein" christlicher Theologie; als Lehre aber noch „unfertig". Ein „schwebendes Problem" aber ist dazu da, gelöst zu werden.[50]

Die beiden Einwände, die gegenüber der traditionellen Fassung der Trinitätslehre wirklich greifen, sind die folgenden: 1) Unter der christlichen Voraussetzung, Gott sei in Christus und im Geist der Kirche, und dies ganz und nicht zu Teilen, fällt es schwer, die Einheit Gottes mit der historischen Konkretion des Sohnes („Christus als zeitlich erschienenes Einzelwesen") und der weltlichen Geschichte der Kirche („die christliche Kirche als moralische Person") wirklich und konsequent zusammenzudenken.[51] 2) Versucht man dies trotzdem, so bleiben nach bisherigem Stand von Begrifflichkeit und Vorstellungswelt immer nur Realisierungen, die entweder die Einheit auf Kosten der Gleichwertigkeit der drei Personen artikulieren können oder die Gleichwertigkeit der drei Personen nicht mehr aufeinander zu beziehen vermögen: Ist Gott wie ein *Gattungsbegriff* zu denken, so verliert sich die Realitätsbehauptung in der Frage des Allgemeinen und Besonderen (des Gattungsbegriffs oder der einzelnen Personen)[52]; ist *Macht* eine Wesenseigenschaft Gottes, so ist nicht zu klären, inwiefern nicht zwischen Vater, Sohn und Geist notwendigerweise Abhängigkeiten bestehen müssen, die der Einheit Gottes klar zuwiderlaufen.[53]

Es ist zu antworten, dass die *Einheit* Gottes sich selbst darstellt in einem Zusammenhang. Das geschieht unter dem Aspekt der *Zeichenformen* so, dass im Sinne des *ikonischen Zeichens* (1_I) Gott selbst sich abbildet in einer Qualität, Objektrelation und Repräsentation, die er immer wieder selbst ist. Strikt gesprochen sind Beispiele für diese Ikonizität allein die schöpferischen Ursprünglichkeiten, wie sie in einem ersten Auftreten von etwas blitzartig wahrgenommen werden. Wird dieser phänomenale Sinn von Erstem und seiner Ikonizität auf Ursprünglichkeit als solche übertragen, bleibt nichts als (in der Tradition des Christentums) von Gott als Schöpfer zu sprechen, der in sich selbst das schon (kategorial dreifach gegliedert) repräsentiert, was dann in der Erfahrungswelt (2_{IN}) als sein Gegenüber (Himmel, Erde, Menschen) und in deren Prozessualität wiederum als Repräsentation dieses Ganzen von Welt und Zeit Gottes erlebt wird und zum Ausdruck gebracht werden muss (3_S). Die drei fundamentalen Zeichenformen: Ikon, Index, Symbol, erklären somit ursprüngliche Einheit (immanente Trinität), relationales Gegenüber (ökonomische Trinität) und symbolische Prozessualität (Lebensprozess im Geist Gottes), ohne dass biblisches Zeugnis und dogmatisch-traditionell gewachsene Begrifflichkeiten künstlich verknüpft oder durch nicht weniger künstliche Sprachregelungen aufeinander abgestimmt werden müssen.

---

[50] Ibid. § 186; § 190/ Zusatz, 370, Z. 12; § 188/ Zusatz.

[51] Ibid. § 188/1.

[52] Ibid. § 189/2.

[53] Ibid. § 190/1.

Es ist weiter zu antworten, dass die modale Unterscheidung der Schlussformen eine abstrakte Darstellung dessen gibt, was in der Trinität als schöpferische Ursprünglichkeit des Vaters (1_M), als die notwendigen Bedingungen der Passion im Versöhnungswerk des Sohnes (2_N) und als die lebendige Gegenwart des Geistes (3_W) zum Ausdruck kommt. Dieser modale Zusammenhang schließt in der Vagheit religiöser Selbst- und Weltverständigung durchaus sachgemäß anthropomorphe Personalität ein, und er zeigt zugleich die Differenzierungen im kategorialen Gefüge: Die schöpferische Ursprünglichkeit ist die Einheit der Möglichkeiten in der Einheit Gottes; die Passionsbedingungen vertreten die empirischen Zusammenstöße und implizieren Existenz, Welt, Wille, Konflikte etc.; die Geistesgegenwart besteht in der Kraft der Symbole, die unser Verhalten und Handeln aktuell und in den Zeitdimensionen bestimmen. D.h. das Dilemma von Einheit der Macht Gottes und Abhängigkeit von unterschiedlichen Personfunktionen verschwindet, wenn *Einheit* in sich *kategorial differenziert* gedacht wird. Die Funktionsunterscheidungen zwischen Vater, Sohn und Geist sind notwendigerweise – und das entspricht dem biblischen Zeugnis und ist damit „der wahre Schlußstein des christlichen Glaubens" – die zwischen Ursprung, Gegenüber unter externen Bedingungen und Geistesgegenwart der Repräsentation im Lebensprozess.

Es ist schließlich zu antworten, dass gerade in *semiotischer* Hinsicht das Zahlendilemma der Trinitätslehre verschwindet, denn die Triade ist die Gestalt von Identität und Differenz. „Einheit" wird nicht abstrakt, wie Schleiermacher einwendet, weil eine „fast polytheistisch[e]" Dreipersonenherrschaft an die Macht kommt.[54] Die Zahlen 1, 2, 3 sind ernst zu nehmen, aber nicht als Summe, die wiederum 1 ergeben müsste, sondern im Sinne einer geordneten Relationalität der Wirklichkeit und ihres schöpferischen Prozesses.[55] (1_P) ist dann (im Diagramm) darzustellen als Einwertigkeit, jeweils ikonisch als ursprüngliche Ermöglichung: •— ; (2_P) als Zweiwertigkeit von Relation bzw. Existenz unter Gegensatzbedingungen: —•— ; (3_P) als Dreiwertigkeit von Vermittlung und nicht mehr zu übertreffender Repräsentation des Verhältnisses selbst: —•< . So sind Neues und Kontinuum, Wahrnehmung, Erfahrung und Denken in ihrer Darstellbarkeit – und so ist Gott. Wir machten einen Fehler, wollten wir auseinanderreißen, was ursprünglich triadisch zusammengehört.

[54] Ibid. § 189/3.

[55] Vgl. zu den folgenden Diagramm-Notationen die Vorlagen von K.L. KETNER, in: P.H. SAMWAY (1995), 195-204; und zu weiteren Auslegung des Modells s.u. Kap. II.5.

3. Variationen über Nominalismus

A. „Nominalistische Häresie"

Der Satz „Gott ist tot" – lassen wir alle kreuzestheologischen Auffanginterpretationen einmal beiseite – ist der nicht mehr zu steigernde Inbegriff des modernen Nominalismus. *Modern* meint hier das 19./20. Jahrhundert, *Nominalismus* jene philosophischen und theologischen Schulbildungen seit dem 12. Jahrhundert, subtil ausgearbeitet in den sprachlogischen Texten Wilhelms von Ockham, der *via moderna* mit ihren spätscholastischen und reformatorischen Wirkungen (14.-16. Jahrhundert), ihren schwierigen Fortsetzungen in die europäische Aufklärung (17./18. Jahrhundert) und bis heute.[1] Der Satz „Gott ist tot" ist in seinem zeitgenössischen Verständnis wohl so aufzufassen, als wäre eine Person gestorben, die von da an von lebendiger Aktivität ausgeschlossen bliebe; oder so, dass bis dahin denkbare und wirksame Gottesvorstellungen entfallen müssten, bildlich gesprochen eben „tot" wären; oder so, dass Gott nicht mehr sinnvoll gedacht werden könnte, die starke Metapher des Todes bzw. Sterbens signalisierte folglich eine metaphysische Unmöglichkeit oder überhaupt das Ende von Metaphysik bzw. christlicher Philosophie (in antik-mittelalterlich-europäischer Tradition). Wenn also Gott in dieser Konsequenz tot, vernichtet, abwesend, abgelöst, irrelevant ist, nicht mehr erkennbar oder erfahrbar sein kann, dann gilt dies in philosophischer Konsequenz auch für alle nicht-empirischen, nicht-konkreten Verallgemeinerungen wie rationale Gründe, Gesetzmäßigkeiten oder reale Zusammenhänge.[2] Diese werden für das Denken zwar gebraucht, sind gleichwohl aber nicht ‚wirklich' da. Denn ihnen fehlt (nach nominalistischer Grundeinstellung) die Faktenbasis für evidente Einzelerfahrungen. Wird *Wissenschaft* ausschließlich so bestimmt und abgegrenzt, so muss konsequent alles Andere, was nicht empirisch basiert werden kann, als letztlich unerkennbar entweder stillschweigend vorausgesetzt oder für nicht wirklich erklärt werden. Genau diese Haltung hat C.S. Peirce treffend als „nominalistische Häresie" enttarnt.[3]

---

[1] Vgl. TH. KOBUSCH (1994); S. KNUUTTILA (1992).

[2] W.V. QUINE nennt als Beispiele für „abstrakte Gegenstände" (im Unterschied zu physikalisch konkreten): „Klassen, Eigenschaften, Propositionen, Zahlen, Relationen und Funktionen", vgl. DERS. (1987), 403 (§ 48: „Nominalismus und Realismus").

[3] RS, 244.

B. Peter Abaelard

Bereits für das frühe lateinische Mittelalter, seit Porphyrius und Boethius, waren die überlieferten logischen Bücher des Aristoteles Prüfstein richtigen, schulmäßigen Argumentierens, und die Frage nach dem ontologischen Status von Gattungsbegriffen, das Universalienproblem, lag damit vor.[4] Doch es bedurfte offenbar der frühscholastischen Verfeinerung der sprachlogischen Werkzeuge und des zugleich bestehenden Willens, dem autoritativen Zeugnis der kirchlichen Lehre unbedingt nachzukommen, dass die Frage nach der Realitätsbedeutung von Allgemeinbegriffen zu einem dramatischen Konfliktthema mit epochalen Folgen werden konnte. Es ist die Trinitätslehre, in der reale Begriffsbedeutungen (bezüglich Einheit oder Dreiheit) schnell in Widerspruch geraten, und dann ist es hilfreich, zwischen bloßen Namen und der gemeinten Sache zu unterscheiden. Roscelin von Compiègne hatte ein solches Modell entworfen, indem er Gottesbegriffe wie „Person", „Substanz" oder „Wesen" als in gleicher Weise gültig und nach menschlichem Bedarf zu benutzende konkrete Namen des trinitarischen Gottes darstellte.[5] Der Tritheismus ist dann allerdings kaum zu vermeiden. Abaelards Antwort und Gegenmodell steht im Kontext seiner *dialektischen Theologie*, denn er ist von Ausbildung (u.a. bei Roscelin) und Passion Philosoph und vertritt innerhalb der scholastischen Schulbildung Grammatik, Rhetorik und Dialektik; letzteres bedeutet aristotelische bzw. boethianische Logik. Dazu passt, dass Abaelard sich selbst als „Peripatetiker"[6] bezeichnet, sich die Schulbezeichnung des aristotelischen Lehrhauses also selbstbewusst zu eigen macht. *Dialektisch* ist Abaelards Theologie aber auch deshalb, weil er geradezu sokratisch auf einem Nichtwissen göttlicher Wahrheit besteht, der das logische Bemühen menschlichen Wissens prinzipiell nicht genügen kann: „Von der Wahrheit bekennen wir, sie nicht wissen zu können."[7] Doch philosophisch-dialektisch wird um die Wahrheit, d.h. um ihre menschliche Darstellung, heftig gestritten. Dieser Klärungsprozess aber verlangt jetzt die bewusste Zuordnung von Rationalität und religiösem (kirchlichem) Glauben, und es ist der sprachlogische, *dialektische* Akzent des 12. Jahrhunderts, der dem Problem des Nominalismus seine unübersehbar neue Kontur geliefert hat.

Abaelards begriffsanalytische Arbeit wird notwendig, damit die Einheit und Identität Gottes mit der „Verschiedenheit der [sc. trinitarischen] Personen" widerspruchsfrei denkbar bleibt. In lateinischer Begrifflichkeit gesagt:

---

[4] Vgl. K. FLASCH (1988), 48ff.

[5] Vgl. ROSCELINS *Brief an Petrus Abaelard*, in: H.-U. WÖHLER (1992), 70-75.

[6] Vgl. den Schlusssatz, die Unterzeichnung der frühen Schrift *Theologia Summi boni* (1120), P. ABAELARD (1997), 259; auch die entsprechende Selbstdarstellung im „Ersten Brief", in: ABAELARD, Briefwechsel (1997), 6.

[7] *Theologia Summi boni*, 259.

Die „diversitas personarum" muss in demselben Realitätsstatus gedacht werden können wie die „identitas singularis substantiae" und die „individua unitas essentiae" Gottes.[8] Die reale Einzigkeit Gottes als *summum bonum* gehört dabei zu den Voraussetzungen der christlichen Philosophie Abaelards, und zwar so, wie seit Platon und Aristoteles bekannt, dass allein in diesem Falle begriffliche Sonderbedingungen gelten müssen[9]: Gott zu denken ist nicht im direkten Zugriff möglich, sondern bedarf der „Analogien und Beispiele" [similitudines et exempla]. Das ist die Weise, in der die Philosophie ihren Respekt vor diesem Problem zum Ausdruck bringt, Abaelard spielt hier offensichtlich auf Dionysius Pseudo-Areopagita an, vermittelt über Johannes Scotus Eriugena. Neben dieser theologisch motivierten Aufnahme der platonisch-augustinischen Tradition aber steht sofort das Bemühen der Begriffsklärung mit dem über Porphyrius und Boethius vermittelten Instrumentarium der aristotelischen Substanz-Akzidenz-Unterscheidung. Was real allen weiteren Bestimmungen zugrunde liegt, das „Subsistierende", ist genau das, was als erste Substanz gedacht werden muss; und in diesem Sinne gilt: „Gott ist das einmalige und einzigartige Prinzip aller Dinge, ist keinesfalls in derjenigen Klasse von Dingen enthalten, die keine Substanzen sind.[10]" Als *Substanz* wird dabei definiert, was durch sich selbst existiert [res per se existens], und das jedenfalls trifft auf Gott zu. Andererseits gehört zur menschlichen Vorstellung von realen Dingen deren notwendige Bestimmbarkeit durch Akzidenzien, die aber auch unterschiedlich, wechselnd, sich widersprechend sein können – und alles dies kann für die ewige und unveränderliche Substanz *Gott* selbstverständlich nicht zutreffen. D.h. Gott ist einerseits Substanz, weil aus sich selbst, andererseits nur in einem besonderen Sinn, weil keine Zusatzbestimmungen akzidentieller Art zugelassen sein können; und somit hat der Substanzbegriff in diesem und nur in diesem Falle „notwendig eine Art singulärer Bedeutung [singularis significatio] oder sogar Konstruktion [constructio]", die auch das noch „übertreffen", was die „eigene Einrichtung [institutio]" der „Reden [dictiones]" über Gott voraussetzen – eben weil „die Natur der Gottheit alles übertrifft".[11]

Damit kommen wir einer für Abaelards Denken typischen und für die Frage der Realitätsvermittlung von Begriffen wesentlichen semiotischen Einsicht auf die Spur[12]: Über die zugrundeliegende Wirklichkeit von etwas Bestimmtem wird (in Begriffen) gesprochen, die Rede bildet die Vielfalt zusammenfassend ab. Die einzelne (erste und einheitliche) Substanz wird in weiteren Bestimmungen („universalia") bezeichnet, die als solche aber nicht mehr

[8] Ibid. 96/ 97.
[9] Ibid. 109ff.
[10] Ibid. 113.
[11] Ibid. 115ff.
[12] Vgl. B. Wald (1998), 508. – S. Meier-Oeser (1997), 989ff.

die Realität der ersten Substanz erreichen können. Dazu passt, dass die *Bedeutung/ significatio* eben durch Zeichen vermittelt werden muss, die im Falle der menschlichen Sprache vereinbarte Zeichen sind [ex institutione hominis] und dem Verständnis [intellectus] im Bezug auf die zugrundeliegende Sache [res] dienen. Auf Gott angewandt ist dessen „significatio" eben daran gebunden, den Substanzbegriff so zu fassen, dass die „institutio" der Sprache nicht zur Erfassungsbedingung erhoben, sondern sozusagen Spielraum für die einzigartige „constructio" der Substanz *Gott* gelassen wird. Die „menschliche Rede" [locutio hominum] ist vom Schöpfer so eingerichtet[13], dass sie eben „jenes unaussprechliche Gut" [illud ineffabile bonum] nicht einfach im direkten Zugriff beim „Namen" nennen kann. Es müssen also Begriffe gefunden werden, die demgemäß konzipiert werden können und sich dem Problem der „gleichnishaften Rätselsprache" [parabolica aenigmata] bzw. der „Analogie" [similitudo] stellen.[14] Das kann nur gelingen, wenn zwischen der Sache selbst, der ersten Substanz in der ihr eigenen Realität, und der Bedeutungsvermittlung über Sprachzeichen unterschieden wird.

Damit es nun in der Vorstellung der göttlichen Trinität nicht zum Widerspruch zwischen „Identität" [identitas] und „Verschiedenheit" [diversitas] kommt, greift Abaelard auf eine grammatische Beobachtung im Anschluss an Priscian[15] zurück: Der Allgemeinbegriff *Mensch* ist als solcher einheitlich, wird in den Bezugsformen der Rede aber dreifach unterschieden eingesetzt. Subjekt, Adressat und Gegenstand der Rede sind offenbar drei verschiedene Funktionsstellen für *Personen*, während doch die in Rede stehende Substanz *Mensch* in allen Fällen dieselbe bleibt. In dieser Weise kann also über einzelne Menschen gesprochen werden, die gleichwohl gemeinsam *Mensch* sind. Mit Abaelards Zeichenlehre kommt dieser Gedanke insofern überein, als die Allgemeinbegriffe als *Prädikabilien*, d.h. als Aussagemöglichkeiten der Rede [sermo] und nicht der einzelnen Wörter aufzufassen sind.[16] Die menschlich mögliche, begriffliche Zeichenbenutzung („ex institutione hominis"[17]) gibt zugleich eine einheitliche wie unterscheidungsfähige Sachbeziehung: einheitlich in der Substanz, unterschiedlich im „Proprium" der jeweiligen Bezugnahme.

Zuvor hatte Abaelard im 4. Kapitel des II. Buches genaue Bedeutungsunterscheidungen von Identität und Verschiedenheit, von „einerlei" und „verschieden" durchgeführt, und *Definition* gehörte neben Essenz, Zahl, Ähnlichkeit zu den wesentlichen Anwendungsbeispielen. Die Definition bringt genau das zur Identität bzw. Unterscheidung, was das Eigentümliche, die

---

[13] *Theologia Summi boni*, 115.
[14] Ibid. 122/ 123.
[15] Lat. Grammatiker (um 500), vgl. G. MANETTI (1997), 882.
[16] Vgl. H.M. BAUMGARTNER/ P. KOLMER (1989), 1179.
[17] Vgl. S. MEIER-OESER, 990.

„proprietas" einer Sache ausmacht. Die Definition bezieht sich also nicht auf die Substanz, sondern auf das jeweilige Unterscheidungsmerkmal[18] – und das erbringt die Lösung des Trinitätsproblems. In theologischer Begrifflichkeit und zusammenfassend gesagt: „Das Proprium des Vaters besteht im ‚Wirkkräftig-Sein' (posse), dasjenige des Sohnes im ‚Unterscheiden' und dasjenige des Heiligen Geistes im ‚Gütig-Sein'."[19] Über die Definition dieser propria ist sichergestellt, dass nicht die Substanz oder das Wesen Gottes dreifach ist; sondern eben die Zahl der propria ist drei, nicht die der Substanz.

Der „Eigenname" *Gott* wäre also entscheidend missverstanden und sprachlogisch falsch gebraucht, würde er als abstrahierter Inbegriff oberhalb der Verschiedenheit der drei Personen verstanden.[20] Wenn Sokrates spricht, angesprochen wird oder Gegenstand der Rede ist, dann liegt zwar eine dreifache Unterscheidung vor, diese ist aber eine gemäß der unterschiedlichen Bezugnahmen, keine im Blick auf die Substanz bzw. die Wesensbestimmung des Sokrates (z.B. als Mensch). Abaelard kann also erklären, dass mehrfache Bezugnahmen auf dasselbe möglich sind, ohne dass dasselbe selbst dadurch vervielfacht würde. Damit ist Gott als einer und derselbe auch mit seinem Eigennamen („singulare") zu benennen, und damit ist er wahrhaft wirklich. Denn *Universalia* sind dies nicht in gleicher Weise. Sie entstehen durch „Abstraktion"[21] von den Dingen, was die Fähigkeiten der Menschen angeht, während allein Gott der Einfachheit der Natur und der ihr entsprechenden Universalbegriffe mächtig ist. Gerade weil die Abstraktion sozusagen göttlicher Universalia den Menschen nicht zukommt, steht in deren menschlicher Fassung nicht einfach Realität zur Verfügung. „Bedeutung" [significatio] bekommt menschliche „Äußerung" [locutio] eben nicht einfach von Natur aus, sondern „ex placito hominum" – „aus menschlicher Konvention".[22]

Ob mit dieser unterschiedlichen Realitätsbewertung von göttlicher Substanz und menschlich abstrahierenden Zeichenbildungen Abaelards Ziel erreicht wurde, die Trinität „in re ipsa" so nachzuweisen, dass die Einheit Gottes mit den drei Personen auf derselben Realitätsstufe stehen kann, muss allerdings fraglich bleiben. Einheit und Unterscheidung in Gott denken zu müssen hat aber das nominalistische Problem so weit vorangetrieben, dass über die Realitätshaltigkeit von Begriffen nur noch befunden werden kann, wenn semiotisch geklärt ist, wie sprachliche Zeichen diesem Anspruch genügen können: Einheit und Unterscheidung zugleich zum Ausdruck zu bringen.

---

[18] *Theologia Summi boni*, 129, 137.

[19] Ibid. 143.

[20] Ibid. 103, Nr. XIV.

[21] Vgl. den in K. FLASCH (1999), Nr. 8.2 ausgewählten Text zum „Universalienproblem" aus ABAELARDS *Logica ingredientibus*; hier S. 256-262.

[22] *Theologia Summi boni*, 188/ 189.

C. Wilhelm von Ockham

Wenn das, was als real erfasst wird, nur durch bestimmte Namen für Einzelnes ausgedrückt werden kann (wie es Roscelins trinitarischem Modell entspricht), so lässt sich dieser Typus als *grammatischer Nominalismus* bezeichnen. Wird dagegen der menschliche Erkenntnisprozess generell so begrenzt, dass die sprachlichen Zeichensysteme als Universalia gerade nicht die Realität der Dinge verbürgen können (wie es Abaelards Modell entspricht), so kann von *epistemischem Nominalismus* gesprochen werden. Demgegenüber liegt *ontologischer Nominalismus* erst dann vor, wenn eine reale Verbindung von Sprachzeichen und Wirklichkeit überhaupt bestritten wird. Dass diese letztere Position theologisch widersinnig ist, weil sich dann über Gott überhaupt nichts zum Ausdruck bringen ließe, ist ebenso deutlich, wie die generelle wissenschaftstheoretische Behauptung purer Konstruktivität von Begriffswelten problematisch – und gerade auch naturwissenschaftlich haltlos erscheinen muss. Die scholastische Diskussion kann schon aus kirchlich-theologischen Gründen so weit nicht gehen, das zeigt gerade auch Wilhelm von Ockhams sprachlogisch genaue Entfaltung der *epistemisch-nominalistischen* Position.

Ockhams Logik ist „terministisch" und „suppositionistisch"[23], d.h. die Termini im Satz bestimmen die Bedeutungsfunktionen, das jeweilige „Für-ein-anderes-Stehen"[24] von Satzteilen. So stehen Subjekt, Pronomen oder Prädikat jeweils für Konkretes und für nichts sonst: „Kein Terminus supponiert in einer Aussage, sofern er signifikativ aufgefaßt wird, für etwas anderes als das, wovon er wahrhaft ausgesagt wird."[25] Dann aber sind auch sprachliche Verallgemeinerungen (wie die Gattungsbegriffe) in ihrer Satzfunktion durch die Bedeutungsbeziehung auf Einzelnes festgelegt: Ein bestimmter Mensch ist in einem bestimmten Satz gemeint. Demgegenüber ist der Begriff des „universale" nur noch so zu gebrauchen, dass er die vielfache Verwendungsmöglichkeit in verschiedenen Sätzen und unter verschiedenen Hinsichten betrifft. Dieser vielfachen Verwendungsmöglichkeit als solcher, die nicht zu bestreiten ist, entspricht aber gerade kein gegenständliches (reales) Korrelat, weil der wirkliche Bezugssinn eben ausschließlich über die bestimmte, einzelne Zeichenfunktion im Satz reguliert wird. So ist Ockhams Resultat verständlich: „daß jedes Universale ein Einzelding ist [res singularis]; es ist nur aufgrund

[23] Vgl. S. MEIER-OESER (1997) 1006ff.

[24] WILHELM VON OCKHAM, *Summa Logicae* I,63, in: DERS., Texte zur Theorie (1996), 86/87.

[25] Ibid. 89 (I,63 (7)). – OCKHAM setzt damit im Begriff der suppositio die Extension und Signifikation eines Terms gleich, vgl. die Kommentierung dieser Stelle in: WILHELM VON OCKHAM, Summe der Logik (1999), 141f. Anm. 33.

der Bedeutung, das heißt, weil es Zeichen mehrerer [signum plurium] ist, ein Universale."[26]

Dass dieser Nominalismus ein *epistemischer* ist und keineswegs ein *ontologischer*, ergibt sich auch daraus, dass die Einzeldinge real als „intentiones animae" sozusagen direkt und quasi natürlich erfasst werden.[27] Und diese „Intention der Seele" ist als solche nicht nominalistisch zu denken, sondern sie hat Realität im Einzelnen wie sie ist. Damit dies geschehen kann, muss die Erkenntnis des Einzelnen der begrifflichen Verallgemeinerung überlegen und vorrangig sein. Ockham beweist diese primäre Stellung der „notitia intuitiva" dadurch, dass er sie an die Kontingenz bindet[28]: Denn abstraktive, verallgemeinernde und auf Notwendigkeit bezogene Erkenntnis ist einerseits eine (wissenschaftliche) Selbstverständlichkeit, andererseits kommt sie gegenüber dem kontingent Einzelnen immer zu spät. Wenn das kontingent Einzelne nicht einfach dunkel und dem Intellekt fremd bleiben soll, wenn in den Termini des Satzes wirklich etwas bezeichnet sein soll, bevor die abstrakte Satzverknüpfung greift, dann – so ist Ockhams Schluss zu verstehen – muss der Vorrang intuitiver Erkenntnis eingeräumt werden. Diese aber erfasst zuerst die „Faktizität"[29], nicht das „Wesen" einer Sache.

In dieser Vorordnung intellektuell evidenter Faktizität liegt die epochemachende Kraft des epistemischen Nominalismus für die Wissenschaftseinstellung der folgenden Jahrhunderte. Weil Gott unter diesen Bedingungen nicht mehr als der erste Gegenstand der (allgemeinen, notwendigen) Vernunft nachgewiesen werden kann, sondern kraft seiner Sonderstellung (*potentia absoluta*[30]) für den religiösen Glauben immer schon autoritativ oder evidentiell vorausgesetzt ist, kann es bis in die Neuzeit dann zur Trennung von Glauben und Wissen kommen. Der epistemische Nominalismus macht den Weg frei zu einem Faktenwissen, dessen (reale) Verallgemeinerungsfähigkeit und schöpferisch-theologische Kontextbindung an die zweite Stelle rücken und schließlich dem neu bestimmten Wissen gegenüber geradezu überflüssig erscheinen müssen. Dann erst kann es zum *ontologischen Nominalismus* kommen, wenn die Frage nach der allgemeinen Realität eigentlich gar nicht mehr gestellt zu werden braucht, weil sie entweder in der Faktizität allein schon

---

[26] *Summa Logicae* I,14 (5), in: Texte zur Theorie (1996), 64/ 65.

[27] Ibid. 56ff. (I,12); vgl. 66 (I,14 (6)): „Et tale universale [sc. naturaliter] non est nisi intentio animae". – Vgl. V. LEPPIN (1995), 59-63, wo zuletzt OCKHAMS semiotisch-epistemischer Nominalismus (mit P. BOEHNER) als „realistischer Konzeptualismus" bezeichnet wird; vgl. entsprechend auch S. MEIER-OESER, 1008.

[28] Ibid. 174 (*Sentenzenkommentar* I,3,6 (9)): „aliter nulla veritas contingens posset evidenter cognosci ab intellectu." – Vgl. V. LEPPIN, 73ff.; R. IMBACH (1985), 233.

[29] Vgl. R. IMBACH, Texteinleitung zum *Sentenzenkommentar* I,3,6, in: OCKHAM, Texte zur Theorie (1996), 171.

[30] Vgl. V. LEPPIN, Texteinleitung zu Kap. 2 (*Gotteslehre*), in: WILHELM VON OCKHAM, Texte zu Theologie (2000), 64ff.

vorliegend unterstellt wird oder weil sie den naturphilosophisch(-theologisch)en Kontext und damit ihre Denkbarkeit verloren hat.

D. Formaldistinktion

Wenn C.S. Peirce sagt, Duns Scotus sei von Ockhams Nominalismus nur um ein Haar getrennt gewesen, so lässt sich diese Differenz in der scotistischen Lehre der *Formaldistinktion*, die Ockham im wesentlichen aufgibt, deutlich machen.[31] Es war wiederum die Trinitätslehre, in der die anstehenden Widersprüche zwischen Einheit und Unterscheidung nach logischer Klärung verlangten. Duns Scotus hatte hierzu – und damit für alle Realitätsauffassung überhaupt – seine Übersicht zu fehlerhaften Syllogismen vorgetragen, um entsprechende Regeln ableiten zu können; und Wilhelm von Ockham setzt dies, was den Darstellungsort angeht, auch fort. Dann kann gezeigt werden, dass ein Schluss wie: *Das ganze göttliche Wesen ist der Vater/ Der Sohn ist göttliches Wesen/ Also ist der Sohn der Vater* – fehlerhaft ist, weil – kurz gesagt – der Mittelbegriff „Wesen" äquivok gebraucht wird.[32] Für Ockham liegt hier aber nur unter theologisch-kirchlichen Bedingungen ein Fehler vor, nämlich ein Verstoß gegen die autoritativ vorausgesetzte Regel: „Das göttliche Wesen, das ein Gott und eine einzige Substanz ist, besteht aus mehreren Personen." Wird jene Schlussform dagegen nicht auf Gott, sondern auf Geschaffenes angewandt, ist sie gültig![33]

Wo Ockham eine Sonderregel für die trinitarische Logik einführen muss, hat Scotus ein umfassendes Prinzip gesehen, das nun allerdings mit seinem nicht-nominalistischen Begriff von *Realität* aufs engste zusammenhängt: die Formaldistinktion. Ihre Bedeutung entsteht wie folgt: Die *Real*distinktion bezieht sich auf die Unterschiedenheit der Einzeldinge, die *Mental*distinktion auf Unterscheidungen, die der Verstand vornimmt; dazwischenliegend steht die *Formal*distinktion für solche Unterscheidungen, die real nicht bestehen, aber vom Denken her durchgeführt werden müssen.[34] Unter solcher „Formalität" sind begriffliche Abstraktionen zu verstehen (z.B. Rationalität), die wohl

[31] EP 1, 87 (Berkeley-Rezension [1871]): „His [sc. Duns Scotus'] theory of ‚formalities' was the subtlest, except perhaps Hegel's logic, ever broached, and he was separated from nominalism only by the division of a hair."

[32] Vgl. WILHELM VON OCKHAM, Texte zu Theologie (2000), Kap. 2, Nr. 6; das angeführte Beispiel ibid. 89; V. LEPPIN (1995), 239-243; A.B. WOLTER (1965), 45. – Vgl. zum Sachzusammenhang von Formaldistinktion und Trinitätslehre in ausführlicher Ableitung und Begründung E. WÖLFEL (1965).

[33] WILHELM VON OCKHAM, ibid. 93.

[34] Vgl. die Darstellungen bei E. WÖLFEL (1965), Kap. I; A.B. WOLTER (1965); J.F. WIPPEL (1982), 405ff. (zusammen mit der Formaldistinktion wird hier noch auf die Modaldistinktion hingewiesen).

unterscheidbare Bedeutungen haben, aber als Verstandeskonzepte nicht dinglich voneinander zu trennen sind.[35] „Rationalität“ kann deshalb nicht konkret prädiziert werden. Damit aber ist eine Figur gefunden, die den Widerspruch zwischen einheitlicher Wesensbestimmung und Personenunterscheidung in der Trinität sozusagen begründet stehen lassen kann. Es liegt eine Formaldistinktion vor, die sich nicht auf unterscheidbare Dinge bezieht, sondern begriffliche Unterscheidungen an derselben Realität vornimmt. Dasselbe gilt für die Einheit und Unterscheidung von Essenz und Existenz.[36] Auch hier muss keineswegs eine Real-, sondern eine Formaldistinktion vorgenommen werden – und damit ist der für die Frage des Nominalismus entscheidende Punkt erreicht: Nominalismus mit tendenziell *ontologischen* Konsequenzen tritt dann ein, wenn nur noch der Existenz, d.h. der Faktizität des Einzeldinges, „Realität“ zugesprochen werden kann, nicht aber den „Formalitäten“ der Formaldistinktion (Essenz bzw. Existenz; Gottes Wesen bzw. drei Personen der Trinität). Umgekehrt (nicht-nominalistisch) haben die „Formalitäten“ Realität[37], weil nur so das Unterschiedene angemessen begriffen werden kann. Abstraktion und Konkretion gehören in der Erkenntnisbeziehung ontologisch zusammen, weil die Realität sich selbst – und das unabhängig von menschlichen Interessenlagen – genau so präsentiert.[38] C.S. Peirce wird diese Realitätsbestimmung aufgreifen zugunsten eines pragmatistischen, dezidiert nicht nominalistischen Wissenschaftsbegriffs, der seine Kraft dadurch gewinnt, dass die Bestimmung des Realen „on the whole and in the long run“, d.h. in einer abschließenden Übereinkunft, zustande kommt, in der die partiellen Einzelerkenntnisse einmal zusammenlaufen werden. Diese Regularität zukünftiger Wirksamkeit ist es, worin die „Formalitäten“ der Formaldistinktion ihre epistemische und ontologische Anerkennung finden: „Everything, therefore, which will be thought to exist in the final opinion is real, and nothing else.“[39]

E. Naturwissenschaftlicher Nominalismus

Er war nicht der Realitätsbegriff des Duns Scotus, sondern Ockhams epistemischer Nominalismus, der den Wissenschaftsbegriff der naturwissenschaftlichen Moderne inspirierte und überwiegend auch deren Selbstbewusstsein ausmachte.[40] Das gilt bis in die Gegenwart, auch nach der Ablösung des mecha-

---

[35] Vgl. S.Y. WATSON (1965), 64ff.

[36] Anders als OCKHAM, der die Formaldistinktion hier nicht gelten lässt und Essenz und Existenz identifiziert, vgl. WIPPEL, 401ff.

[37] Vgl. WÖLFEL, 33ff.; WATSON, 69.

[38] Vgl. F. INCIARTE (1996), 260f.

[39] EP 1, 89.

[40] Vgl. C.S. PEIRCE, EP 2 (*Laws of Nature* [1901]), 68f.

nistischen Weltbildes, und zeigt sich vor allem in der Frage nach den Grundlagen des Universums, wie sie in den (physikalischen) Kosmologien und entsprechenden Naturphilosophien wissenschaftsintern wie in aller Öffentlichkeit diskutiert werden. Konnte bis ins 20. Jahrhundert zumal die Frage nach dem Anfang des Universums noch als Grenzproblem zwischen (exakten) Wissenschaften und Theologie bzw. Philosophie gelten, so gehört seit Edwin Hubbles Entdeckung (1929) der Ausdehnung des Universums auch die Kosmologie als ganze „in den Bereich der Wissenschaft", wie S. Hawking mit der Überzeugung des Nominalisten formuliert.[41] Das heißt nichts Anderes, als dass jetzt Einzeldaten für den dynamischen Ausbreitungsprozess des Universums vorliegen, was bis dahin für die Grenzbegriffe von Anfang und Ende noch nicht der Fall war. Damit erscheinen Theologie und Metaphysik auch an dieser Stelle überholt: „metaphysische Vortheorien" konnten allenfalls „in qualitativer Weise unscharfe Ideenkomplexe ausdrücken", die sich jetzt quantifizieren und dem (nominalistischen) Methodenbegriff der Einzelwissenschaften zuführen lassen.[42] Was als *real* zu gelten hat, darüber entscheidet die Beobachtung von Einzeldingen und deren theoretische Konzeptualisierung. Welchen Status letztere hat, ist natürlich dauerhaft problematisch, weil gut nominalistisch für Verallgemeinerungen eigentlich kein Realitätsbegriff mehr zur Verfügung steht. Dieses Dilemma lässt sich an St. Hawkings einleitendem Abschnitt zur Wissenschaftstheorie beispielhaft zeigen:

(1) Hawking sagt, eine wissenschaftliche Theorie sei ein modell- und regelhaftes Gebilde aufgrund von Beobachtungsdaten, das *als* Theorie aber „nur in unserer Vorstellung" existiert und folglich „keine andere Wirklichkeit" besitzt.[43] Damit ist offensichtlich vorausgesetzt, dass es Einzeldinge und entsprechende Daten einfach ‚gibt' und dass die theoretische Leistung des Menschen nichts als ein bloßes Konstrukt ohne realen Eigenwert darstellt. Demgegenüber soll selbstverständlich nicht bestritten werden, dass Theorien an ihrer Leistungs- und Prognosefähigkeit gemessen werden müssen und dementsprechend fallibel sind.[44] Aus dieser heute über jeden Zweifel erhabenen Methodenauffassung der Wissenschaft folgt aber keineswegs, dass *Wirklichkeit* aus bloßen Einzeldingen, über die wir sonst nichts wissen können, bestehen würde; und ebenso wenig, dass Denken und Theoriebilden gegenüber dieser Wirklichkeit ein abstraktes Spiel ohne konstitutive Wahrheitsbedeutung wären. Im Gegenteil: Die Fakten, d.h. die für die Theoriebildung vorausgesetzten Beobachtungsdaten, verdanken sich unter anderem dem Eingriff der

---

[41] S. HAWKING (2001), 20. – Vgl. die Erläuterungen zu HUBBLES Arbeiten bei B. KANITSCHEIDER (1984), 222f.

[42] B. KANITSCHEIDER (1993), 70; vgl. entsprechend: (1984), 13 (zum Übergang von „mythischen Spekulationen" zu „echten kontrollierbaren Naturwissenschaften").

[43] HAWKING (2001), 21.

[44] Vgl. ibid. 22.

Beobachtung. W. Härle formuliert das hier neue erkenntnistheoretische Problem (auf der Basis der „Welle-Teilchen-Theorie des Lichts") wie folgt: „Das Objekt zeigt sich so, wie es sich zeigt, weil es beobachtet, gemessen, etwas von ihm erwartet etc. wird. Es wird also durch den Erkenntnisprozeß in seinen Eigenschaften (als Erkenntnisobjekt) (mit-)konstituiert."[45]

(2) Hawking zieht aus seinem erkenntnistheoretischen Ansatz sofort auch Konsequenzen für alle anderen Wissenschaften, d.h. seine nominalistische Auffassung wird absolut gesetzt und gilt ohne Rücksicht auf andere ontologische Konzeptionen der Philosophie, Theologie oder der Geisteswissenschaften überhaupt: „Das Modell eines expandierenden Universums schließt einen Schöpfer nicht aus, grenzt aber den Zeitpunkt ein, da er sein Werk verrichtet haben könnte!"[46] Dabei ist zu bedenken, dass die Rede von Gott hier immer im übertragenen (d.h. wissenschaftlich nicht gültigen) Sinn zu nehmen ist: als Zitat, als Vorstellung aus einer fremden Welt, begrenzt brauchbar nur für bestimmte Problemanzeigen. Diese allerdings bleiben unausweichlich in der weiterhin schwierigen Frage nach dem *Anfang* und nach der *Einheit*. In beiden Fällen ist Hawking zunächst deutlich zurückhaltend, was den Erfolg angeht bzw. was die Leistungsfähigkeit moderner Wissenschaften betrifft.[47] Denn tatsächlich wäre die gesuchte *eine* Theorie über alle Grundkräfte der Natur wohl auch die über den Anfang. Wäre es unter Hawkings Denkvoraussetzungen nicht sehr viel plausibler, diese Fragerichtung überhaupt sein zu lassen und schlicht in Teilbereichen weiterzuforschen? Hawking deutet dies an[48], doch nachdem er aufgrund der modernen Astrophysik die kosmologischen Zentralfragen der Tradition (Einheit und Anfang) als *wissenschaftliche* bezeichnet hat, bleibt es bei dieser Grenzüberschreitung: Die Physik belastet sich dann mit metaphysischen Fragen, und sie tut dies mit der Behauptung, auch diese Fragen seien jetzt, jedenfalls tendenziell, „wissenschaftlich" zu lösen, d.h. ohne Metaphysik.

Einen *Anfang* zu denken hat zumindest zwei Bedeutungen, die unterschieden werden müssen: (a) Wasser fängt an zu kochen, der Bau eines Hauses wird begonnen, ein Leben beginnt – in allen Fällen ist ein neues Ereignis, eine neue Qualität von Ereignissen der Grund für die Abgrenzung von Vorher und Nachher. Bei genauerem Hinsehen wird es zu einer Definitionsfrage, ab wann *genau* das Neue (als Anfang) beginnt und vom Alten getrennt wird: Wasser als Flüssigkeit und Dampf, Leben vor und nach der Zeugung, die Planung des

---

[45] W. HÄRLE (1999), 9.

[46] HAWKING, 21.

[47] Ibid. 23.

[48] Ibid. 24f. – Vgl. W.B. DREES (1991), 378: „According to him [sc. S. Hawking], physics is about to discover and explain the most fundamental laws, as well as the ultimate boundary conditions for the Universe. This is against the standard view, which sees initial conditions, or boundary conditions, as given. [...] Hawking holds that physics can, when considering the whole, do without such an unexplainable given.

Hauses vor dem Bau etc. Daher macht es Sinn, in diesen Fällen von einem *relativen Anfang* zu sprechen, weil er immer nur in Relation zu schon Vorhandenem (Vergleichbarem oder Verschiedenem) bestimmt werden kann. (b) Dagegen ist von einem *absoluten Anfang* nur dann zu sprechen, wenn der Beginn von *allem* gemeint ist, der also zu nichts anderem mehr relativ zu beziehen ist. Charakteristisch für diesen Anfang ist folglich – und genau so hat es die christliche Theologie unter dem Stichwort der *creatio ex nihilo* auch entwickelt –, dass ihm *nichts* anderes als Gott selbst vorausgehen kann.[49] *Vor* diesem Anfang (sofern hier im übertragenen Sinne gesprochenen werden darf, denn ‚vor' der Zeit gibt es bekanntlich kein ‚vorher') war also *nichts*, also auch nichts zu beobachten; keine Fakten, also auch keine Theorie?

Hawking stellt sich dieser Problemlage mit der Hypothese: Aus der vorliegenden Welt und ihren Beobachtungsdaten sei theoretisch (mathematisch und physikalisch) das Anfangsproblem so lösbar, dass es als ein bestimmter Anfang relativiert wird: Das Universum *hat keine Grenze*, es ist grenzenlos wie eine Kugel, aber endlich. Das Anfangsproblem ist dann relativ platzierbar, so wie der Nordpol als relativer und gesetzter Beginn unserer geographischen Weltorientierungen betrachtet und also hier als Exempel gebraucht werden kann.[50] Was aber soll dann heißen, das Universum „wäre weder erschaffen noch zerstört. Es würde einfach SEIN"?[51] Die theoretisch ausgeschaltete Möglichkeit, einen wirklichen und zugleich absoluten Anfang zu denken, bringt es mit sich, SEIN nur noch unbestimmbar, unbegreifbar und unterschiedslos ‚sein' zu lassen. Doch genau damit hat sich Hawking in philosophische Fragen verwickelt, die sich auf der Basis seiner Wissenschaftstheorie in keiner Weise lösen, ja nicht einmal angemessen formulieren lassen. Der Physiker spricht in Rätselworten, und genau das widerspricht seinem eigenen wissenschaftlichen Ansatz: Verdankt sich SEIN einer Beobachtung oder eine Theorie?

(3) Was die immer wieder versuchte Rede von Gott betrifft, so unterliegt sie derselben Schwierigkeit: Entweder ist sie gänzlich unangemessen (und also überflüssig), weil Gott auf den Big-Bang-Zeitpunkt hin funktionalisiert werden muss, oder Hawkings Vorstellung des Grenzenlosen (mathematisch-physikalisch gefasst in „imaginärer Zeit"[52]) wäre der Versuch, anders als im (nominalistischen) Schema von Beobachtung/ Theoriemodell mit dieser Frage

---

[49] HAWKING spricht in diesem Sinne und im Rahmen der Big Bang Theorie von „Urknall-Singularität", ibid. 68 u.ö.; B. KANITSCHEIDERS Eingehen auf den Vergleich „Schöpfung" und „Entstehung", vgl. (1984), 457, leidet unter dem nominalistischen Dilemma, dass Schöpfung als wissenschaftlicher Begriff im Ernst gar nicht in Frage kommt, also aus seiner Sicht gar nicht vergleichbar ist.

[50] HAWKING, 177-184.

[51] Ibid. 178.

[52] Ibid. 181f.

umzugehen.[53] Doch dies scheitert an der nun auch ontologisch akzentuierten (nominalistischen) Wissenschaftsauffassung: Eine wissenschaftliche Theorie ist „nicht mehr als ein mathematisches Modell, das wir entwerfen, um unsere Beobachtungen zu beschreiben: Es existiert nur in unserem Kopf. Deshalb ist es sinnlos zu fragen: Was ist wirklich, die ‚reale' oder die ‚imaginäre' Zeit? Es geht lediglich darum, welche von beiden die nützlichere Beschreibung ist."[54]

(4) Nicht anders steht es mit der Frage nach der *Einheit*.[55] Denn hier handelt es sich ja nicht nur um einen Gewinn an Klarheit, wenn statt mehrerer Grundkräfte in der Natur zuletzt *eine* erkannt und theoretisch handhabbar wäre. Mit der Einheit wird zugleich die Rationalität von Wissenschaft und Naturauffassung bewusst. Hawking sieht dies und bemerkt dazu: Seine Wissenschaftstheorie setze natürlich voraus, „daß wir vernunftbegabte Wesen sind, die das Universum beobachten und aus dem, was sie sehen, logische Schlüsse ziehen können."[56] Doch könnte hierzu nicht – wie auch sonst bei wissenschaftlichen Theorien – der Verdacht lauten: „Vielleicht ist dieser Ansatz völlig falsch"[57]? Eben darin liegt Hawkings (interessante!) Inkonsequenz: Er proklamiert einen nominalistischen Wissenschaftsbegriff (Schema: einzelwirkliche Beobachtungsdaten, dazu Theorien als bloß ausgedachte Modelle), will sich aber trotzdem den (metaphysischen) Fragen stellen, die gerade *so* nicht zu lösen sind. In der Frage nach Einheit und Vernunft ist dies mit Händen zu greifen in dem von Hawking selbst als „Paradoxon" bezeichneten Umstand, dass die unterstellte Vernünftigkeit dann natürlich zirkulär auch unser „Handeln" und also unsere Theoriebildungen in einer Weise bestimmte, die den von Hawking postulierten Ausgang bei den Beobachtungsdaten unkontrollierbar konterkarieren müsste. Wie ist diesem Zirkel zu entkommen? Jedenfalls nicht so, wie Hawking es versucht. Seine „einzige Antwort"[58], dass der evolutionäre Mechanismus der Selektion letztlich die Vernünftigkeit bevorzuge, bleibt hoffnungslos zirkulär. Denn die Evolutionstheorie selbst ist ein Theorieprodukt, und wie sollte sie, nach Hawkings Voraussetzungen, denn *real* sein können? Andererseits impliziert all das, was Hawking nun zugunsten seines Programms der Suche nach der vernünftigen Einheit vorbringt, weit mehr, als sein Nominalismus ihm ehrlicherweise gestatten würde: „Doch

[53] W.B. DREES (1991), 388f., 392, hat vorgeschlagen, HAWKING im theologischen Kontext weniger auf ein deistisches oder theistisches Konzept der Schöpfung am Anfang zu beziehen (was HAWKING ablehnen müsste), sondern auf deren *Erhaltung*; d.h. in einem eher pantheistischen Sinn wäre das eigentliche Wunder des SEINs: dass es etwas gibt; und was es gibt; und dass es all dies in einem Zusammenhang („continuity") gibt.

[54] HAWKING, 182.

[55] Ibid. 23f.

[56] Ibid. 25.

[57] Ibid. 24.

[58] Ibid. 25.

von der Voraussetzung ausgehend, das Universum habe sich in regelmäßiger Weise entwickelt, können wir erwarten, daß sich die Denk- und Urteilsfähigkeit, mit der uns die natürliche Selektion ausgestattet hat, auch bei der Suche nach einer vollständigen einheitlichen Theorie bewähren und uns nicht zu falschen Schlüssen führen wird".[59] Diese Hoffnung ist entweder völlig unbegründet – oder sie bedeutet eine entschiedene Grenzüberschreitung zu nicht-nominalistischem Denken: Dass nämlich die Natur selbst und mit ihr die Menschen an einer Vernünftigkeit partizipieren, die sie zu dem instand setzt, was unter anderem ihre physikalische Forschung und Theoriebildung ausmacht; und diese wäre folglich nicht nur vernünftig (wenn auch fallibel), sondern tendenziell immer Anwältin und Mitarbeiterin der Realität selbst. Das läßt sich in W. Härles Ableitung des hier geltenden erkenntniskritischen Problems auch so ausdrücken: „Zwischen dem rezeptiven und dem produktiven Erkenntnisaspekt besteht also ein Verhältnis der wechselseitigen Abhängigkeit und damit der *Wechselwirkung*, das auch im semiotischen Strukturmodell zum Ausdruck gebracht werden muß."[60]

Weil Hawking die Dinge aber *nicht* so betrachtet, sondern bei seinem Nominalismus bleibt und die eigene Grenzüberschreitung *nicht* registriert, stehen am Ende nur der bekannte Fortschrittsoptimismus – Relativitätstheorie und Quantenmechanik „haben uns [...] die Kernenergie und die mikroelektronische Revolution gebracht!" – und die ebenso neuzeitlich oft berufene *curiositas* des homo sapiens: das „unstillbare Bedürfnis" und „tiefverwurzelte Verlangen der Menschheit nach Erkenntnis".[61] Das wäre alles ganz unproblematisch, würde dem nicht der „neuzeitliche [sc. nominalistische] Naturbegriff" zugrunde liegen, der entweder reale Vernünftigkeit aus der Natur selbst entfernt hat oder Rationalität verengt nur noch als gesetzlichen Determinismus an Einzeldingen erkennen kann.[62] Deshalb bleibt letztlich alles offen, auch die von Hawking ebenfalls angesprochene Frage nach dem „Überleben der Menschheit"! Was dem nominalistischen Ansatz verloren geht, das sind die Zusammenhänge (das *Kontinuum*[63]): zwischen Fakten und Theorien, Vernunft und Evolution, Mensch und Natur; und letztlich: Gott und Welt.

---

[59] Zu entsprechenden Zirkeln in der biologischen Zuordnung von Wirklichkeit und Wahrnehmung vgl. D. WEBER (2000), Kap. 2.5.

[60] W. HÄRLE (1999), 11.

[61] HAWKING, 26.

[62] Vgl. F. INCIARTE, (1996), 269.

[63] Vgl. TH. LATZEL und J. DITTMER (1999).

F. Glaube und Wissen

Die Wirkungsgeschichte des neuzeitlichen Nominalismus zeigt ihre gravierend *ontologischen* Konsequenzen endgültig dann, wenn in den (praktischen) Weltanschauungen der Menschen die vorgeordnete (schöpferische) Garantie der realen Lebensbedingungen (Gen 8, 22) nicht mehr begründbar erscheint; wenn Gott ‚tot', d.h. wissenschaftlich ortlos und beliebig geworden sein könnte; wenn Glaube und Wissen derart zerfallen sein sollten, dass Gott weder gewusst noch geglaubt werden könnte. In dieser geistes- und theologiegeschichtlichen Entwicklungsperspektive wäre vor allem der protestantische Beitrag zur Durchsetzung des Nominalismus vorzunehmen und kritisch zu bearbeiten.[64] Fassen lässt er sich für das 20. Jahrhundert stellvertretend in der literarischen Figur des *Mannes ohne Eigenschaften*, der mit naturwissenschaftlicher Ausgangsbasis das menschlich, gesellschaftlich und wissenschaftlich himmelschreiende Defizit der Moderne empfindet, deshalb die fixierten Eigenschaften, die Festlegung auf die Datenbasis von Einzeldingen, abzustreifen versucht, um so zur Realität überhaupt wieder einen Zugang zu finden. Robert Musil lässt Ulrich, den „Mann ohne Eigenschaften", in dieser Sache zu bedenken geben: „Aber der Glaube war immer mit Wissen verbunden gewesen, wenn auch nur mit einem eingebildeten, seit den Urtagen seiner zauberhaften Begründung. Und dieser alte Wissensteil ist längst vermorscht und hat den Glauben mit sich in die gleiche Verwesung gerissen: es gilt also heute, diese Verbindung neu aufzurichten. Und natürlich nicht etwa bloß in der Weise, daß man den Glauben ‚auf die Höhe des Wissens' bringt; doch wohl aber so, daß er von dieser Höhe auffliegt. Die Kunst der Erhebung über das Wissen muß neu geübt werden."[65]

Dass Glaube und Wissen ursprünglich zusammen gehören, ist für alle praktischen Lebensverhältnisse unmittelbar plausibel. Denn ohne den ahnenden, empfindenden, vertrauenden, interessierten, involvierten, wollenden Zugang zum Wissen *von etwas* ist dessen Gegenständlichkeit gar nicht abgrenzbar.[66] Diese selbst-beobachtende Rekonstruktion ist psychologisch ebenso ableitbar wie semiotisch umfassend zu belegen: Erst Zeichen von etwas werden verstanden und sind überzeugend. Religionsgeschichtlich „zauberhaft" begründet bleibt dieser Zusammenhang aber ambivalent, eine schöne Einbildung seit „Urtagen", die an genaueren Informationen scheitern muss. Die ge-

[64] W. HÄRLES Zuordnung von naturwissenschaftlicher Erkenntnisproblematik und Rechtfertigungslehre, (1999), 12f., wirkt nur deshalb provokativ, weil es einen massiven protestantischen Nominalismus gibt.

[65] R. MUSIL (1996), 826. – Vgl. zur Interpretation des Romans im Kontext von Musils Theorie der (über die mittelalterliche, christliche Mystik geprägten) Zuordnung des „Ratioïden" und „Nicht-Ratioïden", von „Genauigkeit und Seele" U. REINHARDT (2001).

[66] Vgl. H. DEUSER (2001).

wonnene Einheit kann und darf der empirischen Bewährung nicht entgehen wollen, das lassen reale Zeichenverhältnisse auf die Dauer gar nicht zu. Insofern nimmt Musils Text durchaus Partei für die wissenschaftliche Moderne: Sie setzt instand, zwischen „altem" Wissen und neuem zu unterscheiden; und weil zum alten Wissen dessen Glaube gehörte, gehen beide miteinander zugrunde, werden „morsch". Schon hier fällt auf, dass eine Banalisierung des Modernisierungsschemas nicht mitgemacht wird, als ließe wahres (exaktes) Wissen endlich den Glauben hinter sich. Was wäre das für ein Wissen ohne die Vergewisserungs-, Zugangs- und Folgebedingungen, die für es konstitutiv bleiben müssen? Die konstatierte „Verwesung" betrifft also beide, Glaube und Wissen, ihre Relation muss also falsch gewesen sein: Falscher Glaube stand für richtiges Wissen und umgekehrt, d.h. die Stimmigkeit, das geglückte Verhältnis kam nicht mehr zustande wie einmal in den Tagen der „zauberhaften Begründung". Dann aber muss es in der hier diagnostizierten Nach-Moderne, die die Gefahren falscher Eigenschaftsfixierungen der Dingwelten ebenso spürt und kritisch analysiert wie die Verzerrungen von unecht und zwanghaft gewordenen Glaubensschemata, zu einer neuen „Verbindung" kommen. Eine Relation im lebendigen Kontinuum des Werde-Prozesses wird gesucht, eine Wechselwirkung, in der nicht die eine Seite nach dem Muster oder nach dem modischen Stand der anderen getrimmt werden muss; und es ist auch nicht so, als ginge es um eine zweistellige Wechselwirkung, ein ergänzendes Gleich um Gleich. Glaube und Wissen stehen nicht einfach polar zueinander. Glaube eröffnet Wissen, kann in seiner Struktur wie in seinen Inhalten wissentlich ausgedrückt werden; und diese Darstellungsvorgänge führen erneut zu Glauben auf weiteren Ebenen und für weitere Eröffnungen. Der mittelalterliche Nominalismus wurde überhaupt nur möglich, weil er in einem subjektiv überzeugten wie objektiv-institutionellen Glaubensrahmen freigesetzt werden konnte, das Über-Natürliche war ihm selbstverständlicher als das bloß Natürliche, dem sich deshalb die Konzentration der Genauigkeit ganz neu widmen konnte. Nun aber kommt es darauf an, diesen Freiraum, den der Glaube gewährt, neu zu gewinnen, sein „Auffliegen" wieder zu üben; nicht ausschließend gegen das Wissen, sondern von ihm sich erhebend.

Auch die Wissenschaften also rechnen mit Möglichkeiten, die ihnen zukommen, nicht bloß solchen, die von ihnen zweifellos ausgehen. Aufgrund dieser Einsicht bleiben die Folgen der Wissenschaften dann auch im verantwortlichen Rahmen des Lebendigen, weil jener Zusammenhang der Realität aus Möglichem und Wirklichem nicht ausgeblendet wird. Gerade der Übergang zwischen beidem macht das Werden von Neuem im Prozess aus, dessen Vor-Bild der absolute Anfang darstellt. Der Nominalismus dagegen hat um des präzisen (empirischen) Wissens willen das reale Band zwischen den Modalitäten zerschnitten. Das wäre nicht nötig gewesen, wenn Glaube und Wissen die „Kunst der Erhebung" nicht verlernt hätten. Wir wollen wissen, wovon wir auffliegen, und die neuen Möglichkeiten des Glaubens werden dem Wissen wieder zugute kommen – das der Realität im Ganzen verpflichtet bleibt.

4. Kategoriale Semiotik, Religion und die personale Symbolisierung im Christentum

Die strukturelle Gemeinsamkeit der drei Titelbegriffe *Semiotik*, *Religion* und *Symbolisierung* kann in drei Schritten gezeigt werden: Erstens muss die Tauglichkeit einer bestimmten *Semiotik* für die hier angezielten religionstheoretischen und theologischen Fragen nachgewiesen werden; zweitens ist ein Begriff von *Religion* zu entwickeln, der diesen Vorgaben entspricht und sie im eigenen Erfahrungsfeld bestätigt; und drittens ist die besondere Leistungsfähigkeit der *personalen Symbolisierung* im Christentum so vorzutragen, dass die einheitliche Perspektive von semiotischer Struktur, religiöser Repräsentation und Personalität deutlich werden kann. Dass mit diesem Programm zugleich die Frage nach der konstitutiven Bedeutung von Symbolisierung für *Institutionalität* gegeben ist belegt ein illustratives Zitat von C.S. Peirce aus seinem *Gottesargument* von 1908. In der kurzen Beschreibung der „SEELE des ZEICHENS" bezüglich seiner Vermittlungsleistung zwischen jeweiligem „OBJEKT" und „einer GEISTIGEN INSTANZ" heißt es dann: „In gleicher Weise verhalten sich ein lebendiges Bewußtsein, das Leben und die Wachstumskraft einer Pflanze; und ebenso eine lebendige Institution – eine Tageszeitung, ein großes Glück, eine soziale 'Bewegung'."[1]

A. Kategoriale Semiotik

Unter *kategorialer Semiotik* ist im Anschluss an Peirce eine universal anwendbare, phänomenologische Strukturtheorie zu verstehen. *Universal*, insofern die semiotische Dreistelligkeit des Zeichenereignisses – Zeichen, Objektbezug und Interpretationswirksamkeit – in allem Wahrnehmen, Denken und Handeln konstitutiv ist und damit auch in allen Wissenschaften (prinzipiell gesehen) als wirksam vorausgesetzt werden kann; *Strukturtheorie*, insofern im Blick auf die ebenso allgemeine Anordnung der Kategorien von Erstheit, Zweitheit und Drittheit eine erfahrungsleitende Verflechtung von je vorauszusetzender Qualität, empirischer Gegenständlichkeit und geistiger Vermittlung in abstrahierbarer Weise vorliegt, die gleichwohl in jeweils verschiedenen Perspektiven zum klärenden Einsatz kommen kann; und schließlich *phäno-*

[1] PEIRCE, RS, 331; vgl. EP 2, 435.

menologisch, insofern an menschlicher Erfahrung selbst deren Beschaffenheit (kategorial) so analysiert und verallgemeinert werden kann, wie die Phänomene sich uns aufdrängen.[2] Im Zusammenhang religionsphilosophischer und theologischer Fragestellungen bedeutet dies:

(1) Wenn weder empirische Faktizität noch apriorische Konstruktivität allein zum sicheren Ausgangspunkt unseres Begriffs von Erfahrung gemacht werden können – und die zeitgenössische philosophische Diskussion spricht dafür, dass dies wie ein abschließender Befund festzuhalten ist –, so bleiben grob gesprochen nur zwei Möglichkeiten: Das Problem der Herleitung von Erfahrung kann unbeantwortet liegen bleiben (zu bedenken ist dann nur, dass es dadurch nicht verschwunden ist!), oder es muss ein jeweils auftretender Ereigniszusammenhang vorausgesetzt werden, auf den seine genaueren Bestimmungen sich immer nachträglich erst beziehen können. Die *Semiose* bezeichnet genau diesen Vorrang des Ereignisses, der real wirksam unterstellt werden muss, wenn sich ihrer selbst bewusste Erfahrung überhaupt in Gang bringen lassen will. In ihr ist als ihr offenbar immer erstes und grundlegendes Element das *Auftreten* von etwas mit spontaner, unbezweifelbarer Intensität zu würdigen. Vor aller näheren Bestimmungsmöglichkeit geht ein Erstes voraus, das wir nach Richtlinien von Vergleichbarkeit, Experiment und Gesetzen noch gar nicht zur Verfügung haben, das uns andererseits aber umstands- und widerstandslos näher liegt als alles andere, was wir uns wissentlich zurechtlegen. Es geht bei diesem *Ersten* also weder um Gegenständlichkeit noch um regelhafte Kontrollen, sondern das Ereignis eines ersten Auftretens mit unwiderstehlicher Überzeugungskraft. Diese Vorgegebenheit ist universal, Teil der natürlich-geistigen Evolution des Kosmos, so dass im Blick auf menschliches Denkvermögen dieser Aspekt des Ersten im Ereigniszusammenhang als seine *instinktive Unbezweifelbarkeit* bezeichnet werden. Ohne diesen Aspekt wäre jede Bestimmung von Wissenschaft unvollständig. Dass umgekehrt durch seine Beachtung die strukturelle Gemeinsamkeit von Poesie, Religiosität und Wissenschaft wieder entdeckt ist, macht die besondere Leistungsfähigkeit der kategorialen Semiotik aus. So kann Peirce in einem Text unter der Überschrift „Das erste Kapitel der Logik" (1907) mit einem Gebet an den Schöpfer des Universums einsetzen, dem dann der Satz folgt: „Die früheste Beschäftigung eines Menschen ist die poetische, ist *Fühlen* und die Freude am Fühlen."[3]

(2) An zweiter Stelle steht die Reaktion auf das erste Auftreten, der Versuch den Eindruck zum Ausdruck zu bringen; ihn darzustellen, wie er sich dargestellt hat. Grundsätzlich gesehen sind die hier möglichen Darstellungen infinit. Kommt es aber aus situationspraktischen Kontexten heraus zu bestimmten Darstellungen, so ist damit der infinite Möglichkeitshorizont unterbrochen und konkretisiert. Hypothesen werden gebildet und können im Fol-

---

[2] S.o. Kap. I.1.A. und I.2.A; vgl. H. PAPE (1998).

[3] RS, 323.

genden präzisiert, überarbeitet und ersetzt werden. Die *infinite Darstellungsfähigkeit* ermöglicht gerade aktuelle Unterscheidungen und Auswahlbestimmungen.

(3) Kommen solche einerseits hypothetischen, andererseits realistischen Darstellungen in Gebrauch, so werden sie in zunehmender Einschränkung verhaltensprägend, und es bilden sich regelhafte Zusammenhänge heraus. An dieser dritten Stelle ist nun im Sinne der kategorialen Semiotik der *Symbolbegriff* einzuführen: Regelmäßige Verhaltenswirksamkeit kommt in Symbolen zum Ausdruck. Der Kontext eines Symbols ist sicherlich wiederum symbolisch zu beschreiben, das ergibt sich aus der Verkettung von immer neuen Semiosen. Ihre Aufbauelemente aber bleiben der genannte erste und zweite Aspekt: Symbole haben ihre Wahrnehmungsqualität des ersten Auftretens in sich, und sie sind – hypothetische (und damit als fallibel einzustufende) – gegenstandsbezogene Darstellungen. Ihre eigentümliche Kraft liegt aber nicht nur im Zusammenbinden eines ersten Eindrucks mit einem Gegenstandsbezug, sondern auch in der Wirkungsdimension zukünftigen Verhaltens und Handelns. Symbole geben insofern den Inbegriff für praktische Regelzusammenhänge auf der doppelten Konstitutionsbasis von Wahrnehmungsqualität und Gegenstandsbezug. Das gilt z.B. für das Symbol *Himmel* ebenso wie für das Symbol *Staat* – obwohl wir den Staat heute selten als Himmel empfinden und mit dem Himmel selten noch Staat zu machen ist. Aber wer *Himmel* oder *Staat* sagt und es damit in irgendeiner Weise ernst meint, wird sich unter bestimmten Umständen entsprechend verhalten: vom Himmel etwa Trost erwarten, vom Staat eine Alterssicherung. Beides geschieht in symbolischer Perspektive: die eine ist religiös, die andere sozial.

B. Religionstheorie

Religionsdefinitionen leiden in der Regel unter ihrer unspezifischen Allgemeinheit oder ihrer Herkunft aus einem allzu klaren, kulturell und religionsgeschichtlich fixierten Umfeld. Soll beides vermieden werden, hilft nur, auf die systematische Abstraktion *religiöser Erfahrung* zurückzugreifen, die zugleich in ihrer phänomenologischen Strukturbeschreibung für spezifische kultur- und religionsgeschichtliche Bindungspunkte offen ist.

(1) *Erkenntnistheoretisch* stellt sich die Frage, ob für eine Definition von Religion nicht ein zuvor etablierter, ganz unreligiöser bzw. unter Absehung von theologischen Inhalten gewonnener Denkrahmen vorgegeben werden muss. Gegen ein solches Vorgehen kann geltend gemacht werden, dass gelebte Religion gerade durch Phänomene wie Offenbarung, Unmittelbarkeit, Grundvertrauen, primäre Gewissheit usw. gekennzeichnet ist, die allesamt ihre vor-wissentliche Kraft dadurch entfalten, dass sie eben nicht in schon

gewusste Systematiken passen. Unter dieser Voraussetzung kann Religion bzw. Religiosität gar nicht neutral definiert, sondern nur selbst erlebt werden.

Dieser Einwand hat etwas Richtiges und ist zumal in Deutschland seit den Zeiten der *Dialektischen Theologie* wohl bekannt. Er setzt aber eine bestimmte Konstellation von Wissenschaft und Lebenserfahrung voraus, die typisch neuzeitlich genannt zu werden verlangt und deshalb heute nicht mehr ohne weiteres allgemeinverbindlich gelten kann. Solange Glaube und Wissen sich gegenseitig ausschließen, lässt sich über die bewegenden Impulse subjektiver Religiosität nichts wissen, und den Wissenschaften ist der Glaube äußerlich. Trifft diese Zuordnung aber nicht zu – und die kategoriale Semiotik hat gegenüber der neuzeitlich einseitigen Wissenszentrierung genau dies nachgewiesen –, so ist auch das befremdliche Verhältnis von allgemeiner Theoriebildung und Glaubensbezug überwunden. Anders gesagt: Es kommt darauf an, die allgemeine Struktur von Erfahrung so zu fassen, dass die Vorgängigkeit von *instinktiver Unbezweifelbarkeit* konstitutiv bleibt, ohne für den einzelnen Fall von Überzeugungsbildung dadurch schon inhaltliche Bestimmungen zu normieren. Darin liegt das Wesen wissenschaftlicher Abstraktionsfähigkeit, die in *symbolischer Perspektivität* das Einzelne nicht zwingen muss, um Allgemeines zu entdecken.

(2) *Religionssoziologisch* geht es um die unbefriedigenden Alternativen von „substantiellen" oder „funktionalen" Definitionen von Religion.[4] Wird nämlich das Religiöse oder der Kern von Religion auf etwas Bestimmtes im Menschen, der Gesellschaft oder Kultur festgelegt, so tritt damit notwendig die gewollte oder ungewollte Relativierung auf eben diesen Kontext ein. Umgekehrt bleiben bei einer Definition des Religiösen im Blick auf allgemeine Sinnfunktionen (z.B. soziale Integration oder Kontingenzbewältigung) die jeweiligen Inhalte austauschbar; eine problematische Außensicht, die immer Gefahr läuft, den eigentlichen Kern der jeweiligen Religion oder religiösen Erfahrung gar nicht erfasst zu haben.

Auf der Basis kategorialer Semiotik kann die problematische Alternative der „substanziellen" oder „funktionalen" Religionsauffassung dadurch vermieden werden, dass die Dreigliedrigkeit des Erfahrungsbegriffs gerade auch im Falle der Religion weiterhilft: Es ist von einem Ereignis die Rede ist, das – will man ihm gerecht werden – immer auch in diesem seinem Ereignischarakter ernst genommen werden muss. Die Gefühlsqualität, der Gegenstandsbezug und die symbolische Wirksamkeit religiöser Erfahrung gehören zusammen, es handelt sich also weder allein um eine einmal herausdestillierte Substanz (z.B. die Transzendenz des Heiligen) noch allein um einen jeweils zu identifizierenden Funktionszusammenhang (z.B. der Sinnstiftung aufgrund religiöser Rituale).

---

[4] Vgl. L. LAEYENDECKER (1992), 1596; H.G. KIPPENBERG (1998), 26f.

(3) *Religionsphänomenologisch* tritt eine ähnliche Problemlage dadurch auf, dass dann, wenn die religiösen Phänomene um ihrer selbst willen ernst genommen, zugleich aber auch verstanden werden sollen, ihr eigentümlicher Charakter – unterschieden von anderen Phänomenen – erkennbar gemacht werden muss; und dieser Schritt unterliegt jeweils einem bestimmten theoretischen Konzept. So können die geschichtlich nachweisbaren Phänomene des Religiösen, etwa die Gottesverehrung, unterschiedlich ausgelegt werden: „essentialistisch", d.h. auf zugrundeliegende Wirklichkeit hin; „existentialisierend", d.h. auf die Bearbeitung von unvermeidbaren Lebensfragen hin; oder auf „kommunikatives Verhalten" bezogen, d.h. im Blick auf Gemeinschaftsbildung und Institutionen.[5]

Diese Auslegungsrichtungen verdanken sich jeweils spezifischen Philosophien oder Theologien, nach denen der ontologische Sinn des Religiösen zuletzt orientiert werden soll. Genau dieser Hintergrund ist also zu diskutieren und damit in den Vordergrund zu rücken. Phänomenologie ist dann nicht mehr nur beschreibend, sondern sie bezieht die kategoriale Seite von Aufmerksamkeitsvorgängen mit in die Betrachtung ein, erweitert und verallgemeinert folglich den Phämomenbegriff auf die Zugänglichkeit von Ereignissen überhaupt. *Religiöse Erfahrung* ist für die kategoriale Semiotik deshalb kein Sonderfall, keine Untergruppe oder eine Spezialdeskription aufgrund eines vorgefassten Wissenschaftsbegriffs, sondern in der symbolischen Perspektivität von Religion zeigen sich spezifische Bedingungen von Erfahrung überhaupt. Diese können im Rahmen anderer Perspektiven zeitweise oder generell abgeblendet sein, sie können in wieder anderen Perspektiven unterschiedliche Betonungen, Anwendungen, kritische Bearbeitungen finden; sie können prinzipiell gesehen aber wegen der zur Bearbeitung anstehenden Besonderheiten instinktiver Unbezweifelbarkeit, der ihr entsprechenden infiniten Darstellungsfähigkeit und symbolischen Wirksamkeit nicht einfach ausfallen.

(4) *Religiöse Erfahrung* (semiotisch gesprochen) vollzieht sich in Darstellungen, in *religiösen Repräsentationen.*[6] Damit wird ein Begriff von *Repräsentation* eingeführt, der keiner erkenntnistheoretischen Naivität mehr unterliegt, so als gäbe es zunächst die Dinge außerhalb des menschlichen Erkenntnisapparates, in dem sie sich dann gleich einer Fotografie abgebildet ansammeln würden. Wie solch ein zweiseitiges Verhältnis überhaupt funktionieren sollte, ist schwer zu sagen. Es ist jedenfalls dann überholt, wenn die semiotische Repräsentation als Ereignis[7] konzipiert wird, worin ein Zeichen,

---

[5] Vgl. J. WAARDENBURG (1997), 745.

[6] S.u. Kap. II.8.

[7] Auf diese Weise kann der auf A.N. WHITEHEAD zurückgehende prozesstheoretische Begriff „occasion" semiotisch interpretiert werden, ohne dass damit der naive Repräsentationsbegriff übernommen werden müsste. Vgl. zur Kosmologie des „Ereignisses" in Kritik der traditionellen Substanzvorstellung: R.C. NEVILLE (1981), 69f.

sein gegenständlicher Zeichenbezug und der zugehörige Interpretationsakt zusammenstimmen. Eben dieses Gesamt des Zeichenereignisses wird in seiner handlungsorientierenden Wirksamkeit als *Symbol* bezeichnet. Zur religiösen Repräsentation bzw. Symbolisierung kommt es dann, wenn drei Bedingungen erfüllt sind:

(4.1) Wie schon im Aspekt der instinktiven Unbezweifelbarkeit gezeigt, ist es die *allererste Gefühlsqualität*, die zur Realität des Zeichenereignisses wesentlich gehört. In der religiösen Repräsentation ist dieses Aufbauelement deshalb entscheidend hervorgehoben und thematisch, weil es um die Ermöglichung von Erfahrung überhaupt geht, d.h. um den schöpferischen Grundakt selbst. In der instinktiven Unbezweifelbarkeit, das zeigt die religiöse Symbolisierung, kommt ursprüngliche Kreativität zum Ausdruck, wie sie im Christentum mit Gott dem Schöpfer *ex nihilo* bezeichnet wird. Da es dabei um die Schöpfung des Universums aller Erfahrung geht, ist diese Kreativität auch in allen späteren Erfahrungen in gewissem Sinne anwesend; sie muss als solche aber nicht in jeder Perspektive zu eigenem Gewicht, Thema und eigener Darstellung kommen. Genau dies aber positiv zu tun ist die Aufgabe der religiösen Repräsentation, in gewissem – jeweils zu bestimmendem Sinn – in allen Religionen, und in der genannten Weise im Christentum. Was instinktiv in jedem kreativen Beginnen präsent ist, das bringt die theologische Rede von der Schöpfung Gottes zum Ausdruck. Symbolisierungen sind ohne diesen Aspekt nicht denkbar.

(4.2) Was damit aus dem religionsgeschichtlichen Kontext des Christentums beispielhaft bereits genutzt wurde, ist jeweils die zweite Bedingung religiöser Repräsentation: Sie braucht – von ihrer Genese her hypothetische, von ihrer Wirkung her geschichtlich-kulturell gebundene – *Darstellungen* in bestimmten Gegenstandsbezügen. Sie liegen im Falle des Christentums in den biblischen Geschichten und den späteren Bindungen an die *Schrift* ebenso vor wie in der Person des Jesus von Nazareth, von der her und auf die hin die christliche Gotteserfahrung ihren konkreten Ausdruck findet. Die christlichen Symbolisierungen Gottes sind insofern personal bezogen und können gar nicht abgesehen davon konzipiert werden.

(4.3) Die auf konkrete Lebenszusammenhänge hin orientierte Wirkung religiöser Symbole hängt schließlich von ihrer *Präsenzbildung* ab. In ihrem darstellenden Teil sind solche Symbolisierungen bildhaft und repräsentieren die ursprüngliche göttliche Kreativität; in ihrem erinnernden Teil sind sie gegenständlich-erzählend orientiert (im Christentum an der biblischen Tradition und Leiblichkeit Jesu Christi); in ihrem handelnden Teil sind Rituale, Kultformen, Liturgien stellvertretende Lebensvollzüge.

Für den produktiven Zusammenhang von Institution und Symbolisierung ist damit aber noch nicht entschieden, wie die Kräfte, Kontrollen, Absichten, Normierungen, Zielvorstellungen usw. wirklich zum Einsatz kommen und mit der religiösen Repräsentationsleistung verzahnt auftreten können. Erst wenn auch dies gelingt, ist gezeigt, dass die religiöse Symbolisierung nicht bloß eine randständige Zutat der heute wirksamen theoretischen und praktischen Wissenschaften darstellt, sondern eine notwendige Bedingung zur vollständigen, gelingenden und konstruktiven Interpretation institutioneller Symbolisierungen.[8]

C. Symbolisierung

a. Personalität

Solange und soweit in der europäischen Tradition substanzontologisch oder existenzialistisch gedacht wurde, war zwischen Person und Institution ein Bruch zu konstatieren. Das „personal" Bedeutsame war gerade durch seine seelische oder empfindungsstarke Unerreichbarkeit für die Organisationsabsichten von Institutionen definiert. Allein der mittelalterliche und sakramental durchdrungene Repräsentationsgedanke[9] ermöglichte eine zugleich fühlbare Institutionenpräsenz, die allerdings auf einer spezifisch theologischen Vermittlung von Substanz- und Personvorstellung beruhte. Ob eine stellvertretende Präsenz mehr gegenständlich-realistisch oder mehr zeichenhaft-übertragen konzipiert wurde, in allen Fällen lag eine Theorie der Darstellung zugrunde, die nicht zufällig oder beliebig war. Dass Gottes Absolutheit zugleich nahe kommt und sich in gewisser Weise elementarisiert, war ein Grundmotiv der christlichen Philosophie, am stärksten wirksam in der Trinitätstheologie seit Augustin[10], und eine lebendige religiöse Erfahrung in den Sakramenten.[11] Problematisch wird beides dann, wenn die jeweils zugrundeliegende Substanzannahme nicht mehr nachvollzogen werden kann, was neuzeitlich durchgängig der Fall war; und existenzialistische Zusatzinterpretationen stellen dann immer nur vorübergehende Verständnishilfen dar. Die entscheidende Befreiung und kritische Neufassung des Darstellungsproblems tritt erst dann ein, wenn über die Relationalität von Darstellungsprozessen die Realität – auch die der religiösen Erfahrung – vollständig nachgezeichnet werden kann. Genau dies war mit der Aufnahme des Relationsbegriffs in der christlichen Trinitätslehre bereits im 4. Jahrhundert auf den Weg gebracht, ist im lutherischen, d.h. einem realistisch-repräsentativen Sakramentsbegriff

---

[8] Vgl. zu den Konstruktionsbedingungen für den Zusammenhang von „Religionsbegriff und Semiotik" H. DEUSER, Zeichenkonzeptionen (1998), 1750-1757.

[9] S.o. Anm. 6; vgl. zur theologisch-juristischen Problematik des Repräsentationsbegriffs R. DREIER (1972), 172ff.

[10] S.u. II.5.

[11] Vgl. M. VETTER (1999), §§ 1-3.

intendiert und kann auf der Basis kategorialer Semiotik inzwischen ausgeführt werden.

Wenn *Person* folglich nicht mehr über eine inneliegende Substanz definiert werden muss, auch nicht über ihre innerliche, exklusive (existentielle) Erfahrung, sondern in ihrem jeweils aktualisierten Relationengefüge von Selbstwahrnehmung, Existenzerfahrung und Selbstentwurf real wird, dann liegt semiotisch gesprochen personale Symbolisierung vor: ein zugleich passiver, aktiver und zukunftswirksamer Begriff von *Personalität*. Wenn R.W. Emerson sagt, eine „Institution ist der verlängerte Schatten eines Menschen“[12], so ist damit sicher noch ein genialischer Ton im Spiel, doch auch die objektive Seite der symbolischen Wirkung im Blick. Peirce sagt es dann 1892 unumwunden und wissenschaftstheoretisch besser begründet: „daß eine Person nichts weiter als ein Symbol ist, das eine allgemeine Idee einschließt.“[13] Personale Symbolisierung überwindet damit das bloß private Selbst ebenso wie den unüberbrückbaren Gegensatz zwischen Person und Institution, Person und Gott.[14] Die hier entdeckte Kommunikationsstruktur und realistische Wirksamkeit von Personalität ist nicht im Modell einer Analogie zu denken, sondern religiöse Repräsentation, Institutionalisierung und Personalität durchdringen sich in gegenseitiger Einwirkung. Dann ist für einen vollständig beschriebenen Institutionsbegriff zu erwarten, dass nicht nur seine *personal-relationale* Struktur, sondern auch seine Aufbauelemente und Realisierungsformen im Blick auf die religiöse Repräsentation aussagekräftig werden.

b. Respekt und Ritual

Wenn O. Marquard Recht hat, liegt ein Grundzug der Neuzeit im Problem der Theodizee; und dieses – für die gesellschaftlich-philosophische Diagnose ebenso aufschlussreiche wie unlösbare – Problem tritt da auf, wo „intakte Religion“ verloren gegangen scheint.[15] Was ist es denn, das unter der Perspektive des eingeführten Begriffs von religiöser Repräsentation und Personalität „intakt“ sein müsste, damit Institutionalisierung gelingt?

Eine Antwort ist möglich über R.C. Nevilles axiologische Religionsphilosophie und ihre beiden Begriffe *Respekt* [*deference*] und *Ritual*[16]: Gesellschaftstheorien sind nur dann nicht abstrakt, wenn sie die Elemente des Einzelnen, der primären Qualität und des Neuen zugleich beziehbar machen und in ihrer Eigenständigkeit respektieren.[17] Ein Ereignis sozusagen von innen

[12] EMERSON (1990), 157 (*Selbstvertrauen* [*Self-Reliance*]).

[13] PEIRCE, NZ, 233; vgl. EP 1, 350. – Vgl. auch H. PAPE, „Zur Einführung“, in: PAPE (Hg.), Kreativität (1994), 32.

[14] Vgl. V.M. COLAPIETRO (1989), 79f.

[15] MARQUARD (1996), 14.

[16] Vgl. NEVILLE (1995).

[17] Vgl. zu NEVILLES Programm aaO. 17, 53, 86ff.

heraus zu verstehen hat kein vorweg schon fertiges Schema, das nur angewendet werden müsste, sondern verlangt nach jeweils eigentümlicher Sensibilität, wie sie in Kunst, Religion und Philosophie studiert werden kann. In „metaphorischen“ Repräsentationsakten[18] wird versucht, der andringenden Realität so zu entsprechen, dass reagiert, verarbeitet, gehandelt werden kann; aber doch so, dass an erster Stelle eben der *Respekt* vor der jeweils unfassbaren Ursprünglichkeit zur Geltung kommen kann. Das Befremdliche der Einzelerfahrung ist allein in poetischen Umsetzungen kommunizierbar, und diese gelingen im religiösen Respekt vor ursprünglicher Kreativität. Diese Respekthaltung hat in christlicher Tradition den Namen *Frömmigkeit*, und ihre Verarbeitungsform ist die religöse Symbolisierung.[19] Sie ist an ihrem Fußpunkt getragen von der Hinnahme des ersten Wahrgenommenen, dem Respekt vor seiner Eigenheit und Fremdheit und dem Versuch der bildhaften Integration. Die personale Symbolisierung lebt von diesen Ausgangspunkten; kommen sie in Institutionen nicht mehr zum Zuge, verlieren diese ihre Kraft der Wirklichkeitserschließung und werden zu bloß äußerlichen Organisationsmaßnahmen.

Die lebendige Wirksamkeit dieses Primärverhältnisses hat nun einen ebenso spezifischen äußeren Ausdruck, der gerade in den Religionen in besonderer Weise gepflegt wurde, wenn auch im neuzeitlichen Christentum nicht mehr mit derselben Aufmerksamkeit.[20] Im *Ritual* bestimmen und halten sich Gesten und Verweise, deren Stabilität gerade darin besteht, unausgesprochen wirksam zu sein: Respekt und Frömmigkeit, Poesie und symbolische Kommunikation, die sich leibhaftig zur Darstellung bringen. Institutionen entstehen und wirken auf der Basis von Ritualen, weil das Zusammenleben in dieser Weise allein überindividuell und doch personal zum Ausdruck zu bringen ist. Die primäre, auf Frömmigkeit basierende Verhaltensbestimmung braucht Rituale, um Institutionen personal symbolisieren zu können.[21] Dies geschieht nicht in beliebigen Erfindungen von Konventionen, sondern eingebunden in den kosmologischen, evolutionären Zusammenhang der Wirksamkeit von Ideen, wie sie Natur und Kultur bestimmen.[22] Die tiefe Überzeugungskraft und Verhaltensbestimmung von Ritualen liegt gerade in ihrem instinktiven Umgang mit Darstellungsformen, ohne den individuelle wie soziale Orientierungen unmöglich wären. Damit ist zugleich eine begründete Unterscheidung von *Organisation* und *Institution* möglich: Organisationen sind die äußeren Realisierungen dessen, was Institutionen verhaltensbe-

---

[18] Ibid. 92.

[19] Vgl. ibid. 94, 98.

[20] Vgl. NEVILLES Einführung des Ritualbegriffs aus dem Konfuzianismus, aaO. 164ff.

[21] Ibid. 168: „The institutions exist when people exercise their appropriate ritualized behaviors. The institutions are possible when the social forms of the ritual exist even if no one is exercising them at the moment“.

[22] Vgl. zur Aufnahme der kategorialen Semiotik bei NEVILLE selbst, aaO. 178f.

stimmend und -erwartend, kurz: ritualisiert ausprägen.[23] Der Bundestag ebenso wie eine Kirchensynode sind Organisationsformen, in denen lebensweltlich fundierte Institutionen, Staat und Kirche, verhaltensbestimmend zum Ausdruck kommen. Respekt und Ritual zeigen, wie religiöse Repräsentationen in personaler Symbolisierung jeweils konstitutiv und (historisch und kulturell) unterschiedlich daran mitwirken.

c. Wertübertragungen und Normativität

Die in Ritualen bereits wirksamen Wertungen und die in Institutionen geltenden Normen kommen nicht willkürlich irgendwie von außen her, sondern sie sind kategorial und semiotisch gedacht im Symbolisierungsprozess mitgegeben. Wahrnehmungsereignisse[24] zeichnen sich durch Interpretationsleistungen aus, die bestimmte Einheitsfunktionen vorziehen und andere ausblenden. Diese Güte und Gelungenheit ist kosmologisch angelegt und damit, metaphysisch ausgedrückt, ein allgemeiner Zug jeder Realitätsbestimmung. Diese Werte aus dem Wahrnehmungsereignis selbst werden einerseits mit-gefühlt, sie stecken somit in Frömmigkeit und Poesie ebenso wie in Ritualen und Symbolen; und sie können andererseits theoretisiert werden, d.h. Werte können zu Idealen und damit zu bewussten Normierungen ausgebaut werden. In diesem Sinne des kritischen und kontrollierten Umgangs zeigt sich die Verbesserungsfähigkeit von Institutionen, aber auch, dass Veränderungen schmerzlich oder jubelnd erlebt werden müssen, weil der Grundbezug instinktiver Unbezweifelbarkeit jeweils mitbetroffen ist.

In dieser Perspektive implizierter Werte und expliziter Normativität lässt sich folglich das Verhältnis von Ritual, Organisation und Institution so bestimmen, dass eine kategorial-semiotische Anordnung möglich wird: Der implizit und überwältigend wirksamen Wertung in Ritualen an erster Stelle tritt in Organisationen deren Vergegenständlichung und existentielle Wirksamkeit an die Seite, und beides wird drittens allgemein und verhaltensbestimmend repräsentiert in den jeweiligen Regeln einer Institution. In allen drei Punkten können allerdings Spannungen auftreten. Fehlen funktionierende staatliche Organisationsformen, kommt die Institution *Staat* in eine Krise, und die fundierenden Rituale (z.B. das geltende und wertstabil befolgte Diebstahlsverbot) geraten aus ihrer vorgängigen Unbefragtheit. Fehlen gelebte Überzeugungsmodelle primärer Frömmigkeit, wirkt die kirchliche Organisationsform problematisch, und die Institution *Kirche* reagiert mit Anpassungs-, Veränderungs- und Begründungsinitiativen. In dieser Weise parallel von Staat und Kirche zu sprechen, setzt aber bereits die Notwendigkeit von religiösen

[23] Ibid. 182.

[24] Im Folgenden wird unter diesem Begriff NEVILLES „axiological cosmology“ – mit ihren auf die Kosmologie WHITEHEADS zurückgehenden Grundbegriffen – semiotisch interpretiert; vgl. NEVILLE (1981), 68ff., 79ff.

Repräsentationen voraus. Muss institutionelle Symbolisierung notwendig immer auch religiös – und damit in der europäischen Tradition kirchlich sein?

d. Institutionalität und Symbolisierung

Die genannte Anordnung von Ritual, Organisation und Institution könnte, auf aktuelle Theoriekonzepte bezogen, auch so diskutiert werden, dass der jeweilige Verlust an Religiosität bzw. die heute oft vermutete Neutralität entsprechender gesellschaftlicher Veränderungen gegenüber geschichtlichen Religionen mit ins Bild tritt. Dies lässt sich für den ersten Bereich (Ritual) an J. Habermas' These der „Versprachlichung des Sakralen"[25] zeigen, für den zweiten (Organisation) an N. Luhmanns These von der funktionalen „Fremdreferenz" des Religionssystems[26] und für den dritten (Institution) an E. Herms' These von der gesellschaftlichen „Interaktionsordnung"[27] auf der Basis von notwendigerweise weltanschaulich geprägter Personalität.

(1) Neuzeitlich gesehen erscheint es unausweichlich, dass Sakralität „entzaubert" und „entmächtigt" wird, weil eine Kritikfähigkeit, gespeist aus vielerlei Ursachen, einsetzt, die den primären Geheimnischarakter des Religiösen zerstört. Das erscheint dann möglich, wenn beispielsweise durch Vergleichbarkeit ein religiöses Geheimnis benannt und mit anderen, parallelen Ansprüchen auf einer Ebene in Konkurrenz tritt. „Die Aura des Entzückens und Erschreckens, die vom Sakralen ausstrahlt", so Habermas, wird um den Preis ihres Verschwindens relativiert. Semiotisch gesprochen tritt an die Stelle instinktiv überzeugender (religiöser) Bildkräfte die Symbolisierungsfähigkeit der Sprache, die Konventionalität und selbstkontrollierbare Vergleichbarkeit ins Spiel bringt. Sozial und religionsgeschichtlich formuliert lautet dementsprechend Habermas' Diagnose: Die Auflösung des „sakralen Bereichs" geschieht durch „*Versprachlichung des rituell gesicherten normativen Grundeinverständnisses*".[28]

So sehr diese Diagnose in zahlreichen Verhaltensänderungen europäischer Gesellschaften Belege finden kann, es bleiben zwei entscheidende Einwände: Der erste Einwand ist ein empirischer: Dass sich diese These vom Verschwinden der Religion auf der Basis wissenschaftlicher Rationalität, wie sie sich im neuzeitlichen Europa durchgesetzt hatte und jedenfalls seit dem 19. Jahrhundert auch weltanschaulich vertreten wurde, offenbar nicht verifizieren lässt.[29] Eine linear wachsende Säkularisierung hat jedenfalls nicht stattgefunden, wie sie gerade auch von deutschen (protestantischen) Theologen noch in der Mitte des 20. Jahrhunderts erwartet worden war. Ließe sich hierüber im Blick auf

[25] J. HABERMAS (1987), Bd. 2, 118f.
[26] N. LUHMANN (1987), 624.
[27] E. HERMS (1991), 92.
[28] HABERMAS, aaO. 119.
[29] Vgl. z.B. V. DREHSEN (1994).

weitere Entwicklungen im Weltmaßstab noch streiten, bzw. muss der empirische Ausgang dieses Experiments abgewartet werden, so ist der zweite Einwand, der systematische, gravierend: Habermas' These verdankt sich eben diesem neuzeitlichen Wissenschaftsbegriff, der sich bewusst gegen jede Nicht-Rationalität, wie sie in den religions- und kirchenkritischen Auseinandersetzungen der Neuzeit gerade für die Religion diagnostiziert wurde, etabliert hatte. Gesteht man dies historisch einmal zu, so wird doch aus heutiger Sicht deutlich, dass Wissenschaft mit Macht „souveräne Daseinsäußerungen" (K.-M. Kodalle), die nicht rational verarbeitbar erscheinen, von sich ausschließen muss und nur noch als Randbedingungen zur Not einschätzen kann. Habermas bleibt damit „im Bann der Schematismen traditioneller Religionskritik"[30]; aber immerhin: Die Kraft des Rituals wird an der richtigen Stelle vermutet und zur Ersetzung freigegeben. Zu Gunsten wovon? Der Kategorienfehler einer Diskursidealität liegt – gemessen an der kategorialen Semiotik – einfach darin, dass die primäre Rezeptivität und rituelle Orientierung überhaupt als tendenziell ersetzbar gehandelt werden. Die vollständige und wirksame Symbolisierung aber kann ihrer ursprünglichen Ermöglichung nicht entbehren, soll nicht bloße Konvention an die Stelle von Überzeugungsbildung treten. Die religiöse Repräsentation wird damit zur Instanz für die Vollständigkeit dessen, was mit personaler Symbolisierung gemeint sein kann. Institutionen aufgrund bloßer Vereinbarung wären entweder pure Organisationsmaßnahmen oder ohne Lebenskraft und Lebensdauer.

(2) Dass das Religionssystem eine eigentümliche Funktion aufweist, nämlich mit dem „Bezug auf Gott"[31] die Fremdheit zum Ausdruck zu bringen, die ein unüberwindliches Erfahrungselement der Gesellschaft überhaupt darstellt, ist Luhmanns konstruktiver Beitrag zur religionskritischen Sozialphilosophie. Allerdings taugt – aufgrund derselben analytischen Sichtweise – in einer modern verfassten Gesellschaft kein höchstes allgemeines Integral mehr. Die Leistungsfähigkeit der Religion bestimmt sich dann entweder danach, ob und wie sie mit den anderen Systemen konkurrenzfähig bleibt, oder danach, wie sie eine gesamtgesellschaftlich nicht mehr zu klärende Grunderfahrung als solche zu präsentieren imstande ist. Dann wäre paradoxer Weise die Nicht-Rationalität der religiösen Verständigungsformen gerade der Beleg für ihr Funktionieren.[32]

Auch in diesem Falle der funktionalistischen Beurteilung von Religion kann ein Kategorienfehler markiert werden. Allerdings nicht an erster Stelle, dem Ritual, sondern an zweiter Stelle: der Organisation. Denn der Religion wird einerseits zugemutet, nicht anders als alle anderen Organisationsformen beurteilt werden zu müssen, andererseits aber ist ihre Aufgabenstellung,

---

[30] KODALLE (1988), 45ff.
[31] LUHMANN, aaO. 624.
[32] Vgl. KODALLE, aaO. 51ff.

Transzendenz zu verarbeiten, derart fremd geworden, dass sich dieselbe Funktionalität aufzuheben scheint. Soll trotzdem an Religion in irgendeiner sinnvollen Funktion festgehalten werden, so sprengt sie den Rahmen, den sie füllen müsste. Semiotisch gesprochen: Luhmann kann der Religion nur die exklusive „Chiffrierung" anempfehlen, der eine rationale Verweisung gerade fehlt, und macht damit Sonderzeichen geltend, die auf Nichts oder Alles gehen.[33] Eine konstruktive Zeichenstruktur, wie sie sonst brauchbar erscheint, muss für die besondere Stellung der Religion aus Kraft gesetzt werden. Dazu kommt es, weil gar nicht mehr von einem Wahrnehmungsereignis und seiner primären Qualität ausgegangen werden kann und ebensowenig von einer personalen Symbolisierung, die institutionell auch für die Religion einen realistischen Kontext mitbringen könnte. In der Zentrierung auf Funktionalität wirkt alles wie eine Mechanik, die allerdings im Falle der Religion nicht mehr recht funktionieren will. Luhmann allerdings – im Unterschied zu allen Formen des funktionalistischen Reduktionismus – sieht, dass dieses Defizit an der Theoriekonstruktion liegen könnte; und dadurch wird erst recht der besondere Sinn der Religion, d.h. ihrer spezifischen Symbolisierung, freigelegt.[34]

(3) Der religiöse Sinn von Institutionen wird dann ernst genommen, wenn auf der Basis gesellschaftlicher Gliederungsmechanismen doch die personale Selbstvergewisserung als Grundorientierung dezidiert nicht als überholtes Beiwerk oder wissenschaftlich nicht mehr darstellungsfähig ausgeklammert wird. Gehört es zum Personsein konstitutiv hinzu, handelnd in der Welt zu sein, die Handlungsproblematik auf die eigene Gewissheit zurückzuspiegeln und von ihr aus wiederum handlungsfähig zu werden, dann liegt hier in einem gesellschaftstheoretisch allgemeinen Sinn eine „religiöse" Systemleistung vor, die nur zum Schaden eines auf Menschen wirklich bezogenen Gesellschaftsbegriffs weggelassen werden kann.[35] Gewissheits- oder *Herzensbildung* (E. Herms)[36] sind der Ausgangspunkt von Institutionsableitungen, weil Menschen zusammen mit ihrer Ursprungsgewissheit zugleich auf Handlungszusammenhänge und deren Abstimmung, Ausgleich und Verlässlichkeit angewiesen sind.

Zu fragen ist hier, ob die Begründung für Religiosität in subjektiver Gewissheit so tragfähig ist, wie sie es als Fundament für alle anderen gesellschaftlichen Funktionen sein müsste. Sind Selbstgewissheit bzw. Selbstbe-

---

[33] Vgl. zu dieser Kritik DEUSER, Zeichenkonzeptionen (1998), 1746.

[34] Dieser Befund stimmt mit den paradoxen Denkformen, die LUHMANNs postume Religionstheorie anbietet, deutlich überein, vgl. LUHMANN (2000).

[35] Vgl. E. HERMS (1995), 63: „religiöse Interaktion [...], welche kategoriale Gewißheiten über das Wesen, d.h. über den Ursprung, die ursprüngliche Verfassung und die ursprüngliche Bestimmung, des leibhaften in der Welt Seins menschlicher Personen gewinnt [...]"; aaO. Anm. 5: „Alle weltanschaulichen Gewißheiten [...] werden hier ebenfalls als 'religiöse' begriffen, weil auch sie jeweils innerlich bindende Gewißheiten sind."

[36] Vgl. E. HERMS (1991), 93.

wusstsein überhaupt fundierend einsetzbar oder sind diese nicht vielmehr ein besonderer Fall von semiotisch zu beschreibender Relationalität? Wenn letzteres zutrifft – und die für die kategoriale Semiotik entscheidende Kontinuum von Natur und Geist sprechen dafür –, dann lässt sich um so besser zeigen, dass institutionelle Symbolisierung auf Personalität beruht und dass diese gerade im sozialen Feld oder in universalen Orientierungsbezügen zukunftserschließend zum Zuge gebracht werden muss. Der Staat ist eine lebendige und das Leben fördernde Institution nur dann, wenn Personalität in ihm optimal symbolisiert erscheint, d.h. einschließlich instinktiver Gewissheitsbildung und Ritualität. Die staatlichen Organisationsformen und die Institution *Staat* selbst müssen deshalb garantieren, dass sie für religiöse Repräsentationen und deren Gestaltungswillen nicht nur offen sind, sondern dass der fundamentalen Thematisierung von Prozessen des Selbstwerdens eine unaufgebbare Rolle zukommt. Umgekehrt muss die Religion, d.h. im europäischen Kontext: müssen die Kirchen deutlich machen können, dass sie nicht partikulare Interessen verfolgen, sondern die Universalität von Selbstwerdung im Kontext von Erfahrung überhaupt im Blick haben. In solcher personalen Symbolisierung wird folglich mit der Religion auch über die Ethik entschieden. Im christlichen Kontext kann Institutionsbildung nicht abgesehen von Personalität erfolgen, und diese hat ihr Modell in der trinitarischen Repräsentation Gottes: Gott (Vater) im menschlichen Gegenüber (Sohn) und der schöpferischen Verheißungskraft der Liebe (Geist).[37]

e. Personale Symbolisierung im Christentum

Betrachten wir die gegenwärtig sich aufdrängende gesellschaftliche Situation von Religiosität und Kirche, so mag anstelle sozialwissenschaftlicher Befunde knapp und einprägsam der Erfahrungsbericht eines Essayisten von TIME MAGAZINE, C. Krauthammer, stehen. Bei der Aufnahme in ein amerikanisches Krankenhaus wurde ihm neben den üblichen Fragen zu Personendaten auch die Frage gestellt: „What is your religious preference?“ Und er notiert, er sei versucht gewesen zu antworten: „I think Buddhism is the coolest of all, but I happen to be Jewish.“ So ist die Lage: In alter Zeit wurde gefragt, „wer ist dein Gott?“ Vor einer Generation noch zielte die Frage auf die jeweilige Religion, heute ist ein Glaubensbekenntnis zur persönlichen Vorliebe geworden, eine Geschmackssache, so wie man Tee oder Kaffee bevorzugt.[38] Wenn von *personaler Symbolisierung* die Rede ist, müssen derartige Geschmacksurteile als Missverständnisse ausscheiden. Sicherlich hat die reformatorische Theologie auf der personalen Gewissheit bestanden und ist demgegenüber das Risiko eingegangen, die autoritativen Gewissheiten von klassischen Institutionen, Texten und „inneren Erlebnissen“ zu erschüttern – und das hat den

---

[37] S.o. Anm. 10.

[38] KRAUTHAMMER (1998).

Weg der religiösen Moderne vorgezeichnet. Mit den Worten von P.L. Berger[39]: Äußerlich „schwache" Institutionen, deren Mitglieder Gewissensfreiheit, Zweifel und Kritik zu ihren Tugenden zählen, könnten sich letztlich als die stärkeren erweisen. Dies aber doch nur dann, wenn *Personalität* semiotisch, d.h. auch *institutionell* wirksam wird. Welche Bedingungen lassen sich dafür angeben?

(1) Grundlegend ist, dass Religiosität ein allgemeiner ontologischer bzw. kosmologischer Status zukommt, wie sich auf der Basis der kategorialen Semiotik bzw. in Peirce' Metaphysik der Evolution zeigen lässt.[40] Dass für uns keine Welt, kein Ereigniszusammenhang vorstellbar ist ohne die Vorgängigkeit von Gefühlsqualitäten, die jedenfalls auch in Respekt und Ritual, d.h. in produktive religiöse Verarbeitungsformen eingehen, sollte wieder als selbstverständliche wissenschaftliche Einsicht gelten. *Religiöse Symbolisierungen* erschließen Wirklichkeit. Ihre Kraft liegt darin, sich auf den „Kontrast von endlich/ unendlich" beziehen zu können, sozusagen die nicht-weltlichen Bedingungen des Weltlichen ins Spiel zu bringen.[41] Ob an dieser Stelle vom Absoluten, Unendlichen, Unbestimmten oder Nichts die Rede ist, spielt bezüglich dieser Referenzfrage des religiösen Symbols zunächst keine Rolle. Entscheidend ist die Beobachtung, dass religiöse Symbole notwendig „indirekt" verweisen, auch ihr Grenzgang eben das Andere nicht gegenständlich greifbar macht, wohl aber kommunikabel. Diese Symbollehre ist nicht nur religionsphänomenologisch sehr gut einsetzbar, sie ist auch semiotisch durchdacht und kosmologisch begründet. Die Wahrheit des religiösen Symbols[42] liegt jeweils in seiner Erschließungskraft für das Göttliche, und dieses selbst ist als der kreative Grund von allem anderen, als produktive Unbestimmtheit, hypothetisch erfassbar.

(2) Semiotische Erklärungsmuster bleiben dann äußerlich, wenn der kosmologische Zusammenhang nicht mitgedacht wird. Peirce' kategoriale Semiotik ist über ihre drei Grundbegriffe der *Metaphysik der Evolution*: Tychismus, Agapismus und Synechismus, dieser Gefahr nicht ausgesetzt, und das „Vernachlässigte Argument für die Realität Gottes"[43] besteht gerade darin, Religiosität, die Gott-Hypothese und die evolutionäre Metaphysik als gegliederte Einheit nachzuweisen.

(3) Wird der *Institutionsbegriff* aus der Handlungssituation begründet, wie E. Herms es getan hat, so lassen sich z.B. praktische Aufgabenstellungen von

---

[39] P.L. BERGER (1998).
[40] S.u. Kap. II.6.C.
[41] R.C. NEVILLE (1996), 65ff.
[42] Ibid. 266-271.
[43] Vgl. DEUSER, Einleitung, in: RS, xxix-xxxv; und s.u. Kap. II.6.

kommunikativen Metastrukturen unterscheiden[44] und die ersteren den letzteren einordnen; die Institutionen aber ergeben sich als ein zu deduzierendes Regelwerk aus einer transzendentalen Voraussetzung der Gewissheitsbildung.[45] Die kategoriale Semiotik korrespondiert demgegenüber in kosmologischem Kontext mit einem Begriff von religiöser Erfahrung, der als ganzer personal strukturiert und ohne den Einheitspunkt einer Konstitutionslogik phänomenologisch zugänglich ist. Dann sind in jeder Institutionsbildung Gefühlsqualitäten, bestimmte Vergegenständlichungen und spezifische Verhaltensformen in entsprechenden Symbolisierungen wirksam. Der *Staat* z.B. fußt auf der primären Einsicht (Gefühlsqualität), wie sie kulturell in der *Goldenen Regel* tradiert ist[46]; entsprechende Lebensformen, die dieser Einsicht genügen, werden sich entwickeln und im Rechtssystem symbolisch und verallgemeinert Gestalt gewinnen. Die *Kirche* z.B. basiert auf dem religiösen Glauben („musement" – im Anschluss an Peirce' Gottesargument), der sich in liturgischen Formen darstellt und verallgemeinert als göttliche Gemeinschaft zu symbolisieren ist, in der *civitas Dei.*

(4) Für die ethische Theoriebildung ließe sich folglich die personale Symbolisierung, wie sie christlicher (reformatorischer) Tradition verpflichtet ist, in der strukturellen Zuordnung von *Glaubens-*, *Realisierungs-* und *Verallgemeinerungsprinzip* darstellen.[47] Der Überzeugungsbildung an erster Stelle (z.B. „Du sollst nicht töten") sind die faktischen Situationsbedingungen an zweiter Stelle (z.B. die gesellschaftlichen Konfliktfelder) und die Normierung ethischer Verhältnisse an dritter Stelle (z.B. das Werte- und Rechtssystem bezogen auf Leben und Tod) zuzuordnen. Die Güte einer Institution ist an diesem Zusammenspiel ebenso zu messen wie ihre Anpassungsfähigkeit. Religiosität und christlicher Glaube sind in gleicher Weise personal wirksam wie Symbole institutionell lebendig sind. Unsere Institutionslehren stehen wohl erst am Anfang, diese Erkenntnis zeichentheoretisch und ethisch umzusetzen.

---

[44] HERMS (1983), 221f.: „Institutionen erster Ordnung" (d.h. die „kooperative Bearbeitung aller denkbaren einzelnen Gegenstandsbereiche") und „Institutionen zweiter Ordnung" oder „Metainstitutionen" (d.h. die „kooperative Bearbeitung und Lösung jener in der Verfassung der Handlungssituation bloß als solcher liegenden strukturellen Aufgaben").

[45] Vgl. DEUSER, Zeichenkonzeptionen (1998), 1754f.

[46] Vgl. DEUSER, Die Zehn Gebote (2002), Einleitung C.

[47] Ibid.

Kapitel II

Gottesverständnis

5. Trinität und Relation

A. Mysterium Trinität?

Ob Menschen heute noch an Wunder glauben können, hatte das Magazin *TIME* in seiner Osterausgabe 1995 gefragt, und die Antwort lautete: wissenschaftlich gesehen *nein*, religiös und statistisch gesehen offensichtlich *ja*![1] So mag es – je nach Beurteilungsperspektive – als erstaunlich oder als neuzeittypisch gelten, dass David Humes *Naturgeschichte der Religion* bereits Mitte des 18. Jahrhunderts ein ganz ähnliches Resultat zeitigte: Während die empirisch erklärte Genese der Religion zu einer deutlichen Abwehr des Wunderglaubens führen muss, endet doch der Philosoph mit dem wunderlichen Satz: „Das Ganze ist ein Rätsel, ein Änigma, ein unerklärliches Geheimnis."[2]

Wunder und *Geheimnis* sind als Erfahrungselemente der Religionen eng verwandt. Meint das *Wunder* ein Geschehnis wider alles Erwarten, so steht das *Geheimnis* für die Unerklärbarkeit göttlicher Kreativität selbst; und in dieser allgemeinen Fassung beider Begriffe liegt – jenseits aller berechtigten Kritik an Aberglaube und Priesterbetrug – ihre unbestreitbare Bedeutung für jede erfahrungsorientierte Wirklichkeits- und Wahrheitsbestimmung.[3]

In Humes aufgeklärt-skeptischer Bewertung der Religion wird allerdings der im Christentum traditionelle und gewichtige Begriff des *Glaubensgeheimnisses* entgegen seiner ursprünglichen Absicht eingesetzt: Nicht Resignation im Blick auf die Begrenztheit menschlichen Wissens, sondern dessen Erweiterung war der Sinn der scholastischen Unterscheidung zwischen Wahrheiten, die der natürlichen Vernunft zugänglich erscheinen, und solchen, die „über jede Fähigkeit der menschlichen Vernunft" hinausgehen.[4]

---

[1] N. GIBBS u.a. (1995), 46-53: „... whether Americans believe in miracles, 69% said yes; and the fastest-growing churches in America are the Charismatic and Pentacostal congregations whose worship revolves around ‚signs and wonders'" (46). – „The popular interest in miracles, it turns out, comes along just as a generation of Bible scholars is dedicated to disproving them" (50).

[2] D. HUME (1984), 71.

[3] Vgl. in diesem Sinne C.S. PEIRCE' frühe Notiz aus dem Jahr 1864, in: RS, 24: „Jede mögliche Religion hat drei wesentliche Bestandteile: Wunder. Mythos. Mysterium. Das Wunder bezeugt unter außergewöhnlichen Bedingungen eine Macht, die in besonderer Weise mit der jeweiligen Religion verbunden ist. Im Mythos ist die Gottesgeschichte vorstellbar gemacht. Das Mysterium ist das große Symbol, worin die Emotion erwacht."

[4] THOMAS V. AQUIN, Summe gegen die Heiden I,3, (1974), 9.

Zu eklatanten und für die Stellung der Theologie ausgesprochen destruktiven Missverständnissen kommt es in der Neuzeit natürlich dann, wenn die kritische Vernunft der induktiven (exakten) Wissenschaften Wunder und Geheimnisse tendenziell ausschließt, während sie im Rahmen der biblischen und mittelalterlichen Tradition von der christlichen Dogmatik weiterhin und prinzipiell behauptet werden – und das vor allem an einer der exponiertesten Stellen des christlichen Gottesglaubens: der Trinitätslehre.[5]

Das wesentliche Missverständnis in diesem Punkt liegt bereits darin, dass die mit Offenbarungsautorität auftretende Kategorie des Mysteriums bzw. des Wunders neuzeitlich als Unterbrechung der Geltung der Naturgesetze verstanden wurde, was in dieser Weise gar nicht der christlichen Tradition entsprach[6]: Die göttliche (unableitbare) Schöpferkraft und die gültige Ordnung der Natur schließen sich gerade nicht aus. Für die Wissenschaften und die damit verbundenen Lebenseinstellungen käme es deshalb darauf an, den folgenden Unterschied wieder fruchtbar zu machen: Es ist eine Sache, ein Wunder gegenständlich zu behaupten und für Begründungen von etwas Anderem heranzuziehen; und es ist eine andere Sache, auf Wunder und Mysterien wie auf kreative Vorgaben zu reagieren. Im ersten Fall geht es dann um die (Kritik der) Erkenntnismöglichkeiten bzw. die Sicherheit der Bezeugung eines behaupteten Wunders – und hier greift die neuzeitliche Kritik[7]; im zweiten Fall geht es um Prämissen der Wahrnehmung bzw. des überraschenden (abduktiven) Schlusses aufgrund von Wahrnehmungen.[8] In diesem zweiten Kontext gesehen ist die Frage nach Grund und Ursprung aller Dinge weder abwegig noch unwissenschaftlich, und wenn die Trinität wieder in solchem kosmologischen Zusammenhang verstanden werden kann, verliert sie sofort den Cha-

---

[5] Vgl. THOMAS V. AQUIN: Summa theologiae I, q. 32, a. 1; H. SCHMID, Dogmatik (1893), 87 (nachdem die Einheit und Dreiheit Gottes als biblisches Zeugnis formuliert wurde): „Damit ist ein Satz ausgesagt, welcher der Vernunft gänzlich unbegreiflich ist: die darin enthaltene Lehre gehört daher zu denjenigen, welche wir ein Mysterium nennen."

[6] PEIRCE beruft sich in dieser Sache auf AUGUSTIN, THOMAS V. AQUIN, JOSEPH BUTLER u.a., vgl. RS, 305ff., 419; zum Begriff des Naturgesetzes RS, 278ff.

[7] Vgl. PEIRCE, RS, 307: „Ich für mein Teil kann nicht erkennen, wie wir in der Lage sein sollen, *a priori* festzustellen, ob *Wunder* (ob sie nun Verletzungen der Naturgesetze sind oder nicht) [...] eintreten oder nicht. Soweit hat Hume vollkommen recht."

[8] S.o. Kap. I.2.C./ D; vgl. RS, 343; bzw. zur kosmologischen Kreativität der Wahrnehmungsprämissen („*Quale*-Bewußtsein") RS, 258ff. – Es ist die gleiche Konsequenz in der Sache, wenn in F.W.J. SCHELLINGS kosmologisch-trinitarischem Versuch *Die Weltalter* (1811) die Kategorie des Wunders gerade nicht im Bereich der Bestimmtheit, sondern des vorausliegend Indifferenten, im „Urzustand" lokalisiert wird, vgl. SCHELLING (1985), 288f: „Wer uns entgegenhält, daß wir die Herkunft der Welt durch lauter Wunder erklären, der sagt eben damit das Rechte. Glaubt denn irgend wer, daß die Welt ohne ein Wunder, ja ohne eine Reihe von Wundern habe entspringen können? Bis zur Geburt des Sohns ist alles Wunder, alles Ewigkeit. Nichts entspringt durch Wirkung eines Vorhergehenden, sondern alles auf ewige Weise."

rakter einer autoritären, dem Geist der Wissenschaften wie der Integrität des Glaubens fremden Zwangsvorstellung. Letztere hatte C.G. Jung noch einmal auf die Formel gebracht: „Die Theologie [...] verkündet die Lehre, die man nicht versteht, und fordert den Glauben, den man nicht aufbringen kann.“[9] Wenn dieser Zustand bzw. Eindruck sich ändern soll, muss der christliche Glaube an den dreieinigen Gott in seiner Berechtigung erklärt und vorgestellt werden können.

Die (protestantische) Theologie des 20. Jahrhunderts gibt in dieser Frage ein uneinheitliches Bild. Zum einen, weil im Weiterwirken der durch Schleiermacher[10] verarbeiteten antitrinitarischen Positionen der Neuzeit das Geheimnis des Glaubens unabhängig von der Trinität platziert und diese gegenüber der christologisch begründeten Rechtfertigung (bzw. Versöhnung und Erlösung) *sola fide* deutlich an den Rand gedrängt werden konnte (Belege dafür wären P. Althaus, G. Ebeling, C.H. Ratschow, auch P. Tillich)[11]; zum andern, weil der mit K. Barth[12] einsetzende bewusste Rückgriff der *Wort-Gottes-Theologie* auf das kirchliche Bekenntnis zur biblischen Gottesoffenbarung in Vater, Sohn und Geist dazu genutzt werden konnte, sowohl die in theoretische Sackgassen führende Gottesfrage und Theodizee als auch die in historische Sackgassen führende Jesus-Frömmigkeit zu entkrampfen und in die neue Lebendigkeit eines konkreten, prozesshaften Gottes-Geschehens zu überführen (Belege dafür wären J. Moltmann, E. Jüngel, auch W. Pannenberg).[13]

Aber auch dann, wenn in „biblischer Perspektive“[14] die *Komplexität der Relationen* heute ganz anders differenziert und plausibel gemacht werden kann; auch dann, wenn Schöpfung und Leiden, Passion und Theodizee, Gott in seiner Sozialität und als „mütterlicher Vater“[15] gerade trinitarisch entwickelt werden und die antitrinitarischen Vorbehalte der Neuzeit demgegenüber zu verschwinden scheinen, die Denk-, Sprach- und Sachprobleme der

---

[9] C.G. JUNG (1988), 207. – C.G. JUNGs eigene Rekonstruktion der Trinität in der sie übergreifenden „Quaternität“, bedingt durch ein widergöttliches Prinzip, soll hier nicht beurteilt werden, zeigt aber wiederum Sachparallelen zu Schelling, sofern in den *Weltaltern* eine Vorstruktur („Urwesen“) von der eigentlichen Trinitätsentfaltung abgehoben wird.

[10] S.o. Kap. I.2.E. – In *Der christliche Glaube* (1830/31), § 172/2, nennt SCHLEIERMACHER ausdrücklich die „unitarischen Gesellschaften in England und Amerika“ als Beleg dafür, dass „Gottesbewußtsein“ und die alten „Formeln“ der Trinitätslehre nicht mehr zur Übereinstimmung zu bringen sind – zum Nachteil letzterer!

[11] Vgl. P. ALTHAUS (1966), § 71; G. EBELING (1979), § 42; C.H. RATSCHOW (1967/68); P. TILLICH, Bd. III (1966), 324-337.

[12] Vgl. K. BARTH (1964), § 7/3 u. § 8/1.

[13] Vgl. J. MOLTMANN (1972), Kap. VI; (1980); Geschichte des dreieinigen Gottes (1991); Geist des Lebens (1991), Kap. III u. XII/ § 3; E. JÜNGEL (1967); (1977); W. PANNENBERG (1988), Bd. 1, Kap. 5.

[14] Vgl. E. MAURER (1994)

[15] J. MOLTMANN, Geschichte des dreieinigen Gottes (1991), 48. – Zur Abhebung der Trinitätslehre gegenüber feministischer Kritik vgl. C. AXT-PISCALAR (1994).

Trinitätslehre sind deshalb noch nicht mit einem Schlage gelöst. *Einheit* und *Dreiheit* wirklich konsequent zu glauben, zu denken und zu leben setzt auch eine begriffliche Plausibilität voraus, die weder durch das aktuelle Bedürfnis nach einer innergöttlichen Dialogstruktur noch durch die traditionell autoritäre und irrationale Glaubensforderung ersetzt werden kann. K. Rahner hatte diese Situation schon 1967, zu Beginn seines Trinitätstraktates, treffend beschrieben: Dass „die Christen bei all ihrem orthodoxen Bekenntnis zur Dreifaltigkeit in ihrem religiösen Daseinsvollzug beinahe nur ‚Monotheisten' sind."[16] Diese Situation ändert sich erst dann, wenn das, was die antitrinitarische Kritik der Neuzeit mit der Abwehr des Wunderglaubens und des irrationalen Glaubensgeheimnisses wirksam destruiert hatte, durch erneuerte kosmologische Zugänglichkeit und Vorstellbarkeit der Trinität wiederhergestellt werden kann. Mit anderen Worten: Wenn der *realistische* Sinn des christlichen Gottesgedankens als *personaler Relation* nicht verständlich gemacht werden kann, fehlt dem Christentum seine eigentliche Überzeugungskraft. Es sind nicht zufällig die theologischen Arbeiten von P. Tillich und K. Rahner, die für die Theologie die philosophische Ontologie bzw. Metaphysik nicht verloren gegeben und in einem jeweils anders gelagerten *Symbolbegriff* gerade auch Trinität, Relationalität und Personalität zu denken versucht haben. Diesem Programm in eigener Weise zu entsprechen soll im Folgenden in der Interpretation der für die christliche (westliche) Theologie maßgeblichen Figur der Trinitätslehre versucht werden – Augustins *De trinitate*.

B. Trinität und Relation: Zur Interpretation des inneren Wortes in Augustins ‚De trinitate'

a. Augustins Trinitätslehre

Die fünfzehn Bücher von Augustins spätem Werk *De trinitate* sind in den Jahren 399-419 entstanden[17], also nach den *Confessiones* und vor der Fertigstellung von *De civitate Dei*. Nach Art und zeitgeschichtlicher Stellung handelt es sich um einen mehrfach bedeutsamen Text: Augustin verteidigt als Bischof die kirchliche Autorität und Lehre, d.h. die Trinitätslehre des *Nicäno-Constantinopolitanums*, des 2. ökumenischen Konzils (381); er verfasst zu-

---

[16] K. RAHNER (1967), 319; vgl. zur gegenwärtigen „Renaissance" der Trinitätstheologie C. SCHWÖBEL (1993), 57; (1995), 1ff.

[17] Zur Augustin-Forschung und zur Interpretation dieser Schrift vgl. A. SCHINDLER (1979) und (1965); U. DUCHROW (1965); M. SCHMAUS (1967); C.P. MAYER (1974) und (1994); K. FLASCH (1980); J. KREUZER, Augustinus (1995); Pulchritudo (1995); (1993); (1997); S. MEIER-OESER (1997), 984-1022. – AUGUSTINs Text wird zitiert nach der Textedition des *Corpus Augustinianum Gissense a Cornelio Mayer editum* (1994) bzw. nach *De trinitate*, hg. von J. Kreuzer (2001), bzw. in dt. Übers. auch nach der Ausg. von M. SCHMAUS (1935/1936).

gleich eine theologische Streitschrift gegen arianische Positionen, und er zeigt in allem die überlegene philosophische Wahrheit der christlichen Gottesauffassung, weil sich Glaubensgeheimnis und begriffliche Konsequenz gerade nicht ausschließen.

Vom Aufbau her sind die ersten vier Bücher als exegetische Bearbeitungen („Schriftbeweis“[18]) des Themas abzuheben von den systematisch-theologisch argumentierenden Büchern V bis XV; und diese wiederum lassen sich unterteilen in die Darstellung der kirchlichen Lehre in den Büchern V bis VII und Augustins eigenständige Interpretation in den Büchern VIII bis XV.

Welche Denkprobleme zur Lösung anstehen, wird von Augustin gleich zu Beginn mit der summarischen Aufzeichnung der geltenden Lehre, die mit „seinem“ und damit dem „katholischen Glauben“[19] übereinstimmt, exponiert:

„daß Vater, Sohn und Heiliger Geist, von einer und derselben Substanz, durch ihre untrennbare Gleichheit die göttliche Einheit bezeugen und daß sie daher nicht drei Götter sind, sondern ein Gott, wenngleich der Vater den Sohn zeugte und daher der Sohn nicht der gleiche ist wie der Vater, wenngleich ferner der Sohn vom Vater gezeugt ist und daher der Vater nicht der gleiche ist wie der Sohn, wenngleich endlich der Heilige Geist weder Vater noch Sohn ist, sondern nur des Vaters und des Sohnes Geist, auch seinerseits dem Vater und Sohne gleich und zur Einheit der Dreieinigkeit gehörend.“

Mit einem Wort: Wie ist der begrifflich paradoxen Situation zu entgehen, dass drei unaufgebbar verschiedene Größen zugleich eine und dieselbe sein sollen?

Die folgende Interpretation wird sich auf *die* Begriffe konzentrieren, die für Augustins Denkversuch besonders charakteristisch sind und es verdienen, in ihrem inneren Zusammenhang auch theologisch wieder neu entdeckt zu werden: die Begriffe *Relation*, *Wort* und – damit immer verbunden – den Begriff des *Zeichens*.

Die Einführung des Relationsbegriffs geschieht bereits in Buch V, der Begriff *verbum* folgt im VIII. und IX. Buch[20] und erreicht im Blick sowohl auf seine Verfasstheit als Zeichen wie im Blick auf seine theologische Leistungsfähigkeit als *verbum intimum* seinen Höhepunkt in Buch XV.

---

[18] SCHINDLER (1965), 119; vgl. SCHMAUS (1967), 5.

[19] Vgl. Buch I, 4, 7: „haec et mea fides est quando haec est catholica fides.“ – Das folgende Zitat findet sich im selben Abschnitt des I. Buches (35,5-11), zitiert in der Übers. von SCHMAUS (1935).

[20] Dem gehen natürlich bereits unthematische Erwähnungen voraus, vgl. vor allem Buch VII, 2, 3 u. VII, 3, 4; zum Vorkommen und den sprachlichen Varianten des *„inneren“ Wortes* die Übersicht bei SCHINDLER (1965), 250f. (Anhang II).

b. Zum Begriff Relation

Augustin schlägt folgende Sprachregelung vor[21]: Die drei *Personen* der Trinität sind durch ihre jeweilige *Relation* („relatiue dicuntur") zueinander ausgezeichnet, die Trinität selbst dagegen durch das, was den Personen als solchen („ad se singuli dicuntur") gemeinsam ist: Vater und Sohn stehen in gegenseitiger Relation, ebenso der Geist zu beiden als ihr „Geschenk"; aber „gut" und „allmächtig" sind Gott Vater, Gott Sohn und Gott Geist ihrem einen und gemeinsamen *Wesen* nach („secundum essentiam"). D.h. die Trinität wird zweifach dargestellt: Als Relationengefüge zwischen Dreien und als substantielle Einheit von Dreien. Bezüglich dieser Einheit kann es sich weder um die (graphische) Vorstellung eines Ganzen in Teilen noch um die (arithmetische) Summenbildung aus Dreien, die wieder Eins ergibt, handeln, sondern allein um eine *Wesenseinheit*, die in dieser *essentiellen* Hinsicht ihrer geistigen, nicht-empirischen Wahrheit[22] in keiner Weise einen Unterschied zulässt. Im Beispiel gesagt: Eine *Relation* ist das Verhältnis zwischen zwei Freunden (insofern der eine bestimmt ist als Freund des anderen), die im übrigen aber ihrem *Wesen* nach – nämlich als Menschen – *substantiell* eines sind.[23]

Diese auf den ersten Blick plausible Unterscheidung hat allerdings den entscheidenden Mangel, dass sie sich im Rahmen der antiken philosophischen Voraussetzungen, seien sie platonisch-neuplatonischer, aristotelischer oder stoischer Tradition, nicht denken lässt – und Augustin weiß das! Die Gegner der Bekenntnisformulierungen von Nizäa und Konstantinopel, genauer: die Einwände gegen das *homoousios* (die Wesenseinheit zwischen Vater und Sohn und der Sache nach analog dann zwischen diesen und dem Geist) hatten zugleich theologisch und philosophisch gute Gründe. Die biblischen Belege mußten nicht zwingend in dieser Weise verstanden werden, und der Begriff[24] *ousia* war weder im Sinne der platonischen bzw. neuplatonischen Idee eines ersten Allgemeinen und Einen, noch im Sinne der aristotelischen ersten Kategorie *zugleich* als in sich relational darzustellen, sondern schloss dies gerade

---

[21] Vgl. De trinitate, VIII, 1. Das geschieht bereits im Anschluss an die trinitätstheologische Begriffsarbeit des 4. Jahrhunderts, vor allem der Kappadozier; als lateinischer Vermittler ist MARIUS VICTORINUS zu nennen, vgl. A.M. RITTER (1988), 198-206; J. KREUZER, Augustinus (1995), 94.

[22] Vgl. VIII, 1, 2.

[23] Vgl. IX, 4, 5.

[24] Vgl. K. OEHLER, in: ARISTOTELES, Kategorien (1984), Anm. zu Kap. 4, 199: *ousia* „bezeichnete seit alters im außerphilosophischen Sprachgebrauch jemandes Habe, Vermögen, Eigentum, Grundbesitz, Immobilien. Im philosophischen Sprachgebrauch vor Aristoteles, spätestens seit Platon, bezeichnet es unveränderliche Realität im Unterschied zum Werden und Vergehen, Sein im Unterschied zum Nicht-Sein, Wesen im Unterschied zu wechselnden Eigenschaften. Als Bezeichnung für die 1. Kategorie des Aristoteles hat sich im Anschluß an die spätrömische und mittelalterliche Bezeichnung der 1. Kategorie mit ‚substantia' der Ausdruck ‚Substanz' eingebürgert."

aus. Die *erste* Kategorie konnte durch die weiteren aristotelischen Kategorien im einzelnen genauer bestimmt werden (z.B. durch Ort und Zeit, Qualität, Quantität und Relation), aber dies eben nicht auf der gleichen Ebene der *Substanz* selbst, sondern als zu dieser zweitrangig hinzutretend. Augustin aber mutet mit den theologischen Entscheidungen der beiden ersten ökumenischen Konzilien[25] dem christlichen Gottesgedanken genau diese erweiternde Präzisierung zu: Das *eine* Wesen Gottes ist zugleich in sich und nach außen *relational.*[26] D.h. (aus aristotelischer Sicht gesprochen) eine der zweitrangigen Kategorien, nämlich die der *Relation*, wird notwendig auf der Ebene der ersten Kategorie platziert und mit dieser, je nach Perspektive der Einheit oder Dreiheit, austauschbar.

Von der Relation her gesehen aber bietet sich die entsprechende Schwierigkeit: Denn der seit den Kappadoziern eingeführte Begriff der drei *Hypostasen* stammt aus stoischer Tradition und bedeutet darin soviel wie die Realisierung von Einzeldingen; neuplatonisch dann aber genau dieses nur vom ursprünglich Einen her gedacht in Abhängigkeit und Unterordnung.[27] Es ist klar, dass auch in dieser begrifflichen Tradition sich eher eine arianische Abstufung der Hypostasen oder Personen in der Trinität vorstellen und denken ließ als deren Wesenseinheit in der Dreiheit. Die Trinitätslehre bedeutet insofern theologisch wie philosophisch einen vollkommenen Neuansatz des Denkens – mit entsprechenden Folgen und Kontexten in der Frömmigkeit und Lebenspraxis. Augustin hat sich dieser Aufgabe einer *christlichen Philosophie* gestellt.

c. Zu den Begriffen Wort und Zeichen

Die Lösung der Schwierigkeit, *Substanz* und *Relation* zugleich zu denken, bahnt sich dadurch an, dass Augustin die (modern gesprochen) bewusstseinstheoretische oder (im Sinne des deutschen Idealismus) spekulative Frage stellt, wie im christlichen Glauben Gott denn wahrhaft geliebt werden könne, wenn er in seiner (trinitarischen) wahren Gestalt noch gar nicht wirklich erkannt ist: „Wer aber liebt, was er nicht kennt?"[28] Da Gott aber kein empiri-

---

[25] Vgl. A.M. RITTER (1989), 144-170; 170-214.

[26] K. FLASCH (1980), 333-336, hat diesen dogmatisch wie philosophiegeschichtlich revolutionären Schritt sehr genau registriert.

[27] Zur Begriffsgeschichte von *hypostasis* vgl. die Hinweise bei K. OEHLER, ibid.; A.M. RITTER, aaO. 126ff. – Augustin bezieht sich vor allem in Buch VII, 4, 7 auf die Frage des Sprachgebrauchs und wechselt vom griech. Begriff der *hypostasis* (lat. substantia!) zu lat. *persona*: „... a nostris Graecis una essentia, tres substantiae, a Latinis autem una essentia uel substantia, tres personae quia sicut iam diximus non aliter in sermone nostro, id est Latino, essentia quam substantia solet intellegi."

[28] VIII, 4, 6. – Vgl. A. SCHINDLER (1965), 177: „Was den Denkprozeß von De trinitate VIII bis XV in Bewegung erhält, ist das Zusammenwirken beider Motive: daß nur die Liebe

scher Gegenstand ist, kommt allein ein geistiges *Sehen* (conspicere) und *Erkennen* (percipere) in Frage. Geistige Dinge werden wie körperliche an *Zeichen* erkannt: *Natürliche Zeichen* (signa naturalia) fungieren im Bereich der vom Menschen und seinem Willen unabhängigen Naturdinge, *gegebene Zeichen* (signa data, besonders: verba!) ermöglichen den intelligenten Austausch und tragen damit die menschliche Kommunikation.[29] So wie wir an den *Zeichen* (signa) der Gerechtigkeit erkennen, dass es sich um Gerechtigkeit handelt[30], so muss auch die Trinität erkannt werden können.

Um diese Konstellation genauer zu fassen, entwirft Augustin zunächst ein semiotisches Strukturmodell: Darin ist das *Zeichen* einerseits auf seinen *Gegenstand* (res) bezogen und andererseits auf das begleitende *Vorstellungsbild* (phantasia, imago quasi pictura). Dieses Modell erfährt nun eine entscheidende Wendung durch die regierende Frage, wie bei geistigen Gegenständen, die nicht empirisch sichtbar werden, überhaupt etwas erkannt werden könne. Die dann vorkommenden Zeichen sind ausschließlich *Wörter*, das ihnen korrespondierende *Bild* stammt aber offensichtlich weder aus den Sprachsilben noch der stimmlichen Artikulation, sondern aus einem Dritten, einer anderen Art von Wort; und daraus schließt Augustin auf „jenes Wort, welches ich in meiner Seele sehe".[31] Anders gesagt: In geistigen Dingen ist die Beurteilungsinstanz für Zeichen und ihre Vorstellungsbilder als ein innerer Akt desselben Geistes vorauszusetzen, der sich in den Menschen (mit Augustins Begriff: in ihrer Seele) immer schon gebildet hat und von den Dingen des äußeren Lebens her nicht abzuleiten ist: das *innere Wort*.[32]

---

zur Schau führen kann und nur geliebt werden kann, was schon irgendwie sichtbar oder erkennbar ist." Vgl. auch J. KREUZER, Augustin (1995), 98ff.

[29] Zur Zeichenlehre Augustins vgl. C. MAYER (1994), 733ff; zum Zusammenhang mit dem Frühdialog *De magistro* U. DUCHROW (1965), 62ff; zur gegenüber dem stoischen Zeichenbegriff neuen Fragestellung bei Augustin T. BORSCHE (1994). Bereits in *De dialectica 5* verwendet Augustin ein dreigliedriges Zeichenmodell, vgl. H. RUEF (1981), Kap. 3.5; zum Übergang von Zeichen- in Sprachtheorie und damit zum „inneren Wort" vgl. auch G. MANETTI (1993), chap. 10.

[30] VIII, 6, 9.

[31] Ibid.

[32] Vgl. IX, 7, 12. – Es ist dieses Gedankenbild (visus mentis) der *inneren Zeugung/ Geburt* (intus gignimus), das in MEISTER ECKHARTS „Gottesgeburt in der Seele" wieder aufgenommen wird, vgl. Predigt 2, in: Meister Eckhart. Werke I (1993), 34,5ff: „Diu selbe kraft, dar abe ich gesprochen hân, dâ got inne ist blüejende und grüenende mit aller sîner gotheit und der geist in gote, in dirre selber kraft ist der vater gebernde sînen eingebornen sun als gewærlîche als in im selber, wan er wærlîche lebet in dirre kraft, und der geist gebirt mit dem vater den selben eingebornen sun und sich selber den selben sun und ist der selbe sun in disem liehte und ist diu wârheit." – Zur historischen Interpretation der Trinitätslehre dieser Zeit vgl. K. RUH (1953) und (1996), 323-330; zur philosophisch-theologischen Interpretation J. KREUZER, Gottesgeburt (1997), 261-278.

Dass mit diesem Modell keineswegs das göttliche *Geheimnis* der Trinität angetastet, sondern allein verstanden werden soll, worin es besteht, zeigt die Bindung des gesamten Argumentationsgangs an die Gottesliebe. Diese im Glauben als Geheimnis der Erlösung[33] zu respektieren und sie angemessen verstehen zu wollen, sind tendenziell derselbe Akt. Die Trinität ist in der Liebe zu erkennen[34], denn so wie das *Wort als Zeichen* zugleich auf sich und auf etwas anderes hindeutet (indicat) und eben in dieser Indikatorfunktion selbst besteht – so sind die aktive (etwas liebende), reflexive (sich liebende) und damit in beidem erst wirkliche Liebe selbst zu unterscheiden. Damit ist in Buch VIII ein erstes *relationales* Verständnis der Trinität, nämlich als Liebe, erreicht.[35]

d. Zum Begriff des inneren Wortes

Der Begriff *verbum* ist für Augustin insofern doppeldeutig, als er über sein Zeichenmodell einerseits einen semiotischen Sinn von *Wort* im Verhältnis zu *Gegenstand* (res) und *Bild* einführt, andererseits aber den christologischen Sinn von *verbum* als der zweiten Person der Trinität dabei immer mit anklingen lässt. Die unumgängliche Aufgabe in den folgenden Büchern – und speziell in Buch IX und XV – ist folglich die, das semiotische mit dem trinitarischen Modell zur Deckung zu bringen.

(1) Der christologische Sinn des inneren Wortes

Die Darstellung des Wortes in der Relation zwischen Zeichen, Gegenstand und Bild erklärt noch nichts über den *Ursprung* der Liebe und des Gottesglaubens. Wenn dieser Ursprung, was Augustin neuplatonisch und biblisch voraussetzt, nicht in der äußeren Welt der empirischen Dinge gesucht werden kann[36], so muss er im inneren Verhältnis des Geistes selbst lokalisiert werden. *Geist* (mens), *Erkenntnis* (notitia) und *Liebe* zeigen in Buch IX eine erste Verhältnisbestimmung auf diesem Wege[37], *Gedächtnis* (memoria), *Einsicht* (intelligentia) und *Wille* (voluntas) ab Buch X die entscheidende zweite trinitarische Relationsstruktur.[38]

---

[33] Vgl. VIII, 5, 7.

[34] VIII, 8, 12. – Dieser Gedanke des notwendigen (gegenseitigen) Verhältnisses im Begriff personaler Liebe wird zur Begründung der Trinität im 12. Jh. wiederentdeckt durch RICHARD VON ST. VIKTOR: „Ubi ergo pluralitas personarum deest, caritas omnino esse non potest“ (Trin. 3.2: 136), zit. nach: W. SIMONIS (1972), 109; vgl. auch E. COUSINS (1970); D. EDWARDS (1993).

[35] Vgl. VIII, 10, 14.

[36] Vgl. C.P. MAYER (1974), 442ff; (1994), 721ff.

[37] Vgl. IX, 4, 4; vgl. A. SCHINDLER (1965), 182ff.

[38] Vgl. X, 11, 17; vgl. SCHINDLER (1965), 201ff. – Dass die Relationsstruktur in sich in bestimmter Weise geordnet gedacht werden muss, bringt J. KREUZER, Sprachlichkeit (1997), 219, sehr schön zum Ausdruck: „Wenn wir unser Erinnern, das Einsehen des Erinnerns und

In beiden Triaden steht an erster Stelle das geistige Selbstverhältnis als solches, unterschieden (an zweiter Stelle) von seiner bewussten und konkreten Erfassung als *Erkennntis* oder *Einsicht,* und (an dritter Stelle) von der die Relation im ganzen einigenden Kraft des *Willens* bzw. der *Liebe*. So gesehen rückt das *Wort* selbstverständlich an die zweite Stelle, d.h. die geistige (innere) Erkenntnis und Beurteilungsleistung korrespondiert der *Inkarnation*. Das Sicheinstellen von Erkenntnis, im Bild gesprochen: ihre Zeugung, Empfängnis und Geburt, sind geistig gesehen ein und derselbe Akt.[39] Setzen wir zunächst das Selbstverhältnis des Geistes (memoria) voraus, so geschieht im Erkenntnisakt gewissermaßen die Inkarnation des Geistes sich selbst gegenüber – in der Verschiedenheit von Erkennen und Erkanntem.[40] Dem *Spross* dieser Zeugung, Empfängnis und Geburt geht also ein ursprüngliches geistiges *Verlangen* (appetitus quidam) voraus, das mit dem Gezeugten insofern nicht identifiziert werden kann; andererseits ist das Gezeugte seinem Ursprung wesentlich gleich, weil dieser in der Inkarnation sich selbst erkennt[41] – und damit ist der Zeichencharakter des Wortes in das Trinitätsmodell eingefügt: Die *Relation* der Zeugung zwischen Vater und Sohn widerspricht nicht dem *substantiell* gemeinsamen Wesen bei gleichzeitiger Funktionsunterscheidung.[42]

(2) Der symbolische Sinn des inneren Wortes

Die damit von Augustin über den Gedanken der Inkarnation und in trinitarischer Absicht präzisierte Zeichenstruktur setzt *erstens* ein ursprünglich geistiges Selbstverhältnis voraus, das *zweitens* im Wort zur Erkenntnis seiner selbst kommt und diese *drittens* willentlich, d.h. in der Gesamtrelation der

das Wollen des Einsehens des Erinnerns erblicken, sehen wir, so Augustin, was wir als ‚Trinität' denken".

[39] IX, 9, 14. – Auch dieses Gedankenbild der göttlichen Einheit von Zeugung und Geburt bzw. in anderem und ebenfalls übertragenen Sinn auch von „Jungfrau und Frau", findet sich konsequent bei MEISTER ECKHART, vgl. Predigt 5B (s.o. Anm. 32), 72,16ff: „In disem ein gebirt der vater sînen sun in dem innersten gequelle. Dâ blüejet ûz der heilige geist, und dâ entspringet in gote ein wille, der behœret der sêle zuo." Zum Jungfrau-Frau-Bild vgl. Predigt 2, 26,4-23.

[40] IX, 12, 18.

[41] IX, 12, 18. – Das Argument an dieser Stelle ist folgendes: (1) Was nicht *wissbar* ist, kann niemals *gewusst* werden; (2) was aber *wissbar* ist, muss nicht jederzeit *gewusst* werden; daraus folgt (3), dass „Kenntnis" (notitia) von etwas wie ein Zeugungs- und Geburtsakt zwischen „Erkennendem" und „Erkanntem" eintritt, d.h. im Falle des Geistes: Er zeugt „eine ihm gleiche Erkenntnis seiner selbst", und das dahinter stehende und im gesamten Prozess wirksame Verlangen nach Erkenntnis ist die Liebe bzw. der Wille.

[42] Ibid. – Es ist offensichtlich, dass der Sache nach die männlichen bzw. weiblichen Anteile im Vorstellungsbild gemeinsam gebraucht werden, insofern könnte konsequent Gott auch im Bild von *Vater und Mutter* zum Ausdruck kommen. Hier dominiert dann aber traditionell das Bild von *Vater* und *Zeugung* – in Relation zum *Sohn*.

Liebe getragen sein lässt. Diese spezifische Dreistelligkeit soll im folgenden als *Symbol* bezeichnet werden, wobei zur Begriffsbestimmung gehört, dass es sich um eine nicht-empirische Zeichenform handelt (auch dann, wenn sie, wie im Falle von Buchstaben oder Stimmbändern, auf empirische Realisierungsträger angewiesen bleibt)[43], dass sie von einem geistigen Selbstverhältnis getragen ist und dass sie einen lebenspraktischen Impuls enthält, den Augustin über den *Willen* bzw. die *Liebe* einzubeziehen sucht. Es ist allein diese letzte Bestimmung, die noch der genaueren Ableitung bedarf.

Dazu ist zunächst zu wiederholen, dass nach Augustin in geistigen Dingen – und dazu gehört jede begriffliche Erkenntnis – der Beurteilungsmaßstab letztlich nicht empirisch, d.h. nicht über natürliche Zeichen ermittelt werden kann, sondern eben allein durch das *innere Wort*: „Nichts also wirken wir mit den Gliedern des Leibes in unseren Taten und Worten, mit denen die menschlichen Verhaltensweisen gebilligt oder mißbilligt werden, dem wir nicht mit einem inwendig hervorgebrachten Worte zuvorkämen. Niemand nämlich tut mit Willen etwas, was er nicht zuvor in seinem Herzen gesprochen hätte."[44] Es ist diese ausschlaggebende Beteiligung des *Herzens* an der Erkenntnis, die den lebenspraktischen Sinn des Symbols ausmacht: So wie im Ernst geurteilt wird, so wird gehandelt werden.[45] Und an dieser nicht nur die Person, sondern ihre wahre Erkenntnis prägenden Funktionsstelle steht in Augustins Zeichentheorie das *innere Wort*. Damit sind die christologischen und bewusstseinstheoretischen Motive zusammengeführt, im Unterschied zu Augustin aber mit einem semiotischen Begriff (*Symbol*) benannt, den er nicht nur selbst nicht benutzt, sondern den er aus Gründen der Doppelorientierung seiner Trinitätslehre in gleicher Weise nicht hätte verwenden können. Denn im einzelnen zu klären ist noch, ob und wie das *innere Wort* bzw. das *Symbol* zugleich auf die Vorgaben der *Substanz*einheit Gottes einerseits wie ihre trinitarischen *Rela-*

---

[43] *Nicht-empirisch* bedeutet, dass es sich um ein Zeichenereignis handelt, dessen Relation nicht vollständig durch einen dyadischen Ursache-Wirkungszusammenhang erklärt werden kann, sondern allein durch eine dritte (geistige) Instanz, den *Interpretanten* (s.o. Kap. I.1.A); eine Instanz, die der Sache nach offenbar durch die Zeichentheorie von JOHN POINSOT (*Tractatus de signis* [1632]) vorweg analysiert worden ist, vgl. J. DEELY (1994), no. 69, 71; zur entsprechenden Definition des Zeichenereignisses no. 73f. AUGUSTIN ist zweifellos der wichtigste Vorläufer auch in dieser Frage.

[44] IX, 7, 12. – Vgl. auch den entsprechenden Rückverweis im Sinne der semiotisch allgemeinen Bedeutung und Sonderstellung des *inneren Wortes* (nämlich *vor* allen geschichtlich konkreten Sprachen) in XIV, 7, 10: „cogitamus enim omne quod dicimus etiam illo interiore uerbo quod ad nullius gentis pertinet linguam".

[45] U. DUCHROW (1965), 127-134, hat unter den von AUGUSTIN in der Lehre des *inneren Wortes* verarbeiteten Traditionen die aus der Stoa stammende „ethische" hervorgehoben, aaO. 133: „Entscheidend aber ist dies, daß das innere Wort der Ort des ethischen Urteils ist [...] Ethik und Wahrheitserkenntnis hängen insofern untrennbar zusammen, als der Weise nur wahren Urteilen zustimmen darf."

tionen andererseits angewandt werden kann. Erst dann wäre diese begriffliche Spannung wirklich produktiv gelöst.

(3) De trinitate XV

Tritt der Geist (mens, memoria) zu sich selbst ins Verhältnis, so kommt es zu einer *Darstellung*. Augustin hat diesen Vorgang einerseits durchgehend im Sinne der Substanzontologie interpretiert: Der Geist ist (wie Gott) *substanziell* sich selbst gleich und damit wesenseins mit seinen Darstellungen.[46] Andererseits werden diese Darstellungen *relational* interpretiert, nämlich als Relation zwischen Zweien und an dritter Stelle als die Relation selbst.[47] Um dies zu erreichen hatte Augustin überhaupt die Bewusstseinstheorie bzw. das spekulative Wissen aufgesucht. Es ist folglich eine Theorie der Darstellung notwendig, um den menschlichen Geist als Abbild der göttlichen Trinität verstehen zu können. Das *innere Wort* ist im XV. Buch der Drehpunkt dieser Theorie.

(4) Inneres Wort und Inkarnation

Der zentrale Vergleichspunkt zwischen göttlicher Trinität und Bewusstseinstheorie ist die Inkarnation: So wie die zweite Person der Trinität menschliche Gestalt annimmt, so sind die äußeren Worte menschlicher Sprachen Inkarnationen des *inneren Wortes*, das aus dem tieferen Wissen unseres Gedächtnisses (memoria) in uns „geboren" wird und „drinnen leuchtet".[48] Das *innere Wort* hat somit die Funktion einer Voraussetzung dafür, dass es überhaupt zu wahrem Wissen kommen kann, das wiederum in seiner äußeren Kommunikationsfähigkeit an die äußeren Worte gebunden ist, d.h. gebunden an *Zeichen*, die wiederum auf das eigentlich wahre Wissen verweisen. Wie aber stellt sich jenes wahre Wissen in seiner Vorausgesetztheit selbst dar?

(5) Inneres Wort und Ontologie

Augustin versteht die Vorordnung des Inneren vor dem Äußeren, des inneren schweigenden Leuchtens vor den gesprochenen Lautzeichen[49] als ontologische Differenz zwischen dem Einen Wahren und dem unklaren Vielen menschlichen Wissens. Trinitarisch gesehen darf sich diese Differenz aber gerade nicht in der Unterscheidung von Wesenseinheit (Substanz) und Relation der drei Personen abbilden, das wäre entgegen dem Standard der kirchlichen Bekenntnisse. Das Dilemma dieses nach wie vor unausgeglichenen Ge-

---

[46] Vgl. X, 10, 16; angewandt auf die Trinität XV, 14, 23.

[47] Vgl. XIV, 6, 8.

[48] Vgl. XV, 10, 19 und XV, 11, 20. – Dass alle diese Überlegungen unter der Bedingung von I Kor 13, 12a („per speculum [...] in aenigmate", vgl. XV, 9, 16 u.ö.) vorgetragen werden, vgl. A. SCHINDLER (1965), 216f., gibt dem Ganzen erst recht den Charakter einer Theorie der Darstellung!

[49] Vgl. XV, 11, 20 und XV, 12, 22; auch SCHINDLER (1965), 217f.

gensatzes zwischen theologischer Gleichheit der Personen in der einen Substanz und ontologischer Differenz des Einen gegenüber dem Vielen rührt für Augustin immer noch daher, dass er zwar die Relationalität der trinitarischen Zuordnung entdeckt und nutzt, sie aber in der tendenziell dualistischen (neuplatonischen) Ontologie nicht wirklich freigeben kann. Wie soll die *Annahme des Fleisches*[50] trinitarisch und als konsequente Relation gedacht werden können, wenn das Eine dem Vielen dualistisch gegenüber steht?

(6) Inneres Wort und Symbol

Aus dieser letzten Überlegung heraus könnte eingewandt werden, Augustin verstehe aufgrund seiner Ontologie das *innere Wort* gerade nicht als *Zeichen*, weil es die *res* selbst sei, und die hier versuchte *symbolische* Interpretation sei insofern ausgeschlossen. Doch dieser Einwand träfe nur dann zu, wenn das *innere Wort* nicht nur von der äußeren Wirklichkeit seiner Lautgestaltungen, sondern darüber hinaus von jeder Darstellungsproblematik freigehalten wäre. Das aber ist, Augustins ontologischen Voraussetzungen zum Trotz, nicht der Fall. Denn innerhalb der Trinität ist das Wissen und die Einsicht des göttlichen Denkens dessen *Darstellung*: eben im *Wort* des Sohnes. Auch wenn dieses göttliche Wort vom menschlichen zu unterscheiden ist, nämlich im Sinne eines „immerwährenden", wahren „ewigen Wortes" bei Gott und eines nicht immerwährenden „wahren inneren Wortes" beim Menschen[51], so heißt das gerade nicht, die Kraft des *inneren Wortes* könne ohne ihre Darstellungsfähigkeit gedacht und gelebt werden.

(7) Inneres Wort und Kreativität

Mehr noch: Augustins Überlegungen gehen sogar dahin, dem menschlichen *verbum intimum* – nämlich in seinem Charakter, der *Möglichkeit nach* das wahre Wort zu sein – das Prädikat des „immerwährenden" zuzusprechen. Wegen der bleibenden Differenz zwischen möglicher Form und (nicht angemessen) verwirklichtem Inhalt muss diese Konsequenz dann aber doch ausscheiden.[52] Immerhin ist in diesem Punkt der Kontakt aller menschlichen Erfahrung des Geistes zu dem, was bei Gott das Ursprüngliche des Vaters ist und was zugleich seiner Darstellung im Sohn (verbum) wie der Intention der Liebe (des Geistes) entspricht, so eng wie nur möglich; mit Augustins Worten: „dort ist die abgründigere Tiefe unserer Erinnerung, wo wir auch das zum ersten Mal finden, wenn wir denken, und das innerste Wort gezeugt wird, das keiner Sprache angehört"![53] Es ist diese ursprüngliche Kreativität, der nicht

---

[50] Vgl. XV, 11, 20.

[51] XV, 15, 25.

[52] Ibid.

[53] XV, 21, 40: „sed illa est abstrusior profunditas nostrae memoriae ubi hoc etiam primum cum cogitaremus inuenimus et gignitur intimum uerbum quod nullius linguae [...]."

nur bei den Menschen noch keine geschichtlich konkrete Sprache zukommt, sondern die als *ursprüngliche Möglichkeit von Darstellung* selbst noch keine Darstellung in Raum und Zeit sein kann.[54] Im „Verborgenen des Geistes"[55] findet sich diese allernächste und gerade in ihrer Unbestimmtheit (schweigend) produktive Nähe der göttlichen Kreativität – und damit der Geburt von Darstellung und Wort *vor* allen Wörtern. Allein in diesem umfassenden Sinn von ursprünglicher Kreativität kann und darf im Falle des *verbum intimum* von einem *Symbol* gesprochen werden.

(8) Inneres Wort und Relationalität

Gilt dies, so kann unter Absehen von Augustins Tendenz zum ontologischen Dualismus auch die Substanzvorstellung gegenüber den trinitarischen Relationen reduziert werden. Nicht der seit Nizäa entscheidende Aspekt der Wesenseinheit steht zur Disposition, sondern allein, wie dieser im Verhältnis zu den göttlichen Relationen aufgefasst werden soll. Wenn Geist nicht ohne Darstellung, wenn Kreativität nicht ohne *inneres Wort* und Gestalt in Liebe (bzw. Wille) gedacht werden kann[56], dann durchläuft und prägt die ursprüngliche *Kreativität* (die Ursprungslosigkeit des Vaters) sowohl die Relation zum dargestellten *Wort* (Sohn) wie zum *Geschenk* des Geistes.[57] Insofern gilt das *homoousios*. Es ist aber durchaus unnötig, damit eine Substanzvorstellung im Sinne der antiken Philosophien zu verbinden, die Relationalität entweder ausschließen oder nachordnen müssen. Augustin ist auf dem Wege zu dieser neuen und selbständigen Erkenntnis von Relationalität einen entscheidenden Schritt vorangekommen, indem er eine vollständige Darstellungstheorie, d.h. den *Symbol*charakter des *inneren Wortes* erarbeitet hat, dem gemäß ein dreistelliges Verhältnis als Darstellungsmodus genau unterschieden und in seiner kreativen Einheit bewahrt werden kann.[58]

(9) Inneres Wort und Glaubensgeheimnis

Dass mit diesem Schritt zur dominierenden *Relationalität* der trinitarischen Gottesauffassung nicht eine pur rationale Erklärung gegen den Geheimnischarakter des Glaubens ausgespielt wird, ist gerade durch Augustins XV. Buch und dessen ebenso *abgründigen* wie kreativen Begriff des *verbum intimum* gesichert. Relationale Ontologie und Geheimnis lassen sich vereinbaren,

---

[54] Deshalb lässt sich das *verbum intimum* als Sprach- und Verstehenstheorie *für* (und nicht abgesondert von) lebendiger Sprache interpretieren, vgl. J. KREUZER, Augustin (1995), 115-119; Pulchritudo (1995), 241-255.

[55] XIV, 7, 9: „hinc admonemur esse nobis in abdito mentis quarundam rerum quasdam notitias, et tunc quodam modo procedere in medium atque in conspectu mentis uelut apertius constitui quando cogitantur".

[56] Vgl. XIV, 7, 10.

[57] Vgl. XV, 21, 41.

[58] S.o. Anm. 38 zur Geordnetheit der Relationsstruktur.

wenn, wie P. Tillich formuliert[59], die „Selbst-Manifestation des göttlichen Lebens“ symbolisch zum Ausdruck kommen kann; wenn unter einem *Realsymbol*, wie K. Rahner es ausdrückt, die „höchste und ursprünglichste Repräsentanz, in der eine Wirklichkeit eine andere [...] gegenwärtig macht“[60], verstanden wird. Augustin hat den entscheidenden Schritt getan, Trinität und Relation in der Darstellungstheorie des *inneren Wortes* konsequent aus Gottes Kreativität heraus zu denken: „Das ist freilich wunderbar unaussprechlich oder unaussprechlich wunderbar, da eine Person Bild der Dreieinigkeit ist, die höchste Dreieinigkeit selbst hingegen drei Personen ist.“[61]

C. Relation und Trinität: C.S. Peirce' kategoriale Semiotik

a. Der Zusammenhang von Einheit und Dreiheit

In Augustins trinitarischer Entdeckung des *inneren Wortes* ist die Einsicht der *kategorialen Semiotik*[62] abgebildet, dass *Einheit* und *Dreiheit* sich nicht widersprechen müssen. Dass damit nicht nur eine historische Figur beschrieben wird, sondern die Behauptung verbunden ist, dies ließe sich gerade heute und aufgrund bestimmter vorteilhafter Einsichten von Peirce' Kategorienlehre, Semiotik und Metaphysik der Evolution erst wirklich nachvollziehen, setzt allerdings Kenntnis, angemessenes Verständnis und volle Überzeugungskraft dieser Theoriebildung voraus. Darauf zielen die folgenden Fragen:

(1) Was zwingt eigentlich zum triadischen Denken?

Es ist einem Zusammenspiel von erkenntnis- bzw. zeichentheoretischen, mathematisch-logischen und ontologischen Entdeckungen zu verdanken, dass die uralte Figur der Dreigliedrigkeit oder Dreistufigkeit zur allgemeinsten und vollständigen Struktur von Erklärungen avancieren konnte: Die formale Relationenlogik kann die Unreduzierbarkeit und unbegrenzte Kombinationsfähigkeit dreistelliger Relationen nachweisen.[63] – Die Neufassung der Kategorienlehre, die zugleich eine erkenntnis- bzw. zeichentheoretische Ableitung wie eine alltagsweltlich-phänomenologische Basisfunktion im System der Wissenschaften findet[64], bestätigt die Relationenlogik darin, dass Menschen in allen Wahrnehmungs-, Erkenntnis- und Denkakten unreduzierbar dreistellig verfahren: Ein zugrundeliegendes *Erstes* verhält sich zu einem in Bezie-

---

[59] P. TILLICH, Bd. III (1966), 337.

[60] K. RAHNER (1960), 279.

[61] XV, 23, 43: “quod sane mirabiliter ineffabile est uel ineffabiliter mirabile, cum sit una persona haec imago trinitatis, ipsa uero summa trinitas tres personae sint”.

[62] S.o. Kap. I.1 u. I.2.

[63] Vgl. R.W. BURCH (1994); und die *Einführung* von H. PAPE (Hg.) im selben Band.

[64] Vgl. U. BALTZER (1994).

Peirce' Nähe zu Schelling

hung stehenden *Zweiten*, und die Bezugnahme selbst gehört als *Drittes* unabdingbar zum selben Akt oder Ereignis. – Die ontologische oder realistische Anwendung derselben Dreistelligkeit ergibt sich dadurch, dass die formale Zeichenstruktur (Zeichen – Objekt – Interpretant) und Kategorialität (Erstheit – Zweitheit – Drittheit) auf die Entwicklung natürlicher wie geistiger Wachstumsprozesse *passt*, insofern die evolutionäre Beschreibung von Natur und Kultur zusammen mit dem Aufbrechen von Determinismus und mechanischer Gesetzlichkeit in den Naturwissenschaften dafür Anlass geben und Belege die Fülle liefern.[65] Von *Metaphysik der Evolution* zu sprechen heißt folglich, auf der Theoriebasis kategorialer Semiotik *Prozess und Realität* dessen, was Menschen erfahren können, unter Einschluss der damit zugleich wirksamen Ursprungs- und Zielfragen zum Gegenstand der Wissenschaften zu erheben. Neu daran ist vor allem, dass die Isolation der Einzelwissenschaften zugunsten ihrer systematischen Zuordnung in einer Wissenschaftsklassifikation aufgegeben und ein *kosmologischer* Gesamtzusammenhang aufgrund der realistisch aufgefassten Wirksamkeit von Erstheit, Zweitheit, Drittheit vorausgesetzt werden kann.

In Beantwortung der ersten Frage wäre also zu sagen, dass für die christliche Trinitätslehre schon aus den genannten eher formalwissenschaftlichen Gründen eine neue Lage erkennbar ist, insofern zumindest ein Denkmodell vorliegt, in dem Einheit und Dreiheit vermittelt, unreduzierbar und vollständig geordnet auftreten, ohne sich in einen inneren, begrifflichen Widersinn verwickeln zu müssen.[66] Darüber hinaus aber wird vor allem im kosmologischen Kontext der Metaphysik der Evolution ein Denkzusammenhang wieder ermöglicht, den die neuzeitliche Wissenschaftsauffassung (in ihren dominierenden Richtungen) destruiert zu haben schien: Dass menschliches Wahrnehmen, Erkennen und Denken mit natürlichen Prozessen nicht nur äußerlich in Beziehung steht, sondern innerlich verflochten ist; und diese Verflechtung ist keineswegs (in einem reduktionistischen Sinn dieser Begriffe) einseitig naturalistisch oder materialistisch aufzulösen, sofern die Regelmäßigkeiten der Natur selbst nur aus einem (kategorialen) Zusammenspiel von produktiven Möglichkeiten (Erstheiten), etablierten Korrelatstrukturen (Zweitheiten) und beides zusammenfassenden Verhaltengewohnheiten (Drittheiten) verstanden werden können. In diesem Punkt liegt der entscheidende Vorteil bezüglich der Trinitätslehre, bzw. umgekehrt der genuine Zusammenhang dieser mit einer evolutionistischen Naturphilosophie, wie er zuletzt im deutschen Idealismus, namentlich von Schelling[67] wissenschaftstheoretisch und kosmologisch

---

[65] Vgl. C.R. HAUSMAN (1993) und (1994).

[66] In einem analogen Verfahren hat A. MENNE (1957) gezeigt, dass auf der Basis infiniter Mengen widerspruchsfreie Zuordnungen von Einheit und Dreiheit jedenfalls *möglich* sind.

[67] Die Einsätze für den (kritischen) Vergleich zwischen SCHELLING und PEIRCE zeigt G. SCHÖNRICH (1991). – Zu Beginn des großen kosmologischen Aufsatzes *Das Gesetz des*

zugleich zu explizieren versucht wurde. Dass dabei keine linearen Prozesse oder einfache Koordinatenschemata mehr anwendbar sein können, ist Schelling im Anschluss an Denkfiguren der deutschen Mystik bewusst. Peirce hat demgegenüber mathematisch, naturwissenschaftlich und philosophisch exaktere, aber keineswegs weniger komplexe Figuren zur Verfügung, um eine kreative Ursprünglichkeit zu denken, die das in unbestimmter Weise doch enthalten muss, was den offenbaren Wachstumsprozess der Evolution dann bestimmt. Ein Versuch Schellings in dieser Sache:

„Wirklicher Anfang kann nur von absoluter Freyheit kommen. Die Liebe ist es, die in jener ersten verschlossenen Einheit auf Scheidung dringt. Aber auch sie ist nur noch ein Suchen des Anfangs ohne ihn finden zu können. Alle Verworrenheit, der ganze chaotische Zustand, in dem sich unser Inneres bey jedem Anfang eines neuen Bildungsprozesses befindet, entspringt aus dem Suchen und Nichtfindenkönnen des Anfangs. Der gefundene Anfang ist das gefundene Wort, durch das aller Widerstreit gelöst wird. Dieß gilt auch für jenen Zustand des Widerspruchs und des Streits, in den das existierende durch die Liebe mit sich selbst gesetzt wird. Darum heißt es: Im Anfang war das Wort."[68]

Im Prozess der Realität bleibt ihr Anfang in gewissem Sinne gegenwärtig, und umgekehrt wird die Problematik des „Anfangs" vor aller Zeit dadurch kosmologisch vorstellbar. Dieser Zusammenhang zwingt zu triadischem Denken, weil in seinem ersten Schritt, der *ursprünglichen Ermöglichung*, bereits die Einheit des Ursprungs und die Dreiheit des Prozesses zueinander gehören. In der Sprache der klassischen Trinitätslehre war dafür von den beiden *processiones* aus dem ungewordenen Ursprung Gottes die Rede: der „processio verbi" und der „processio amoris".[69]

(2) Wie kann die Differenz von Schöpfer und Geschaffenem trinitarisch vermittelt werden?

Die Idee *ursprünglicher Ermöglichung* (Erstheit) besteht einerseits in ihrer Unableitbarkeit, andererseits in ihrer Produktivität. Letztere wiederum kann in zwei Richtungen entfaltet werden:

In menschlichen Erfahrungskontexten tritt solche Unableitbarkeit immer als Wahrnehmungsprämisse in Urteilszusammenhängen auf[70], und auf diesem

Geistes nennt Peirce selbst die Nähe zu Schelling und der spekulativen Naturphilosophie, vgl. NZ, 179f.

[68] F.W.J. SCHELLING, Die Weltalter (1985), 287f. – Der Zusammenhang von SCHELLINGS Metaphorik mit der Mystik in der Tradition MEISTER ECKHARTS wird im Text der *Weltalter* unmittelbar deutlich, s.o. Anm. 32 u. 39.

[69] Vgl. THOMAS V. AQUIN, Summa theologiae I, q. 28, a. 4.

[70] S.o. Anm. 8.

Wege lassen sich Einheit und Differenz verständlich machen; das gilt für die Unterscheidung von Vater und Sohn ebenso wie für die Unterscheidung von Gott und Welt. Allerdings ist die Relation – mit der klassischen Trinitätslehre gesagt – zwischen „paternitas" und „filiatio" eine der Gegenseitigkeit, während dies für die „creatio ex nihilo" im Verhältnis zur Welt des (abhängig) Geschaffenen gerade nicht gelten kann.[71] Bei genauerer Betrachtung im Sinne kategorialer Semiotik wird aber erkennbar, dass *Zweitheit* als Sich-Gegenständlich-Werden im Anderen auf zwei Weisen ihres Objektbezugs gedacht werden muss: als *unmittelbares* (vorgestelltes) und als *dynamisches* (real sich entwickelndes) Objekt.[72] Diese Unterscheidung wäre trinitarisch so anzuwenden, dass Gott „ex nihilo" sich gegenüber die Welt als dynamisches Anderes freigibt, während sein Gegenüber im *Wort*[73] die Lebendigkeit Gottes selbst und unmittelbar zur Darstellung bringt. Dass Gottes Liebe der Welt ebenso wenig fehlt wie dem Leiden des Sohnes in der Welt, fügt die beiden Objekt-Relationen in der erneuerten Einheit des Geistes desselben Gottes *in futuro* zusammen. Gottes Repräsentation ist zuletzt über Schöpfung und Passion die Einheit von Einheit und Differenz. In Schellings Worten:

„Der Gegensatz also muß bleiben; Einheit und Gegensatz jedes muß für sich seyn, und – eben in diesem Für-sich-seyn eines jeden und ohne daß es aufgehoben wird muß die Einheit erscheinen. Dieß läßt sich nun bloß gedenken, wenn im Verhältniß der Entgegensetzung beyder in jedem der Geschiedenen für sich die Einheit sich erzeugt [...] Nur so offenbart sich das höchste Wesen der Liebe: denn daß Principien einträchtig sind, die durch eine bindende Kraft dazu gezwungen sind, ist kein Wunder, aber Liebe ist, wenn bey existentieller Unabhängigkeit Freyes zu Freyem gezogen wird."[74]

Die genannte Produktivität *ursprünglicher Ermöglichung*, wird sie im Sich-Gegenständlich-Werden erfahren und gedacht, muss dann der Möglich-

---

[71] Zur trinitarischen Interpretation der „creatio ex nihilo"-Kosmologie R.C. NEVILLES s.u. Kap. IV.13.

[72] Vgl. z.B. PEIRCE, SS 2, 283ff. – Zur Bedeutung dieser Unterscheidung vgl. H. PAPE (1989), 87ff.; (1996), 167.

[73] S.o. Anm. 39.

[74] F.W.J. SCHELLING, Die Weltalter (1985), 276. – Die im Gedanken nichtdeterministischer Kreativität evolutionistischer Prozesse liegende Bedeutung der Liebe hat im Anschluss an PEIRCE C.R. HAUSMAN (1994), 273, herausgestellt, und damit zeigt die Metaphysik der Evolution auch ihre naturphilosophische Aktualität: „Wenn ein Prozeß kreativ ist, dann trägt das Subjekt von sich aus zu der Evolution dieses Prozesses bei [...] weil es mit einem Geschöpf beschäftigt ist, das in Zukunft existieren soll. Das Subjekt kann sich in solch einem Prozeß nicht ausschließlich mit sich selbst beschäftigen, weil zu Beginn des Prozesses die Beschaffenheit des Subjekts noch nicht so durch den Prozeß bestimmt ist, wie er es bei der Vollendung des Prozesses sein wird. [...] Vielmehr muß das Subjekt sich mit einem zukünftigen Geschöpf beschäftigen, welches eine Vortrefflichkeit aufweisen wird oder würde, das in einem Endzustand verwirklicht ist, wenn der Prozeß vollendet ist oder vollendet sein würde. Das dynamische Prinzip solcher Selbstentwicklung muß Agape sein."

keit nach diesen Ursprung selbst auszeichnen. An dieser Grenze des menschlich Denkbaren sind hypothetisch, aber konsequent Ursprungsfiguren vorzustellen, die dem entsprechen, was wir im Prozess der Realität beobachten können. Mit anderen Worten, es kommt kategorial gesehen zur Beschreibung der produktiven (kosmologischen) *Erstheit* in sich selbst. Im Zusammenhang seiner *Cambridge Conferences Lectures* (1898) entwirft Peirce dafür das folgende Modell:

„Ich behaupte, daß nichts *mit Notwendigkeit* aus dem Nichts grenzenloser Freiheit folgte, das heißt: nichts gemäß deduktiver Logik. Doch von dieser Art ist die Logik der Freiheit oder der Möglichkeit nicht. Die Logik der Freiheit oder Potenzialität ist so beschaffen, daß sie sich selbst annullieren wird. Denn würde sie dies nicht tun, bliebe es bei einer vollkommen müßigen und nichtstuenden Potenzialität; und eine solche wird eben durch ihre vollkommene Nutzlosigkeit annulliert. Ich meine nicht, daß Potenzialität unmittelbar in Aktualität übergeht. Mittelbar ist es vielleicht so, doch was sich unmittelbar ergibt, ist dies, daß aus grenzenloser Potenzialität eine Potenzialität von dieser oder jener Art wird – das heißt, von einer gewissen *Qualität*. Daher war es ein Sprung, mit dem – aufgrund evolutionärer Logik – aus dem Nullpunkt bloßer Möglichkeit die *Einheit* einer Qualität wurde."[75]

Der Vorteil dieser evolutionären, sprunghaften Logik qualitativer Ermöglichung ist nicht nur ihre Nähe zu den gegenwärtigen naturwissenschaftlichen Beschreibungen des ‚Anfangs', sondern auch die Auflösung statischer Denkalternativen (etwa zwischen Freiheit und Notwendigkeit), denen in der metaphysischen Tradition sonst nicht zu entkommen ist. Für die Trinitätslehre ist allerdings entscheidend, ob diese produktive Potenzialität-in-sich etwa ‚außerhalb' der Trinität, als „die zarte Gottheit, die in Gott selber über Gott ist"[76], konzipiert wird oder als die Kreativität des „Vaters" innertrinitarisch gedacht ist. Jedenfalls ist an diesem Punkt das Motiv der klassischen Unterscheidung von *immanenter* und *ökonomischer* Trinität zu greifen, dass Gott „in sich selbst" so strukturiert gedacht werden kann, wie seine heilsgeschichtliche Entfaltung im Zusammenhang der Evolution der Welt erscheint. Die „Anfangsbedingungen des Universums" zwingen zur „metaphorischen" Sprache[77]; für Schelling im Anschluss an Meister Eckhart im „unendlichen Ausquellen" der Ewigkeit, „ausfließen" aus dem „Glanz der Lauterkeit".[78] Für

---

[75] RS, 258.

[76] F.W.J. SCHELLING, Die Weltalter (1985), 233; vgl. entsprechend 255. – Die besonderen Verständnisschwierigkeiten in SCHELLINGS Weltalter-Kosmologie rühren daher, dass im „Urwesen" (255), die „Einwickelung" (256), der „ewige Keim Gottes" (255) deutlich vor der trinitarischen „Evolution" (256) Gottes gedacht werden soll – obwohl in der Entfaltung beider volle Strukturgleichheit der dialektischen Elemente vorliegt.

[77] C.R. HAUSMAN (1994), 276ff.

[78] F.W.J. SCHELLING (1985), 230, 259.

Peirce steht an dieser Stelle die Produktivität der „evolutionären Liebe“[79]: Sie allein garantiert das Zusammenspiel von Potenzialität, Spontaneität, Einräumung von Freiheit zusammen mit Regelhaftigkeit. Dann besteht kein Grund, diese evolutionäre Liebe nicht als Darstellung Gottes, wie er in sich selbst ist und wie Entwicklung ihm gegenüber frei wird, trinitarisch und kosmologisch in einem zu beschreiben. Die Kreativität Gottes ist das *Erste*.

(3) Wie ist das semiotische Motiv der Darstellung mit der Realität des Prozesses und der Trinität zu verbinden?

Die triadische Struktur kategorialer Semiotik bietet folgende Vorteile: Sie enthält, erstens, in sich (der Zeichenstruktur nach) das Element ursprünglichen Gegenwärtigwerdens: die Qualität des Zeichens selbst, die Vagheit seines ersten Auftretens, die prinzipiell nicht beseitigt, sondern immer nur in weiteren Zeichenfolgen präzisiert werden kann. Der Zeichenform nach steht für diese Funktion exemplarisch das *ikonische* Zeichen, die prägende Bildkraft in Wahrnehmungen. Ohne diese ist eine Bezugnahme auf Weltprozesse undenkbar, und die göttliche Kreativität ursprünglicher Ermöglichung, die Grenzreflexion auf solchen ‚Anfang' des Universums, steht konsequent genau an dieser *ersten* Stelle. Indifferenz, Vagheit, Ursprünglichkeit, Spontaneität, Freiheit sind begriffliche Beschreibungsversuche von Erstheit, wie sie aus keinem Darstellungsvorgang wegzudenken ist.

Die triadische Struktur enthält, zweitens, in sich (der Zeichenstruktur nach) ebenso konstitutiv ihren Gegenstandsbezug, die Korrelation von Zeichen und Objekt. In dieser Beziehung wird die ursprüngliche Vagheit nicht aufgelöst, sondern zugeordnet, Beliebigkeiten werden eingeschränkt, Bestimmtheiten ermöglicht; kosmologisch gesprochen: Konkrete Gegenständlichkeit wird realisiert. Der Zeichenform nach steht für diese Funktion exemplarisch das *indexikalische* Zeichen, eine bestimmte und unvermeidliche Zuordnung, die auch eine Rezeptionsrichtung vorgibt, die *zweite* Stelle gegenüber der freien Kreativität des Universums. Trinitarisch zeigt das Gegenüber des Sohnes (unmittelbares Objekt) einerseits die Einheit mit dem Vater in der ikonischen Gemeinschaft ursprünglicher Qualität, andererseits die Gestaltungsunterscheidung des Zweiten gegenüber dem Ersten, wie sie im anthropomorphen Bild der Relation zwischen Vater und Sohn am besten zum Ausdruck kommt. Einheit und Gestaltungsordnung zugleich vermeiden deshalb sowohl die subordinatianische wie die modalistische Auflösung der Trinität: Wenn nicht Einerleiheit, sondern geordnete Dreiheit aus und in Einheit konzipiert werden soll, so zeigt sich bereits hier an zweiter (indexikalischer) Stelle der triadischen Semiotik, wie die Einheit der Darstellung allein auf der Basis einer bestimmten Unterscheidung möglich wird.

---

[79] Vgl. C.R. HAUSMAN (1994), 278f.

Die vollständige triadische Struktur ist, drittens, dann erreicht, wenn die Auffassung der Zuordnung von Erstem und Zweitem als drittes und darin selbständiges Element herausgestellt wird: der Interpretant. Der Zeichenform nach handelt es sich um das *symbolische* Zeichen, eben dies, was Augustin mit der Dreistelligkeit des *inneren Wortes* – auf seine Weise – entdeckte.[80] Wird diese vollständige, d.h. das ikonische wie das indexikalische Element einschließende Darstellungsform wiederum kosmologisch und trinitarisch angewendet, so hat dies die schon benannten Vorteile der geordneten Einheit von Spontaneität, Bestimmtheit und Prozess, die die Evolution ebenso schlüssig beschreiben wie die geordnete Einheit der Trinität. Der eigentliche Zusammenhang von semiotischer Darstellung, kosmologischem Prozess und Trinität liegt aber darin, dass allein in der *symbolischen Personalität* Gottes die produktive Integration von Kreativität und Gestaltung als geistige Evolution gewahrt werden kann – genau dem entsprechend, was Menschen lebensweltlich wie wissenschaftlich erfahren und zu denken versuchen. In Peirce' Spätphilosophie ist es das Programm des *Synechismus*[81], d.h. die auf der Basis mathematischer Unendlichkeit konzipierte universale Kontinuität, die aufgrund der Vorstellung von unausschöpflichen und sprunghaften infiniten Möglichkeiten im Gesamtprozess der *Universen der Erfahrung*[82] gerade auch Diskontinuitäten einbeziehen und die relative Selbständigkeit innerhalb der triadischen Darstellungsstruktur aufrechterhalten kann. Eine vollständige Repräsentation ist folglich *personal* und *symbolisch*, wobei die darin ablaufenden Prozesse und Vergegenwärtigungen sich komplex überlagern, nicht auszurechnen, deshalb aber nicht richtungslos sind. Solche *symbolische Personalität* gilt für Gott selbst, den Kosmos wie seine vollständigen Darstellungsformen:

„Diese Persönlichkeit ist wie eine allgemeine Idee nichts, was in einem Augenblick wahrzunehmen ist. Sie muß in der Zeit gelebt werden; freilich kann keine endliche Zeit sie in ihrer ganzen Fülle enthalten. Gleichwohl ist sie in jedem infinitesimalen Zeitintervall gegenwärtig und lebendig, wenn auch speziell gefärbt durch die unmittelbaren Empfindungen in diesem Moment. Insofern sie in einem Augenblick wahrgenommen wird, ist die Persönlichkeit unmittelbares Selbstbewußtsein. [...] Es impliziert eine teleologische Harmonie unter den Ideen, und im Fall der Persönlichkeit ist die Teleologie mehr als das absichtliche Verfolgen eines vorherbestimmten Zieles. Es ist eine sich entwickelnde Teleologie. [...] Diese Beziehung auf die Zukunft ist ein wesentliches Element der Persönlichkeit. Wenn die Ziele einer Person schon

---

[80] S.o. Anm. 43.

[81] PEIRCE, LU, 325-359; NZ, 179-209; vgl. DEUSER, Synechismus (1998).

[82] Vgl. zu dieser Begriffsbildung PEIRCE, RS, 330. – Zum Zusammenhang von Kontinuität, Diskontinuität und Theorie des Infiniten vgl. T. HERRON (1997); D. SFENDONI-MENTZOU (1997).

explizit wären, gäbe es keinen Raum für Entwicklung, Wachstum und Leben; und folglich gäbe es keine Persönlichkeit.“[83]

Wachstum und Vielfalt sind damit aus triadischen Darstellungen verstehbar. Ihre symbolische Vollständigkeit vermittelt geordnete Einheit, Personalität und Entwicklungsperspektiven in der Zuordnung von Geist und Materie, Sein und Sollen, Himmel und Erde, Gott und Welt. Deshalb lässt sich auch begründet sagen, Gott selbst sei Person in der Dreigliedrigkeit von Vater, Sohn und Geist.

b. Trinitarische Relation und personales Symbol

(1) Was ist ein Realsymbol?

K. Rahners Verteidigung des *Realsymbols* in seinem Aufsatz von 1960[84] ist der exemplarische Fall einer ontologischen Symboltheorie, die von Beginn an trinitarisch gefasst ist; und Rahners Trinitätstraktat von 1967 greift dann im Kern auf diesen Begriff des *Realsymbols* zurück.[85] Der Zusatz *real* ist für Rahner nicht deshalb nötig, weil er einem formalen Zeichenbegriff verpflichtet wäre, der dann zusätzlich auf die Realität der Dinge erst noch angewandt werden müsste. Es ist umgekehrt: Rahner geht von einer Metaphysik des Seins, das zu sich selbst in ein Verhältnis tritt, aus und interpretiert diese Vorgängigkeit der Verhältnisbildung als (ontologisch zu verstehendes) Realsymbol.

Dass dieser Symbolbegriff der „Repräsentanz“ des Seins ganz so, wie es P. Tillich seit den 20er Jahren getan hat, gegenüber allen anderen „symbolarmen“[86] Zeichenformen distanziert werden musste, war offenbar ein Zug der Zeit und solange nötig, wie der formalwissenschaftlich klingende Zeichenbegriff von Geisteswissenschaft und Metaphysik ferngehalten werden sollte. Genau dadurch entsteht aber das Problem, dass für Rahner „Symbol“ zwar eine modern klingende Interpretation darstellt, die aber doch auf den Seinsbegriff der Scholastik angewiesen bleibt. Rahner will zugleich aber auch so verstanden werden, dass seine Symbol-Interpretation des Seinsbegriffs gerade den Anschluss an moderne Erfahrungs- und Gewissheitsstrategien finden möchte. Charakteristisch sind die folgenden Punkte:

---

[83] NZ, 206f. – PEIRCE selbst macht hier, ibid. 207, auf die schöpfungstheologische Implikation des Gedankens aufmerksam.

[84] RAHNER (1960).

[85] RAHNER (1967), 335: „Menschliche Natur ist mit anderen Worten nicht die von außen angenommene Larve (das *prosopon*), die Livrée, in der versteckt der Logos in der Welt gestikuliert, sondern vom Ursprung her das konstitutive Realsymbol des Logos selbst, so daß in letzter ontologischer Ursprünglichkeit gesagt werden kann und muß: Mensch ist möglich, weil Ent-äußerung des Logos möglich ist.“

[86] RAHNER (1960), 279.

(1.1) Die epistemologische Ausgangsfrage („Erkennbarkeit und aktuelle Erkenntnis“) wird auf die ontologische Bestimmtheit allen Seins durch seinen „Aktualitätsgrad“ bezogen, d.h. auf die jeweilige Realisierung von *potentia in actu*. Wenn dieser Übergang vom Möglichen zum Wirklichen für *alles Seiende* und also für die Bestimmung von Sein überhaupt vorauszusetzen ist, dann soll sich daraus die Konsequenz ergeben, dass auch das erkennende Verhältnis zum *Wirklich-werden* nicht anders als *real* bezeichnet werden kann.[87]

(1.2) Dass an dieser Stelle zugleich von *Symbol* gesprochen werden muss, liegt wohl daran, dass sich „das Seiende [...] ‚ausdrückt‘, um sein eigenes Wesen zu finden“[88], dass ein „’Ausdruck’ des Ursprungs [...] gedacht werden muß“.[89] D.h. ursprüngliches Wirklich-werden wird als Selbstverhältnis, „Selbstgegebenheit“ und Sich-Gegenübertreten *symbolisch* bestimmt: „Der Ausdruck, also das ‚Symbol‘ [...], ist die Weise der *Selbst*erkenntnis, der Selbstfindung überhaupt“; oder anders: „das Seiende ist an sich selbst symbolisch“.[90]

(1.3) Dass es sich bei dieser Symboleinführung nicht um eine formale Theoriebildung handelt, zeigt die mit Augustins Trinitätslehre formulierte „Weise, in der es [das Seiende] sich selbst zu sich in Erkenntnis und Liebe vermittelt ist.“[91] Es handelt sich – unter Voraussetzung der Trinität – um die (phänomenologische) *Darstellbarkeit*[92] bzw. das *Auftreten* von etwas *als* etwas. Semiotische oder kategoriale Unterscheidungen sind deshalb unnötig, weil sie im trinitarischen Modell schon implizit vorausgehen; und dessen Anwendung auf das Erkennen von Wirklichkeit ist der eigentliche Grund für das einzige Zeichen, das mehr als bloß Zeichen ist: das *Realsymbol.*

(1.4) Eine Implikation der *Darstellbarkeit* im Sinne der Aktualisierung des Seienden ist die *Pluralität.* Auch dabei handelt es sich einerseits um eine trinitätstheologische Denkfigur[93], andererseits um ein allgemeines ontologisches Prinzip, wonach der „substantielle Grund“ durch sein in „Erscheinung“[94] treten (288) sich aktualisierend und realisierend zugleich vervielfältigend darstellt. Der Symbolbegriff deckt dementsprechend diese zurückweisende Relation zwischen Dargestelltem und seiner Ursprünglichkeit, so wie der Logos und Sohn auf den Vater verweist; aber eben nicht als bloß äußerliches Verhältnis von Zeichen und Bezeichnetem, sondern ontologisch als das Sich-selbst-Darstellen des Ursprungs im vielfältigen Seienden. Das Realsymbol ist

---

[87] Ibid. 286.
[88] Ibid. 278.
[89] Ibid. 283.
[90] Ibid. 284f.
[91] Ibid. 285.
[92] Ibid. 291 („Erscheinung“ und „Ausdruck“).
[93] Ibid. 281, 291f.
[94] Ibid. 288.

„herkünftig“ und steht dadurch in „Übereinkunft“ mit seinem „Ursprung“. Dass in der Selbstrepräsentation des Ursprungs dessen mögliche und wirkliche Erkenntnis (durch Menschen) als mitgesetzt gilt, zeigt wiederum die Ordnungsvorgaben dieser *Ontologie des Symbols*. Seiendes ist „an sich“ und „für sich“ repräsentiert, verhält sich zu sich selbst – und deshalb über anderes zu sich und ist damit auch *für* anderes. Dies ist der „ursprüngliche Sinn von Symbol und symbolisch“.[95]

(1.5) Das Ziel dieser Ableitungen ist nicht nur der Aufweis der Beziehung von „Ursprung“ und „Übereinkunft“ für die Darstellung, sondern der gefundene „Ausdruck“ erst gibt die eigentümliche Kraft des Symbols, dass nämlich gesagt werden kann: Seiendes „macht [...] sich kund.“ Die damit formulierte *Interpretantenfunktion* des Symbols ist deutlich kein Produkt derer, die den Verstehens- oder Erkenntnisvorgang vollziehen, sondern ursprünglich herkommend zu denken vom „zu erkennenden Seienden“: der „transzendentale“ Sinn des Symbolbegriffs.[96]

(1.6) Natürlich bleibt bei dieser *Ontologie des Symbols* das Zusammenspiel von scholastischer Ontologie, Erkenntnisrelation, Transzendentalphilosophie und Trinitätslehre letztlich ungeklärt. Der Symbolbegriff deckt eine trinitarische Figur augustinischer Tradition ab, ohne zeichentheoretisch formalisiert zu werden. Die kategoriale Semiotik dagegen ist auf jene philosophiehistorischen (scholastischen) Positionen nicht festgelegt, vermag die Zeichenstruktur des Symbolbegriffs als personale Relation relationenlogisch und nach Zeichenformen zu analysieren, und sie ermittelt so eine trinitarische Theologie, ohne das „Mysterium“ der Trinität schon voraussetzen zu müssen.[97]

(2) Dass „jede konkrete Aussage über Gott symbolisch sein muß“

Eine dem Denken K. Rahners nicht unähnliche Ontologie des Symbols hat P. Tillich seit seinen frühen Schriften der 20er Jahre entwickelt[98] und dann in der *Systematischen Theologie* fortgesetzt. Schöpfung, Erlösung, Gottesgegenwart und Trinität sind demnach *Symbole* mit einem *„fundamentum in re“*, d.h. sie werden „in der religiösen Erfahrung als Reales erlebt“[99]. Wie in Rahners Begriff des Realsymbols (und dieser ist offenbar nicht ohne Kenntnis von Til-

---

[95] Ibid. 286.

[96] Ibid. 286; s.o. Anm. 43 u. 80.

[97] Vgl. ibid. 291: „Wir haben uns ja in unserer Methodenfreiheit insofern schon ausdrücklich auf dieses Geheimnis berufen, als wir es zum Beweis verwandten, daß eine Pluralität in einem Seienden nicht immer und überall als ein Index der Endlichkeit und Unvollkommenheit betrachtet werden darf [...].“

[98] Vgl. vor allem *Das religiöse Symbol* (1928), in: P. TILLICH (1987), 213-228. – Zur semiotischen Rekonstruktion vgl. DEUSER, Zeichenkonzeptionen (1998), 1751ff.; und zur detaillierten semiotischen Kritik M. MOXTER (2000), 1. Kap.; M. VETTER (1999), § 11.

[99] P. TILLICH, Systematische Theologie (1966), Bd. III, 324.

lichs Symbolbegriff zustande gekommen[100]) ist daher die Abgrenzung vom „ohnmächtigen Zeichen“[101], von der religiös wie theologisch unangemessenen Rede, etwas sei „*nur* ein Symbol“[102], alles entscheidend für diesen Begriff des Symbols als *Partizipation* „an der Macht der Wirklichkeit, die es symbolisiert.“[103] Um diese Beziehungswirkung zu verstehen, soll die zentrale Textstelle zum Symbol *Gott* kurz analysiert werden[104]:

„Der Satz, daß Gott das Sein-Selbst ist, ist ein nicht-symbolischer Satz. Er weist nicht über sich selbst hinaus. Was er sagt, meint er direkt und eigentlich. Wenn wir von der Wirklichkeit Gottes sprechen, behaupten wir in erster Linie, daß er nicht Gott wäre, wenn er nicht das Sein-Selbst wäre. Andere Aussagen über Gott können, wenn sie theologisch sein sollen, nur auf dieser Basis gemacht werden [...] Über diese Aussage hinaus kann allerdings nichts über Gott als Gott gesagt werden, was nicht symbolisch wäre. Wie wir bereits gesehen haben, ist Gott als das Sein-Selbst der Grund der ontologischen Struktur des Seins, ohne selbst dieser Struktur unterworfen zu sein. Er *ist* diese Struktur, das heißt, er hat die Macht, die Struktur von allem, was am Sein Anteil hat, zu bestimmen. Wenn daher irgend etwas über Gott ausgesagt wird, was über diese Aussage hinausgeht, ist das nicht mehr eine direkte Aussage. Sie ist indirekt und deutet auf etwas jenseits ihrer selbst hin – sie ist symbolisch.“

(2.1) Menschen haben ein Verhältnis zu sich selbst und zum Seienden, und diese „ontologische Grundstruktur“[105] ist nicht zu überschreiten oder zu hintergehen. Innerhalb dieser Seinsstruktur stehen alle Beziehungen in einem Zusammenhang, der aber erst im Verhältnis von menschlicher, „endlicher Wirklichkeit“ zum Unendlichen (Seienden überhaupt) vollständig bestimmt und dann zugleich *symbolisch* und *real* erscheint: im Sinne einer Verweisung „auf etwas jenseits“ der jeweils endlichen Bedingungskontexte, d.h. als *Partizipation*[106] an diesem Anderen.

(2.2) Fragen Menschen nach dem *Grund* dieser *Grundstruktur*, so steht entweder die „Vernunft“ vor ihrem „eigenen Abgrund“, oder die „Offenbarung“, d.h. allein die Religion, kann „die Antwort“ geben.[107] Mit diesem Gedanken entfernt sich Tillich aus einer rationalen Ontologie, wie sie in Rahners

[100] Vgl. RAHNER (1960), 277 Anm. 3 (die bibliographischen Hinweise nennen auch TILLICHS Aufsatz von 1928 in der Aufsatzsammlung *Religiöse Verwirklichung* von 1930).

[101] TILLICH (1987), 213.

[102] TILLICH (1958), Bd. II, 15; vgl. (1987), 226 Anm. 1 (aus der Edition von 1930): Die *Selbstmächtigkeit* „gibt dem Symbol die Realität, die es im Sprachgebrauch fast verloren hat, wie die Formel ‚*nur* Symbol‘ zeigt [...].“

[103] TILLICH (1958), Bd. II, 15.

[104] TILLICH (1956), Bd. I, 277.

[105] Ibid. 194, 205.

[106] Ibid. 277: Das Symbol „partizipiert [...] an der Wirklichkeit dessen, für das es Symbol ist.“

[107] Ibid. 205.

Interpretation die Darstellungslehre des Realsymbols erschließen ließ. Denn der „Abgrund" wird für den Seinsbegriff als Grenzbestimmung genutzt, und darin wiederholt sich das Konstruktionsproblem des Trinitätsmodells von Schelling[108]: *Vor* dieser Grenze nämlich wird die Definition des (theologischen) Symbolgebrauchs entschieden. Während Rahner den ontologischen Bereich nie verlässt, nicht begrenzt sieht und daher auch sagen kann: „Es könnte alles von allem Symbol sein"[109], zieht Tillich eine Grenze: Jenseits von ihr muss vom „Sein-Selbst" gesprochen werden, diesseits von ihr findet sich die ontologische Struktur, innerhalb derer auf Gott als Grund von allem[110] nur „indirekt", d.h. *symbolisch* verwiesen werden kann.

(2.3) Wird diese Grenzziehung einmal akzeptiert, so ist zwar der Symbolbegriff in seiner Verweisungsstruktur über die Grenze hinaus verständlich geworden, es bleiben aber zwei Fragen: Warum darf diese Verweisung nicht, wie seit Augustin üblich, durch die Beziehung von *signum* und *res* zum Ausdruck gebracht werden? Und wie kann innerhalb des Symbolbereichs geklärt werden, dass und auf welche Weise es sich wirklich um eine Partizipation am *Sein-Selbst* handelt? Beide Fragen hängen deshalb eng miteinander zusammen, weil es gerade der Symbolbegriff im Unterschied zum bloßen Zeichen sein soll, der die religiöse Funktion garantiert. Tillich zieht hier die Konsequenzen aus einer doppelten Grundannahme seiner Ontologie, wonach einerseits metaphysisch und der (christlichen) philosophischen Tradition entsprechend vom *Sein* und *Grund* des Seins gesprochen werden kann (bezogen auf „das Ganze der menschlichen Wirklichkeit, die Struktur, den Sinn und das Ziel der Existenz"[111]) und wonach andererseits diese Ganzheit (gezeichnet von der modernen Sinnkrise, d.h. von Existenzphilosophie und -theologie des 19./20. Jahrhunderts) gebrochen erscheint durch die kontingent erfahrene Instanz des „religiöse[n] Betroffensein[s]". Beides ist gebündelt in der genialen Formulierung von Form und Inhalt aller Religiosität als dem, *was uns unbedingt angeht.*[112] Diese beiden Grundannahmen mischen sich nun in der Beantwortung der beiden Fragen in der Weise, dass die einfache Relation von *signum* und *res* ontologisch nicht brauchbar ist, weil sie zwar vom Äußeren auf Inneres, von Diesseitigem auf Jenseitiges verweisen, dabei aber die

[108] S.o. Anm. 76. – Zu MEISTER ECKHART als Vorläufer dieser Konstellation vom „Abgrund" der Gottheit vgl. die Erläuterungen von N. LARGIER, in: Werke I (1993), 803ff.

[109] RAHNER (1960), 279. Dieser Satz wäre semiotisch nicht überraschend, wenn er lautete: Alles könnte von allem *Zeichen* sein! Aber gerade auf der Basis der Trennung von Zeichen und Symbol, die Rahner im selben Zusammenhang vornimmt, ist der Satz besonders markant und problematisch.

[110] Die Wirklichkeit innerhalb der ontologischen Struktur ist für TILLICH vom Gegensatz zwischen *Essenz* und *Existenz* gezeichnet, weshalb gilt, ibid. 274: „Als das Sein-Selbst steht Gott jenseits des Gegensatzes von essentiellem und existentiellem Sein."

[111] Ibid. 22.

[112] Ibid. 19f.

spezifische Gebrochenheit und Leidenschaft der existentiellen Frage nach dem, *was uns unbedingt angeht*, nicht mitrepräsentieren kann. Gerade diese Leistungsfähigkeit kommt allein dem religiösen Symbol zu, weil in ihm die Gebrochenheit von *diesseitiger* ontologischer Struktur und *jenseitiger* Grundlegung selbst zum Ausdruck kommen soll. Wie aber ist gerade diese Besonderheit am Symbol zu erkennen, ohne dass entweder begründende zeichentheoretische Strukturbedingungen entwickelt werden (wie in der kategorialen Semiotik) oder inhaltliche religiöse Voraussetzungen in Geltung stehen (wie das Mysterium der Trinität in Rahners Lehre vom Realsymbol)?

(2.4) Tillichs Unterscheidung im Blick auf die ontologische Grenze hat aber auch die zweifache Gottesaussage als „nicht-symbolisch" und „symbolisch" zur Folge. Damit soll der „Zirkelschluß"[113] vermieden werden, *alle* Sätze über Gott als symbolisch hinzustellen, denn dann ließe sich allgemein-ontologisch, d.h. außerhalb der religiösen Kategorie des existentiell Unbedingten, überhaupt nichts über Gott sagen! Die entscheidende existentielle Seite von Tillichs Symbollehre: religiös, konkret und real zu sein, hätte den Nachteil, ontologische (philosophische) Aussagen als adäquat negieren zu müssen. Die Theologie wäre zu einer Internsprache gezwungen, die aus sachlichen Gründen keine Verbindungen zur nicht-theologischen Sprache mehr pflegen dürfte – genau das, was Tillichs theologische Methode der *Korrelation*[114] unbedingt verhindern will.

(2.5) Die Lösung, die Tillich anbietet, ist wiederum die für ihn charakteristische Vermittlung des allgemeinen und existentiellen Sinnes von Ontologie im Begriff des *Unbedingten*: Die *Partizipation* am Unbedingten[115] ist einerseits *formal*, d.h. philosophisch und also „nicht-symbolisch" allgemein als menschliche Existenzfrage, andererseits ist sie *material*, d.h. konkret und unbedingt – dies aber zugleich „indirekt", d.h. „symbolisch". Die Kraft der Symbollehre wird erkauft durch eine philosophische Abgrenzung, sie stellt sich dar als Unterscheidung von Allgemeinem und Besonderem, Formalem und Materialem, philosophischer Frage und theologischer Antwort – und die tria-

---

[113] TILLICH (1958), Bd. II, 15f: „Alles, was über Gott gesagt werden kann, ist symbolisch. Diese Behauptung ist eine Aussage über Gott, die selbst nicht symbolisch ist. Sonst würden wir in einen Zirkelschluß geraten." – Zur doppelten Auslegungsmöglichkeit des Verhältnisses von Ontologie und Symbollehre (auf der Basis der *analogia-entis*-Ontologie oder der Gebrochenheit zeitlicher Symbole) vgl. M. MOXTER, (2000), 57f. (im Gespräch mit J. RINGLEBEN [1989]).

[114] TILLICH (1956), Bd. I, 21, 73ff.

[115] Vgl. den kompakten Lösungsvorschlag in (1958), Bd. II, 16: „Obwohl der Mensch aktuell vom Unendlichen geschieden ist, kann er doch etwas von ihm wissen, weil er potentiell an ihm partizipiert. Das zeigt sich daran, daß uns etwas unbedingt angehen kann – eine allgemein menschliche Möglichkeit –, gleichgültig, was der Inhalt dieses unbedingten Anliegens ist. Hier ist der Punkt, an dem wir nicht-symbolisch über Gott reden, allerdings in der Form des Fragens nach ihm."

dische Zeichenstruktur ist für diese Polaritäten ebenso wenig konstitutiv wie die Trinitätslehre.[116] Immerhin besteht Tillich auf der ontologisch auch allgemeinen Einsichtigkeit der „Wirklichkeit Gottes“ und der Grenzaussage vom „Sein-Selbst“. Die spezifische Ontologie des Symbols aber wird davon abgehoben, und das hat die semiotisch ganz unnötige Wendung zur Folge, zwischen „direkt“ und „indirekt“ wie zwischen nicht-symbolisch und symbolisch einen Schnitt zu machen.

Auf derartige ontologische Grenzziehungen kann eine allgemeine Zeichentheorie verzichten, und die kategoriale Semiotik kann nachweisen, dass dadurch logisch, ontologisch, metaphysisch und theologisch keine Reduktionen unterlaufen. Denn in der triadischen Zeichenstruktur wird Realität als Prozess entwickelt, werden Symbole in personaler Relation verstanden, und die Trinitätslehre kann in kosmologischer Kontinuität gedacht werden. Dann korrespondieren in geordneter Einheit die kreative Vagheit des Geheimnisses mit der Rationalität der Darstellung und dem Mut, im Telos von Schöpfung und Liebe wirklich zu leben. Die Trinitätslehre bringt semiotische Relationalität und symbolische Personalität am fundiertesten zur Darstellung.

---

[116] S.o. Anm. 11.

6. Gibt es wirklich ein *Vernachlässigtes Argument* für die Realität Gottes?

Die Titelfrage ist nicht rhetorisch zu verstehen. Sie soll auf der Basis ihrer drei Bedingungen gestellt und beantwortet werden: Gefragt wird erstens nach Gottes *Realität* – nicht isoliert nach seiner *Existenz*, wie es die klassischen Gottesbeweise der Neuzeit getan haben. Gefragt wird zweitens aus Anlass des Textes, der selbst bis vor kurzem vernachlässigt wurde und der im Rahmen einer überraschend neuen Wissenschaftsarchitektonik eben dieses *Vernachlässigte Argument* vorzulegen behauptet: C.S. Peirce' Aufsatz von 1908 über die „Realität Gottes".[1] Gefragt wird schließlich drittens, ob und in welcher Weise damit wirklich ein allgemeines, vielleicht uraltes, neu entdecktes, heute vertretbares Argument vorliegt, welche Lebens- und Wissenschaftsbedingungen es reflektiert und welche Folgen sich für Religionsphilosophie und Theologie daraus ergeben.

A. Gottes Realität und die Diskussion der Moderne

(1) Die erste Frage, die nach Gottes *Realität*, verlangt zunächst einen kurzen Rückblick auf den Diskussionsstand zu Beginn des 21. Jahrhunderts. Aus deutscher Perspektive ist es überaus erstaunlich, dass es nach der Aburteilung der klassischen *theologia naturalis* durch die vernunftkritische Transzendentalphilosophie I. Kants überhaupt noch einmal zur Aufnahme der Grundfrage aller philosophischen Theologie hat kommen können. Der Realitätsstatus des Begriffs *Gott* war aus der theoretischen Philosophie ausgeschieden und von der Vernunftidee der praktischen Philosophie abhängig gemacht worden. Kants religionsphilosophische Unterscheidung zwischen *Vernunftreligion* und *biblischer Theologie* tat ein übriges, weil dadurch, jedenfalls für das wissenschaftliche Denken, immer erstere der letzteren normierend vorauszugehen hatte. Die operative Zuordnung beider konnte zuletzt doch nur wie die von „Öl und Wasser" beschrieben werden, die sich „auf kurze Zeit [...] verbinden", um sich „alsbald" wieder naturgemäß zu sondern, „und das Reinmorali-

[1] Vgl. RS, Nr. III.5-9; die kommentierte engl. Ausg. in: D.R. ANDERSON (1995), chap. 4; und die engl. Textedition in: EP 2, 434-450.

sche (die Vernunftreligion) oben auf mußten schwimmen lassen."[2] Im folgenden Zeitalter technischer Rationalität und empirisch vorgestellter Objektivität haben weder die Philosophien des deutschen Idealismus noch die geisteswissenschaftlich konzipierten Geschichtlichkeiten des Daseins entscheidend etwas an jener historischen Gesamttendenz einseitiger Verwissenschaftlichung zu ändern vermocht. Für Religion und Gottesbegriff blieb scheinbar keine andere Wahl, als zwischen theoretischem Atheismus und praktisch-moralischer bzw. biographisch-personalistischer Gläubigkeit zu pendeln.

Die deutsche Theologie hat auf diese Situation überwiegend produktiv zu reagieren versucht, indem sie auf dem Hintergrund der nachkantischen Religionskritik und der begrifflichen Sackgassen in der Gottesfrage eine eigenständige Subjektivierung des Gottesglaubens verteidigte. Es war im wesentlichen diese Problemlösungsstrategie, die das 20. Jahrhundert hindurch Deutschland massiv bestimmt hat; und behindert durch die Horizontverdunklungen zweier Weltkriege gerieten anders gelagerte Versuche, die neuzeitliche Religions- und Theologiekritik zu bearbeiten, gar nicht erst in den Blick. Es hat deshalb bis weit in die zweite Hälfte des 20. Jahrhunderts gedauert, bis kontinuierlich bestehende bzw. neu entwickelte metaphysische, naturspekulative, prozessphilosophische und analytische Richtungen – vor allem aus dem englischen Sprachraum – (wieder)entdeckt und ernstgenommen werden konnten.

Die auch in Deutschland inzwischen neu entstandene Diskussion auf dem Hintergrund britischer analytischer Religionsphilosophien und amerikanischer (spekulativer) Kosmologien hat zumindest ein kooperatives Klima zwischen den Wissenschaften unter Beweis stellen können: Dass doch rational, d.h. im Rahmen theoretischer wie praktischer Vernunft, über *Gott* und *Glaube* nach Gründen und Gegengründen gesucht werden kann, dass die dabei implizierten Konzepte von Rationalität selbst zur Diskussion stehen und dass dieser philosophisch-theologische Diskurs als ganzer mit dem wissenschaftlichen Geist des Zeitalters durchaus übereinkommen kann – das sind Errungenschaften, die der teils erzwungenen, teils geliebten Isolation von Religion und Religionsphilosophie, christlichen Kirchen und ihren Theologien endlich nicht mehr Vorschub leisten. L. Wittgensteins beiläufiger Satz über die Vorstellung vom Jüngsten Gericht: „Für einen Fehler ist das einfach zu enorm"[3], hatte Signalwirkung für die Selbstkritik der Wissenschaftseinstellung im 20. Jahrhundert.

Aber auch das fröhliche Spiel britisch-analytischer Fallstudien ist nur ein Part im Konzert der Religionsphilosophien. Die begriffslogischen Bedingungen der Gottesprädikate und Existenzbeweise lassen sich offenbar ohne Ende

---

[2] I. KANT, Die Religion innerhalb der Grenzen der bloßen Vernunft (1793/94), B XXIII (Vorrede zur zweiten Auflage), in: Werke Bd. 7, 659f.

[3] L. WITTGENSTEIN (1971), 98f.

in ihrem Pro und Contra austauschen. Die einschlägigen Artikel des *Oxford Companion to Philosophy* von 1995 repräsentieren diesen kalten Krieg kurz vor dem Waffenstillstand: Wenn sich wirklich eindeutige und zwingende Gründe auf beiden Seiten nicht nachweisen lassen, so können in dieser Situation offenbar beide, der Atheismus wie der Theismus, auch ohne durchgängige Rationalität doch rational akzeptiert werden.[4]

Noch einmal anders stellt sich die Diskussionslage dar, wenn die nordamerikanischen Originalbeiträge nicht mehr missachtet werden. Deren philosophische Stärke liegt gerade darin, die erkenntniskritischen Zwangsmuster neuzeitlicher Religionskritik nicht wie selbstverständlich als allein und allgemein gültig unterstellt zu haben. Die *American Philosophy* repräsentiert die Tradition, die sie sich seit dem 18. Jahrhundert aufgrund von englischem Empirismus und Common Sense, calvinistischer Akzentuierung von Glaube und Lebenspraxis, spekulativen Naturphilosophien und gesellschaftlicher Offenheit für religiöse Erfahrungen entwickelt hat.[5] Drei Jahrhunderte Religionsphilosophie dieser Prägung wurden weniger typisch für amerikanische Theologien als für einen gewissen akademischen Einfluss oberhalb kirchlicher Strukturen, der deshalb verstärkt innerhalb der Philosophie zur Geltung kommen konnte. Die Folgen sind noch heute in der lebendigen Diskussion des klassischen Pragmatismus (C.S. Peirce, W. James, J. Dewey) ebenso zu greifen wie in den prozessphilosophischen Schulen im Anschluss an A.N. Whitehead oder in einer selbständigen religionsphilosophischen Kosmologie wie der von R.C. Neville.

(2) Von Gottes *Realität* zu sprechen bedeutet dann, die religionsphilosophische wie theologische Theoriebildung auf religiöse Erfahrung zu beziehen und die Allgemeinheit des Begriffs nicht allein in einem theoretischen Akt zu begründen, sondern im Lebenszusammenhang. Wissenschaft dient nicht nur dieser Lebenspraxis, sondern sie stammt aus diesem Lebens- und Naturzusammenhang – und das gilt nicht erst für Religionsphilosophie oder Theologie, sondern für wissenschaftliche Verfahren überhaupt. Dann muss sich zeigen lassen, dass die Erfahrungen der Religionen (soweit sich dazu eine nicht summierende, sondern abstrahierende Theorie ausbilden lässt) Strukturgemeinsamkeiten aufweisen, die zugleich allgemeinen Verständnisbedingungen genügen:

---

[4] Vgl. die Art. *God* (R.G. SWINBURNE), *God, arguments against the existence of/ God, arguments for the existence of* (G.I. MAVRODES), in: T. HONDERICH (Ed.), The Oxford Companion of Philosopy (1995); G.I. MAVRODES, aaO. 316: „In the absence of satisfactory arguments for theism, atheism should be accepted, even without any positive arguments in its favour. This has some similarity to the claim of some theistic philosophers that belief in God is legitimate, even if it is not supported by positive argument." – Vgl. das entsprechende kritische Resümee zur Leistungsfähigkeit des ontologischen Gottesbeweises bei I.U. DALFERTH (1992), 213-228.

[5] S.o. *Einleitung*.

In den Erfahrungen der Religionen kommt – in welcher kommunikativ, kulturell und historisch ausgeprägten Form auch immer – die *Vorgängigkeit* eines Lebens-, Zeit- und Raumgefühls zum Ausdruck, für das die präzisierende Bewusstwerdung immer nur nachträglich einsetzt. In der Ausdruckgabe und lebenskundigen Bearbeitung dieser Vorgängigkeit, wodurch deren bestimmende Kraft weder aufgehoben noch wirkungslos wird, liegt die besondere Leistung der Religionen. In diesem Sinne kann von einer erfahrungsgesättigten Voraussetzung aller Religionstheorie und Theologie gesprochen werden.[6]

Die Ausdruckgabe jener Vorgängigkeit geschieht – nicht anders als in allen anderen Erfahrungsfeldern menschlicher Kommunikation – in Zeichen. *Religiöse Repräsentationsakte* zeichnen sich vor anderen allerdings dadurch aus, dass der Aspekt der Vorgängigkeit vordringlicher, thematischer und handlungsbestimmender Gegenstand wird. Weil dieser ‚Gegenstand' aber (im Sinne neuzeitlich-empirischer Verifikation) direkt gar nicht greifbar sein kann, ist an dieser Stelle – und gerade aufgrund der erfahrungsgesättigten Vorgängigkeit – die Abstraktionsleistung spekulativer Theoriebildung gefordert. Eine metaphysische Hypothese korrespondiert der religiösen Ausgangslage.[7]

Die über Zeichenformen strukturierte religiöse Repräsentation[8] wird konkret, weil ihre ursprüngliche Emotionalität in der Bewältigung vergangener, gegenwärtiger und künftig möglicher Lebenssituationen zu *Überzeugungen* (belief, faith) führt. In deren Rahmen wird gefühlt, gedacht und Verhalten ausgebildet, und in diesem Rahmen allein kommt es zu einer vollständigen Bestimmung von *Realität.*

(3) Die klassischen Existenzbeweise Gottes wirken demgegenüber immer nur wie ein Ausschnittargument, als müsse nun auch im Falle Gottes wie bei einem zunächst nur gedachten Gegenstand zusätzlich dessen Existenz überprüft werden. Wird unter *Existenz* dann, neuzeitlich und erkenntnistheoretisch konzipiert, mehr oder weniger etwas *empirisch* Gegebenes verstanden, so wird die unvorsichtige Entfernung aus dem (religiösen) Lebenszusammenhang und dessen eigentümlicher Erfahrungsbindung unmittelbar deutlich. Ein wirkliches Argument[9] für die *Realität Gottes* setzt folglich die genannte drei-

---

[6] R.C. NEVILLE (1973), 230ff.; 216: „Theology is at base empirical."

[7] Vgl. NEVILLE, aaO. 218ff.; 231: „An hypothesis is discovered or invented by an act of imagination which has no rules. Its internal articulation, clarification, and empirical predictions are formed by logical, not empirical, considerations. But wether the hypothesis is *true* depends on whether it interprets experience well."

[8] S.u. Kap. II.8.

[9] Vgl. J.E. SMITH (1995), 154: „arguments for the reality of God take on a new meaning. Instead of being viewed as a syllogistic process of passing from a datum to the necessary existence of another datum, they become processes of interpretation whereby experience is made *intelligible* and its full content is made explicit."

fach gestufte Struktur von Erfahrung voraus, in der dann gezeigt werden muss, dass und wie *Gott* (oder entsprechende Instanzen für prinzipielle Erfahrung von Vorgängigkeit) für das Erfassen von Realität im ganzen unabdingbar sind. In diesem Sinne von *Realität* zu sprechen, bezieht sich auf jeden Fall nicht auf irgendwie restringierte Erfahrungsfelder oder ausgesonderte empirische Gegenstände, sondern hat Erfahrung in ihre Ermöglichung, in ihren tatsächlichen Instantiierungen und ihren verhaltensprägenden Generalisierungen vor Augen. Ein Gottesargument, das diesen Namen verdient, muss sich diesem Begriff von Realität auf der Basis der dreifach dimensionierten Erfahrung stellen. Dann kann es sich nicht mehr um den Nachweis von einzelner Existenz in Relation zu einem bestimmten Wesen oder Begriff handeln, wohl aber um das Aufdecken eines Lebens- und Denkzusammenhanges, der seine Voraussetzungen als notwendig transzendent und doch in Erfahrungen sich ausprägend erkennt.

B. Peirce' Gottesargument

a. Charakterisierung

Peirce' Essay *Ein vernachlässigtes Argument für die Realität Gottes* – mit all seinen Schwierigkeiten, offenen Fragen, Einbeziehungen des Lesers, Stilformen, begrifflichen Neuerungen und wissenschaftsmethodischen Klärungen – liest sich, mit einer Formulierung von Douglas Anderson, mehr als Peirce selbst vielleicht lieb sein konnte wie ein platonischer Dialog.[10] Jüngste Untersuchungen[11] zeigen immer deutlicher, um welch ein faszinierendes Geflecht von Wissenschaftslogik und religiöser Erfahrung, theoretischer und praktischer Philosophie, Anknüpfung an metaphysische Begriffstraditionen und Neuanwendung pragmatistischer Verifikation es sich dabei handelt. Peirce war durch den Herausgeber der Zeitschrift *The Hibbert Journal* an einen bestimmten Textumfang gebunden, versuchte trotzdem aber, den Gesamthorizont dieser wahrhaft abendländischen Fragestellung und neuzeitlichen Konfliktlage abzuschreiten, so dass an vielen Stellen auch zwischen den Zeilen und im Verweisen auf andere Texte interpretiert werden muss. Sicher aber ist, dass das Argument nur auf der Basis von Peirce' kategorialer Semiotik und seiner Spätphilosophie des Pragmatizismus angemessen verstanden werden kann, beides wird im Text selbst angesprochen, im wesentlichen aber vorausgesetzt. Trotzdem ist es nicht so, als wäre das Gottesargument nur ein Anwendungsfall eines außerhalb schon begründeten Schemas. Kategoriale

---

[10] D.R. ANDERSON (1995), 183.

[11] Vgl. D.R. ANDERSON (1995), G. BEHRENS (1995), E.H. MARTIN (1995); die frühere Literatur ist genannt und ausgewertet bei M. RAPOSA (1989), H. DEUSER (1993) und in RS (Bibliographie).

Semiotik und Pragmatizismus wollen den Zusammenhang, das *Kontinuum* von Erfahrung, Denken und Realität bestimmen, und – wie das *Vernachlässigte Argument* zeigen wird – der Begriff Gottes ist die *notwendige* Instanz einer solchen gelungenen Vermittlungsleistung in Natur und Kultur. Deshalb knüpft das Gottesargument bewusst an die klassische Formel des *ens necessarium* an und versteht das Wort „Gott" als Namen zur Bezeichnung für den „Schöpfer aller drei Universen der Erfahrung."[12] So traditionell metaphysisch-theologisch dieser Einstieg des Gottesarguments auch zunächst klingt, seine Durchführung setzt andere und eigene Akzente; es sind eben die der kategorialen Semiotik und des Pragmatizismus.[13] Beides ist am einprägsamsten abzulesen an der dreigliedrigen Struktur des gesamten Textes, seiner inneren Systematik wie seiner pragmatistischen Verifikation.

Kategorial unterscheidet Peirce die drei „Universen der Erfahrung"; *semiotisch* sind es drei unterschiedliche Repräsentationsformen (vor allem Ikon, Index und Symbol), in denen Erfahrungen kommuniziert werden; *pragmatistisch* geht es zugleich um die Anwendung der drei Schlussformen allen Denkens (Abduktion, Deduktion, Induktion) auf die Evolution der Realität selbst. Dass es mit diesem Instrumentarium gelingen kann, liegt daran, dass die Kategorien ebenso wie die Zeichenformen nicht nur forschungslogische Relevanz, Begründungen und Anwendungsfelder haben, sondern immer auch in der Phänomenologie der Alltagserfahrung fundiert sind. D.h. es gibt in allen Punkten nicht nur die infinite Annäherung an wissenschaftliche Genauigkeit (und Peirce ist ein Meister auf diesem Gebiet gewesen), sondern zugleich eine lebensdichte Plausibilität – und gerade auf das Kontinuum zwischen beidem zielt ja das Gottesargument aus wissenschaftlichen wie aus religiösen Gründen! Wenn es also über den Kern des Gottesarguments heißt, es nähme im Verständnis eines Metaphysikers natürlich eine „metaphysische Tönung" an, es sei aber „genausogut, wenn nicht besser, in der Form, die es im Kopf eines Bauerntölpels annimmt"[14], so ist dies wissenschaftstheoretisch ernst zu nehmen und gilt entsprechend für die prinzipielle Zugänglichkeit von Hypothesen in allen Wissenschaften. Wiederum: Es ist die Vermittlungsleistung zwischen Theorie und Praxis, die wissenschaftlich wie religiös als ausschlaggebend angesehen wird, um die es dem Pragmatizismus und essentiell seinem Gottesargument zu tun ist.[15]

---

[12] RS, 329.

[13] S.o. Kap. I.1.

[14] RS, 355.

[15] Vgl. ANDERSON, aaO. 182: „theory and practice must finally be brought into relation despite their distinctiveness; they must be seen continuos [...] it is a transactional process in which we are committed to acting on a belief as if it were indubitable while at the same time leaving it open to criticism."

b. Gliederung

Die dreifache Gliederung, das „Nest" von eigentlich drei Argumenten, ist wie ein Ineinander von drei Schachteln vorzustellen.[16] Das erste und innerste ist das „bescheidene" („humble") Argument, es ist meditativ, einfühlsam, unpretentiös. Peirce prägt für seine Zugänglichkeit den Begriff „Musement", „Versonnenheit": Auf ganz natürliche Weise geht ihre Intensität bei allen Menschen in ein religiöses Gefühl für die Nähe Gottes über – und die damit zugleich gegebene ideale Bestimmtheit der eigenen Lebensführung. Der im Rahmen der religiösen Erfahrung an erster Stelle genannten „Vorgängigkeit"[17] entspricht jetzt im Gottesargument dieser meditative, „bescheidene" Kern: Dass eine situationsintensive Zustandsbeschreibung menschlichen Geistes aufgerufen wird, um die aller erste Gefühlslage als Erfahrung von Vorgängigkeit darstellbar zu machen. Hier liegt Peirce' eigentliche Entdeckung: Versonnenheit und Gefühl für die Realität Gottes haben ihre überragende Kraft vorreflexiv, vor allen rekonstruktiven Zugriffen, und doch steckt darin ein Argument!

Das zweite Argument an mittlerer Stelle ist für Peirce das eigentlich „vernachlässigte", und es ist die Theologie, an deren Adresse diese Klage geht: Zwischen einer metaphysisch bzw. logisch verkehrten und einer religiös angemessenen *natürlichen Theologie* muss genau unterschieden wird. Die argumentative Überzeugungskraft an dieser Stelle kann nur darin bestehen, auf den Vorrang des *bescheidenen Arguments* hinzuweisen, es in seiner genuinen Funktion darzustellen.[18] Hier werden also Theorie und Praxis in der Weise aufeinander bezogen, dass das vernachlässigte Argument die theoretische Beschreibung dessen verlangt, was lebenspraktisch-meditativ als Versonnenheit jeder theoretischen Ableitung vorausliegt – ohne dadurch einen Riss oder ein Desinteresse oder eine gegenseitige Abschottung zwischen Theorie und Praxis entstehen zu lassen.[19] Im Sinne der religiösen Erfahrung ist hier also von der Darstellung dessen zu sprechen, was im bescheidenen Argument entdeckt wurde. Es geht um religiöse *Repräsentation*, die einerseits semiotisch allgemein erläutert werden kann, andererseits aber auch ihre Besonderheiten zeigt, die sie von gängigen wissenschaftlichen Repräsentationsakten klar unterschieden sein lässt.

Das dritte Argument an letzter Stelle umfasst die beiden vorausgehenden, weil es wissenschaftsmethodisch den Status der ganzen Gruppe einstuft[20],

---

[16] Vgl. RS, 355ff. (Text III.6) u. RS, 527, Anm.79; RS, 359 (Text III.7) u. RS, 529, Anm. +1; ANDERSON, aaO. 138.

[17] S.o. Abschnitt A.(2).

[18] RS, 360.

[19] Vgl. ANDERSON, aaO. 144, 166, 171f. (zum Typus von Theologie im 19. Jahrhundert), 175, 178.

[20] Vgl. auch G. BEHRENS (1995), 203f.

indem die Notwendigkeit und spezifische Reihung von abduktiv-meditativem Einstieg, deduktiver Klärung und induktiver Überprüfung für alle wissenschaftlichen Verfahren gezeigt wird. Damit erreicht Peirce im publizierten Essay ebenso wie in den unterschiedlichen Textentwürfen die nach 1900 für ihn besonders publikumswirksame Thematik der „pragmatischen Maxime" bzw. seines *Pragmatizismus*, mit dessen Kennzeichnung er sich dezidiert von den metaphysischen Aversionen der damaligen Pragmatismus-Debatte abgesetzt hatte. Die Ausbildung von verhaltens- und lebensbestimmenden Überzeugungen ist wesentlich an der begrifflichen Klärung von Realität und Wahrheit beteiligt. In diesem Sinne die Gott-Hypothese auf der Basis ihrer meditativ gewonnenen Gefühls- und Überzeugungskraft zu überprüfen, thematisiert zugleich jeden Zusammenhang von Überzeugung, Denken und Handeln, sei es wissenschaftstheoretisch allgemein, in Anwendung auf bestimmte Hypothesenbildungen in einzelnen Wissenschaften oder im Kontext der religiösen Erfahrung. Das „bescheidene Argument" ist, so gesehen, nichts anderes als ein Fall von „Beobachtung der Tatsachen" bezüglich der drei Universen der Erfahrung; aber sein Effekt ist, anders als bei einzelwissenschaftlichen Hypothesen, von „nahezu beispielloser" *Plausibilität*.[21]

c. Methode

Die derart in sich gestufte Dreigliedrigkeit des Gottesarguments bringt folglich ihre Selbstanwendung und Selbstkontrolle mit sich, ja das Gottesargument ist – darin ganz in der Tradition der Gottesbeweise – ein Testfall höchster Stufe für die methodische Brauchbarkeit und Gültigkeit der mit ihm zur Debatte stehenden Philosophie überhaupt. Vor der Prüfung des Arguments selbst soll deshalb beispielhaft der methodische Zugriff erläutert werden, woran zugleich der universale Anspruch von Peirce' Philosophie verständlich werden kann.

Mit den technischen Mitteln seiner Kategorienlehre und Semiotik konnte Peirce zeigen[22], wie in jeden Ereigniszusammenhang eine Ursprünglichkeit hineinspielt, die um der vollständigen und angemessenen Beurteilung eines Ereignisses willen nicht mehr von ihm abgezogen werden kann. Erkenntnistheoretisch betrachtet hängt diese *Erstheit* mit der jeweils ersten Wahrnehmung zusammen, die sich notwendig bildhaft ausprägt und in ihrer Ursprünglichkeit zunächst unbezweifelbar besteht. Nehmen wir das Beispiel der Entdeckung eines Kometen. Wir können uns dazu sowohl menschheitsgeschichtlich als auch individuell die Erstbeobachtung eines nie zuvor gesehenen Leuchtkörpers am Firmament vorstellen. Noch bevor der absolut neue Gegenstand einen Namen hatte, einer Erwartung oder gar einer Bahnberechnung entsprach, war er nichts als plötzlich da. Der Augenblick dieser Entdeckung –

---

[21] RS, 361.

[22] Vgl. H. PAPE (2002), Kap. 5.

abgesehen von allen psychologischen Ingredienzien desselben Ereignisses – ist in sich unwiderstehlich; er würde nur dann abgewiesen, wenn bereits widerstehende Erwartungskontexte aktiviert würden. Die Offenheit und Hingabe in einem solchen Augenblick, hier: der unverstellten Beobachtung, ist alles, was getan werden kann. Was danach geschieht, ist eine Serie von Erklärungsversuchen, um das ursprüngliche Phänomen darstellbar zu machen. Mit instinktiver Schnelligkeit und Sicherheit kommt es zu Hypothesen, und diese wiederum haben in ihrem *Auftreten* jeweils eine Selbstverständlichkeit, die immer erst danach wieder zur Disposition steht. In der physikalischen Kosmologie ist die Geschichte der Hypothesenbildung und ihrer Korrekturen im Falle von Kometenerklärung gut bekannt.[23] Hier aber ist zuerst nur der aller erste Augenblick der Entdeckung interessant. Was darin geschieht, bleibt unentbehrlich für alle weiteren Ereignisse und zeigt vor allem die Zugänglichkeit des Neuen. Im Sinne von Peirce' Methodenbewusstsein soll dieser Ausgangspunkt als die pragmatistisch zu bestimmende, immer aber vorausliegende *instinktive Unbezweifelbarkeit* bezeichnet werden.

Die Fülle der möglichen Hypothesen ist faktisch schon bei ihrem Auftreten eingeschränkt. Denn was jeweils *passt* oder sich aufdrängt ist gerade dem Augenblick der Entdeckung und seinen Bedingungen zu überlassen. Das heißt aber nicht, und das ist der zweite Schritt, dass es für die möglichen Darstellungsweisen prinzipielle Begrenzungen oder gar schon Vorraussagen gäbe. Die semiotisch im einzelnen bestimmbaren Strukturen lassen immer neue Verkettungen zu, und das nicht nur theoretisch, sondern die Interpretationszugriffe auf reale Ereignisse sind tendenziell infinit. Im Sinne von Peirce' Methodenbewusstsein und Metaphysik der Evolution soll dieser Aspekt als *infinite Darstellungsfähigkeit* bezeichnet werden. Im Bild gesprochen: So wie auf einer Linie jeder Punkt zu einer infinitesimalen Punktmenge vervielfacht gedacht werden kann[24], oder wie in Computertexten heute an jeder Stelle Vergrößerungen hergestellt oder Hintergrundfenster geöffnet (und wieder geschlossen) werden können – so ist prinzipiell eine infinite Unausschöpfbarkeit denkbar. Sie bleibt allerdings in (semiotisch bestimmbaren) Repräsentationsakten strukturiert, und deren Unbegrenzbarkeit ist dadurch gerade nicht widerlegt, dass immer wieder die zuerst genannte *instinktive Unbezweifelbarkeit* zum Einstieg in Repräsentationsverfahren auftreten muss. Am Beispiel des Kometen gezeigt: Sein Bild weiterzugeben, religiös, psychologisch, astrologisch, astronomisch, kosmologisch etc. zu interpretieren, ihm einen Namen zu geben, all dies sind fortschreitende Klärungen des ursprünglichen Phänomens. Die *infinite Darstellungsfähigkeit* hat hier in gewissem Sinne freie Hand, ihre Grenze liegt dann in der Überprüfung und Brauchbarkeit dessen, was die jeweiligen (deduktiven) Klärungen im Handlungszusammenhang erwarten las-

[23] Vgl. B. KANITSCHEIDER (1993), 13f.

[24] Vgl. PEIRCE' eigenes Beispiel in: RS, 183f.; auch in: LU, 325-359.

sen. Dass der Halleysche Komet, wie berichtet wird, im Jahre 1456 von Papst Calixtus III. exkommuniziert wurde[25], hat sich nachträglich als problematische Reaktion aufgrund offensichtlich fehlerhafter Hypothesen herausgestellt.

In dritter Hinsicht dominieren bestimmte *Perspektiven*, die sich für Sicht- und Handlungsweisen praktisch wie theoretisch herausgebildet haben. Solche Habitualisierungen oder Verhaltensbildungen sind im semiotisch-pragmatistischen Dreischritt entstanden, sofern sie aber bestehen und zu Anwendung kommen, bleiben sie überprüfbar, solange ihre dreigliedrige Struktur beachtet wird. Genauer wäre im Sinne von Peirce' Methodenbewusstsein von *symbolischer Perspektivität* zu sprechen: menschliche Aktivitäten, die in dreistelligen, handlungsbestimmenden Interpretationsakten zur Anwendung kommen. Edmond Halleys Leistung bestand darin, in der mathematisch geleiteten Beobachtungsperspektive eine künftige Planetenerscheinung für das Jahr 1758 voraussagen zu können.[26] Und selbst wenn wir heute an der Exaktheit solcher Vorausberechnungen im Detail Zweifel anmelden müssen und der Spontaneität der Ereignisse damit einen ursprünglichen Vorrang wieder einzuräumen gelernt haben, auf diesem Feld bleibt die mathematisch-experimentelle Perspektive die alles andere dominierende Symbolisierung im wissenschaftlichen Umgang mit Kometen.

Zusammengefasst gesagt: Instinktive Unbezweifelbarkeit, infinite Darstellungsfähigkeit und symbolische Perspektivität sind die drei Verfahrenselemente menschlichen Geistes, woran seine Herkunft, seine jeweilige Leistung und seine zukünftige Handlungsfähigkeit bestimmbar werden können.

d. Instinktive Hypothese

Worin besteht nun aber die Besonderheit des *Vernachlässigten Arguments*, wenn es derart mit dem modernen Wissenschaftsprogramm methodisch übereinstimmend präsentiert werden kann? Ein erster Unterscheidungspunkt ist im Kern des Gottesarguments, dem „bescheidenen Argument" nach Peirce' Benennung, im Blick auf die *instinktive Unbezweifelbarkeit* festzuhalten. Würde das Gottesargument in Weiterführung der traditionellen Gottesbeweise aufgefasst[27], so müsste die Gottesbezeichnung als *ens necessarium*, der Peirce sich

[25] Vgl. KANITSCHEIDER, aaO. 14.

[26] Vgl. ibid. 14ff.

[27] Der entscheidende Fehler schon in den Voraussetzungen der Kritik von G. BEHRENS (1995) liegt darin, dass er PEIRCE in Kontinuität mit den theistischen Beweisen von ARISTOTELES zu SWINBURNE (ibid. 202, Anm. 5) sieht. Selbst wenn die von Behrens angeführte Unterscheidung von Abduktion und Retroduktion (PEIRCE benutzt im Gottesargument nur den letzteren Begriff) relevant sein sollte (vgl. 204ff.), eine Einschränkung dessen, was PEIRCE in den Grenzen des Gottesarguments zeigen will, ist damit nicht gegeben. Denn einen Notwendigkeitsbeweis für die in der „Versonnenheit" entdeckte Hypothese kann und darf es gar nicht geben, sonst würde die Sphäre der gefühlsmäßig

ja anschließt, mit einem deduktiv-ontologischen oder induktiv-kosmologischen Schluss demonstrierbar sein. Das ist im Kern des Arguments aber gerade nicht der Fall. Deshalb unterscheidet Peirce zu Beginn des Essays zwischen der formal präzise abgegrenzten und prozedierenden „Argumentation" und dem überzeugungsbildenden „Argument".[28] Im Kontext des pragmatistischen Arguments hat das *ens necessarium* nicht eine metaphysisch definierte, substanziell und gegenständlich vorgestellte Instanz auf seiner Seite, sondern eine existentiell-meditative Situation, in der im Blick auf die „Universen der Erfahrung"[29] deren gleichmäßiges, wachsendes, Sympathie erfühlendes Bestehen als überwältigend – wenn auch vage, darin aber in unwiderstehlich verhaltensprägender Kraft – empfunden wird.[30] Man könnte paradox sagen, gerade in dieser Ungenauigkeit liegt die Stärke des Arguments, und das ist nicht nur eine rhetorische Figur, sondern hat ein fundamentum in re, weil instinktiv zugänglich, meditativ frei einstimmend, in Versonnenheit entdeckt gerade das gewonnen werden kann, was auf dem Wege der präzisierenden Abgrenzungen dann nur wieder vorausgesetzt oder als vergangen erinnert werden muss. Versonnenheit und die ihr entsprechende Hypothesenbildung aufgrund von Abduktion ist wesentlich geprägt durch Spontaneität und damit unmittelbare Plausibilität. Deshalb handelt es sich im Gottesargument nicht um einen traditionellen Gottesbeweis. Dass in *instinktiver Unbezweifelbarkeit* auch gar nichts zu beweisen ist, liegt einfach daran, dass in dieser ursprünglichen Wahrnehmung die Differenz zwischen Wahrgenommenem und Wahrnehmungsakt noch nicht gesetzt ist, sondern erst entstehen wird. „Seeing is believing"[31], heißt der entsprechende Grundsatz, und der abduktive Schluss geschieht in diesem Grenzbereich zwischen spontaner Rezeption und geistiger Urteilsbildung. Die Erstwahrnehmung eines Kometen sieht ihn unbezweifelbar, obwohl sie seinen Namen nicht weiß; sie wird ihm dann aber einen geben. Im Falle der „Versonnenheit" des Gottesarguments geht es allerdings um weit mehr als einen einzelnen Erfahrungsgegenstand. Es geht um den Zusammenhang der Erfahrungsuniversen, und auf diese bezogen ist allein die Realität Gottes der alternativenlose, instinktive, die Verwunderung lösende Gefühlseindruck. Mehr kann gar nicht erwartet werden. Theologisch und religionswissenschaftlich ist dazu nur noch anzumerken, dass die Weite dieses Arguments instinktiver Unbezweifelbarkeit aufgrund religiöser Erstwahrnehmung zwar im Kontext christlicher und westlicher Philosophie vorgetragen

---

überraschenden Plausibilität verlassen, d.h. die allererste Bestätigung der Relevanz der Hypothese kommt aus der Versonnenheit selbst, sie braucht sonst nichts.

[28] RS, 331; vgl. dazu ANDERSON, aaO. 143f., 139.

[29] RS, 330f.

[30] Vgl. ANDERSON, aaO. 150f., 166.

[31] CP 5.593 (aus den *Lowell Lectures* von 1903), vgl. ANDERSON, aaO. 168; im Folgenden zur Verbindung von Abduktion und Perzeption aaO. 168ff.; s.o. Kap. I.2.C.

wird, an bestimmte doktrinale Gottesaussagen aber nicht gebunden sein kann. In einer Erläuterung zum *Vernachlässigten Argument* schreibt Peirce, dass es durchaus nicht zu einer bestimmten Theologie, d.h. nicht zu einer eingeschränkten, abgegrenzten Gottesauffassung führt, sondern zum „religiösen Glauben" („religious *Faith*")[32] – der bestimmten theologischen Äußerungen ohnedies immer vorausliegt. Gerade das ist es ja, was den neuzeitlichen Theologien offenbar nicht klar gewesen ist. Dies aufzudecken, darin besteht das *Vernachlässigte Argument.*

Ein zweiter Unterscheidungspunkt zwischen Gottesargument und allgemeiner wissenschaftlicher Methode ist der, dass unter dem Aspekt der Klärung der Hypothese eine spezifische Schwierigkeit auftritt. Die Gott-Hypothese hat ihre Überzeugungskraft, wie gesagt, paradoxerweise in ihrer Vagheit. Sie ist deduktiv kaum greifbar, um das tun zu können, was nach wissenschaftlichem Gebrauch von Hypothesen verlangt werden kann: sie einzuschränken, zu präzisieren, für prüfbare Voraussagen zu nutzen.[33] Peirce verfolgt in dieser methodischen Schwierigkeit zwei Antwortstrategien. Einerseits sieht er die Konsequenz, dass im Gottesgedanken selbst ja die Unendlichkeit von Entfaltungsmöglichkeiten der Universen der Erfahrung angelegt ist. Evolutionäres *Wachstum* wäre dann mit dem Gottesbegriff des *ens necessarium* zu verbinden – und Peirce zögert, diese Prozessualität umstandslos auf Gott selbst anzuwenden.[34] Andererseits liegt in diesem Wachstums- und Entwicklungsgedanken durchaus eine gewisse deduktive Klärung der Hypothese: In den Universen der Erfahrung ist deren *infinite Darstellungsfähigkeit* zu erwarten, d.h. Semiotik und Kosmologie als wissenschaftliche Disziplinen werden im Entwicklungsbegriff des Universums und im Begriff Gottes selbst thematisch.[35] Damit es hier nicht zu einer Zirkularität[36] kommt, weil zunächst aus

[32] Vgl. ANDERSON, aaO. 150 (bezüglich PEIRCE' Brief an LADY WELBY vom 23.12.1908, vgl. Auszüge in RS, Text III.9) u. 140 (vgl. RS, 370). – Insofern ist C. HOOKWAYS Einwand, das Gottesargument sei doch massiv an christliche Traditionen gebunden (vgl. HOOKWAY [1991], 165) schon historisch-biographisch problematisch (zumindest was PEIRCE' Intentionen betrifft) und systematisch jedenfalls unzutreffend; vgl. zur Aufnahme buddhistischer und jüdischer Züge in PEIRCE' Gottesvorstellung bei E.H. MARTIN (1995), 154f.

[33] RS, 339f., 362.

[34] RS, 340.

[35] Vgl. ANDERSON, aaO. 151.

[36] Das von C. HOOKWAY immer wieder benannte Problem der Zirkularität bezüglich der Hypothesenprüfung (vgl. HOOKWAY, aaO. 154, 158ff., 160f.) löst sich erst dann, wenn religiöse Erfahrung als kontinuierlich mit wissenschaftlichen Verfahren akzeptiert werden kann und nicht doch, wozu HOOKWAY entgegen PEIRCE' Texten noch tendiert, Emotionalität als „lebenspraktisch" von theoretisch-rationaler Wissenschaft getrennt wird. HOOKWAY sieht PEIRCE' Entwicklung in dieser Sache (ibid. 153), will ihr aber letztlich nicht zustimmen (163). Außerdem müsste die Vermittlungsleistung des Gottesarguments für das Verhältnis von Theorie und Praxis konsequent beachtet werden. Auch hier sieht HOOKWAY PEIRCE'

dem Entwicklungszusammenhang der Erfahrungsuniversen meditativ die Gott-Hypothese gewonnen wurde, die dann wieder auf Entwicklung hin als Hypothese präzisiert werden soll, wird an dieser Stelle die infinite Erhabenheit der Gott-Hypothese als solche ausgezeichnet: „Wie sollten wir beispielsweise je in der Lage sein, das Verhalten auch nur eines allwissenden Wesens voraussagen zu können, das über nicht mehr als ein ärmliches Sonnensystem für nur etwa eine Million Jahre bestimmt? Wieviel weniger dann, wenn Gott zudem allmächtig ist und dazu frei von aller Erfahrung [...]!“[37] Dieser Hypothese entsprechend können nicht im empirischen Sinne gegenständliche Einzelüberprüfungen vorgenommen werden, wohl aber kann die Steuerung der Lebensführung im Rahmen der Interpretationsfähigkeit der Erfahrungsuniversen als Prüfkontinuum in Betracht kommen. Damit ist wiederum deutlich, dass auch in der Frage nach einer deduktiven Präzisierung nicht die Flucht in bloß subjektive Glaubensformen angetreten werden muss, sondern die pragmatistische Wahrheitstheorie wissenschaftlich allgemein und spezifisch für die Gottesthematik zur Anwendung kommt: „die wahre Bedeutung jedes intellektuellen Produkts“ liegt „in seiner einheitlichen Bestimmung, die es dem praktischen Verhalten unter allen irgend vorstellbaren Umständen geben würde, vorausgesetzt, solches Verhalten wird durch Reflexion geleitet und bis zu einer äußersten Grenze geführt.“[38] Dieses Programm gilt für die individuelle Lebensführung ebenso wie für die Interpretation der Evolution des Universums.[39] Die *infinite Darstellbarkeit* ist die semiotische wie metaphysische Ausdrucksform für beide Dimensionen, und die Gott-Hypothese ist der ge-

---

Intentionen (155, 161), zieht aber doch einen Schnitt zwischen dem allein instinktiven Musement und seiner außerhalb oder nach ihm platzierten und ihm also fremden wissenschaftlichen Überprüfung (157). PEIRCE will tatsächlich beides: Das Gottesargument *passt* zur Methode der Wissenschaft, *und* es ist Teil der Metaphysik der Evolution (159). Das ist nur dann nicht zirkulär, wenn zwischen „believer“ und „non-believer“ (161) nicht mehr wie zwischen bestimmten Wissensstadien oder Wissensvorzügen bzw. Wissensdefiziten unterschieden wird, sondern wenn das so oder so unbedingte Vertrauensverhältnis bezüglich der Erfahrungsuniversen erkannt ist. Dann liegt zwischen dem Entdecken von Grundvertrauen und seinen entfaltbaren kosmologischen wie lebenspraktischen Konsequenzen keine Zirkularität mehr vor, weil der religiöse Glaube nicht im Voraus „mehr“ weiß als der Nicht-Glaube, sondern nur einen bestimmten Zugang zu den Dingen in eigentümlicher Weise zum Ausdruck bringt, den der Nicht-Glaube sich in anderer, entsprechender Weise zur Verfügung halten muss, soll es zu einem genuin wissenschaftlichen, d.h. entdeckenden Verfahren überhaupt kommen. Sofern HOOKWAY dies tatsächlich einräumt (161), folgt allerdings sein existentieller Einwand, dazu s.u. Anm. 57.

[37] RS, 362.

[38] RS, 362f.

[39] RS, 363ff.

fühlsmäßig tiefste und intellektuell höchste Punkt der Kommunikation mit sich und dem Universum.[40]

Der dritte Unterscheidungspunkt zwischen Gottesargument und Wissenschaftsmethodik kann schließlich in einer besonderen Akzentuierung der pragmatistischen Definition Gottes als *ens necessarium* gefunden werden. Es ist die metaphysisch und kosmologisch entscheidende *symbolische Perspektivität* am Werk, wenn Peirce abschließend[41] versucht, über die „Vertrautheit" mit einem Begriff und seine „logische Analyse" hinausgehend den „dritten Grad der Klarheit"[42] zu erreichen, der – gemäß der pragmatischen Maxime – darin besteht, „einfach zu entdecken und kennenzulernen, welche allgemeinen Gewohnheiten im Verhalten [habits of conduct] die Überzeugung [belief] von der Wahrheit eines Begriffs (für jeden denkbaren Gegenstand und unter allen denkbaren Umständen) vernünftigerweise hervorbringen würde".[43] Die *Wahrheit eines Begriffs* wird folglich in einem anhaltenden Wechselspiel von Überzeugung, Zweifel, Befriedigung des Zweifels, Verhaltensbildung aufgrund erneuerter Überzeugung und Handeln ausgetragen. So funktioniert Wissenschaft und so auch der religiöse Glaube. Bezogen auf den Gottesbegriff des *ens necessarium* und der darin wirksamen Symbolisierung kann also gesagt werden: Die ursprüngliche Ermöglichung der drei Erfahrungsuniversen stellt sich meditativ, bildkräftig und überzeugend ein, „Gott" steht dabei für diese Fundierungsleistung des religiösen Glaubens, und die überraschende Entdeckung dieses Zusammenhangs ist das abduktive, „bescheidene Argument".[44] Ihm folgt die Klärung der Gültigkeit der Gott-Hypothese darin, dass sie menschliches Entdeckungsverhalten überhaupt erklären und insofern auch vorhersagen kann. Die instinktive Hypothesenfähigkeit der Menschen lässt sich am Progress wissenschaftlicher Arbeit in diesem Sinne nachweisen.[45] Die

---

[40] Vgl. ANDERSEN, aaO. 173f.; zum Verständnis der „pragmatizistischen Definition des *Ens necessarium*" (RS, 363ff.) H. DEUSER (1993), 167-173. – Zu dieser Kommunikation gehört für Peirce durchaus die Frage nach dem Leiden und dem Bösen, vgl. RS, 373: Obwohl ein Mensch „nicht begreifen kann, was der Eine Unbegreifliche sich entschließen wird zu tun, ist der Mensch doch mit einer Kraft begabt, den Einfluß zu verstehen, den der Eine Heilige auf ihn ausübt."

[41] Jeweils am Ende der Texte II.6 (vgl. RS, 353ff., 357ff.) und II.7 (vgl. RS, 363ff.).

[42] S.o. Kap. I.1.C. – Vgl. ÜK, 62/63, und in der Kommentierung von K. OEHLER, aaO. 119: „Der Sinn jedes Symbols besteht in der Totalität der allgemeinen Weisen rationalen Verhaltens, die sich aus der Annahme des Symbols ergibt".

[43] RS, 353.

[44] RS, 359f.

[45] Vgl. zu diesem Gedanken im Blick auf PEIRCE' Berufung auf GALILEI bei ANDERSON (1995), 165f.; E.H. MARTIN (1995), 165: Hier handelt es sich offensichtlich teils um ein „apriori"-Argument, teils um einen historischen Nachweis. Vgl. auch RS, 302 (Text III.2): „Die Entdeckungen der Wissenschaft, die Tatsache nämlich, daß diese uns in die Lage versetzen *vorauszusagen*, was der Lauf der Natur sein wird, ist Beweis genug, daß wir,

symbolische Bedeutung der Gott-Hypothese ist schließlich drittens darin zu zeigen, dass sie auf der Basis ihrer bildkräftigen Überzeugung (religiöser Glaube) und ihrer Vorhersagefähigkeit in Lebens- und Wissenschaftskontexten letztlich umfassend verhaltensbestimmend wirksam wird. Der symbolisch-verhaltensleitende Sinn des *ens necessarium* liegt also – im Unterschied zu den klassischen Gottesbeweisen und ihren Gottesvorstellungen – nicht in einer abstrakten Wesensbestimmung der Notwendigkeit (die Existenz dann einschließen müsste), sondern in der existentiell-meditativen Prägungssituation einerseits und der potenziellen Handlungsbestimmung andererseits. „Potenziell" deshalb, weil nicht in einem praktikalistischen Kurzschlussverfahren bestimmte, ausgeführte Handlungen als Beweis für die Wahrheit des Begriffs angeführt werden können (das wäre theologisch wie philosophisch eine inakzeptable Verflachung der Relation von Glaube und Handeln), sondern symbolisch geleitet von dieser Hypothese Gottes geht es um die kooperierende Beteiligung durch Glaube, Verhaltensbildung und Handeln an der Entwicklungsfähigkeit der *Realität*, wie sie kosmologisch mit den drei Erfahrungsuniversen bezeichnet ist. Die instinktive Unbezweifelbarkeit, die infinite Darstellbarkeit und die symbolisch-verhaltensbestimmende Kraft der Gott-Hypothese machen zusammen die „Notwendigkeit" dieses Gottesargumentes aus. Sie ist nicht deterministisch zu verstehen, sondern kooperiert mit der Spontaneität und den infiniten Möglichkeiten ebenso wie mit der unbezweifelbaren Überzeugung und Entscheidungssituation. Selbstkritisch und in Selbstkontrolle[46] das eigene Verhalten in die Prozessualität der Erfahrungsuniversen einzufügen, das entspricht Gottes Absicht, das kommt im religiösen Glauben fundierend, im Verhalten und Handeln bewusst, willentlich und kontrolliert zum Ausdruck. Die pragmatistische Definition des *ens necessarium* ist damit erreicht. Peirce' unterschiedliche – teils literarische[47], teils hermeneutische[48], teils logische[49], teils kosmologische[50], teils wissenschaftsgeschichtliche[51] – Versuche auf diesem Gebiet lassen sich kompakt zusammenfassen in einer Definition, die er selbst ganz allgemein eingeführt hatte, die hier aber so zi-

---

obwohl wir nicht einen Gedanken Gottes zu denken vermögen, sozusagen Fragmente Seines Denkens erfassen können."

[46] MARTIN, aaO. 164f., 166f., 171, hat diese reflektierte Relation des Gottesarguments sehr schlüssig herausgearbeitet.

[47] Vgl. RS, 368ff.

[48] Vgl. RS, 351f.

[49] Vgl. RS, 343ff.

[50] Vgl. RS, 363ff.

[51] Vgl. RS, 348ff.

tiert wird, wie E.H. Martin die konkreten Bestandteile des Gottesarguments in der Peirceschen Formulierung nachgetragen hat[52]:

„Wenn zum Beispiel die Prädikation eines vorgegebenen Begriffs [‚Gott' als definierbarer Begriff: Ens necessarium] [logisch gesehen] dazu führen würde, daß wir eine vorgegebene Form des Schlußfolgerns [Retroduktion] bezüglich des Gegenstandes, für den sie[53] behauptet wurde [Gott als Eigenname], als gültig anerkennen, und wenn sie zugleich auf keine andere Weise gültig wäre, dann wäre die [verhaltensgewohnte {habitual}] Erkenntnis dieser [verhaltensgewohnten] Wirkung in unserem schlußfolgernden Denken fraglos eine Gewohnheit unseres Verhaltens [und deshalb würde die Erkenntnis dieser Verhaltensgewohnheit von Erkenntnis das pragmatistische Verständnis des Begriffs bilden]."

Mit anderen Worten: *Gott* ist nicht ein Erkenntnisgegenstand neben anderen (wie z.B. ein Komet), sondern bestimmt über den Zugang zu Gegenstandserkenntnissen und ist deswegen *ens necessarium*; was der religiöse Glaube abduktiv gewinnt wird als besondere Entdeckung bezüglich aller Erkenntnis verhaltensbezogen beschreibbar und überprüfbar.

C. Gottes Realität

Das so gefasste dreigliedrige Gottesargument war in Peirce' Sicht von höchster allgemeiner Bedeutung: religionsgeschichtlich, wissenschaftlich, kulturell gesehen. In diesem Sinne war es keineswegs neu, und so wenig Peirce für die Entdeckung der drei Kategorien oder für die semiotische Grundstruktur Originalität beanspruchte, sondern eher umgekehrt „das Alte, Bekannte und von den Vätern Überlieferte"[54] wiederholen wollte, so sehr geschieht in der Kritik traditioneller, d.h. „theologischer" Metaphysik doch eine neue Wendung: nämlich in der Bewusstheit der Vermittlung des Gottesgedankens mit wissenschaftlicher Rationalität einerseits und religiöser Erfahrung andererseits. Dass beides zum vollständigen Begriff von Wahrheit und Realität gehört, war allerdings ein Grundanliegen dieser amerikanischen Philosophie.

Für die Bewertung des Gottesarguments sollen abschließend zwei zentrale Einwände diskutiert werden. Beide sind sicherlich auch philosophisch-methodischer Art und waren in diesem Sinne auch schon angedeutet, sie sind vor

[52] Vgl. MARTIN, aaO. 150f. (hier nach dem dt. Text: RS, 354, zitiert; die erläuternden Zusätze MARTINs sind übersetzt und in eckigen Klammern hinzugefügt); vgl. die ausführliche Besprechung derselben Definition bei MARTIN, aaO. 167ff.

[53] Das Problem des grammatischen bzw. sachlichen Rückbezugs von engl. „it" an dieser Stelle wird von MARTIN, aaO. 168f., in den möglichen Alternativen diskutiert. Die dt. Übers. entscheidet hier mit „sie" für den direkten Rückbezug auf „Schlußfolgerung".

[54] S. KIERKEGAARD: Abschließende unwissenschaftliche Nachschrift, 2. Teil (1958), 344.

allem aber für die theologische Bedeutung des Gottesarguments ausschlaggebend, nämlich erstens die Frage der wirklichen Überzeugungskraft des Kernarguments auf der Basis von rezeptiv-spielerisch-freier „Versonnenheit" und zweitens die Frage nach dem Sinn der Hypothese selbst, wird sie auf die schöpferische Gott-Welt-Relation angewandt.

(1) Gegen Ende des ersten Abschnitts des Gottesarguments verwendet Peirce mehrere Seiten, um die unwiderstehliche Plausibilität des Kerngedankens: *Gott*, erfahren in „Versonnenheit" freier Meditation, nicht nur zu behaupten, sondern sozusagen in Szene zu setzen, in Beispielen nahe zu legen, zur Pflege solcher Situationen aufzurufen und diese literarisch auch zu präsentieren. Diese Bemühungen und die hermeneutische Praxis von (semiotisch gesprochen) *ikonischer* Qualität und (kategorial gesprochen) *Erstheit* ist vielleicht am schönsten gelungen in dem folgenden Bild: „Steig in dein Boot der VERSONNENHEIT, stoße dich ab in den See des Denkens und überlasse das Aufblähen deiner Segel dem Atem des Himmels. Halte die Augen offen und achte auf alles, was um dich und in dir ist, und eröffne das Gespräch mit dir selbst, denn das heißt Meditieren."[55] – In solcher Situation, darin besteht das Kernargument, wird „früher oder später die Idee der REALITÄT GOTTES" entdeckt werden.[56] Ist das überhaupt zu bestreiten? Die einzelnen Argumentstufen, ihre Verflechtung und ihr wissenschaftliches Gewicht, all das wird Gegenstand von Kritik und Verteidigung bleiben, aber der Kerngedanke? C. Hookway hat nun diesen Punkt auch gar nicht erst dem instinktiven Konzept nach, sondern auf der praktischen Ebene der Selbstanwendung, d.h. in seiner ureigenen Wahrnehmungs- und Spielsituation angegriffen und gesagt, ihm selbst sei, trotz Bemühungen nach Peirce' Vorschlägen für Versonnenheit und Meditation, dergleichen nicht passiert, und folglich sei die Gott-Hypothese weder überzeugend noch zwingend.[57] Darauf könnte nun, wie es Peirce auch unwirsch schon einmal zu tun pflegte, einfach die Gründlichkeit und Kompetenz in der fraglichen Situationseinstimmung bestritten werden. An einer derart tiefen „Überzeugung eines Menschen" zu zweifeln (oder sie einfach einer psychologischen oder soziologischen Erklärung zu überlassen) ist äußerst problematisch, weil ja auch für den Kritiker die gleichen Bedingungen von Überzeugungsbildung und Wahrheitsliebe gelten.[58] Diese Reaktion, zur Stra-

---

[55] RS, 335.

[56] RS 339.

[57] HOOKWAY, aaO. 161f.: „I have to report that my own attempts to carry out Peirce's thought experiment do not have the effect he describes. It is just not obvious that a period of playful reflection upon one's experience does render the hypothesis of God's reality either plausible or compelling. And the observation that my difficulties result from being brought up in a twentieth-century secular culture only invites the response that Peirce's 'success' can receive a corresponding sociological explanation." Vgl. auch bei ANDERSON, aaO. 153.

[58] RS, 328: „Zugleich aber ist Kritik an der Überzeugung eines Menschen durch jemanden, der damit nicht vertraut ist, notwendig unvollständig und ein wenig dubios, und

tegie erhoben, bliebe aber immer in der Gefahr, selbst willkürlich die Kommunikation abzubrechen, was in der Sache keine Lösung darstellen kann. Es sind deshalb im Kontext des Gottesarguments die folgenden beiden Antworten auf diesen zentralen Einwand zu geben:

Erstens, der Einwand zeigt wiederum, dass das *Vernachlässigte Argument* offensichtlich als traditioneller Gottesbeweis missverstanden wird, demgegenüber immer nur zwei Reaktionsrichtungen offen stehen. Entweder den theoretischen Anspruch des Beweises, pro oder contra, zu akzeptieren oder neuzeitlich auf die biographisch-subjektive Ebene auszuweichen (was theologisch-kirchlicher Praxis ebenso entsprach wie agnostisch-skeptisch-atheistischer) und den Eigenvollzug zu bestreiten. Solange eine dieser beiden Richtung eingeschlagen wird, scheint mir Peirce' Entdeckung der spezifisch neuzeitlichen „Vernachlässigung" noch nicht verstanden zu sein. Denn das Gottesargument fordert gerade nicht im Stil eines Bekehrungsaufrufs zum subjektiven Glauben oder Glaubenszwang auf der Basis suggestiver Beispiele oder Beweise auf, sondern es empfiehlt eine von Selbstzensur und gängigen Schematismen freies Denken der gründlichen Art, in der der Augenblick entdeckender Einsicht sich ereignen könnte. Diese Situation der „Versonnenheit" ist in sich zwingend, und zwar in doppelter Weise: Sie ist *existentiell* in der unmittelbaren Wahrnehmung des Herzens gar nicht zu bezweifeln, und sie ist *kosmologisch* in der Beantwortung der logisch berechtigten Frage nach der ursprünglichen Ermöglichung evolutionärer Prozesse ganz unabweisbar, und deshalb kann Peirce eben durchaus am alten Begriff des *ens necessarium* festhalten.[59] Trotzdem aber gilt: Das Argument kann nicht von außen aufgezwun-

das sogar für den Kritiker selbst, wenn er aufrichtig die letzte Instanz der Wahrheit liebt, die er nicht kennt, und ernsthaft den Widerlegungen seiner eigenen Irrtümer nachgeht." Vgl. auch im analogen Fall der Bestreitung von Vernünftigkeit: RS, 339.

[59] Vgl. dazu die beiden markantesten Belege bezüglich der Notwendigkeit des abduktiven Schlusses: „Denn was ich als meine Auffassung vertrete, ist dies, was ebenso für mich wie für alle Menschen gilt: Wenn sie ernsthaft die Sache bedenken und ihr Herz prüfen wollen, dann werden sie entdecken, daß sie Gott von Grund auf *lieben* und daß sie *gezwungen* sind zu glauben. Das ist keine Logik; doch *Noth kennt kein Gebot* [im Original dt.]. Man kann sich einfach nicht wehren" (RS, 501 Anm. 18). – „Die Aufgabe der Kosmologie besteht deshalb darin zu zeigen, wie all die Phänomene aus einem Zustand, der durch ihr absolutes Fehlen charakterisiert ist, hervorgebracht wurden, und die Logik verlangt, daß dieses Problem gelöst werden muß. Doch sie muß einige Dinge in diesem vorausgehenden Zustand annehmen, und zwar die, die in jedem auch nur möglichen Zustand der Dinge REAL sein würden, das heißt, ein *Ens Necessarium*. Dann ist dieses Ens necessarium das PRINZIP aller Phänomene und muß der Urheber und Schöpfer von allem sein, was jemals an IDEEN, EREIGNISSEN oder LOGOI beobachtet werden könnte. Der Logik liegt nun die Annahme zugrunde, daß die Methode und Sequenz kreativer Akte, die alle Menschen nach hinreichender Beobachtung und Reflexion für vernünftig zu halten sich gezwungen sehen – daß dies die Sequenz wirklicher Schöpfung wäre. Denn was man gezwungen ist zu glauben, das hält man *ipso facto* für wahr" (RS, 530f. Anm. 13).

gen werden. Innere Freiheit ist eine Bedingung für die Entdeckung von Vorgängigkeit der Erfahrung im Blick auf die Erfahrungsuniversen.

Zweitens und in Weiterführung der ersten Antwort ist zu sagen, dass der Einwand, würde er wirklich prinzipiell als Ausschluss von dergleichen Primärwahrnehmungen festgehalten, nach den pragmatistischen Kontexten des Gottesarguments auch von der Realität von *Vernunft* und *Liebe* ausschließen würde[60], die beide, theoretisch und praktisch, als Vorgängigkeit zu gelten haben, in deren Rahmen das Menschliche geschieht; und das gilt einschließlich der wissenschaftlichen Klärungsbemühungen der Menschheit. Zwischen instinktiver Überzeugungsbildung und Handlung entfaltet sich kritisches Selbstbewusstsein; es verliert dann aber seinen Zusammenhang, wenn es seine Ausgangs- und Endbedingungen leugnet. Strikt gesprochen genügt zur Akzeptierung von Peirce' Gottesargument die Einräumung von gefühlsbestimmtem, nur so zu gewinnendem und darin sozusagen objektiv allem anderen vorausliegendem Vertrauen, das Peirce als „religious faith" bezeichnet. Dass die neuzeitliche Wissenschaft die ihr verpflichteten Menschen häufig dazu führte, anstelle von religiösem Glauben lieber von Wahrheit, Natur, Vernunft, Gerechtigkeit, Würde usw. zu sprechen, ist demgegenüber nur ein historisch-kulturelles Problem des Zeitgeistes. Dass „die Theologen", wie Peirce zu sagen pflegt, an diesem Missverstehen des Zusammenhanges von Wissenschaft und Religion einen erheblichen Anteil haben – das ist ja gerade der Vorwurf, der in der dezidierten Formel des *vernachlässigten* Arguments steckt. Ist dieser Pfad der Missverständnisse erst einmal vermieden, dann wird ohne nervöse Vorbehalte klar, dass Peirce' Gottesargument darin besteht, den religiösen Glauben im Rahmen eines wahrhaft *realistischen* Weltbildes aus wissenschaftlichen wie aus religiösen Gründen für natürlich und selbstverständlich zu halten. Atheismus wäre dementsprechend gleichzusetzen mit wissenschaftlichem Nominalismus[61], d.h. dem Diktat der sog. Objektivität von Fakten und nichts als diesen.

(2) Die zweite theologische Grundfrage ist die, inwiefern die Gott-Hypothese als Hypothese des „Schöpfers aller drei Universen der Erfahrung"[62] aufzufassen sein soll, wenn in diesem Fall die Verifikationsbedingungen, wie gezeigt, äußerst speziell ausfallen. Wiederum ist es C. Hookway der in diesem Sinne die extreme Vagheit der Hypothese als massives Defizit gegenüber dem gesehen hat, was Peirce sonst methodisch verlangen würde.[63] Dass sich hier

---

[60] Vgl. die entsprechende Beantwortung von HOOKWAYs Einwand durch ANDERSON, aaO. 153f., aber auch HOOKWAY, aaO. 164, eigene Nähe zu diesem Gedanken auf der Basis von PEIRCE' Texten.

[61] Vgl. ANDERSON, aaO. 154 (mit Hinweis auf D. PFEIFER); zum Begriff *Nominalismus* s.o. Kap. I.3.

[62] RS, 329.

[63] Vgl. bei ANDERSON, aaO. 160; s.o. Anm. 36.

zugleich ein theologisches Problem abzeichnet, ist schon im Text des Essays daran zu erkennen, dass Peirce an späterer Stelle nicht mehr vom „Schöpfer aller drei Universen" spricht, wie es mit der dogmatischen Tradition konform wäre, sondern modifizierend, „daß sie, oder mindestens zwei der UNIVERSEN, einen von ihnen unabhängigen SCHÖPFER besitzen."[64]

Einmal vorausgesetzt, dass Hookways Einwand auf der pragmatistischen Verifikationsebene seine Beantwortung finden kann, d.h. dass die vorhersagbare selbstkontrollierte Vernünftigkeit im Rahmen der Realitätsausbildung der Evolution und bezüglich des menschlichen Verhaltens in Glaube und Handlung eine Art von andauernder Verifikation darstellt, so bleibt doch die Frage, wie die dadurch zu Recht unterstellte göttliche Schöpferkraft, *ens necessarium*, denn kategorial und semiotisch einzuordnen wäre. Zur Beantwortung dieser Frage muss zunächst entschieden werden, warum ein – und welches bestimmte – *Universum der Erfahrung* Gottes Schöpferkraft sozusagen in sich enthalten sollte; und dann wäre die Frage wieder aufzunehmen, wie die von Peirce selbst unentschieden gelassene Problematik des *Wachstums* im Rahmen der Metaphysik der Evolution mit dem Gottesbegriff selbst in Verbindung zu bringen ist.

Das Geist-Sein Gottes, wie Peirce es in einem gewissen Kontinuum zum Geschaffenen und somit in der instinktiven, divinatorischen[65], abduktiven Disposition des Menschen sieht, schließt aus, dass ein individuell *existierender* Gegenstand darunter gedacht werden könnte.[66] Dann wäre die idealistische Interpretation der drei Kategorien evolutionärer Metaphysik so zu verstehen, dass Gott in der realen Entwicklung des Geistes das spontan Erste in der Fülle von dessen Möglichkeiten ebenso schafft wie das gegenständlich Zweite, im Dritten aber selbst so gegenwärtig ist, dass hier eine schöpferische Transzendenz nicht mehr gut zum Ausdruck gebracht werden kann.[67] Gegen diese idealistische Lösung spricht aber, dass Peirce sowohl kosmologisch wie wissenschaftslogisch das schöpferisch Neue immer an erster Stelle sieht, weil allein die abduktive Erstheit wirklich produktiv, frei und spontan ist, während Deduktion und Induktion immer nur „das Unbestimmte bestimmt" machen können.[68] Die Lösung des Problems bestünde dann darin, dass Gott der Schöpfer kategorial und kosmologisch als Erstheit zu denken wäre, und dies würde zugleich dem Gott der Liebe jeden deterministischen Zug nehmen und seine Schöpfung eben bezogen auf Freiheit und Liebe auslegen.[69] Diese Inter-

---

[64] RS, 355.

[65] Vgl. H. DEUSER (1993), 160f.; ANDERSON, aaO. 164.

[66] Vgl. RS, 526f. Anm. 78.

[67] Vgl. zu dieser Interpretation im Anschluss an D. ORANGE bei ANDERSON, aaO. 176; im Anschluß an R.L. TRAMMELL vgl. DEUSER, aaO. 168 Anm. 24; 173 Anm. 28.

[68] RS, 347.

[69] Vgl. den entsprechenden Interpretationsvorschlag von ANDERSEN, aaO. 176f.

pretation bedeutete keine umstandslos naturalistische oder materialistische Wendung, weil Erstheit für Peirce nicht empiristisch konzipiert ist. Allerdings wird anstelle systematischer Geist-Vermitteltheit das schöpferisch Neue und zuvor nicht Gewusste in realer Möglichkeit vorrangig – und in Wahrnehmung, Instinkt und Versonnenheit wirksam.[70]

Dadurch aber ergibt sich erst recht und mit aller Klarheit die Frage, inwiefern Gott – aufgrund der ursprünglichen Ermöglichung allen Wachstums und der frei und in Sympathie entwickelten Regelhaftigkeit – nicht selbst an demselben Wachstumsprozess so beteiligt gedacht werden muss, dass Gott selbst sich entwickelt. Denn „Absicht" in Gott zu denken heißt in evolutionärer Metaphysik, Entwicklung zu denken. Peirce selbst hat diese Problemlage exakt so gesehen[71], Gott aber definitiv nicht verendlichen wollen.[72]

Kreativität, Wachstum und Gott der Schöpfer – wie ist dieser Zusammenhang gemäß Wissenschaftslogik, religiöser Erfahrung und in den Konsequenzen des Gottesarguments zu bestimmen? In der Kosmologie A.N. Whiteheads ist eine Kompromissfigur in der Art gefunden worden, dass sich die evolutionären Gestaltungsprozesse einerseits vermittelt zwischen Gott und Welt ereignen, Gott sich folglich entwickelt; beide, Gott und Welt, aber darin andererseits von jeweils vorausgehender und sich in ihnen durchsetzender *Kreativität* gezeichnet sind.[73] Wie R.C. Neville gezeigt hat, liegt damit nur auf den ersten Blick eine entspanntere Verhältnisbestimmung zwischen Theologie und Kosmologie vor. Denn weder die ontologische Relation zwischen Kreativität, Gott und Welt bzw. Menschen ist in ihren Bedingungen wirklich klar, noch entspricht es religiöser Erfahrung, vor und außerhalb Gottes eine quasi neutrale dritte Instanz anzusetzen, mit der nämlich eine emphatische Auseinandersetzung gar nicht erst stattfinden kann. Umgekehrt kann eine christliche Lösung des Problems auch nicht einfach darin gesehen werden, Gott mit Kreativität (im Sinne der Prozessphilosophie) zu identifizieren, denn damit wäre nur ein naturales Prinzip in religiöse Verhältnisse übertragen, und die wirksame Relation zwischen Gott und Welt, wie Whiteheads Religionsphilosophie sie durchaus produktiv ins Spiel gebracht hat, wieder beseitigt.

---

[70] Über „potentielles" Sein „im Anfangszustand", die Differenz zu HEGELs Philosophie des Geistes und das theologische Bild des Schöpfers vgl. RS, 257, 489f. Anm. 22. Deshalb kann gerade in theologischem Kontext der Satz gelten: „The Triad in theology. Faith requires to be materialists without flinching" (*A Guess at the Riddle* [1887/88], EP 1, 246).

[71] RS, 340.

[72] Vgl. die Beschreibung von PEIRCE' Vermittlungslösung (im Gegensatz zur Kosmologie A.N. WHITEHEADS) bei ANDERSON, aaO. 152, und sein Fazit: „he resists finitizing God through the association with growth." – Vgl. auch RS, 526 Anm. 78: „daß ich unter GOTT *nicht* ein Wesen verstehe, das bloß 'naturimmanent' ist"; dazu ANDERSON, aaO. 177.

[73] Vgl. die gründliche Darstellung und Diskussion bei R.C. NEVILLE (1980), 3-20; I.U. DALFERTH (1992), 153-191.

Der konkrete Werdeprozess selbst, der der Menschen wie der der Welt, ist nach Whiteheads Kosmologie nur nachträglich mit Gottes Solidarität verknüpfbar[74], im Werden jeweils den Prinzipien der Kreativität und ihren Freiheitsakten unterworfen. Genau diese Situation ist schöpfungstheologisch ganz unbefriedigend. Wäre nur Whiteheads Furcht vor ontologischem und religiösem Determinismus[75] – in entschiedener Korrektur bestimmter philosophischer wie theologischer Traditionen – als unbegründet abzuweisen, ergäbe sich eine neue Situation. *Kreativität* müsste dann den folgenden Bedingungen genügen können: Sie müsste *metaphysisch* der Grund von allem anderen sein können, ohne fixierte Bestimmtheiten schon vorzugeben; sie müsste *kosmologisch* die Vielfalt von Wachstumsprozessen initiieren und begleiten können; sie müsste *theologisch* ursprüngliche Distanz und personale Nähe zugleich zum Ausdruck bringen.

Diese Bedingungen können erfüllt werden, wenn die Unbestimmtheit ursprünglicher Kreativität ebenso gilt wie das Prozessgeschehen evolutionärer Bestimmungsgewinne, so dass mit Peirce' Gottesargument – seiner Verbindung von abduktiver Entdeckung, hypothetischer Präzisierung und pragmatistischer Bewährung – gesagt werden kann: Gott der Schöpfer ist in gewissem Sinne außerhalb des Geschaffenen und zugleich in gewissem Sinne in ihm präsent. Peirce selbst hat es bei dieser Doppelforderung bewenden lassen, obwohl seine Kosmologie bereits einen Schritt weitergegangen war. Es spricht zuletzt für den Rang des Gottesarguments, dass eine hier direkt anschließende Klärung vorgeschlagen werden kann. Denn die ursprüngliche Spontaneität von *Erstheit* im kosmologischen Sinn ist als konsequentes *Nichts* von Bestimmungen aufzufassen, das aber in dieser extremen Vagheit zur Ausbildung von konkreten Möglichkeitsformen aktiv ist.[76] *Creatio ex nihilo* wäre in diesem Kontext die angemessene Formel für eine Kreativität, die den Übergang von Unbestimmtheit zu Bestimmtheit erklären und insofern auch die Nähe und Ferne Gottes verständlich wie erfahrbar machen kann.[77] Dass diese Unbestimmtheit kreativ zugleich in Gott – und damit in gewissem Sinne auch ein Werden Gottes gedacht werden kann, ist nur dann möglich, wenn

---

[74] Vgl. NEVILLES Argumentation aaO. 15ff.; und der summierende Satz, aaO. 17: „it must be admitted here that in Whitehead's conception, God can not know people in the subjective immediacy of their hart."

[75] A.N. WHITEHEAD (1978), 342: „the doctrine of an aboriginal, eminently real, transzendent creator, at whose fiat the world came into being, and whose imposed will it obeys, is the fallacy which has infused tragedy into the histories of Christianity and of Mahometanism."

[76] Diese Position hat PEIRCE seit den kosmologischen Schriften der 90er Jahre vorgetragen und im *Zusatz* zum Gottesargument entsprechend aufgenommen, vgl. wiederum RS, 259; RS, 363ff.; auch CP 6.189-299.

[77] Vgl. dazu vor allem R.C. NEVILLE, God the Creator (1992); s.u. Kap. IV.13.

Peirce' dreigliedrige kategoriale Semiotik für eine *trinitarische*[78] Gottesvorstellung genutzt wird und der kosmologische Sinn des Gottesarguments erhalten bleibt. Ursprüngliche Vagheit ist Unbestimmtheit und als solche kein Prozess, aber die reale Möglichkeit des Werdens; eben diese kreative Möglichkeit wird in der „Versonnenheit", dem Kern des Gottesarguments, in religiöser Wahrnehmung wirksam – und kann in diesem besonderen Zusammenklang von Unbestimmtheit und Wahrnehmung auch gar nicht anders wirksam werden. Der Prozess des Werdens entspricht dann den wissenschaftslogischen Folgen in Hypothesenbildung und praktischer Überprüfung. Die Trinitätsvorstellung hat die entsprechenden Gottesrelationen als Selbstdarstellung in schöpferischer Lebendigkeit unter Entwicklungsbedingungen immer schon im Blick gehabt. Wie Gott in sich selbst ist, so wird er im Weltprozess menschlich erfahren. Dass das so ist, dafür sprechen eine Reihe von Gründen wissenschaftslogischer Art, vor allem aber „dieses eigentümliche Vertrauen", wie es das „vernachlässigte Argument" wieder aufgedeckt hat.[79] Deshalb die klare Beantwortung der Titelfrage: Ja, es gibt wirklich ein Argument für Gottes Realität, und es ist in der europäischen Neuzeit und ihren Folgen ganz entschieden vernachlässigt worden.

[78] S.o. Kap. I.2 und II.5.

[79] RS, 351.

7. Vom Handeln Gottes in Person

A. Religionskritik und die Selbstverständlichkeit Gottes

Vom *Handeln* Gottes kann auf zweierlei Weise gesprochen werden: Erstens auf die allerselbstverständlichste Art der Welt, so wie wir (innerhalb des Christentums) mit biblischen Aktionsverben von Gott zu sprechen gewohnt sind: z.B. schaffen, sprechen, zürnen, lieben, gedenken, richten, rechtfertigen, auferwecken, versöhnen, erlösen etc.; zweitens auf die irritierende und deshalb gar nicht mehr selbstverständliche Art des meta-sprachlichen Zweifels, ob Gott denn überhaupt ein Handlungssubjekt sei, dem solche Verben auch wirklich zukommen. Die erste Weise entspricht der unmittelbaren Frömmigkeit, sie pflegt die direkte Rede; die zweite Weise entspricht der (wissenschaftlichen) Theologie oder auch der Religionskritik, sie pflegt die indirekte Rede, das Zitat, die begriffliche oder historische Distanz zum Phänomen. Weil beides aber innerhalb des Christentums vorkommt und aus tiefliegenden Gründen der Selbstauffassung christlicher Theologie und Religionsphilosophie auch vorkommen muss, können wir es uns als Kinder dieser 2000-jährigen Denktradition nicht einfach aussuchen, auf welche Seite der Rede vom *Handeln Gottes* wir gehören wollen: Allein für die ungebrochene Selbstverständlichkeit zu votieren hat dann etwas Zwanghaftes, wenn das Problem, das sich hier verbirgt, eigentlich doch empfunden wurde, aber umgangen werden soll; und in der Tendenz etwas Fundamentalistisches, wenn Zweifel mit Gewalt nicht zugelassen werden sollen. – Allein für die bloß übertragene Rede im Gewand wissenschaftlicher Deskriptionen zu votieren, hat etwas Selbstwidersprüchliches, weil das Phänomen der direkten religiösen Rede dann letztlich nicht mehr ernst genommen werden kann: So als würde ein medizinisches Labor-Präparat an die Stelle desselben lebendigen Organs im wirklichen Körper treten. Kurz: Aus den beiden Redeweisen und ihren tendenziell aporetischen Einseitigkeiten ist zu folgern, dass die Nichtselbstverständlichkeit der religiösen und christlichen Rede *vom Handeln Gottes* so thematisiert werden muss, dass eine neue Naivität in dieser Sache wieder erreicht wird. Eine verzwickte Problemlage, die in vielen Orientierungskonflikten unserer wissenschaftsgeprägten Öffentlichkeit, die zugleich den Glauben an die automatische Heilung der *conditio humana* durch Wissenschaft verloren hat, immer wieder analog auftreten wird: in den unvermeidlichen und auf die Dauer nicht zu unterdrückenden Versuchen, sich selbst im eigenen Handeln besser zu verstehen.

Kardinal Ratzinger hatte zum Millenniumswechsel die „Krise des Christentums am Beginn des dritten Jahrtausends" darin zusammengefasst, dass sein „Wahrheitsanspruch" fundamental „angezweifelt" würde.[1] Das ist sicher richtig und entspricht dem Geist der neuzeitlichen Wissenschaften, in deren heutigem, nach-neuzeitlichen Selbstverständnis die metaphysischen Voraussetzungen christlicher Theologie – z.B. in Sätzen „vom Handeln Gottes" – in der Regel nicht einmal mehr kritisiert, sondern weitgehend ignoriert werden. Ratzingers Essay stellt sich dieser Situation, und es sind, vereinfacht gesagt, zwei Grundgedanken, auf denen seine Analyse beruht; davon ist der erste originell gefasst und historisch zutreffend, während der zweite auf die bekannte antimodernistische Kritik der Wissenschaftseinstellung der Neuzeit hinausläuft.

(1) Gestützt auf die Religionskritik der antiken Philosophie und deren Wahrheitspathos im Namen aufgeklärten Wissens kann Ratzinger die christliche Theologie von den Apologeten des 2. Jahrhunderts bis ins Spätmittelalter als *religio vera* ausweisen. Denn die biblisch-christliche Religion hatte sich mit dem höchsten Stand des Wissens, der religionskritischen Metaphysik, verbündet. Daher die These, das Christentum verdanke sich gerade „philosophischer Aufklärung"! Damit meint Ratzinger nicht die europäische Philosophie des 17./18. Jahrhunderts, sondern die tendenziell monotheistische Mythen- und Religionskritik von Xenophanes bis Platon und Aristoteles. Zur Illustration dient am besten eines der in dieser Sache berühmten Fragmente des Xenophanes – hier in der Fassung K. Poppers, der der religionskritischen Aufklärungsabsicht nach mit Ratzinger übereinstimmen dürfte:

„Ein Gott nur ist der größte, allein unter Göttern und Menschen,
Nicht an Gestalt den Sterblichen gleich, noch in seinen Gedanken."[2]

Wo diese Entdeckung wissenschaftlich Schule macht, muss Physik von Metaphysik unterschieden werden, und der christliche Schöpfergott, der aus Liebe zu den Menschen handelt, ist einerseits metaphysisch-rational denkbar und andererseits religiös-empirisch erfahrbar. Insofern wird das Christentum zur *wahren Religion*: ein philosophisch wie religiös unangreifbar erscheinender Gipfelpunkt spätantiker Geistes- und Weltgeschichte.

(2) Moderne Aufklärung dagegen, das ist Ratzingers zweiter Grundgedanke, habe von Descartes bis A. Comte und von Hegel bis Troeltsch den metaphysischen Wahrheitsanspruch aufgegeben, an dessen Stelle die annäherungsweise Wahrheitserkenntnis gesetzt – und genau dies habe zur allgemeinen Unschärfe der *Toleranz* geführt. Damit aber sei die Neuzeit auf den in der Antike schon philosophisch kritisierten Status bloßer *Meinungen* zurückge-

---

[1] J. KARDINAL RATZINGER (2000).

[2] XENOPHANES, Fragment B 23 (FVS), zit. nach: K.R. POPPER (1994), 212.

fallen. Wird für den immer nur relativen Erkenntnisgewinn moderner Wissenschaften dann auch noch der Prozess-Begriff der *Evolution* musterbildend, so ist das Dilemma vollständig: Der Wahrheitsanspruch des Christentums als *religio vera* ist nicht mehr darstellbar, er wäre nur dann zurück zu gewinnen, wenn dem Geist der Evolution (im Namen von *Vernunft und Liebe*) widersprochen werden könnte.

In diesem zweiten, dem ungeschminkt neuzeitkritischen Gedankenzug können in der Gegenstellung zum Christentum die (heidnischen) Philosophien der Antike („Neuplatonismus") mit den Weltreligionen Hinduismus und Buddhismus ebenso identifiziert werden wie mit dem modernen Historismus und der Forderung nach religiöser Toleranz. Der Fehler in diesem gerafften Argument ist wohl darin am schnellsten zu greifen, dass mehrfach als Gegenbegriff zum metaphysischen Wahrheitsanspruch der christlich-kirchlichen Philosophie das *Symbolische* aller anderen Denkweisen enttarnt wird: Symbole sind wie Mythen, Ideen der Toleranz und evolutionistische Erkenntnistheorien von der (einen) wahren Wahrheit, an der sie irgendwie partizipieren, immer auch deutlich entfernt, sie bleiben relativ; und darin eben liegen Schicksal und Fluch der Moderne.

Die eingangs genannte Einseitigkeit der wissenschaftlich-distanzierten Rede vom Handeln Gottes ist von dieser Neuzeitkritik durchaus getroffen, wenn z.B. in religionswissenschaftlichen Studien keinerlei theoretischer Wahrheitsanspruch mehr vorgesehen ist und alles in bloßen Beschreibungen aufgehen soll. In diesem Fall ist Ratzingers erstes Argument zugunsten der *religio vera* zu unterstützen: Christentum als wissenschaftliche Theologie vertritt einen Wahrheitsanspruch im Kontext der Wissenschaften, sonst hat es sich aufgegeben. Dagegen ist dem zweiten, dem antimodernistischen Argument zu widersprechen; kurz gesagt deshalb, weil es auf einem unangemessenen Symbolbegriff beruht. Denn solange Symbole immer nur als halbe oder gar keine Wahrheit – sozusagen oberhalb der Wirklichkeit – verstanden werden, ist nicht einmal die menschliche Sprache angemessen eingestuft. Die zeichentheoretischen Entdeckungen von der antiken Rhetorik über Augustin und die Scholastik bis zu Peirce, Cassirer und Blumenberg geben in allem Ernst zu bedenken, dass Wahrheit auf Vermittlung beruht. Wahrheitserkenntnis, auch die des christlichen Glaubens, ist in Zeichenrelationen gefasst.[3]

Dieser metakritische Einwand ist wissenschaftstheoretisch grundsätzlich zu nehmen und auf dem Niveau der aristotelischen Unterscheidung von Physik und Metaphysik angesiedelt. Er wirft damit neues Licht auch auf Ratzingers erstes Argument der christlich so überragenden antiken *religio vera*: Ist diese wirklich richtig gesehen, wenn sie – mit der antiken Aufklärung – zunächst von allem Mythischen und Religionsgeschichtlichen gereinigt wird, um ihr die eigene Religiosität dann biblisch wieder (jetzt natürlich in der richtigen

---

[3] Vgl. H. DEUSER, Semiotik I (2000).

Form und mit richtigem Inhalt) zurückzugeben? Waren nicht bevor, während und nachdem dies geschah immer schon *bildhafte*, *darstellende* und *symbolisierende* Prozesse im Gange, die dies zu vermitteln suchten, was als spezifisch andere, christliche Wahrheit dann erfasst werden soll? Wie soll denn Metaphysik darstellbar sein, wenn nicht in Formen wie der des platonischen Sonnengleichnisses, der Gottesrede aus dem Wettersturm im Buch Hiob oder aus dem brennenden Dornbusch bei Mose? – Wenn hier eine Gemeinsamkeit des Vermittlungsproblems klar wird, dann ist es gerade das *Symbolische*, das den Wahrheitsanspruch antiker Philosophie mit dem Christentum ebenso verbindet wie mit den Wissenschaften der Neuzeit. Warum sollte Justin der Apologet des 2. Jahrhunderts christlicher oder philosophisch wahrer sein als Hegel? Bloß weil eine bestimmte Metaphysik von symbolischen Wahrheitsvermittlungen abgetrennt wird, so als habe es die Symbole der Bibel nie gegeben?

B. Anthropomorphismus und Symbolisierung

Vom Handeln Gottes zu sprechen unterstellt, dass hier eine Analogie greift, die Gott *wie* eine menschliche Handlungsinstanz verstanden sein lässt. Die Gottesrede aus dem Wettersturm in Hiob 38 zeigt allerdings, dass die Analogie zwischen Gott und Mensch gerade nicht zu eng ausgelegt werden darf![4] Aus menschlicher Perspektive müsste aber zumindest gesagt werden: *Handeln* unterscheidet sich von bloßem *Verhalten* durch eine erkennbare Absicht, die an das handelnde *Selbst* und sein soziales Umfeld zurückgebunden ist und von diesem *Selbst* vernünftig steuerbar erscheint; und zu diesem vernünftigen Selbstbezug gehören „*Denken, Sprechen* und *Wollen*".[5] Wenn dies alles von Gott gelten soll, muss Gott als *Person* vorgestellt werden. Doch wie ist dies zu begründen, woher ist darüber etwas zu wissen? Dass die biblische Sprache dies alles problemlos vorauszusetzen scheint, ist eben für sich genommen noch keine eigenständige Begründung.

Andererseits zeigt die menschheitsgeschichtliche „Arbeit am Mythos" (H. Blumenberg), wie notwendig anthropomorphe Darstellungsformen dem immer andringenden Unbekannten und Unbestimmten abgerungen wurden, wie das „Urfremde"[6] sich selbst theomorph präsentiert. Wenn demgegenüber die abstrakt-metaphysische Fassung des aristotelischen Gottes, des *unbewegten Bewegers*, gerade dadurch als stark erschien, weil sie „die Attribute der Handlung, des Willens, der Wirkungslust" in Abzug brachte, so wird im scholastischen Christentum selbst ein „epochales Mißverständnis" greifbar: Dass

[4] Vgl. R.C. NEVILLE (1993), 166.

[5] Vgl. zu dieser Ableitung des Handlungsbegriffs V. GERHARDT (1999), 202; für den theologischen Kontext vgl. R. PREUL (1987), 3-11.

[6] H. BLUMENBERG (1996), 35.

dieser metaphysische Gott mit dem biblischen einer und derselbe sein könnte.[7] Oder wurde hier in zwei Bahnen gedacht, einer theoretisch begründenden und einer praktisch-religiös vorstellenden? Diese beiden Bahnen zusammenzubringen, darin besteht das Problem, wie und warum vom Handeln Gottes begründet gesprochen werden kann und muss. Die unumgänglichen anthropomorphen Darstellungs- und Vorstellungsformen brauchen einen – oder den – theomorphen Grund, und dieser lässt sich sowohl religionsphilosophisch wie theologisch angeben.

Religionsphilosophisch gesehen ist zunächst die anthropomorphe Gottes-Vorstellung kritisch zu begrenzen. Denn unter der christlichen Voraussetzung, dass zwischen Gott und dem Geschaffenen strikt zu unterscheiden ist, kommt für alle dann legitimen theomorphen Erscheinungen genau genommen nichts mehr in Frage, was vom Geschaffenen direkt abgeleitet wäre. Polytheistische Spielformen des Göttlichen sind eben als das, was sie sind, durchschaut: vorläufige Deutungsmuster in der *Arbeit am Mythos*, den die alttestamentliche Gottesgeschichte genauso kennt wie die vielstufigen Gottesvorstellungen der anderen Religionen und der Religionskritik in der europäischen Philosophie. Dann muss aber auch die *theistische* Position, wie sie bis in die europäische Neuzeit metaphysisch verteidigt wurde, kritisch betracht werden: Der Schöpfergott der christlichen Tradition kann nicht unter Bedingungen gedacht werden, die gerade für die geschaffene und damit von Gott abhängige Welt gelten; genauer: Die Bestimmungen des Individuellen, zeitlich und räumlich Abgegrenzten können auf Gott gerade nicht angewandt werden. Gott als bestimmtes, existierendes Einzelwesen vorzustellen würde ihn entweder den Bedingungen der endlichen Welt unterwerfen oder ihn außerhalb von dieser als immer weitere und höhere Verursachung oder Grundlegung annehmen müssen – und dies ad infinitum. Dem theistischen Individualgott muss folglich religionsphilosophisch gerade dann widersprochen werden, wenn die biblische Tradition des *Schöpfungshandelns* ernst genommen werden soll.[8]

Dann bleibt erst recht die Forderung, Gott von diesem ursprünglichen *Handeln* her auch wirklich zu denken. Das setzt voraus, dass sowohl in religiöser Erfahrung als auch im wissenschaftlichen Kontext *Schöpfung* einen nachvollziehbaren Erfahrungswert darstellt. Semiotisch wie evolutionistisch gesehen kann dies heute ohne weiteres bejaht werden, sofern in allen wissenschaftlichen wie alltäglichen oder religiösen Erfahrungen auf primäre Wahrnehmungsereignisse zurückgegangen werden muss, auf deren Basis über Zei-

---

[7] AaO. 36.

[8] Vgl. zu dieser These, abgeleitet im Kontext der Unterscheidung von Ewigkeit und Zeit, R.C. NEVILLE (1993), 133f. – Damit ist das Denkmodell von T. NAGEL (1999), Kap. 10, als unzureichend erkannt, wenn er Gott als letzte Erklärungsinstanz für den „Sinn des Lebens" diskutiert um zu zeigen, dass eine solche Instanz, für die selbst kein Zweck angegeben werden kann, auch nichts zu erklären vermag.

chenvermittlungen überhaupt erst etwas empfunden, präsentiert und gedacht werden kann. Wird dieser fundamentale Wirklichkeitszusammenhang der *Kreativität* in seiner Wahrnehmungs- wie in seiner Darstellungs- und Handlungsbedingung als *ursprüngliche Ermöglichung* gefasst[9], so besteht deren Vermittlung (in Zeichenrelationen) gerade darin, im Geschaffenen immer wieder und in eigenen Entwicklungsformen die vorausliegende Kreativität zu entdecken und auszuarbeiten. Da diese Kreativität aber in menschlicher Personalität resultiert und sich über diese wiederum – wenn auch immer nur partiell – erfahrbar und denkbar macht, ist die *personale Symbolisierung* der Schöpfung eine notwendige Bedingung der angemessenen Bezugnahme auf das Geschaffene als von Gott Geschaffenes. Diese personale Symbolisierung schließt dann im Bewusstsein oder in der instinktiven Anwendung ihrer selbst natürlich den *Handlungsbegriff* mit ein: Die Schöpfung ist nur theomorph so verständlich, wie sie anthropomorph symbolisiert werden kann. D.h. der Vorrang der göttlichen Kreativität, wie ihn die christliche Schöpfungsvorstellung vertritt, muss gerade so anthropomorph („Gott *handelt*") entworfen werden, dass die Selbstvermittlung Gottes theomorph („*Gott* handelt") auch wirklich zum Ausdruck kommen kann. So kann Gottes Handeln in der Erschaffung des Menschen ausgesagt werden: Gott schafft „nach seinem Bild" (Gen 1,27) – also gerade nicht so, wie Xenophanes' Mythenkritik es religionskritisch aufgespießt hatte: Dass Rosse oder Rinder, hätten sie Hände, ihre Götter natürlich als Rosse oder Rinder darstellen würden: „Nach ihrem eigenen Bilde erschaffen: ein jedes nach seinem."[10]

C. Ursprüngliche Ermöglichung

Theologisch gesehen ergibt sich eine Vertiefung der Problemlage dadurch, dass die Wahrheit dessen, was von Gott geglaubt und in personaler Symbolisierung zum Ausdruck gebracht wird, primär gar nicht von einer dritten Position außerhalb bestimmt und eingesehen werden kann.[11] Denn wo und wann immer der kreative Grundakt ursprünglicher Ermöglichung sich ereignet und weltlich wie menschlich rezipiert und d.h. darstellbar wird, da ist er von seinem Grund her spontan aufgenommen und auf dieser Ebene unbezweifelbar; in jeder danach vorgenommenen oder vorliegenden Darstellung dage-

---

[9] S.o. Kap. 2.C und Kap. 5.C.(2); zum Begriff *Kreativität* im Kontext der modernen Naturwissenschaft vgl. E. WÖLFEL (1994), 216ff.

[10] XENOPHANES, Fragment B 15 (FVS), zit. nach: K.R. POPPER (1994), 223.

[11] Vgl. R. SMULLYAN (1998), 140: „*Gott:* [...] Ich bin kein Objekt; wie du bin ich ein Subjekt, und ein Subjekt kann wahrnehmen, aber nicht wahrgenommen werden. Du kannst mich ebensowenig sehen wie du deine eigenen Gedanken sehen kannst. Du kannst einen Apfel sehen, aber das Ereignis, daß du einen Apfel siehst, ist nichts Sichtbares. Und ich bin eher dem Vorgang des Sehens eines Apfels vergleichbar als dem Apfel selbst."

gen mit seinem Ursprung nicht identisch zu machen, immer auch anders darstellbar und, sofern Anlass gegeben ist, durchaus bezweifel- und revidierbar. Von religiösem Glauben als solchem und im Unterschied zu anderen Glaubens- und Wissensformen zu sprechen, hat also nur und gerade dann Sinn, wenn es um diese primäre Rezeption und Anwendung von ursprünglicher Ermöglichung geht, in der (später notwendig folgende) Differenzen noch gar nicht geltend gemacht werden können. Hier begründet sich die Personalität des Menschen theomorph, und hier begründet sich die Rede von Gott als handelndes, personales Selbst anthropomorph: „Gottes Sein ist sein Tätigsein“[12], und dieses sein Tätigsein ist in theologischer Auslegung sein Handeln als Vater, Sohn und Geist. D.h. die anthropomorphen Handlungsbestimmungen wie *Denken, Sprechen, Wollen*, ihr Selbstbezug und ihr sozusagen sozialer Kontext[13], lassen sich in der christlichen Trinitätslehre explizieren.

Dann muss auch bezüglich der menschlichen Freiheit und der Freiheit Gottes nicht von einer doppelten Handlungsinstanz ausgegangen werden[14], sondern die menschliche Seite rezipiert eben mit Gottes Kreativität deren unendliche und ewige Rahmenbedingungen, um daran – wie gering auch immer – Anteil zu nehmen. Entsprechendes gilt für den geschaffenen Kosmos, und die Evolutionsvorstellung der heutigen Wissenschaften könnte ganz in diesen Rahmenbedingungen gedacht werden. Gottes Schöpfung (Handeln des Vaters), Gottes Versöhnung und Liebe (Handeln des Sohnes) und Gottes gnädige Präsenz (Handeln des Geistes) im Wahrnehmen, Erkennen und Lebenkönnen, wie es der christliche Glaube beschreibt, sind die Realisierungsformen des Handelns Gottes – verstanden als personale Symbolisierungen aufgrund religiöser Erfahrung und wissenschaftlicher Reflexion eben derselben Phänomene.

Es ist schließlich Luthers Gedanke des menschlich „unfreien Willens“, worin die Gottesrelation so gefasst ist, dass sie schöpferisch und den rechtfertigenden Glauben prägend allem Anderen – dies erst ermöglichend – vorausliegt. Darin *handelt* Gott, und menschliches Handeln kann diesen Vorrang, soll es gelingen, immer nur aufnehmen und nach bestem Wissen und Gewissen unter den eigenen kontingenten Bedingungen fortzuführen versuchen: „Alles, was wir tun, alles was geschieht, auch wenn es veränderlich und so, daß es anders sein könnte (contingenter), zu geschehen scheint, geschieht dennoch wirklich so, daß es nicht anders sein kann (necessario) und unveränderlich, wenn man den Willen Gottes ansieht.“[15]

---

[12] I.U. DALFERTH (1994), 228.

[13] S.o. Anm. 5 zum Handlungsbegriff im Anschluss an V. GERHARDT.

[14] Vgl. R.C. NEVILLE (1993), 166, zum Problem der *„Two Author“ Theory*; zur scholastischen Tradition der „Erst- und Zweitursachen“ und zu Luthers Kritik dieser Position bei R. BERNHARDT (1999), 69 u. 85.

[15] M. LUTHER, Daß der freie Wille nichts sei (1975), 24; StA, Bd. 3, 191,3-5.

Die Theologie belehrt über die prinzipiellen Begrenzungen von Wille und Freiheit, über die notwendige Unterscheidung von menschlichem und göttlichem Handeln; aber auch über die Chancen menschlichen Handelns, sofern das ermöglichende Handeln Gottes vorausgeht. Dass Gott in dem, was er tut, nicht von menschlicher Seite her auszurechnen ist, hat Luther ebenso konsequent als *Verborgenheit* Gottes thematisiert. Sie ist dann richtig verstanden, wenn sie als alles ermöglichende Kreativität einerseits vorausgeht und andererseits seinem *Handeln* korrespondiert: „Man muß also Gott in seiner Majestät und in seinem Wesen lassen; denn insoweit haben wir nichts mit ihm zu schaffen [...] Aber, soweit er sich durch das Wort, durch das er sich uns anbietet, umkleidet und bekannt gemacht hat, haben wir mit ihm zu schaffen."[16]

Zwischen Gott und Menschen die Transzendenz des Schöpfers und zugleich die Immanenz seines lebendigen Wortes geltend zu machen, setzt folglich einen Begriff vom Handeln Gottes in Person ebenso positiv voraus, wie dadurch die menschlichen Entfaltungsmöglichkeiten in der Wirklichkeit der Evolution verantwortlich in Gang kommen.

D. Symbolisierung: Handeln in Person

Kann Luthers Begriff der göttlichen *necessitas immutabilitatis*[17] also durchweg so verstanden werden, dass damit der unveränderliche Vorrang Gottes in Schöpfung und Erhaltung der Welt gemeint ist; und kann Luthers Begriff der *cooperatio*[18] so verstanden werden, dass es der Glaube der in Christus neuen Kreatur ist, der allein diesem Vorrang Gottes korrespondiert, dann ist es tatsächlich – wenn auch in verschiedener Weise – die symbolische Personalität des Handelns, in der Gott und Menschen, theomorph bzw. anthropomorph, übereinstimmen. Dieses Zusammentreffen hat für die Theologie eine methodisch-exegetische und eine systematisch begriffliche Seite, und diese entsprechen wiederum den beiden Zugängen, von denen schon in der Frage des religiösen und wissenschaftlichen Sprachgebrauchs bzw. der (Nicht-)Selbstverständlichkeit der Person- wie der Handlungsvorstellung Gottes von Beginn an die Rede sein musste.

(1) Die Bibel, Altes wie Neues Testament, sieht und beschreibt, inszeniert und lässt zu Wort kommen: Gott in permanenten Relationen des Denkens, Sprechens und Wollens, kurz: wie eine handelnde Person. Dies ist vor allem dann als angemessener oder sogar unumgänglicher Sprach- und Vorstellungsgebrauch zu verteidigen, wenn der *Anthropomorphismus* nicht nur als biblisches Faktum, sondern als für menschliche Zeichenbenutzer überhaupt not-

---

[16] AaO. 108; StA, aaO. 253,24-27.

[17] AaO. 45 u.ö.; StA, aaO. 207,18 u.ö.

[18] AaO. 200; StA, aaO. 323,3-19.

wendig betrachtet wird: Weil menschliches Wahrnehmen, Denken und Handeln sich der Schöpfung verdankt, ist jede (zeichenvermittelte) Reaktion darauf zugleich kreativ und vom Geschaffensein bestimmt. Je größer der Abstand dazu wächst, desto größer wird die Abstraktion bzw. die Tendenz zum Irrtum.[19] In diesem prinzipiellen Sinn des Begriffs *Anthropomorphismus* wären dann auch die dogmatischen Begriffe wie Gottes Allmacht, Vorherwissen, Vorsehung etc. letztlich anthropomorph[20] – und dann gäbe es einen natürlichen Vorrang der biblischen Sprache auch für das dogmatische Denken. Am Beispiel der Probleme des Vorsehungsbegriffs (de providentia) gesagt: Wenn die christliche Dogmatik das biblisch breit belegte vorherwissende und vorherbestimmende Handeln Gottes nicht konsistent denken kann, weil es deterministisch aufgefasst der menschlichen Handlungsfreiheit zuwiderläuft oder als Gottes Unveränderlichkeit aufgefasst in der Gott-Welt-Mensch-Relation keinerlei Veränderungen durch reaktives Handeln zuzulassen scheint, dann muss diesen begrifflichen Problemen der biblische Sprachschatz der Sache nach konsequent vorgezogen werden: Gott ist in der Bibel eindeutig „handelnde Person“[21], die in zwar asymmetrischen, aber durchaus veränderlichen und leidenschaftlichen Relationen zum Geschaffenen steht. Die Vielfalt dieser Relationen bestimmt dann über die Gottesvorstellung[22], nicht die Vorgabe einer konsistenten Begriffsbildung.

Diesem methodischen Zugang bleibt aber entgegenzuhalten, dass dann die offensichtlichen Spannungen oder unlösbaren Paradoxien (Gott wirkt alles; Menschen sind, wenn auch nur partiell, für sich und ihr Handeln verantwortlich), wie sie Luther in *De servo arbitrio* mit Fleiß auf die Spitze treibt, einfach stehenbleiben und nicht eigentlich gedacht werden können. Wenn die daraus folgende Verdunkelung des Gottesbegriffs wiederum vermieden werden soll, bleibt nur, die umgekehrte Regel aufzustellen und die vielfältige und unabgestimmte anthropomorphe biblische Sprache von begrifflicher Konsistenz her zu kontrollieren; und dass die Bibel so spricht, lässt sich dann (mit Calvin) als „Anpassung“ Gottes an menschliches Vermögen erklären – und damit relativieren.[23]

---

[19] Vgl. C.S. PEIRCE, VP, 28f.: „‚Anthropomorph' ist genau das, was allen Vorstellungen zugrunde liegt [...]. Hinsichtlich jeder Bevorzugung einer Art der Theorie vor einer anderen, ist es gut, sich zu erinnern, daß jede einzelne Wahrheit der Wissenschaft der Ähnlichkeit der menschlichen Seele mit der Seele des Universums verdankt wird, so unvollkommen diese Ähnlichkeit zweifellos ist.“ – Vgl. auch RS, 436 Anm. 27.

[20] Vgl. J. SANDERS (1998), 22f.

[21] Vgl. J. SANDERS, aaO. 26, 38, 172f. u.ö.

[22] Zu dieser Intention der „Biblischen Theologie“ vgl. M. WELKER (2000), 232-241.

[23] Vgl. P. HELM (1993), 52: „The statements about the extent and intensity of God's knowledge, power and goodness must control the anthropomorphic and weaker statements, and not vice versa.” Vgl. ibid. zur Bezugnahme auf CALVIN, Institutio (1559) I, 17,13.

Doch ist die hier zugrundeliegende Gegenstellung von Begriffskonsistenz und Anthropomorphismus nicht in sich schon schief? Wenn die anthropomorphe Sprache als wechselhaft, Abschwächung, Vielheit etc. gesehen wird, entsteht natürlich ein Gegensatz zur begrifflichen Einheit und Klarheit sog. „exakter Sprache“.[24] Wenn aber in der Einheitsfunktion der Begriffe deren schöpferisch-anthropomorphe Herkunft nicht getilgt wird, wenn gerade auch menschliches Denken nicht aus seiner kosmologisch-evolutioniären Herkunft isoliert wird, wenn also die biblische Fülle und die dogmatische Konsistenz sich derselben Herkunft verdanken und demselben Ziel dienen: *Handeln Gottes in Person* zu verstehen, dann muss ein Weg gefunden werden, der den beschriebenen methodischen Gegensatz aufhebt.

(2) Widersprüche im Begriff *Gott* ergeben sich immer dann, wenn die menschlich-empirisch verstandene Einheit, Raum-Zeit, Linearität, Kausalität etc. umstandlos auf Gott angewandt werden. Dass dies nicht möglich ist, war ja das Motiv der traditionellen Warnung vor Anthropomorphismus bzw. der Impuls *negativer Theologie*.[25] Erst wo die Gegenstellung von Notwendigkeit und Freiheit nicht mehr gilt[26], wo Begriffe wie Handeln, Person, Wissen einen „trans-temporalen Sinn“[27] annehmen können, da ist der begriffliche Widerspruch auflösbar, und die anthropomorphe Sprache korrespondiert dem theomorphen Glauben.

Zum genaueren Verständnis dieser Korrespondenz gehört als wesentlicher Aspekt, dass die symbolische Aktivität, die unter *Handeln in Person* gefasst ist, zwischen Gott und Mensch wohl vergleichbar ist, aber von durchaus anderen ontologischen Voraussetzungen ausgeht; und zwar derart, dass die göttliche Personalität eine „reichere Ontologie“[28] zur Verfügung hat als die menschliche. Während für menschliche Relationen die Bestimmungen von Freiheit und Notwendigkeit, von Raum-Zeit, Endlichkeit, Kontingenz etc. gelten, so treffen alle diese Einschränkungen für Gott gerade nicht zu. Reicher ist Gottes Personalität folglich deshalb, weil sie nicht der Zeitabfolge unterliegt und Perspektiven so entwerfen und Wirkungen so durchführen kann, dass auch die modalen Unterschiede zwischen Möglichkeiten (Schöpfungsgrund), Wirklichkeiten (Geschaffenes) und Notwendigkeiten (Schöpfung) wiederum nur durch Gott selbst in Person zum Ausdruck kommen.[29] Der aus

---

[24] P. HELM, aaO. 54.

[25] Vgl. E. JÜNGEL (1977), § 16, bes. 352ff.

[26] Vgl. F. SCHLEIERMACHER, Der christliche Glaube (1960), § 41 (Zusatz); dazu M. MOXTER (2000), 209f.

[27] C.S. PEIRCE, RS, 505f. Anm. 45; vgl. auch P. HELM, aaO. 44f.

[28] C. SCHWÖBEL (1987), 229.

[29] Vgl. C. SCHWÖBEL, aaO. 230 zu Gottes Handeln *ex nihilo* und zugleich als *„ultimate agent“*. – P. TILLICH, Bd. 1 (1956), 280ff., hat unter den Bedingungen seines Symbolbegriffs Gottes Handeln in Person in der Einheit von „potentiellem“ und „aktuellem Sein“ zu Ausdruck gebracht – woran Menschen eben *anthropomorph* teilhaben.

menschlicher Perspektive empirisch nicht nachvollziehbare, aber durchaus vorstellbare Zusammenhang ist damit folgender: Was Menschen aus sich und ihren Erfahrungen – trotz deren Brüchigkeit und Verstelltheit – implizit wie explizit kennen, dass aus innerem Antrieb (Kreativität) Handlungsentwürfe, Selbstbezugnahmen und kontrollierbare reale Kontexte entstehen, das liegt in göttlicher Perspektive weltgründend so vor, dass Einheit und Vielfalt, Freiheit und Notwendigkeit, Raum-Zeit und Ewigkeit etc. nicht von ihrer Trennung, sondern von ihrem Zusammenhang her *gesehen* werden. Ohne anthropomorphe Sprache lässt sich gerade der schöpferische Grund, der zugleich den Zusammenhang des Ganzen *vor Augen* hat, überhaupt nicht zum Ausdruck bringen. Darin bestehen Chance und Bedingtheit zugleich. Reicher ist dieser ontologische Zusammenhang aber vor allem dadurch, dass er mit realen Möglichkeiten rechnet, aus denen der Weltprozess wie menschliches Wahrnehmen, Denken und Handeln sich aufbauen. Vom *Handeln in Person* zu sprechen meint genau diesen Realisierungsvorgang von Möglichkeiten, die als solche vor Augen stehen. Menschlich gesehen sind alle Realisierungen Bedingungen unterworfen, die nur zum geringsten Teil kontrollierbar erscheinen; im *Vor-Augen-Stehen* aber zeigt sich ein Zusammenhang, der nicht mit jenen Bedingungen zusammenfällt und der ebenso wie der schöpferische Grund die Ebenbildlichkeit der Menschen als handelnder Personen in nichtendlicher Dimension erkennen lassen kann. Göttlich gesehen – soweit die theomorphen Bedingungen anthropomorph richtig *gelesen* werden – heißt das: Zwischen Schöpfung, Realisierung und *Vor-Augen-Stehen* des Zusammenhanges besteht eine Einheit, die die Vielheit ermöglicht, aber nicht von ihren Bruchlinien, sondern von ihren Heilungslinien her einheitlich und im Zusammenhang *sieht*. Die einzelne menschliche Person erfährt sich zwar immer im Gegenüber, aber der empirische Gegensatz zwischen Welt und Ich ist Teil umfassender *Realität*[30]. Diese ist symbolisch vermittelt als personal-handelnder Prozess in welthaften Relationen.

Denken, Sprechen und Wollen[31] charakterisieren symbolisches *Handeln in Person.* Gott handelt umfassend: schöpferisch, realisierend, präsentierend; Menschen handeln von diesen theomorphen Vorgaben herkommend im Glauben mitschöpferisch, im Handeln mitgestaltend, im *Vor-Augen-Stehen* mitgegenwärtig. Dass Menschen diese Vorgaben von ihren eigenen Möglichkeiten her nie vollständig unter Kontrolle haben, ist auch heute unter evolutionisti-

---

[30] Vgl. R. SMULLYAN, aaO. 154: „*Gott* [...] Wenn du aber der Realität einmal ins Auge siehst, wo hörst du dann auf, und wo beginnt das übrige Universum? Wenn du dein sogenanntes ‚Ich' und die sogenannte ‚Natur' erst einmal als ein kontinuierliches Ganzes begreifen kannst, dann wird dich die Frage, ob du es bist, der über die Natur bestimmt, oder die Natur über dich, nie wieder belästigen. Auf diese Weise wird sich das Durcheinander von Willensfreiheit contra Determinismus in Luft auflösen."

[31] S.o. Anm. 5 u. 13.

schen Wissenschaftsbedingungen ganz unvermeidlich; dass Menschen trotzdem aus den schöpferischen, realisierenden und präsentierenden Vorgaben ihrerseits leben können, drückt sich aus ihrer Perspektive in anthropomorphen Symbolisierungen aus, zu deren wichtigsten das *Handeln Gottes in Person* gehört. Dann lässt sich auch wieder – in neuer Selbstverständlichkeit – vom „Bild einer Welt" reden, „in der die Liebe als etwas Wirkliches existiert"[32]; und das in den Kontexten vernünftiger, evolutionistischer Wissenschaft und symbolischer Personalität.

---

[32] B. GOODWIN (2001).

8. Inkarnation und Repräsentation

A. Das schwierige Gottesverhältnis der Moderne

Über den Frankfurter „kirchlichen Protestantismus" seiner Kinderzeit berichtet Goethe später in *Dichtung und Wahrheit*: Was „man uns überlieferte", war „eigentlich nur eine Art von trockner Moral: an einen geistreichen Vortrag ward nicht gedacht, und die Lehre konnte weder der Seele noch dem Herzen zusagen. Deswegen ergaben sich gar mancherlei Absonderungen von der gesetzlichen Kirche. Es entstanden die Separatisten, Pietisten, Herrenhüter, die Stillen im Lande und wie man sie sonst zu nennen und zu bezeichnen pflegte, die aber alle bloß die Absicht hatten, sich der Gottheit, besonders durch Christum, mehr zu nähern, als es ihnen unter der Form der öffentlichen Religion möglich zu sein schien."[1] Dieser nüchtern-kritischen Beschreibung folgt die vielsagende Abschlussszene des ersten Buches von *Dichtung und Wahrheit*, in der das Kind Johann Wolfgang seine Gottesverehrung, die konsequent weder moralisch noch pietistisch ausfällt, in antike Kultform und rituelle Praxis umsetzt: Dem „großen Gotte der Natur, dem Schöpfer und Erhalter Himmels und der Erden"[2] wird ein prachtvoller Altar gebaut und mit Hilfe einer Räucherkerze und bei aufgehender Sonne ein feierliches Opfer dargebracht. Dass aber diese priesterliche Übung in der Peinlichkeit von Brandspuren auf den zweckentfremdeten elterlichen Möbeln ihr Ende findet, zeigt zuletzt, dass auch das religiös-natürliche Urverhältnis nicht mehr im Handstreich zurückerobert werden kann.

Die Religiosität der Moderne, zumal die protestantisch geprägte, gerät in dieser Situation leicht in den Zwiespalt zwischen säkularer Moralität und partikularer Frömmigkeit, und die öffentliche Gott-Rede, gar die der Präsenz Gottes in Jesus Christus, wie es Kirche, Theologie und christliche Religionsphilosophie im Abendland seit zweitausend Jahren (bei allen kritischen Variationen im einzelnen) vertreten haben, erscheint dann unmodern, befremdlich und peripher – und muss in modernistische oder anachronistische Ersatzformen flüchten. Goethes Kindheitserinnerungen aus dem Frankfurt der zweiten Hälfte des 18. Jahrhunderts bleiben dafür beispielhaft, bild- und aussagekräftig.

---

[1] J.W. GOETHE (1998), Bd. I, 51.

[2] AaO. 51; vgl. 52f.

Das damit abgesteckte Spannungsfeld aber exponiert zugleich die eigentliche religionsphilosophische wie theologische Herausforderung bis in unsere Gegenwart. Wenn die natürliche Selbstverständlichkeit des Gottesverhältnisses isoliert erscheint gegenüber menschlichen Gefühlslagen und abrückt von den gesellschaftlichen Handlungsimpulsen, dann stimmt etwas nicht im Haushalt unserer Orientierungsbalancen, Theoriebildungen und Verantwortlichkeiten; anders gesagt: Glaube, Denken und Handeln müssten produktiv koordiniert zusammenstimmen – und an diesem Projekt krankt bislang die Moderne.

Hier nun Abhilfe ausgerechnet mit einem programmatischen Vorschlag zu einem der ältesten theologischen Grundprobleme überhaupt schaffen zu wollen, nämlich dem christologischen Dogma der *Inkarnation*, mag auf den ersten Blick als wenig aussichtsreicher Rückfall hinter die Goethe-Zeit oder als der von vornherein zum Scheitern verurteilte Versuch des Austreibens des Teufels mit dem Beelzebub erscheinen. Dazu ist einstweilen nur anzumerken, dass es sich erstens möglicherweise um ein nicht immer angemessen und gerade in der Öffentlichkeit nicht immer verständlich präsentiertes Grundproblem der Theologie handelt, das dadurch in der Neuzeit gerade zum Zerfallen der genannten Sphären von Glaube, Denken und Handeln beigetragen hat; und dass es zweitens religionsphilosophisch respektable Gründe sind, die dazu führen, die mögliche Integration der berechtigten Ansprüche von Glaube, Denken und Handeln gerade in diesem Punkt unter Beweis zu stellen.

B. Die Sprengkraft der Inkarnationslehre

(1) Jede Religion behauptet und beschreibt auf ihre Weise den Zusammenhang zwischen dem Göttlichen, dem Weltlichen und dem Menschlichen. Konzentrieren wir uns hier allein auf das Verhältnis zwischen Gott und Mensch, so muss – zunächst abstrakt und allgemein betrachtet – gesagt werden: Gäbe es gar keinen Zusammenhang zwischen beiden Größen, wäre die Fragestellung irrelevant. Gibt es aber einen irgendwie gearteten Zusammenhang, ist das *Wie* entscheidend, sofern zwischen Gott und Mensch nach ebenso allgemeiner Tradition und Vorstellung gerade kein Gleich um Gleich des Verhältnisses gelten kann.

In zweiter Konzentration nun allein auf das Christentum fällt sofort auf, dass hier sowohl ein allgemeiner Zusammenhang zwischen Gott und seinen Geschöpfen, besonders den Menschen, vorausgesetzt wird – biblisch am knappsten gefasst in Gen 1, 26a: „Lasst uns Menschen machen als unser Abbild"; als auch eine besondere Einheit zwischen Gott und Mensch gilt, nämlich in der Mensch- bzw. Fleischwerdung des Wortes Gottes in Jesus, dem *Licht der Welt* (Joh 1, 9) – biblisch am knappsten gefasst in Joh 1, 14a: „Und das Wort ist Fleisch geworden und hat unter uns gewohnt". Genau dieser letztere Zusammenhang wird seit dem 2. Jahrhundert in der christlichen Theologie als *Inkarnation* bezeichnet[3], eine begriffliche Neubildung, die religionswissenschaftlich und bis in die Umgangssprache Schule gemacht hat. Die vollständige „Verkörperung" und „Konkretion" von etwas gilt uns seither als dessen „Inkarnation".

Was nun ist an dieser Lehre des Einswerdens von Gott und Mensch, die unter Bezug auf Joh 1, 14 den Gesamtsinn des Neuen Testaments zum Ausdruck bringen will, so problematisch? Von einer für das ursprüngliche Christentum charakteristischen Sprengkraft muss deshalb gesprochen werden, weil bei vorausgesetzter Nichtweltlichkeit des Schöpfergottes dessen Identifikation nun ausgerechnet in sterblicher Menschlichkeit, im „Fleisch", wie es biblisch heißt, das Äußerste von religiöser Vorstellungskraft verlangt: Es soll in einem bestimmten Menschen das Göttliche rückhaltlos präsent sein, und genau diese Zusammensetzung der Extreme macht offensichtlich zugleich die philosophische Innovationskraft und das wahrhaft Tröstliche des Christentums aus. Wenn nämlich Gott in diesem Menschen Jesus wirklich ganz nahe ist, dann ist alles noch so Menschliche eben in einem göttlichen Zusammenhang geborgen. Das menschliche Leiden an der Differenz und Endlichkeit, das Leiden an der Ausgesetztheit des Menschen hat damit einen Ort – und im jüdisch-antiken Umfeld eine Zeit – gefunden, worin die allermenschlichste Erfahrung nicht idyllisch übermalt werden muss, sondern in ihrem schöpferischen Überlebenskontext vor aller Augen gestellt ist: in der Zusammengehörigkeit von Gott und Mensch in der neutestamentlichen Nähe Gottes. Was in diesem wahrhaft ur-christlichen und hier nur zurückhaltend sachlich formulierten Befund alles impliziert ist, haben in christlicher Traditionsbildung seit 2000 Jahren Glaube, Denken und Handeln – wiederum in Gelingen und Scheitern – zum Ausdruck gebracht.

So klar und unumstößlich nun dieser biblische Ausgangspunkt erscheint: *Inkarnation* als die intime Zusammengehörigkeit von Gott und Mensch in Jesus Christus, so heftig umstritten war in der Zeit der Alten Kirche und dann wieder in der westeuropäischen Neuzeit die *Inkarnationslehre*.[4] Denn letztere musste von Beginn an versuchen, eine bestimmte begriffliche Vorstellung von dem zu erzielen, was mit diesem spezifischen *Wie* der Zusammengehörigkeit von Gott und Mensch im neutestamentlichen Sinne gemeint war. Genau dies

---

[3] Vgl. M. ELZE (1976): griech. sarkosis, lat. incarnatio; entsprechende griech. Wortbildungen bei IGNATIUS V. ANTIOCHIEN und JUSTIN, die Substantivbildung bei IRENÄUS Ende des 2. Jh.; R.D. WILLIAMS/ E. FAHLBUSCH (1989), 671-682; zur kritischen Auseinandersetzung mit der klassischen Inkarnationschristologie vgl. J. MACQUARRIE (1988), 42-64.

[4] Zu dieser Differenz zwischen der Inkarnation selbst und ihrer lehrhaften Verarbeitung vgl. I.U. DALFERTH (1994), bes. Kap. 1.

geschah in der Alten Kirche in einer philosophisch wie theologisch bewundernswerten Arbeit über Generationen hinweg, und die damit ausgesprochene fachliche Bewunderung gilt auch dann, wenn uns heute die menschlichen, politischen und kirchengemeinschaftlichen Begleitumstände dieser Arbeit alles andere als vorbildlich oder empfehlenswert erscheinen.

Gravierend für die neuen christlichen Begriffsbildungen war vor allem, dass sie – auf biblischer Basis – sich wie selbstverständlich der antiken Denkmittel und philosophischen Traditionen bedienten; zwar auch frei damit umgingen, doch aber bei der letztlich nicht auflösbaren Vorstellung von *Substantialität* ihren Ausgang nahmen. Diese war wie ein gegenständlich zugrundeliegendes *Wesen* oder eine präzise bestimmbare *Natur* des Göttlichen bzw. des Menschlichen gefasst; und gerade diese begriffliche Grundentscheidung, so können wir heute wiederum im Rückblick sagen, passte nicht recht zur gestellten Aufgabe: ein Göttliches und Menschliches *zugleich und in einer Person* zum Ausdruck zu bringen. Denn eine Einheit aus zwei qualitativ verschiedenen Elementen ist entweder keine wirkliche Einheit, oder die Elemente verlieren ihre Selbständigkeit.

Zu den Charakteristika der damit begrifflich hervorgetretenen Sprengkraft der Inkarnationslehre gehört auch, dass ihre Autoren, Theologen und Konzilsteilnehmer, Politiker und Kirchenmitstreiter, sich dieser Denkproblematik durchaus bewusst waren. Sie riskierten die Aporie, Göttliches und Menschliches in vorliegender Einheit zu behaupten, was nach der jeweils vorgegebenen Standardbegrifflichkeit gar nicht ohne weiteres nachvollzogen werden konnte. Die eigentliche Sprengkraft bezüglich der Theoriebildung besteht also darin, im Wissen um die begriffliche Begrenztheit doch mit denselben Begriffen so umzugehen, dass noch ihr Ungenügen zum Ausdruck des neu zu Denkenden herangezogen wird. Wählen wir als Beispiel eine späte Formulierung: die der Synode von Frankfurt am Main im Jahre 794 (also fast 1000 Jahre vor Goethes Frankfurter Zeit), wo es kurz und spitz heißt: „so daß eine Person ist, Gott und Mensch, nicht gotterfüllter [deificus] Mensch und vermenschlichter [humanatus] Gott, sondern Gott Mensch und Mensch Gott: wegen der Einheit der Person ein Sohn Gottes und derselbe Sohn des Menschen, vollkommener [perfectus] Gott, vollkommener Mensch.“[5] Damit wollten die fränkischen Theologen (zur Zeit und auf Initiative Karls des Großen) eben dasselbe sagen, was seit dem Konzil von Chalkedon (451) durch die vierfache Abgrenzung gefasst und gesichert war: Christus, eine Person „in zwei Naturen, unvermischt, unveränderlich, ungetrennt und unteilbar“.[6] D.h. das Göttliche und das Menschliche sollten einerseits nicht ineinander übergehen, also jeweils unterscheidbar bleiben, und andererseits auch nicht isoliert zueinander stehen, so wie einzelne Teile etwas zusammensetzen.

---

[5] DH 613; vgl. E. MÜHLENBERG (1989), 514ff., 520.

[6] DH 302.

Nun ließe sich an dieser Stelle die spannende Geschichte nacherzählen, wie Jahrhunderte lang versucht wurde, diese Grenzbestimmungen so aufzufangen, dass eben das gesuchte *Wie* der Zusammengehörigkeit trotzdem noch verständlich bleibt; um mit der Frankfurter Synode zu sprechen: wie „vollkommener Gott“ zugleich „vollkommener Mensch“ sein soll, ohne dass im irdischen Leben Jesu von Geburt bis Tod davon etwas zurückgenommen und ohne dass in der Gottheit des Sohnes davon etwas relativiert werden muss. Doch diese Geschichtsschreibung bleibt hier den Lehrbüchern der Dogmengeschichte überlassen, und wir wenden uns im Folgenden wieder der modernen Situation zu. Denn hier wurden die Einwände gegen die Vorstellbarkeit von göttlicher und menschlicher Substantialität bei zugleich geforderter Personeinheit massiv verstärkt. Sobald nämlich aufgrund historischer Forschung von einer konsequenten Wahrnehmung des wirklichen Menschen Jesus von Nazareth nun in ganz anderer und undogmatischer Weise neu die Rede sein musste, war die Problemlage in der Frage nach einer gott-menschlichen Person noch einmal potenziert. Die Zusammengehörigkeit von Gott und Mensch schien in ein Entweder/Oder zu zerfallen. Schwer nachzuvollziehen und deshalb in riskante Begriffe an der Grenze des Denkmöglichen zu fassen war jetzt nicht mehr nur der theologische Zusammenhang von menschlichem Leiden und göttlicher Souveränität, sondern vor allem der methodische Zusammenhang von historischer Forschung und theologischer Bedeutung – bezogen auf ein und dasselbe Ereignis: Jesus Christus.

(2) Das moderne Problem der Inkarnationslehre besteht folglich darin, ohne den Substanzbegriff der mittelalterlichen Philosophie und auf der Basis des Geschichtsbewusstseins der Neuzeit doch die für das Christentum alles entscheidende Zusammengehörigkeit von Gott und Mensch zu erfassen. Wie aber sollen wir – wenn zwar eine bestimmbare historische Existenz des Jesus von Nazareth unbestritten vorausgesetzt werden kann, nicht mehr aber die „Existenz“ eines philosophisch wie religiös selbstverständlichen Gottes – überhaupt noch jenen Zusammenhang etablieren können? In der Bildsprache der Inkarnationstheologie gesagt: Wie kann das Herabkommen des Logos Gottes und die Aufnahme des irdischen Menschen Jesus in die Einheit mit Gott überhaupt noch zum Ausdruck gebracht werden, wenn die weltbildlichen und theoretischen Voraussetzungen, die zu dieser Bildhaftigkeit geführt haben, nicht mehr zur Verfügung stehen? Und ist nicht auf der Basis historischer Wissenschaft die Blickrichtung der klassischen Inkarnationstheologie, die „von oben“ her, von Gottes Aktivität her dachte, gänzlich „auf den Kopf gestellt“[7]? Und wie soll aus dieser, uns inzwischen ganz und gar selbstverständlichen, nämlich der *geschichtlichen* Perspektive des Lebens und Sterbens Jesu – „von unten“ her gesehen – je seine Göttlichkeit anders als

[7] J. MACQUARRIE, aaO. 54.

bloße Behauptung oder freistehende Deutung[8] eines im übrigen weltgeschichtlich abgrenzbaren, aber doch nicht zwingend *inkarnatorisch* zu verstehenden Geschehens jemals wieder gezeigt werden können?

Was heutzutage auf diesem Feld christlicher Verständigung über die eigenen Grundlagen faktisch vor sich geht, lässt sich exemplarisch an zwei Dokumenten illustrieren, die zum Osterfest 1998 in zwei Presseorganen, geschrieben von protestantischen Theologen, erschienen sind. Im *Gießener Anzeiger*[9] findet sich zusammen mit einem mittelalterlichen Osterbild und unter der Überschrift „30jähriger Wanderprediger gekreuzigt und auferstanden“ die für die neuzeitliche Perspektive „von unten“ typische Darstellung der Menschlichkeit und Geschichtlichkeit Jesu, dessen Auferstehung – das Rätselbild historischer Forschung – nur in berichtender Distanz und im Verweis auf die Kontexte biblischer Geschichten zum Zuge gebracht werden kann. Der Schlusssatz des Beitrags summiert in diesem Sinne konsequent: „Die Sache Jesu ging auch nach der Kreuzigung weiter.“ In der *Frankfurter Allgemeinen Zeitung*[10] findet sich unter der Überschrift „Jesu Tod ist die Weltenwende“ eine religions- und theologiegeschichtliche Bewertung des christlich behaupteten Zusammenhangs von Gott und Kreuzigung. Die Begründung für diese „göttliche“ Bedeutung eines geschichtlichen Ereignisses liegt aber deutlich wiederum außerhalb des gewählten historischen Zugangs und wird am Ende durch eine spezielle Interpretation der Auferstehung angeschlossen: „Die Auferstehung von den Toten symbolisiert eine unverfügbare Würde des einzelnen über seinen Tod hinaus. Jeder Mensch transzendiert die gegebene Welt.“

Es ist offensichtlich die *Auferstehung*, die die Grenze des historisch Zugänglichen markiert, und an derselben Grenzziehung wird natürlich über die *Inkarnation*, d.h. über die Vorstellungsmöglichkeiten der Zusammengehörigkeit von Gott und Mensch entschieden. In den Texten der Bibel scheint die Auferstehung wie ein Nachweis für die Göttlichkeit Jesu zu fungieren, und aus dieser Blickrichtung war die klassische Inkarnationslehre konzipiert. In der Moderne dagegen wird die Begründungsfunktion des Osterglaubens mit den Mitteln der historischen Forschung kritisch erhoben; aber als quasi gegenständlicher Nachweis und Einsatz der Inkarnation kann die Auferstehung aus denselben Gründen nicht mehr gelten. Das *Göttliche* für die Zusammengehörigkeit mit dem *Menschlichen* kann aus der rein historischen Arbeit nicht abgeleitet werden.

---

8 Vgl. J. HICK (1989), 157: „Thus the Christian response to Jesus was and is an uncompelled interpretation, experiencing an ambiguous figure in a distinctive way as mediating the transforming presence of God.“

9 M.K. REINEL (1998).

10 F.W. GRAF (1998).

Wäre diese Art wissenschaftlicher Historisierung der einzig mögliche Verstehenshorizont, bliebe die Inkarnation eine Behauptung im Rahmen der vielfältigen Religionsgeschichte. Sind Menschen aber mehr und auch anderes als die bloß historische Perspektive auf sich selbst, so ist ein größerer Rahmen gesteckt, der als solcher auch wissenschaftlich von Belang sein muss. Geistige wie natürliche Kreativität, sinnvolle Regelhaftigkeit und Lebensprozesse, künstlerische, ethische wie religiöse Erfahrungen, Grenzvorstellungen des Universums in seinem Anfang und seinem Ende – genau die Fragen, die in einem reduktionistischen Wissenschaftszugriff nicht authentisch zu erfassen, im Selbst- und Weltverhältnis der Menschen aber von beständiger und ausschlaggebender Bedeutung sind, signalisieren unübersehbar das Problem der Zusammengehörigkeit des Menschlichen mit dem, wodurch es begründet ist. Was die klassische Inkarnationslehre zum Ausdruck bringen wollte, bleibt damit ein fundamentales Thema im Horizont der Wissenschaften; es zu bearbeiten, unsere Herausforderung. Denn Menschlichkeit nur reduziert auf die neuzeitlich gewonnene historische Eigenperspektive zu begründen, bliebe zirkulär. Theologie und Religionsphilosophie machen auf diese fundamentale Begründungsfrage der Moderne und ihrer Wissenschaftstheorie aufmerksam. Darin besteht die Würde und Dringlichkeit theologischer Arbeit und nicht zuletzt auch die kulturelle Notwendigkeit entsprechender Forschung und Lehre an den Universitäten.

(3) Wenn im Folgenden im Begriff der *Repräsentation* eine Neufassung des Anliegens der Inkarnationslehre vorschlagen wird, so geschieht dies unter bestimmten Voraussetzungen fundamentaltheologischer Art, die hier nicht weiter diskutiert, wohl aber benannt werden sollen:

Es wird vorausgesetzt, dass sich in einer allgemeinen Religionstheorie die Unumgänglichkeit der Gott-Hypothese plausibel machen lässt, wie unterschiedlich religionsgeschichtlich und kulturell gesehen deren Ausarbeitungen im Einzelnen auch ausfallen. Es ist das von C.S. Peirce sog. *Vernachlässigte Argument für die Realität Gottes*, das diese zwanglose Allgemeinheit des Gottesverhältnisses, ohne dabei die einzelnen religiösen Erfahrungen zu ignorieren, für die Religionsphilosophie wieder zugänglich gemacht hat.[11]

Es wird vorausgesetzt, dass auf der Basis relationaler Begriffsbildung, wie sie durch die kategoriale Semiotik entwickelt wurde, die trinitarische Gottesvorstellung angemessen nachvollziehbar und begründbar ist.[12] Dass Gott in Jesus Christus repräsentiert wird, kann spätestens seit Augustin als ein Darstellungsproblem rekonstruiert werden, worin nicht mehr *Substanz*, sondern *Relation* als philosophischer Grundbegriff fungiert.

Es wird vorausgesetzt, dass diese religionsphilosophischen und theologischen Überlegungen keineswegs abseitige Überzeugungen oder willkürliche

---

[11] S.o. Kap. II.6.

[12] S.o. Kap. I.2 u. II.5.

Weltanschauungen zum Inhalt haben, sondern zur allen Wissenschaften gemeinsamen Bemühung um Realität und Wahrheit zu rechnen sind; so wie in methodischer Konsequenz und Offenheit der „Geist der Wissenschaft" im Rahmen einer *Metaphysik der Evolution* zu bestimmen ist.[13]

(4) Auf dieser Grundlage ist es möglich, im Übergang von der Problematik der klassischen Inkarnationslehre und vor der genaueren Bestimmung von *Repräsentation* zunächst wie im Gegenzug mit einer narrativen Fassung der Inkarnation einzusetzen: S. Kierkegaards Bild des Gekreuzigten in einer Kinderszene, wie er sie unvergesslich in der *Einübung im Christentum* (1850) entworfen hat.[14] Kierkegaard bringt uns die Situation eines Kindes nahe, dem phantasievolle Heldenbilder gezeigt werden (aus Kierkegaards Zeit: z.B. Napoleon und Wilhelm Tell!), worauf ein Kind nur mit Begeisterung und Sympathie reagieren kann. Und dann liegt dazwischen das Bild des Gekreuzigten, störend und unverständlich, und die schmerzliche Gebrochenheit dieser Heldenfigur wird die Frage des Kindes provozieren: „Wer ist das, was hat er getan"? Und dann heißt es bei Kierkegaard weiter: „Erzähle dem Kinde, daß er Liebe ist, daß er aus Liebe auf die Welt gekommen, die Gestalt eines geringen Knechts angetan, nur für das eine gelebt, die Menschen zu lieben und ihnen zu helfen, sonderlich allen, welche krank und traurig und leidend und unglücklich waren [...] Erzähle es dem Kinde recht lebendig, so als hättest du selbst zuvor es nie gehört, zuvor es keinem erzählt; erzähle es, als hättest du selbst das Ganze erdacht, jedoch vergiß keinen Zug, der überliefert ist, nur magst du beim Erzählen gut und gern vergessen, daß es überliefert ist [...] Welche Wirkung, meinst du, wird diese Erzählung tun auf das Kind?"

Die Szene erfüllt mehrere Funktionen zugleich: Sie ist im Bewusstsein der Erfolge historischer Forschung gerade unhistorisch-erzählend konzipiert; sie beteiligt die Betrachter und hält dies generell in ästhetischen, ethischen und religiösen Fragen für allein sachgemäß; sie setzt unmittelbar, d.h. bildlich um, dass es sich im Verhältnis des Göttlichen und des Menschlichen in Jesus Christus um einen Repräsentations- und Aneignungsvorgang in einem handelt – und darin ist dieses praktische Verstehen der Inkarnation überzeugend.

T.W. Adorno hat diese ästhetisch-religiöse Grenzfunktion des Christusbildes als *Paradoxie der Versöhnung* interpretiert, die jenseits der Bilder fundiert ist und doch nur im Bild zur Wirkung kommen kann; mit Adorno gesagt: ein „irreduzibler mythischer Rest."[15] Diese Einstufung bedeutet dann keinen Vorwurf, wenn unter *Mythos* eben die ästhetisch-religiöse Qualität verstanden wird, dass an bestimmter Stelle die Wahrheit erzählt werden muss, weil anders sich die Zusammengehörigkeit von Gott und Mensch nicht sagen ließe. Das ist für eine gegenwärtige Aneignung und ein zeitgemäßes Verständnis

---

[13] Vgl. RS, *Einleitung*, XXIXff.

[14] S. KIERKEGAARD (1962), 167-169.

[15] T.W. ADORNO (1966), 237.

dann überzeugend, wenn die in Kierkegaards Kinderszene implizierten Bedingungen in Geltung stehen, unter denen die Inkarnation im Christusbild zum unwiderstehlichen Ausdruck kommt:

Das Überlieferte (im Sinne der Daten und Fakten der biblischen Geschichte) soll als solches, wegen der sonst überwuchernden Dominanz historischer Textzugänge, im Akt der Vergegenwärtigung suspendiert werden. Nicht um die historische Forschung abzuschaffen oder fundamentalistisch zu bestreiten, sondern um ihre Begrenztheit gemessen an der Aneignung von Humanität wirksam zu demonstrieren.

Deshalb auch die Aufhebung von Distanzen, wie es nur in der Unmittelbarkeit von Bildeindrücken geschehen kann; und die Ausschaltung möglichst aller vorweg schon bestehender Urteilsmuster, wie es exemplarisch bei Kindern in Szene zu setzen ist. Nur so kommt es zu genuinen Erstwahrnehmungen.

Solche Distanzlosigkeit aber vermittelt sich allein in Repräsentationsakten, z.B. in Bildern, die unmittelbar auf uns wirken. Sie liegt aller Präzisierung im begrifflichen und historischen Sinn, den unsere Wissenschaftseinstellung gewohnheitsmäßig einprägt, zugrunde und darf deshalb nicht unterschlagen werden. Ohne primäre, authentische Repräsentation keine Wahrnehmungen – und damit auch keine Erkenntnis- und Handlungsmöglichkeiten. Das gilt auch und fundamental für die religiöse Repräsentation.

C. *Was ist eine religiöse Repräsentation?*

(1) Der Begriff der *Repräsentation* ist traditionell und wird vielfältig, oft austauschbar mit *significatio* gebraucht. Seine Anwendung auf Kierkegaards Christusbild war insofern vorläufig und entsprechend der alltagssprachlichen Bedeutung von *Vorstellung* oder *Darstellung* eingesetzt. Genauer und begriffsgeschichtlich betrachtet lassen sich zumindest drei unterschiedliche Gebrauchsfelder des Begriffs unterscheiden[16]:

(1.1) *Repraesentatio*, deutsch vielleicht am besten mit „Vergegenwärtigung" zu übersetzen, gewinnt für die Erkenntnistheorie des Mittelalters eine Schlüsselstellung zur Beschreibung geistiger Darstellungsvorgänge, und daran schließen die Erkenntnis- und Zeichentheorien der Neuzeit ebenso an wie die modernen psychologischen Kognitionstheorien. Wie sich Eindrücke der Außenwelt darstellen, verarbeiten lassen und damit im menschlichen Geist selbst vorkommen, ist hier die Frage, deren Beantwortung in zahlreichen Schulbildungen variiert. Immer aber geht es darum, die Zusammengehörigkeit einer

---

[16] Vgl. E. SCHEERER/ S. MEIER-OESER/ B. HALLER/ O.R. SCHOLZ/ K. BEHNKE, in: HWP 8 (1992); E. FAHLBUSCH (1992).

ursprünglich erscheinenden *Abbildung* von etwas mit den entsprechenden Denkvorgängen bestimmen zu können.

(1.2) Im juristischen und ekklesiologischen Gebrauch des Begriffs versteht das Mittelalter unter *repraesentatio* ein *stellvertretendes Erscheinen*. Ihm kommt, im Unterschied zum daraus entwickelten modernen politischen Verständnis etwa des „Repräsentativprinzips" demokratisch gewählter Vertretungen, ein ontologischer und hierarchischer Sinn zu. In einem Teil erscheint wirklich und der regierenden Einheit nach das Ganze: im Kaiser der christliche Staat, im Bischof die Einheit der Kirche. In diesem Denkmuster hat Tertullian schon früh Gott den Vater in Christus repräsentiert gesehen[17], und es sind sakramentale Vorstellungen des Christusleibes, die diese Begriffsbildung bestimmen. Offen bleibt in allen Auseinandersetzungen auf diesem Feld, ob es sich bei solcher Repräsentation als stellvertretendem Erscheinen um eine *Abbildung* oder eine *Realpräsenz* handelt und wie vor allem letztere zu verstehen wäre. Zusätzlich wird über die neuzeitliche Auflösung der sakramental-hierarchischen Vorstellungsbedingungen einerseits der Aspekt der politischen Repräsentation über bestimmte Verfahren freigesetzt; andererseits aber bleibt gerade dann die Frage gestellt, in welcher Weise und mit welcher Autorität *real repräsentiert* werden kann; und darin steckt schließlich die Konfessionsdifferenz, insofern das katholische Lehramt bis heute seinen Kirchenbegriff an jener mittelalterlichen Tradition orientiert[18], während die protestantische Theologie Realpräsenz durch das Wort Gottes begründet, aber nicht in menschlichen Vermittlungsgestalten und Institutionenbildungen gebunden sehen kann.

(3) Von der erkenntnistheoretischen wie der juristisch-ekklesiologischen Tradition abzuheben ist schließlich der zeitgenössische Begriff *Repräsentation* bzw. des *Repräsentamens*, wie er in der kategorialen Semiotik entwickelt wurde.[19] Hier liegt zwar die deutliche Anknüpfung sowohl an die scholasti-

---

[17] Vgl. B. HALLER, in: HWP 8, aaO. 813 (TERTULLIAN: Adv. Marcionem I, 14,3); C. GESTRICH (2001), 93ff.

[18] Bereits W. v. OCKHAM hatte die volle Repräsentation des Christentums in der ecclesia invisibilis gesehen und nicht in seinen weltlichen Darstellungsformen, Ämtern und Institutionen, vgl. W. v. OCKHAM (1959), 824 (Dialogis III, tr. 1, lib. 3, c. IX): „Respondetur, quod sola Ecclesia universalis illam congretationem perfectissime repraesentat." – Dass über die damit verbundene „enorme Verschärfung der Differenz zwischen repräsentiertem Sinn und repräsentierender Wirklichkeit" (B. HALLER, in: HWP 8, aaO. 815) eine produktive Ungewissheit entsteht, dürfte für die neuzeitliche Selbstvergewisserung des Subjekts ein entscheidender Impuls gewesen sein. Vgl. zu OCKHAM bei M.A. SCHMIDT (1989), 714ff.; J. MIETHKE (1971).

[19] Vgl. O.R. SCHOLZ, in: HWP 8, aaO. 829f. Als inzwischen schon klassischen Beleg zitiert Scholz aus J.M. BALDWIN'S *Dictionary of Philosophy and Psychology* (1901) die dort von PEIRCE gegebene Definition des Wortes „Represent". Sie lautet vollständig: „To stand for, that is, to be in such a relation to another that for certain purposes it is treated by some mind as if it were that other. Thus a spokesman, deputy, attorney, agent, vicar, diagram,

schen Logiker wie die neuzeitlichen Zeichentheorien vor, aber das Neue besteht doch darin, dass jenseits der Alternative von naiven Abbildlehren und nominalistischem Konstruktivismus eine realistische Zeichenstruktur von universaler Bedeutung eingeführt wird. Sie ist in der Realität selbst fundiert und für Denk- wie Abbildungsprozesse gleichermaßen anwendbar. Die Welt selbst erscheint uns nicht anders als in Repräsentationsakten, worin eines, interpretierend aufgenommen, sich auf anderes bezieht.[20]

(2) Im Anschluss an die drei genannten Gebrauchsfelder des Begriffs *Repräsentation* nun betont von einer *religiösen Repräsentation* zu sprechen, ist auf der Basis *kategorialer Semiotik* legitim und notwendig. Denn sie kann zeigen, dass und wie prinzipiell in allen Zeichenprozessen (erstens) eine *ursprüngliche Kreativität* mit (zweitens) deren präzisierendem *Gegenstandsbezug* und (drittens) dem verstehenden *geistigen Akt* dieser Beziehung verbunden gedacht werden müssen. Wenn dem gemäss alle Wahrnehmungs-, Erkenntnis- und Denkprozesse in dieser Zeichen- bzw. Repräsentationsstruktur vorliegen, so ist ontologisch gesehen immer auch die Bezugnahme auf einen qualitativ vorgeordneten und im Zeichenprozess zur Darstellung kommenden kreativen Grund anzunehmen. Dieser muss nicht immer thematisiert sein, er kann aber jederzeit thematisiert werden. Ästhetik, Ethik und Religion sind wiederum die ausgezeichneten Erfahrungsbereiche, in denen dieser kreative Grundbezug notwendigerweise zum Thema wird; Metaphysik, Religionsphilosophie und Fundamentaltheologie sind die daran anschließenden wissenschaftlichen Disziplinen, in denen diese Grund- und Grenzbestimmung[21], die sonst wissenschaftlich wie alltagsweltlich als irgendwie gegeben vorausgesetzt wird, ausdrücklich und zum schwierigen Gegenstand methodischer Bearbeitung gemacht wird. Auf drei genauere Merkmale soll in diesem Zusammenhang noch hingewiesen werden:

(2.1) Die Tatsache des kreativen Grundbezugs in allen Repräsentationsakten nachzuweisen ist deshalb schwierig, weil sie im Vorgang des Nachweisens selbst wiederum zur Anwendung kommen muss. Diesem Problem dadurch auszuweichen, dass sich Wissenschaft separat von diesen Grenz- und Grundlegungsfragen einrichtet, ist immer nur eine kurzfristige Lösung, die aufs Ganze gesehen auf Reduktionismus bzw. Szientismus hinausläuft. Dass in Bezeichnungsvorgängen jeweils *Qualitäten* zugrunde liegen, deren ursprünglicher Wert gerade in ihrem noch unbestimmten Zur-Verfügung-stehen

symptom, counter, description, concept, premise, testimony, all represent something else, in their several ways, to minds who consider them in that way. See SIGN. When it is desired to distinguish between that which represents and the act or relation of representing, the former may be termed the ‚representamen,' the latter the ‚representation.'"

[20] Zu den entsprechenden Positionen im Neukantianismus (P. NATORP) vgl. O.R. SCHOLZ, aaO. 828; zu E. CASSIRER vgl. M. MOXTER (2000), 2. Kap.

[21] Zur allgemeinen Bestimmung der religiösen Repräsentation bezüglich „boundary conditions contrasting the finite and the infinite" vgl. R.C. NEVILLE (1996), 47.

liegt, das allerdings lässt sich zeigen.[22] Die Abstraktionsfähigkeit des Denkens ist es schließlich, die das theoretische Herauspräparieren solcher kreativen Grundqualitäten möglich macht. Durch diese Betrachtung werden jene Qualitäten weder beschädigt noch ersetzt, sondern ihre Zugänglichkeit wird thematisiert, die Empfänglichkeit für die Frage nach ihnen wird eingeübt. Die religiöse Erfahrung „wußte" auf ihre Weise davon und hatte im praktischen Common Sense oder Instinkt längst einen Vorrang.

(2.2) Damit ist auch gesagt, dass die Thematisierung des Grundbezugs immer nur in bestimmter Vergegenständlichung vorgenommen werden kann. Dass dies auch für die religiöse Erfahrung gilt, ist nicht ohne weiteres selbstverständlich, solange Glaube oder Offenbarung als mystische Unmittelbarkeiten verstanden werden, die sich jedem Zusammenhang entziehen. Im Rahmen *kategorialer Semiotik* lässt sich dieses Problem deshalb aufheben, weil die vorausgehende Unmittelbarkeit des qualitativen Grundbezuges gerade im Repräsentationsakt selbst zum Ausdruck kommt, ohne dass dieser deshalb ersetzbar wäre oder jene Unmittelbarkeit bestritten werden müsste. *Dass* repräsentiert wird, bedeutet nicht, dass es außer kognitiv zu beschreibenden Vorgängen nichts anderes gäbe. Dass dieses Andere aber immer nur über Repräsentationen zugänglich wird, also dargestellt werden muss bzw. sich selbst darstellt, ist ebenso richtig. Die Religionen wie das Christentum bestehen in diesem Sinne aus Geschichten von Darstellungen des Göttlichen.

(2.3) Der gegenständliche Bezug impliziert bereits, dass nicht nur etwas dargestellt, sondern im selben Akt auch als solches verstanden wird. Zur vollständigen Repräsentation gehört unaufgebbar dieses dritte Element geistiger Rezeption wie Konstruktivität zugleich. Deshalb macht es Sinn, von Wahrnehmungs-, Erkenntnis- und Denk*prozessen* oder von Verkettungen von Repräsentationen zu sprechen, in denen die *Realität* von zugrundeliegender Qualität und Gegenständlichkeit sich ausbildet, beschreibbar, kontrollierbar und handlungsleitend wird. Die religiöse Erfahrung hat wesentlichen Anteil an dieser Prozessualität; und umgekehrt: ohne Beachtung des spezifischen Grundbezugs, wie er in der *religiösen Repräsentation* zum Austrag kommt, ist Realität nur ungenügend bestimmt.

(3) Die religiöse Repräsentation also konfrontiert mit den Grenzbestimmungen, den Existenzfragen nach Anfang und Ende des Universums, Leben und Tod der (menschlichen) Natur, Sinn und Vernichtung der (evolutionären) Geschichte – und hält diese präsent. Sie will diese Grenzbestimmungen möglichst angemessen zum Ausdruck bringen, und das geschieht im Rahmen der Religionen und persönlicher Religiosität in liturgischen Formen, Kulten, Festen, Erzählungen, Vergegenwärtigungen des kreativen Grundes; christlich gesprochen in der (dreifachen) Repräsentation des Schöpfergottes, seiner er-

---

[22] S.o. Kap. I.1 u. I.2.

neuerten menschlichen Nähe in Jesus Christus und seiner Präsenz im verstehenden Glauben, Denken und Handeln.

Insofern gleicht die *religiöse Repräsentation* strukturell gesehen allen zeichentheoretisch gefassten Repräsentationen, zu ihrem Verständnis bedarf es keiner weltanschaulichen Sonderpositionen. Das Spezifikum der *religiösen Repräsentation* liegt allein darin, dass sie die sonst implizite oder unthematische Frage nach dem Grund aller Wirklichkeit explizit und thematisch macht. Dies geschieht selbstverständlich auf unterschiedlichste Weisen, wie es der Neuzeit in der permanenten Verzweigung von Künsten, Philosophien und Religionen bis in den Pluralismus der Gegenwart unwiderstehlich bewusst geworden ist. Dann geht es allerdings um inhaltliche Vergleiche und die Konkurrenz der tragfähigeren Antworten, d.h. um die durchaus falliblen Versuche der angemesseneren religiösen Repräsentation. Aber dass es sie gibt und wie sie strukturiert sein sollte, darüber kann eigentlich kein Zweifel mehr aufkommen.[23]

D. Die christologische Repräsentation

Das Spezifikum des Christentums liegt darin, dass es eine besonders radikale Repräsentation des Göttlichen zugrundelegt: die Menschlichkeit Gottes. Und dies nicht als Programm und Auftrag, sondern, wie in der Inkarnationslehre gezeigt, als geschichtliche Einheit der Verschiedenheit von Gott und Mensch. In Anwendung des zur *religiösen Repräsentation* Gesagten kann jetzt die besondere Stellung von Jesus Christus als Repräsentation Gottes in den folgenden fünf Aspekten konkretisiert werden.

(1) *Repräsentation ist keine Identifikation.* Das früher unlösbare Problem, zwei qualitativ verschiedene Naturen in einer Person, der trotzdem eine eigene Identität zukommen muss, identisch[24] und unterschieden zugleich zu denken, stellt sich nicht mehr. Selbstverständlich war an eine strenge Identität von sämtlichen Eigenschaften zwischen Gott und Jesus auch nie gedacht.

---

[23] C.S. PEIRCE, RS, 245: „Was Gott betrifft, öffne Deine Augen – und Dein Herz, das ebenso ein Organ der Wahrnehmung ist –, und Du siehst ihn."

[24] Zum Problem von Identitätsaussagen in der Christologie vgl. I.U. DALFERTH (1994), 14ff. – Dass selbst die numerische Identität in einer *Kontinuität*, d.h. in einem Zusammenhang gestiftet wird, zeigt PEIRCE im Blick auf den Begriff der *Repräsentation*, vgl. SS 3, 203. In diesem wissenschaftstheoretischen Kontext von evolutionärer ebenso wie metaphysischer Kontinuität hat *Repräsentation* durchaus auch einen lebensweltlichen, naturalen und sprachlichen Sinn und stellt keineswegs notwendigerweise (wie von C. TAYLOR in seinem Kontext zu recht kritisiert, vgl. seine Kritik an G.H. MEAD, in: C. TAYLOR: [1996], 71f. u. Anm. 12) eine modernitätstypische szientistische Abstraktion dar. Vgl. zu TAYLORs Kritik der objektivistischen „Repräsentation" bei T. KREUZER (1999), 165ff.

Denn z.B. körperliche Züge, Gesicht, Hände etc. und die Vielzahl kontingenter Lebensbedingungen des Jesus von Nazareth bleiben die besonderen Eigenschaften eines bestimmten Menschen, ohne dass dem irgendeine Beachtung geschenkt worden wäre, wenn kurz gefasst von „Gott in Jesus Christus" (vgl. II Kor 5, 19) gesprochen wurde. Die *christologische Repräsentation* bringt eine ganz bestimmte Darstellung vor Augen, deren Vollständigkeit und Alternativlosigkeit in einem wesentlichen Punkt liegt: Der den Menschen sonst *verborgene* Schöpfergott ist im Gesamtkomplex der Jesus-Geschichte *nahe* (Mk 1, 15).

So gesehen wird in der Repräsentation ein nicht mehr zu übertreffendes Darstellungsverhältnis zum Ausdruck gebracht, das zugleich die *Einheit* in der Darstellung, aber auch die *Unterscheidung* von Gott und Mensch aufgrund der Verhältnisaussage festhalten kann. Die Zusammengehörigkeit von Gott und Mensch als Repräsentation in Jesus Christus zu denken, verhindert damit auch die verkrampften Versuche, (biblizistisch, fundamentalistisch) gleichsam magische Identitäten verlangen zu wollen. Dass die Denkmöglichkeiten der klassischen Inkarnationslehre dies nicht abdeckten, ist schon aufgrund ihrer sperrigen Begrifflichkeit eigentlich selbstverständlich. Doch in der neuzeitlichen Krise, christologisch sich das vorstellen zu wollen, was man meinte fordern zu müssen, sind gerade in diesem Punkt eher Ungereimtheiten aufgetreten. Im Blick auf die öffentliche Anerkennung christlicher Grundwahrheiten führte dies zu Vorstellungs- und Denkblockaden und damit zwangsläufig zu Distanzierungen gegenüber der eigenen religiösen Tradition. Theologische Initiativen dieses Jahrhunderts zeigen allerdings auch, dass nicht abseitige metaphysische Museen betreten werden müssen, bevor die lebensnahe Menschlichkeit Jesu als Repräsentation Gottes verstanden werden kann. Die Geschichte Jesu und die darin repräsentierte Nähe Gottes ist sehr viel naturalistischer zu lesen und nachzuvollziehen, als bestimmte und nur vorgeblich „christliche" Denksysteme uns glauben ließen.[25]

(2) *Repräsentation lässt Unmittelbarkeit und geschichtliche Vermittlung zusammendenken.* Die kreative Grundqualität, wie sie im Schöpfergott vorausgesetzt wird, ist als solche nichts schon Bestimmtes[26], denn von einem solchen Bestimmten wäre niemals mehr eine Unmittelbarkeit zu behaupten; sondern die kreative Grundqualität geht in die Darstellung Gottes in Jesus ein. Insofern ist in ihrer repräsentativen Vermittlung die göttliche Schöpferkraft

---

[25] Diese Zusammenhänge erörtert im Gegenüber von „naturalistischem" Denken der Gegenwart und klassisch theistischem Denken der christlichen Tradition C.D. HARDWICK (1996). Es sind vor allem die Christologien von R. BULTMANN und S.M. OGDEN, die für eine Wende stehen, z.B. OGDENs Satz: Die Frage nach Gott wird beantwortet „by explicitly identifying someone or something that decisively re-presents God" (zit. nach HARDWICK, aaO. 217).

[26] Zur Theologie der *creatio ex nihilo* und zur Ontologie von Unbestimmtheit und Bestimmtheit vgl. R.C. NEVILLE (1992); und dazu s.u. Kap. IV.13.

neu präsent und *wird* gegenständlich. In dieser Perspektive sind sowohl die Berichte der Evangelien konzipiert wie auch die Glaubensaussagen im Briefcorpus des Neuen Testaments: Die geschichtliche Vermittlung enthält in sich die Unmittelbarkeit des Gottesverhältnisses, die ansonsten gerade darin bestehen müsste, nicht darstellbar zu sein.

Für die Christologie bedeutet dies, dass ihre *Kontextualität* von Beginn an zu ihr selbst gehört. Die kreative Grundqualität kann gar nicht anders als in geschichtlichen Kontexten repräsentiert zu werden, sie hatte und sie hat auch heute ihren „Sitz im Leben".[27] Dass es in, mit und unter den Kontexten um Gott geht, das ist der besondere Fall der religiösen bzw. der christologischen Repräsentation.

(3) *Repräsentation vermittelt zwischen Offenbarung und Interpretation.* Muss das Ergriffensein von göttlicher Kreativität als ein menschlich nicht herstellbares Geschehen verstanden werden, wie es die Begriffe Offenbarung und Gnade anzeigen, so steht dies nur bei oberflächlicher Betrachtung in Widerspruch zur Tatsache der unumgänglichen *Interpretation* dieses göttlichen Geschehensvorrangs durch menschliche Ausdruckgabe *desselben* Ereignisses. Auch hier regelt sich das Verhältnis von kreativer Unbestimmtheit und rezeptiver Bestimmtheit über die Repräsentation Gottes in Jesus Christus. Die sog. Hoheitstitel oder Prädikationen Jesu als „Sohn Gottes", „Messias", „Menschensohn" etc. bringen in ihren jeweiligen religiösen Kontexten diesen Zusammenhang repräsentativ zum Ausdruck. Dann wird es auch überflüssig, das Verhältnis menschlichen Erkennens zur göttlichen Wirklichkeit in der Figur einer *Analogie* beschreiben zu müssen. Göttliches und Menschliches sind nicht *analog*, sondern vermittelt in der Produktivität und Prozessualität eines realen Zeichenereignisses – genau so, wie es in der Zusammengehörigkeit von Gott und Mensch in Jesus Christus repräsentiert ist. So ist die christologische Grundaussage in der Passionsgeschichte bei Markus zu verstehen: „Wahrhaftig, dieser Mensch war Gottes Sohn" (Mk 15, 39b).

Fallen *Offenbarung* und *Interpretation* in dieser Weise nicht mehr methodisch auseinander, so ist es auch unnötig, zur Wahrung des Eigenrechts göttlicher Offenbarung von ihrer Unbegreiflichkeit zu sprechen.[28] Solche Radikalformeln bleiben extrem missverständlich, weil Unbegreifliches eben nicht verstanden werden kann. Die christologische Repräsentation aber will ver-

---

[27] Vgl. J. MOLTMANN (1989), 59ff.; H. KESSLER (1998).

[28] Vgl. K. BARTH, Kirchliche Dogmatik I/2 (1960), 45: „Das Wie dessen, von dem uns die Wirklichkeit Jesus Christus sagt, daß es so ist, ist uns unbegreiflich [...] Wir können aber auch hier verstehen: eben dieses Unbegreifliche mußte Ereignis werden, damit Gottes Offenbarung möglich sei." – Dass K. BARTHS Theologie und besonders seine Versöhnungs- und Sakramentenlehre von vermittelnden Zeichen, Repräsentationen etc. immer mehr abrücken, zeigt M. VETTER (1999), § 10.

standen werden, so dass Glaube, Denken und Handeln sich darauf wirklich beziehen können.

(4) *Repräsentation bedeutet immer Verhältnisbestimmung.* Es ist die Figur des *Gleichnisses*, die damit einsetzbar wird. Das „Reich Gottes", die Gleichnisse Jesu zeigen es, ist immer „so wie ...". In dieser Relation kommt die schöpferische Liebe Gottes in bestimmten Situationen, Vergleichen, Erzählungen, dramatischen Pointen etc. zum Ausdruck: im Senfkorn, in der wachsenden Saat, im Fest mit dem verlorenen Sohn oder im barmherzigen Samaritaner. Und die besondere Leistung des frühen Christentums besteht offensichtlich darin, diese Gleichnisstruktur gerade bezogen auf Jesu Tod und im Namen des Osterglaubens auf den Gesamtkomplex des Lebens Jesu übertragen zu haben: Er steht anstelle Gottes, deshalb auch seine wirksame Präsenz über den Tod hinaus. Dann erst kann vollständig gültig sein: So wie Jesus Christus, so ist Gott.

Für die modernen Christologien entsteht an diesem Punkt die kritische Frage nach dem Realitätsstatus der *Auferstehung*. Wenn im Rahmen der historischen Perspektive von Jesu Leben und dessen Zeugnis ausgegangen werden muss, so ist die Proklamation seiner Auferstehung nicht mehr in derselben Weise empirischer Gegenstand wie alle anderen Daten, die zur kritischen Prüfung anstehen. Unser Bild des „historischen Jesus" endet notwendig mit seinem Tod und dem Osterzeugnis der ersten Gemeinde, wie es uns überliefert ist.[29] Ein bloßes „Faktum" der Auferstehung auf derselben historischen Ebene und in irgendeinem empirisch-materialen Sinn kann es nicht geben, weil darin Gott in seiner welttranszendierenden Kreativität zum raumzeitlich gebundenen Objekt gemacht würde. Das weltgründend Ursprüngliche wäre auf empirischer Ebene ein Bestimmtes. Haben dies die neutestamentlichen Zeugnisse sagen wollen? Nein, sondern sie wollen mit den Erzählungen von Erscheinungen des Auferstandenen eine *Verhältnisbestimmung* ins Bild zu setzen, nämlich die, dass die *Nähe Gottes* auch nach dem Tod Jesu – und gerade aufgrund *dieses* Todes – in Kraft bleibt; und zwar in der Kraft des Geistes, in dem Jesus lebte und der der schöpferische Geist Gottes ist.[30] Die Oster-

---

[29] Beispielhaft für den Forschungsstand und die Grenzziehung unter diesen Bedingungen historischer Arbeit ist G. THEISSEN/ A. MERZ (1997), 439: „Die Geschichte vom leeren Grab kann nur von dem (auf Erscheinungen basierenden) Osterglauben her erhellt werden, nicht umgekehrt der Osterglaube vom leeren Grab her [...] Die Auferstehung des am Kreuz hingerichteten Jesus, die das NT einstimmig behauptet, widerspricht dem modernen Weltbild."

[30] In diesem Sinne müssen J. MOLTMANNS Ausführungen zur „Auferstehung Christi", aaO. 235ff., mit denen zur „Geist-Christologie" zusammen gelesen werden, vgl. aaO. 92ff. – Wenn auf der Basis historischer Forschung doch vom „Faktum der Auferstehung Jesu" und ihrem „Anspruch auf Historizität" gesprochen werden soll (vgl. W. PANNENBERG [1991], 386 u. 402), dann bleibt dies historisch wie theologisch äußerst mißverständlich. Daß es dabei sehr grundsätzlich um die Frage der Auffassung von *Realität* geht, mit Pannenbergs Worten:

erscheinungen zeigen Jesus so, wie Gott nahe ist; sie repräsentieren – sie *vergegenwärtigen* jetzt, da sie erinnert werden – die tröstliche, beständige und zukunftsträchtige Zusammengehörigkeit von Gott und Mensch in Christus nach Jesu Tod.

(5) *Repräsentation steht jenseits der Alternative von bloßem Abbild oder Realpräsenz.* Dass ein Urbild in gewissem Sinne mehr ist als sein Abbild, nämlich das Original, ist unter empirischen Bedingungen richtig; dass dann die *existierende* Präsenz mehr wäre als eine bloß zeichenhafte, ist – unter denselben Bedingungen gedacht – ebenfalls verständlich. Dieses Vorstellungsmuster aber ist vor-semiotisch und ungenügend, wenn es um die Darstellung des Göttlichen geht, von dem wir weder ein Original noch eine immer identische Tatsächlichkeit zur Verfügung haben können. Die religiöse und erst recht die christliche Repräsentation ist aus guten semiotischen Gründen gar nicht anders denkbar, als dass über Zeichen das Göttliche *wirklich* ist. Natürlich nicht in jeder beliebigen Zeichenvermittlung und im Christentum eben wegen der Radikalität der christologischen Repräsentation in ganz bestimmter und geschichtlich in Judentum und Antike verankerter, unwiderruflicher Einmaligkeit. Der semiotische Zusammenhang von göttlicher Kreativität, Nähe der Liebe Gottes in den Gleichnissen Jesu und in der verstehenden Aneignung des Gleichnisses, das Jesus selbst ist[31] – diese strukturelle wie inhaltliche *Trinität* ist eine vollständige Repräsentation.

Für die Ausgangsfrage nach der Inkarnationslehre bedeutet dies, dass sie in ihrer traditionellen Fassung nicht nur aufgrund heute nicht mehr übertragbarer Denkmittel ungenügend erscheint, sondern schon deshalb, weil sie den notwendigerweise dreistelligen Repräsentationsakt auf die Gottheit-Menschheit-Zusammensetzung fixiert[32]; jedenfalls dann, wenn man die lehrhaften

---

um das „Wirklichkeitsverständnis, das durchaus im Flusse ist“ (aaO. 405), ist selbstverständlich. Gottes ursprüngliche Kreativität ebenso wie geistiges Leben über den biologischen Tod hinaus sind zu einem Gesamtbegriff von *Realität* zu rechnen, der den szientistischen Einschränkungen dessen, was als wirklich gelten darf, überlegen ist. Das bedeutet aber gerade, dass zwischen jener Realität und dieser empirischen Faktizität ein Unterschied gemacht werden muss. Theologie im Zeitalter der Wissenschaften sollte es zu Verwechslungen oder falschen Ansprüchen in diesem Punkt nicht mehr kommen lassen. Im Sinne der christologischen Repräsentation kann – an der historisch-kritischen Grenze – z.B. so formuliert werden: „Der Auferstandene wird auf Erden notwendig als Erscheinung wahrgenommen, weil er einer Wirklichkeit angehört und eine Wirklichkeit stiftet, die reicher und komplexer ist als die natürlich-irdische Wirklichkeit“ (M. WELKER [1994], 43).

[31] Vgl. E. JÜNGEL (1977), 394 (im Denkzusammenhang der Hermeneutik des „Sprachereignisses“).

[32] Vgl. I.U. DALFERTHS präzise Ableitung und Kritik der Zwei-Naturen-Christologie und der Communicatio-idiomatum-Lehre, (1994) 143-152. Das trinitarisch ausgelegte „Heilshandeln Gottes“ gilt dann gegenüber der zweistelligen „Repräsentationssemantik“ (152) als Problemlösung. – Es bleiben aber noch zwei Schwierigkeiten: 1) Wird das Heilshandeln Gottes (aus exegetischen wie aus dogmatisch-trinitarischen Gründen) im

Formulierungen aus dem religiösen Kontext der christlichen Kirche zu jenen Zeiten herausgelöst betrachtet. Die dreistellige Repräsentation[33] dagegen lässt die Zusammengehörigkeit von Gott und Mensch im Akt der Aneignung eben desselben Verhältnisses denken, so wie Gott im Gleichnis des Festes mit dem verlorenen und wiedergewonnenen Sohn – von Jesus selbst erzählt und in dieser Repräsentation heute verstanden wird.

Auf der Basis der fünf genannten Merkmale *christologischer Repräsentation* lässt sich also zeigen, wie die Aussagen der klassischen Inkarnationslehre zwar in ihrem Anliegen, nicht aber in ihren Denkmitteln aufgenommen werden können. Dann ist auch nachgewiesen, dass jedenfalls in diesem Punkt, dem klassischen „Geheimnis" der Christologie, Glaube, Denken und Handeln nicht auseinanderfallen müssen, so als wäre die Intersubjektivität von Handlungsgründen zu trennen von der Rationalität des Denkens – und beides wiederum von der kreativen Gewissheit des Glaubens. In den Akten von *religiöser Repräsentation* ganz allgemein wie in der *christologischen Repräsentation* in der genannten spezifischen Weise liegt immer schon ein differenzierter Zusammenklang von ursprünglicher Kreativität, gegenständlich zu denkender

---

auferweckten Jesus Christus fundiert (vgl. 24), so handelt es sich um eine „eschatologische Gewißheit" (25), deren Realitätsstatus wiederum mit dem Heilshandeln Gottes in Jesus Christus steht und fällt. Hier ist die Auferstehung nicht historisierender Beweis, kein „Mirakel" (80 u. Anm. 85), aber eben von sachlich ausschlaggebendem Gewicht, weil Gott sich in Jesus „unwiderruflich als *Gott für uns* identifiziert" (77). Wie kommt es zu diesem Identifikationsakt bzw. zu seiner Erkenntnis? Historisch bleibt es bei Zeugnissen, worin aber besteht deren Überzeugungskraft? Und ist diese dann nicht doch wieder dem irgendwie historisch zu denkenden Ereignis der Auferstehung angelastet? 2) Soll diese Schwierigkeit vermieden werden, wäre ein Weg der, über eine allgemeine Metaphysik, Religionstheorie oder semiotische Theorie der Repräsentation die im christlichen Auferstehungsglauben implizierte Trinität des Ereignisses aufzuklären. Dieser Weg soll aber zugunsten des Vorrangs des „konkrete[n] Handeln[s] Gottes" (23 Anm. 65; vgl. 149 Anm. 126) nicht versucht werden, weil offenbar ein sachlicher Bruch zwischen allgemeiner Theorie und Konkretheit des eschatologischen Geschehens unterstellt wird. Ist das aber zwingend? Ist nicht die Frage nach dem, was sich den ersten Christen „erschloß" (25 Anm. 68) genau dieselbe – nur in unterschiedlicher Perspektive aufgenommen –, ob sie strukturell die Bedingungen eines solchen Ereignisses (*christologische Repräsentation*) angibt oder ob sie aus der Konkretheit der Situation heraus extrapolieren muss? In der zweiten Perspektive lässt sich zeigen, dass das „Auferweckungsbekenntnis" gegenüber der späteren Inkarnationslehre sachlichen Vorrang hat (vgl. 30f.), in der ersten Perspektive wird die Stellung dieses Bekenntnisses selbst in seiner Genese platzierbar und religiös wie christlich verständlich – und damit geöffnet für den jeweils existentiellen Erfahrungszusammenhang.

[33] In seiner Kritik an der Inkarnationslehre betont auch P. TILLICH, Bd. 2 (1958), 103: Christus „repräsentiert das wesenhafte Menschsein; und damit repräsentiert er Gott." – Dass Tillich damit keine semiotisch wirklich begründete Begrifflichkeit einführen will und dass deshalb sein Symbolbegriff problematisch bleibt, zeigen M. MOXTER (2000), 1. Kap.; M. VETTER (1999), § 11.

Darstellung und interpretierendem Verstehen im Blick auf Handlungskontexte vor.

Die *christologische Repräsentation* weiß dabei zuletzt, dass sie das, was sie weiß, nicht aus sich selbst weiß; dass Repräsentation entscheidend im Loslassen von Vermittlungen besteht: Bilder, als wären sie nicht. Diese durchaus mystische Konstellation im Sinne Meister Eckharts[34], Taulers, Luthers und des von Luther (1516/18) edierten „Frankfurters"[35], des anonymen Autors der *Theologia Deutsch*, soll deshalb das letzte Wort haben. Im 5. Kapitel dieses Frankfurter Textes aus dem 14./15. Jahrhundert heißt es über die christologische Repräsentation der Repräsentation: „Siehe, also soll man aller Dinge los und ledig werden, das ist: des Anmaßens. Wenn man denn der Dinge los wird, so ist das die beste, vollkommenste, lauterste und edelste Erkenntnis, die im Menschen jemals sein kann, und auch das alleredelste und lauterste Lieben, Wollen und Begehren: denn dies gehört dann alles Gott allein."

---

[34] Vgl. N. LARGIER im Kommentar zu MEISTER ECKHARTS Predigten zum Thema der „Repräsentation" unter Selbstaufgabe von „Reflexion" und „Erkenntnisbildern", in: MEISTER ECKHART, Werke I (1993), 901f., 754ff.; vgl. auch A.M. HAAS (1971). Diese Konstellation gilt entsprechend für TAULER (vgl. F. VETTER [1910]; z.B. in Predigt 57, S. 273; vgl. denselben Text in modernem Dt. bei G. HOFMANN [1961], 375) und die *Theologia Deutsch*.

[35] Vgl. zu Luthers Editionen bei M. BRECHT (1981), 141. – Im Folgenden wird zitiert nach: *Der Frankfurter*. Eine Deutsche Theologie (1920), 99; vgl. die kritische Edition desselben Textes, in: *Der Franckforter* (1982), 75f.

Kapitel III

Pragmatistische Religionsauffassung

9. Humes pragmatistisches Argument für die Realität Gottes

A. Gottesbeweise und Gottesargumente

Die immer noch verbreitete Meinung, mit Hume und Kant sei die Geschichte der Gottesbeweise beendet und jedenfalls die Kraft ihrer Argumente erloschen, ist inzwischen selbst ein Anachronismus. Die vor allem in der englischsprachigen Religionsphilosophie nun schon seit Jahrzehnten mit großer Intensität geführte *neue* Diskussion um die Gottesbeweise[1] belegt nicht nur ein ganz erstaunliches Interesse an diesem klassischen Topos der philosophischen Tradition, sondern auch die Notwendigkeit dieser Sachthematik für Theologie und Religionsphilosophie. Könnte von *Gott* nicht mehr in begründeter Weise gesprochen werden, so entfiele die Basis christlicher Religiosität und wissenschaftlicher Metaphysik, und die Fragen nach einer schöpferischen Einheit und Entwicklung des Lebens wie der Wissenschaften, die Fragen nach Wirklichkeit und Wahrheit wären kaum mehr zu formulieren. Dass dem zumal bei den beiden großen neuzeitlichen Zeugen der Kritik der Gottesbeweise, Hume und Kant, nicht so ist, zeigt ein Blick in ihre einschlägigen Texte. Was Kant betrifft, so spricht seine späte Religionsschrift eine ganz andere Sprache, als dass er weiterhin als Zertrümmerer des Gottesgedankens in Erinnerung bleiben könnte.[2] Und Hume? Seine *Dialoge über natürliche Religion* sind eine derart subtil und faszinierend geschriebene Einlassung in diese Thematik, dass es heute der unbefangenen Lektüre schwer fällt, hierin etwa Atheismus oder das Ende der Argumentation in Sachen Gott zu erkennen. Wir sollten mit der Lektüre und der Diskussion dieser Fragen neu beginnen!

---

[1] Vgl. C. HARTSHORNE (1973), 117: „Kant and Hume refuted, not *the* theistic arguments, but their own, admittedly weak, versions of some arguments for a substitute for theism." – Vgl. zum teleologischen Argument R. SWINBURNE (1987); zum kosmologischen Argument H.G. HUBBELING (1981), 87ff.; zum ontologischen Argument I.U. DALFERTH (1992), 213-231; zur Kritik der Gottesbeweise J.L. MACKIE (1985).

[2] I. KANT, *Die Religion innerhalb der Grenzen der bloßen Vernunft* (1793), A IX-XIII (Anm.); Bd. 7, 652-655: „Der Satz: es ist ein Gott, mithin es ist ein höchstes Gut in der Welt, wenn er (als Glaubenssatz) bloß aus der Moral hervorgehen soll, ist ein synthetischer Satz a priori" (A IX). – Vgl. zur Kant-Interpretation R. WIMMER (1990); V. GERHARDT (2002), 288-291.

In den beiden deutschen Textausgaben von Humes Religionsschrift[3] stehen die Herausgeber für jeweils eine Seite der nach wie vor umstrittenen Interpretationsalternative: N. Hoerster vertritt die durch und durch skeptische Position, d.h. das teleologische Argument zeigt sich als unhaltbar, und Philo ist es, „dem Hume im großen und ganzen seine eigene Auffassung in den Mund legt."[4] G. Gawlick dagegen will Philos Wendung und Glaubensbekenntnis in Teil XII der Dialoge nicht vergessen gehen lassen und formuliert: „Der Theismus bleibt nicht durch bessere Argumente Sieger, sondern durch die unbezwingliche Evidenz seiner Grundthese."[5]

Nun wird sich zu dieser Alternative keine Entscheidung unmittelbar aus dem Text treffen lassen, denn der Reiz der Dialoge besteht gerade darin, dass Hume nicht lehrhaft und dogmatisch vorgeht, sondern Meinungen und Argumente mit der Leidenschaft von Personen porträtiert, die am Schluss auch noch anders votieren, als es die geführte Diskussion selbst nahe zu legen schien. Die drei Gesprächspartner repräsentieren 1. die Position einer orthodox gezeichneten Offenbarungstheologie, die den Gottesbegriff gerade in seiner Nicht-Rationalität verteidigt und voraussetzt: *Demea*; 2. die Position einer rationalen Theologie, die sich vor allem auf die argumentativ verteidigte Plausibilität des teleologischen Arguments stützt: *Cleanthes*; 3. die schillernde Position des methodischen Skeptikers, der sich bezüglich der Bestimmungen der Eigenschaften Gottes als Agnostiker gibt, in der Frage einer allgemeinen Anerkennung Gottes als erster Ursache (zur Erklärung von Ordnung und Zweckhaftigkeit der Welt) im Sinne eines deistischen[6] Denkmodells dann aber dem teleologischen Argument letztlich die Zustimmung nicht verweigert: *Philo*.

In dieser Konstellation hat Demea von Beginn an eine schwächere Position. Er missversteht zunächst die Argumente Philos, als verteidige dieser seine (Demeas) Gottesauffassung gegenüber dem rationalistischen Beweisanspruch, wie ihn Cleanthes vorgibt, und bemerkt zu spät – nach der prinzipiellen Ablehnung des Gottesbeweises „a priori" in Teil IX und nach der harten Destruktion der Theodizee in den Teilen X und XI[7] –, dass sein Bündnis mit

---

[3] D. HUME (1980) u. (1981).

[4] In: HUME (1981), 151.

[5] In: HUME (1980), XXIX. Das Problem des Anthropomorphismus löst GAWLICK im Hinweis auf KANTs Unterscheidung zwischen „dogmatischem" und „symbolischem" Anthropomorphismus, wie ihn KANT im § 57 der *Prolegomena zu einer jeden künftigen Metaphysik* bezüglich HUMEs Kritik des Theismus vorgenommen hatte (vgl. aaO. XXXVIIf.).

[6] Zum Begriif „Deismus" vgl. G. GAWLICK (1972).

[7] Vgl. HUME (1981), 120: „Halt! Halt! rief Demea, wohin läßt du dich von deiner Einbildungskraft treiben? Ich habe mich mit dir verbündet, um die unbegreifliche Natur des göttlichen Wesens zu beweisen und die Prinzipien des Cleanthes, der alles nach menschlichen Regeln und Maßstäben beurteilen will, zu widerlegen. Doch nun sehe ich, wie du mit sämtlichen Anschauungen der größten Freigeister und Ungläubigen gemeinsame Sache machst und das

Philo ein Schein und die eigenen Argumente folglich gegenüber den beiden anderen Gesprächspartnern im wesentlichen chancenlos waren: „So hielt Philo bis zum Schluß an seinem Widerspruchsgeist und seiner Kritik der geltenden Lehren fest. Doch ich konnte bemerken, daß Demea am letzten Teil des Gesprächs keinen Gefallen fand. Er ergriff kurz darauf die Gelegenheit, unter irgendeinem Vorwand die Runde zu verlassen.“[8] Diese Entfernung Demeas am Ende von Teil XI bedeutet nicht, dass Hume zuvor nicht auch in dieser Figur eigene Argumente hat vertreten lassen. Für die Schlüsselfrage der Gesamtinterpretation aber, welche der drei Positionen mit Hume selbst übereinstimme bzw. die *richtige* sei, scheidet Demea natürlich aus.

Von den Gesprächsanteilen und dem Gewicht der Argumente her gesehen ist es sicher Philo, der auf den ersten Blick der Stellung des eigentlichen Autors am nächsten stehen müsste. Doch stimmt dazu eben nicht die Schlussbewertung der Rahmenhandlung, „daß Philos Thesen wahrscheinlicher sind als diejenigen Demeas, daß jedoch die Thesen des Cleanthes der Wahrheit noch näher kommen.“[9] – Diese Einstufung zu verstehen bleibt die eigentliche Aufgabe der Interpretation, sie ist kaum mit dem Hinweis auf Humes kirchliche Rücksichtnahmen oder die philosophisch nicht ernst zu nehmende Meinung des Rahmenerzählers aus der Welt zu schaffen.[10] Insofern zählt letztlich das Gewicht der Argumente, und ihrer Eigenart soll nun nachgespürt werden. Dabei gilt die Aufmerksamkeit hier allein dem *teleologischen Argument* (also nicht dem kurz und bündig abgelehnten ontologischen oder „a priori“ Argument in Teil IX; auch nicht der Theodizee-Frage in den Teilen X u. XI) und zwar in der Weise, dass nicht die Einzelschritte seiner Verteidigung und Kritik noch einmal resümiert werden müssten[11], sondern so, dass auf die Charakteristik dessen geachtet wird, was Philo wirklich widerlegt und was nicht, bzw. was Cleanthes wirklich zu verteidigen vermag und was nicht. Dabei wird sich herausstellen – und das ist die These dieses neuen Versuchs zur Interpretation von Humes Religionsschrift der *Dialoge* –, dass Cleanthes (beginnend mit Teil III) eine zweite Fassung, also eine Variante des teleologischen

---

heilige Anliegen, für das du einzutreten schienst, verrätst. Bist du also insgeheim ein gefährlicherer Gegner als selbst Cleanthes?“

[8] Ibid. 121.

[9] Ibid. 142.

[10] Vgl. wiederum die gegensätzlichen Einstufungen durch HOERSTER, in: HUME (1981), 155 (zur Bewertung des Rahmenerzählers), und GAWLICK, in: HUME (1980), XXX (zur kirchlichen Rücksichtnahme bezüglich des von HUME erst zur postumen Veröffentlichung vorgesehenen Werkes). In dieser Frage ist wohl allein mit J. KULENKAMPFFS ([1989], 156) Kompromissformel eine Lösung erreichbar: „Wir müssen also beides sein: Philo so gut wie Kleanthes, das ist Humes Botschaft, der weder mit Philo noch mit Kleanthes, sondern allenfalls mit beiden identifiziert werden kann.“

[11] Dazu liegen moderne Fassungen von Verteidigung und Kritik bereits vor, vgl. R. SWINBURNE (1987), Kap. 8; J.L. MACKIE (1985), Kap. 8.

Arguments (von Teil II) einbringt, die dessen Geltung dem eigentlichen Angriff Philos entzieht und eine demgegenüber eigenständige, instinktive Überzeugungskraft voraussetzt. Diese Wendung soll als *pragmatistisch* im Sinne von C.S. Peirce' Spätphilosophie bezeichnet werden.[12]

B. Teleologisches Argument

Cleanthes trägt seine erste Fassung des Beweises „a posteriori", wir können diese Version des teleologischen Arguments auch das *Maschinengleichnis* nennen, in Teil II vor, und damit setzt die Sachdiskussion der Gesprächspartner zu diesem Punkt ein:

„Blick dich um in der Welt; betrachte sie insgesamt und jeden ihrer Teile. Du wirst finden, daß sie nichts anderes als eine einzige große Maschine ist, unterteilt in eine unendliche Anzahl kleinerer Maschinen, die wiederum Unterteilungen enthalten [...]. Die erstaunliche Art und Weise, wie Mittel und Zwecke in der ganzen Natur einander angepaßt sind, findet sich genauso – wenngleich nicht in einer derartig starken Ausprägung – bei den Produkten menschlicher Tätigkeit: menschlicher Planung, Erfindung, Klugheit und Intelligenz. Da also die Wirkungen einander gleichen, gelangen wir nach allen Regeln der Analogie zu dem Schluß, daß auch die Ursachen einander gleichen und daß der Urheber der Natur [the Author of Nature] dem Geist des Menschen [the mind of man] einigermaßen ähnlich ist – wenngleich er, der Erhabenheit seines Werkes entsprechend, im Besitz viel größerer Fähigkeiten sein muß."[13]

Philo bringt das Maschinengleichnis zu Beginn von Teil V auf die knappe Formel: „*Gleiche Wirkungen sind ein Beweis für gleiche Ursachen* [*Like effects prove like causes.*]"[14], und damit ist der Mechanismus des Arguments genau getroffen; aber auch seine Problematik, dass diesem *Analogieschluss* nämlich im Falle Gottes Gleichartigkeit und Ungleichartigkeit ebenso immanent sind wie die Tatsache, dass Menschen eben nur von sich und ihrer Erfahrung ausgehend, d.h. nur *anthropomorph* schließen können. Während Philo die Analogie in ihrer formalen Struktur des Rückschlusses auf eine sonst nicht erkennbare Ursache[15] keineswegs ablehnt, bestreitet er durchweg und mit

[12] S.o. Kap. I.1.

[13] HUME (1981), 24f. Die Worte in eckigen Klammern sind hier aus dem engl. Original hinzugefügt nach der Ausgabe: D. HUME (1988), 15; vgl. die engl. Gesamtausgabe: D. HUME (1964).

[14] HUME (1981), 54; (1988), 34.

[15] Vgl. zum diesem Schluss-Schema SWINBURNE (1987), 197: „Das Argument schließt aus der Ähnlichkeit zwischen zwei Phänomenen B und B* auf eine Ähnlichkeit zwischen ihren Ursachen A und A*. Angesichts der Ähnlichkeiten zwischen zwei Arten von Ordnung B und B* postuliert der Theist eine Ursache A*, die in einiger Hinsicht dem Menschen (A) ähnlich ist [...]."

einer Serie von Gegenbeispielen die Angemessenheit von Analogie und Anthropomorphismus im Falle des Verhältnisses Gott und Welt bzw. Gott und Mensch. Dieses Vorgehen entspricht dem Skeptiker, der eigene Gegenvorschläge – beispielsweise das der göttlichen Weltseele in Teil VI oder die kosmogonischen Evolutionsmodelle der Materie in den Teilen VII u. VIII – immer nur als spielerische Denkmodelle einführt, die ebenfalls mehr oder weniger wahr oder falsch sein können, die also nur die Funktion haben, Cleanthes' Beweisargument im Maschinengleichnis zu relativieren. Ohne die einzelnen Gegenargumente Philos – schon in Teil II sind es zumindest fünf Einwände gegen die Wirksamkeit der Analogie im Falle des Rückschlusses auf Gott – hier durchzugehen, kann jedenfalls festgehalten werden: Philo gelingt es, die Kraft des Maschinengleichnisses als eines plausiblen Analogieschlusses auf Gott (als die notwendig zu denkende Ursache des Universums) entscheidend zu schwächen, weil er zeigen kann, dass der Abstand (zeitlich und räumlich gesehen) zwischen dem Ursprung der Welt und unseren Erfahrungen derart riesenhaft anzusetzen ist, dass der Analogieschluss unter diesen Bedingungen nichts einbringen kann. Gott – wie immer wir ihn denken wollen – ist einfach zu weit entfernt.

Entsprechendes gilt aber keineswegs für den Einwand des Anthropomorphismus[16], denn wenn der Ausgang bei der menschlichen Erfahrung genommen werden soll und muss, so kann die anthropomorphe Vorstellungs- und Schlussbildung prinzipiell überhaupt kein Einwand, sondern sie muss notwendig der Rahmen des Vorgehens sein. Es ist Demea, für dessen Gottesgedanke der Anthropomorphismus unerträglich ist, weil Demea einerseits Gottesprädikate im Sinne traditioneller Metaphysik behauptet, andererseits deren Denkbarkeit aber ablehnt.[17] Für Philo ist der Anthropomorphismus eher ein polemischer Zusatzeinwand, der im übrigen nicht mit seinen evolutionistischen und kosmogonischen Modellvorstellungen übereinstimmt. Die Stärke von Philos Reden besteht, eher entgegen ihrer an der Oberfläche gemeinten Wirkung in der Abwehr des Maschinengleichnisses, in etwas ganz anderem: Mit seinem Insistieren auf der Differenz von Geist und Natur[18], auf der Vielfalt möglicher Ursachen bzw. Prinzipien wie „Vernunft, Instinkt, Zeugung und Wachstum"[19], mit seiner Entdeckung der Problematik von Ordnung und Zufall[20], Chaos und Ordnungsbildungen im Naturzusammenhang[21] stößt Philo

---

[16] SWINBURNE (1972), 199, hat die Schwäche von HUMEs Einwänden gegen den Anthropomorphismus als „supersimilarity fallacy" bezeichnet, d.h. der Anthropomorphismus muss nicht zwanghaft übertrieben werden, zum induktiven Analogieschluss gehört durchaus die Differenz zwischen dem, was ähnlich ist, und dem, was sich weiterhin unterscheiden lässt; vgl. auch SWINBURNE (1987), 197ff.

[17] HUME (1981), 43f., 45ff.

[18] Ibid. 50f.

[19] Ibid. 72.

[20] Ibid. 67, 89f.

auf die moderne Vorstellung einer Selbstorganisation der Materie.[22] Doch weiß er diesen evolutionistischen Gedanken weder naturwissenschaftlich noch geistig in einem Gesamtmodell aufzufangen und enthält sich, gut skeptisch, dann besser jedes Urteils in dieser schwierigen Frage: „Unsere als solche schon so unvollkommene und in Tragweite und Dauer so begrenzte Erfahrung versetzt uns nicht in die Lage, über die Gesamtheit der Dinge irgendeine Hypothese aufzustellen, die als wahrscheinlich gelten kann."[23] – Dass sich diese Situation aufgrund der wissenschaftlichen Entwicklungen inzwischen geändert hat, wird man insofern sagen dürfen, als zwar die Abstände zum Anfang des Universums makro- wie mikrokosmisch gesehen keineswegs kleiner, sondern eher infinitesimal größer geworden sind, doch ist damit die Erkenntnis des *Zusammenhangs* von Denken und Natur, von Wahrscheinlichkeit und Wirklichkeit, von instinktiver Hypothesenbildung und Wahrheit zugleich auch enorm gewachsen. In diesem Sinne ist, metakritisch zu Philo gesagt, nicht nur sein Vorwurf des Anthropomorphismus nicht mehr derart destruktiv für das teleologische Argument, wie es in den Dialogen noch erscheint, sondern auch seine Gegenbeispiele zur Analogie leben letztlich alle von einer Voraussetzung, die wir heute nicht mehr teilen müssen: Dass Natur und Denken sich letztlich fremd seien und dass die Natur selbst Distanzen zwischen ihren (uns fremden) Anfängen und der von uns erlebten Gegenwart bezeuge, wodurch es ausgeschlossen bzw. extrem unwahrscheinlich sei, über die wirklichen Ursprünge und wahren Gründe je etwas wissen zu können. Die im 20./21. Jahrhundert zumindest mit Intensität gesuchte Einheit der Natur in ihren uns gegenwärtigen Grundbausteinen und Zufalls- bzw. Ordnungsstrukturen, die Geist und Natur nicht mehr zwingend voneinander abtrennen, spricht keineswegs für Philos Sicht der Dinge. Die gegen Ende von Teil II rhetorisch gestellte Frage (und sie wäre von Philo mit „nein" zu beantworten): „Ist die Natur in *einer* Situation ein sicherer Maßstab für die Natur in einer anderen, von der ersten ganz und gar verschiedenen Situation?"[24] muss heute wohl, angesichts der entdeckten Grundkräfte und gesuchten einheitlichen Ordnungsbildungen der Natur, tendenziell mit „ja" beantwortet werden. Das gleiche gilt für Philos Frage nach der Beobachtbarkeit von Anfangszuständen: „Hast du je die Natur in einem Zustand gesehen, welcher der ersten Anordnung der Elemente gliche? Sind je unter deinen Augen Welten gebildet worden? Und war es dir vergönnt, die gesamte Entwicklung des Phänomens – von dem ersten Erscheinen von Ordnung bis zur endgültigen Vollendung – zu beobachten? Wenn ja, so laß deine Daten sehen und trag deine Theorie vor."[25]

---

[21] Ibid. 81.
[22] Ibid. 50, 69ff.
[23] Ibid. 71.
[24] Ibid. 33.
[25] Ibid. 36.

Was sich im 18. Jahrhundert wie Hybris hätte ausnehmen müssen, Beobachtungen von kosmischen Anfängen auch nur zu denken, ist heute durch Simulationen von zurückliegenden Evolutionszuständen partiell zugänglich und vorstellbar geworden. Damit aber ist Philos Skeptizismus aus generellen wissenschaftlichen Gründen (nicht nur denen der philosophischen Theologie) der Boden entzogen.

C. Pragmatistisches Argument

Cleanthes reagiert in Teil III der Dialoge auf die Einwände Philos und formuliert das teleologische Argument ein zweites Mal: Diesmal mit einer methodischen Überlegung zur Kritik des Skeptizismus eingeleitet, und diese ist es, die dazu berechtigt, hier wirklich von einer *eigenständigen zweiten Fassung des Arguments* zu sprechen, in deren Licht eben auch das daran angeschlossene Naturbild gelesen werden muss; es handelt sich offensichtlich nicht mehr um das Maschinengleichnis:

„Das erklärte Anliegen eines jeden vernünftigen Skeptikers ist es lediglich, abstruse, abseitige und spitzfindige Argumente abzulehnen, dem gesunden Menschenverstand [common sense] und den eindeutigen Antrieben der Natur [the plain instincts of nature] jedoch zu folgen und überall dort seine Zustimmung zu geben, wo ein Argument ihn mit solcher Stärke trifft, daß er ohne die äußerste Anstrengung gar nicht anders als zustimmen kann. Nun gehören die Argumente für die natürliche Religion offensichtlich in diese Kategorie; nur aufgrund einer Metaphysik der verkehrtesten, eigensinnigsten Art lassen sie sich zurückweisen. Schau dir das Auge an und zerlege es in seine einzelnen Teile; prüfe seine Struktur und seine Anlage. Und dann sag mir aus deinem eigenen Gefühl heraus, ob sich dir nicht unmittelbar, mit der Gewalt einer sinnlichen Wahrnehmung [sensation] die Vorstellung von einem Erfinder aufdrängt. Die offenkundigste Schlußfolgerung, die man ziehen kann, ist mit Sicherheit die einer absichtsvollen Erfindung [design]. Es erfordert Zeit, Überlegung und Anstrengung, jene belanglosen, wenngleich schwer durchschaubaren Einwände aufzubieten, die für den Unglauben sprechen."[26]

Dieses Argument hat Philo nirgends widerlegt, er hat darauf nicht einmal direkt geantwortet.[27] Philo bleibt dabei, die Schwächen von Analogie und Anthropomorphismus aufzudecken (Teile IV u. V), er entwickelt seine kosmogonischen Modelle (Teile VI-VIII), ist maßgeblich an der Theodizee-Dis-

---

[26] Ibid. 40f.; vgl. HUME (1988), 25.

[27] Unmittelbar in Teil III führt DEMEA das Gespräch mit CLEANTHES weiter, nachdem der Rahmenerzähler folgende Bemerkung eingeschoben hat(ibid. 42): „Hier konnte ich bemerken [...], daß Philo ein wenig verlegen und verwirrt war. Doch während er mit seiner Antwort zögerte, schaltete sich zu seinem Glück Demea in das Gespräch ein [...]." (42).

kussion (Teile X u. XI) beteiligt und macht schließlich in Teil XII die Einräumung, dass auch ihn in Sachen Religion und Teleologie der Natur der „gesunde Menschenverstand" durchaus nicht verlassen habe.[28] Damit ist keiner seiner Einwände gegen Analogie und Anthropomorphismus etwa zurückgenommen, Philo räumt in diesem Punkt nur ein, dass es bezüglich der Ordnung im Universum „*wahrscheinlich irgendeine entfernte Ähnlichkeit mit menschlicher Intelligenz*" gebe.[29] Der letzte Teil der *Dialoge* bringt also keineswegs auf der Ebene des ersten teleologischen Arguments eine Abkehr Philos von seiner Sachposition, so als bekehre er sich zum Ende wider besseres Wissen dann doch zu Cleanthes' Schlussfolgerungen. Teil XII muss vielmehr als Reaktion Philos und zwar als die seit dem zweiten teleologischen Argument in Teil III ausstehende Antwort auf die Wendung im Charakter der Diskussion verstanden werden, die Cleanthes mit seiner Neufassung des Arguments der gesamten Problemstellung gegeben hat. Dass im Verlauf der Dialoge zunächst ein anderer Eindruck entsteht, so als sei Philo eigentlich immer im Recht (was sich dann allerdings nicht mit dem Ergebnis von Teil XII zusammenreimt), kommt allein daher, dass Cleanthes selbst die zweite, die *pragmatistische* Fassung des Arguments nicht als solche thematisiert. Im Gegenteil, er verteidigt sich weiterhin auf der Ebene der Problemvorgaben von Analogie und Anthropomorphismus, worin Philo sich als eloquenter erweist, und wiederholt das pragmatistische Argument eher ungeschickt und wie eine unbegründbare Behauptung oder Beteuerung. So am Ende von Teil IV, wenn Cleanthes seinen Vorwurf gegen den Skeptiker erneuert, seine Kritik störe nur die „allgemeine Harmonie".[30] Warum dies ein metakritischer Gedanke sein könnte, wird von Cleanthes aber nicht gesagt; stattdessen gibt er sich dezisionistisch: „Ich habe eine Gottheit gefunden, und damit breche ich meine Untersuchung ab."[31] Stärker schon führt Cleanthes seine andere Diskussionsebene am Ende von Teil V ins Feld, wenn er gegen Philos übertriebene und destruktive Verzerrung des Anthropomorphismus schließlich nur noch einwenden kann:

Ich „sehe, daß du, auch wenn du deiner Phantasie die Zügel schießen läßt, die Hypothese einer absichtsvollen Planung im Universum nie abschütteln kannst, sondern bei jedem neuen Ansatz auf sie angewiesen bleibst. Auf dieses Zugeständnis nagele ich dich fest; ich betrachte es als eine ausreichende Grundlage für die Religion."[32]

Auch darauf gibt Philo keine direkte Antwort (außer dann in Teil XII), und dieser folglich unwidersprochene Satz von Cleanthes ist in mehrfacher Hinsicht bemerkenswert:

---

[28] Ibid. 122.
[29] Ibid. 141.
[30] Ibid. 52.
[31] Ibid. 52f.
[32] Ibid. 60.

(1) Er wiederholt den Einwand gegen die Skepsis, den sich Philo selbst von Beginn an zu eigen gemacht hatte: Absolute („pyrrhonische“) Skepsis sei praktisch undurchführbar und also in sich inkonsequent.[33] Es ist genau dieser Einwand, der auf die Ebene des zweiten teleologischen Arguments gehört und ihm entspricht.

(2) Cleanthes zeigt zudem, dass er nun doch die unterschiedlichen Diskussionsebenen, die inzwischen vorliegen, bemerkt: Philos Kritik funktioniert immer nur aufgrund der Voraussetzung, dass überhaupt eine konstruktive Position angeboten wird, die sich dann als schwach deklassieren lässt. Also müsste Cleanthes gar nicht weiter nach Gegengründen und Beispielen auf der Verteidigungsebene von Analogie und Anthropomorphismus suchen, sondern er könnte die Prämisse, die ja auch für Philo stillschweigend im Spiel bleibt, beim Namen nennen: Die „Hypothese“ des geordneten Universums ist offenbar nicht zu hintergehen; und mehr, als dass dies in geradezu instinktiv zwingender Weise überzeugend sei, hatte Cleanthes' zweite Fassung des Arguments auch gar nicht behauptet.

(3) Indem Cleanthes auf diesem Punkt besteht, beruft er sich nun eher auf einen existentiellen als auf einen logischen Akt, also auf genau das, worüber Philo eigentlich nicht spricht. Deshalb kann – im Rahmen der von Hume konzipierten Figuren – der konsequente Skeptiker Philo hierauf im Grunde auch gar nicht antworten.

(4) Wenn Cleanthes diesen Punkt, die immer mitspielende und also vorausgesetzte „Hypothese“, als „ausreichende Grundlage für die Religion“ bezeichnet, dann muss das keineswegs heißen, hier sei ein theologisches Minimum formuliert, mit dem kein Theismus, kein Gottesbegriff und folglich auch kein Christentum mehr zu machen sei.[34] Ein Minimalkonsens liegt nur auf der Diskussionsebene Philos bzw. des ersten teleologischen Argumentes vor, während dieselbe Einsicht auf der Ebene des pragmatistischen Arguments allein konstatiert wird, ohne dass auf dieser Basis weitere Schritte zu Darstellung und Funktion der Gott-Hypothese vorgenommen würden. Hier liegt die sachliche Grenze von Humes *Dialogen* bzw. der Position des Cleanthes.

(5) Mit dieser Wendung ist allerdings der Beweisanspruch des ersten Arguments insofern betroffen, als seine rationalistische Behauptung der Darstellbarkeit des Wesens oder der Natur Gottes erheblich einzuschränken ist. Auch darüber wird in der weiteren Diskussion nicht ausdrücklich befunden, denn diese entscheidenden Fragen bleiben eben zwischen Philo und Cleanthes in der Schwebe.

Schließlich wiederholt sich dieselbe Konfrontation am Ende von Teil VII: Philo in der Rolle dessen, der phantasievoll und unbegrenzt Einwände zu

---

[33] Ibid. 10ff.; 12: „Wie weit auch immer jemand seinen Skeptizismus in der Theorie treiben mag, er muß, das gebe ich zu, handeln, leben und sich verständigen wie andere Menschen [...].“

[34] Zu dieser Bewertung tendiert HOERSTER, vgl. in HUME (1981), 155f.

schmieden versteht; Cleanthes im Verweis darauf, dass er in seiner Sicht der Dinge, d.h. also auf der zweiten Diskussionsebene, trotzdem eigentlich im Recht ist:

„Und für mich [sc. Cleanthes] besteht kein Zweifel, daß du [sc. Philo] dich selbst im Augenblick in derselben Lage befindest und die Lösung nicht so nah bei der Hand hast wie den Einwand. Trotzdem muß dir doch klar sein, daß der gesunde Menschenverstand [common sense] wie die Vernunft [reason] ganz und gar gegen dich sprechen und daß solche Phantastereien, wie du sie vorgetragen hast, uns zwar irritieren, aber niemals überzeugen können."[35]

D. Nominalismus und Realismus

Was aber heißt dann „pragmatistisch"? Im Sinne von Peirce' Spätphilosophie des Pragmatismus bzw. Pragmatizismus[36] können die folgenden Bestimmungsstücke genannt werden:

(1) Peirce' Pragmatismus ist zu verstehen als universale (semiotische) *Bedeutungstheorie* bezogen auf die mit einer Begriffsbedeutung verbundene „Vorstellung denkbarer praktische Wirkungen".[37]

(2) Erkenntnistheoretisch gesehen schließt der Pragmatismus die eigenständige Schlussform der *Abduktion* (Hypothese, Konjektur) ein, d.h. die Schlussform, in der allein Neues für den menschlichen Geist erschließbar wird, während die Deduktion einen notwendigen, die Induktion einen wahrscheinlichen Schluss im Bezug auf schon Vorhandenes darstellen.[38] Der Gottesgedanke, wie ihn Cleanthes in seinem zweiten Argument (in Teil III der *Dialoge*) vorträgt, entspricht genau einer solchen Abduktion, d.h. einer überzeugenden Hypothese, der sich letztlich auch Philo nicht entziehen kann.

„Die Form der Folgerung ist daher folgende:
Die überraschende Tatsache C wird beobachtet;
aber wenn A wahr wäre, würde C eine Selbstverständlichkeit sein;
folglich besteht Grund zu vermuten, daß A wahr ist."[39]

(3) Die Abduktion ist deshalb allein tauglich für das Gottesargument[40], weil sie weder auf der Linie der induktiven Wahrscheinlichkeit von empirischen Proben schließt (wie die von Philo inkriminierte Analogie) noch eine deduktive Notwendigkeit im Sinne eines Beweisanspruchs proklamiert (wie

---

[35] Ibid. 76; vgl. HUME (1988), 48.

[36] S.o. Kap. I.1.C; vgl. zur Bedeutuungstheorie des Pragmatismus S. ROSENTHAL (1990), chap. 2.

[37] C.S. PEIRCE, VP, 135.

[38] Vgl. VP, 107ff.; s.o. Kap. I.2.D.

[39] VP, 129.

[40] S.o. Kap. II.6.B.

die in Teil IX kritisierte „a priori“-Argumentation), wohl aber eine enorme Überzeugungskraft mitbringt, und das zumal in den Feldern von Kunst, Lebensführung und Religion:

„Die abduktive Vermutung kommt uns blitzartig. Sie ist ein Akt der *Einsicht*, obwohl von außerordentlich trügerischer Einsicht. Es ist wahr, daß die verschiedenen Elemente der Hypothese zuvor in unserem Geist waren; aber die Idee, das zusammenzubringen, von dem wir nie zuvor geträumt hätten, es zusammenzubringen, läßt blitzartig die neue Vermutung in unserer Kontemplation aufleuchten.“[41]

(4) Die Anwendbarkeit der Abduktion auf Cleanthes' zweites teleologisches Argument ist aber vor allem dadurch gesichert, dass die abduktive Verknüpfungsfähigkeit des menschlichen Denkens nicht bloß eine psychische Zufallsbegabung darstellt, sondern allgemeinen *instinktiven* Charakter hat. Wenn Hume und Peirce von *common sense* sprechen, meinen sie die Wege des menschlichen Geistes, die nicht Produkt menschlicher Selbstkontrolle und „kritischer Logik“[42] sind, sondern dieser offensichtlich produktiv vorausliegen. Der menschliche Instinkt ist einer des richtigen Denkens; „richtig“ im Sinne der treffenden und überzeugenden Hypothesenbildung[43] – und insofern ist instinktives Denken notwendigerweise *anthropomorph*! Darin liegt gerade die nicht zu übertreffende Stärke des Gottesarguments, wie sie Cleanthes ab Teil III der *Dialoge* etwas mühsam, doch aber konstant in die Diskussion einbringt. Es ist diese Ebene, auf der Cleanthes „der Wahrheit noch näher“[44] kommt als Philo, nur dass es Hume in den *Dialogen* nicht recht gelingen will, die beiden Ebenen als solche auseinander zu halten oder zu thematisieren; es wäre dies die Differenz zwischen der Logik der Abduktion und der davon unterschiedenen Logik bzw. Analogie des Induktionsschlusses (wie sie dem traditionellen teleologischen Argument, Cleanthes' Maschinengleichnis, zugrunde liegt).

(5) Im Ganzen ist der alles entscheidende Unterschied zwischen Peirce' Pragmatismus (und seinem Gottesargument) und der neuzeitlichen Kritik, wie sie Hume vor allem durch Philo vortragen lässt, als Gegensatz zwischen *Nominalismus* und *Realismus* zu bestimmen.[45] In den *Dialogen* trifft Hume keine eigentliche Festlegung in dieser Sache, denn sein Bestehen auf der Realität von Gefühl, Instinkt und Überzeugungskraft (Cleanthes' zweites Argument)

---

[41] VP, 123.

[42] VP, 116.

[43] Vgl. VP, 117: “Wenn Sie einen Forscher fragen, warum er nicht diese oder jene tolle Theorie ausprobiert, wird er sagen: ‚Sie scheint nicht *vernünftig*.' Es ist merkwürdig, daß wir dieses Wort selten benützen, wo die strenge Logik unseres Verfahrens klar gesehen wird. Wir sagen [nicht], daß ein mathematischer Irrtum nicht vernünftig sei. Wir nennen jene Meinung vernünftig, deren einzige Stütze der Instinkt ist ...“.

[44] HUME (1981), 142.

[45] S.o. Kap. I.3.

wirkt ebenso stark wie die nominalistische Beweiskritik Philos. Erst als in Teil XII Demea, der Apologet orthodoxen (nicht-rationalen) Glaubenszwangs, nicht mehr präsent ist, kann Philo bestimmte Angriffslinien räumen, d.h. der aktuelle Grund für die Kritik der Religion waren offenbar der Dogmatismus und der „Abscheu vor dem gewöhnlichen Aberglauben".[46] Könnten Dogmatismus und Aberglaube entfallen bzw. nicht als Charakteristika wahrer Religion angesehen werden, dann wären die Religion des Herzens und die „philosophische Vernunftreligion"[47] eines, und das erst ergäbe eine wirkliche Einigung zwischen Cleanthes und Philo. Diese Einheit in der Sache setzte allerdings voraus, dass auch philosophisch der Nominalismus als Fehlform des neuzeitlichen Denkens durchschaut wäre. Peirce hat diese Differenz in einem Manuskript von 1909 wie folgt charakterisiert:

Das Denken des Nominalisten „läßt nur SINGULARITÄTEN als REALES SEIN gelten. In der Konsequenz meint *Denken* also *Vorstellen*, und der NOMINALIST versteht dies – nun gänzlich verkehrt – so, als würden ihm die in jeder Hinsicht schon bestimmten Objekte zur Betrachtung übermittelt. Demnach könnte sich kein Junge ein Pferd wünschen, außer er wünschte es sich von genau dieser Farbschattierung, genau diesem Gewicht, genau auf die Unze, das Alter und den Tag etc. etc. Wer aber anerkennt, daß es einen MODUS der EXISTENZ gibt, der analog ist zum MODUS des WISSENS und den wir ERWARTUNG nennen, das heißt: Künftige EXISTENZ; und wer anerkennt, daß es einen anderen MODUS der EXISTENZ analog zu dem des WISSENS gibt, den wir *Erinnerung* nennen, das heißt: vergangene EXISTENZ; und wer weiterhin anerkennt, daß es neben dem MODUS des SEINS, den wir EXISTENZ nennen, noch zwei weitere gibt, der eine davon ist der des Würde-Seins oder des Gesetz-Seins, der andere der des Sein-Könnens [ ]".[48]

Wird *Gott* nominalistisch als singulärer Gegenstand gedacht, so ist dieser Zugang von Beginn an selbstwidersprüchlich und jede Bestimmbarkeit ist ausgeschlossen. In diesem Sinne muss gelten: Gott „existiert" nicht (nominalistisch verstanden). Die *Realität Gottes* ist demgegenüber das eigentliche Thema der philosophischen Theologie ebenso wie der Religiosität, nur dass hier „Beweise" im Sinne eines Existenzbeweises dann eben entfallen. Das nominalistische Missverständnis muss in Abzug gebracht werden, um überhaupt wieder zu entdecken, dass es bei Gottesargumenten um Realität in einem universalen Sinn geht, der Möglichkeit, Wirklichkeit und (gesetz- bzw. regelhaft verstandene) Notwendigkeit als Prozessualität und Zukünftigkeit zusammenhält. Cleanthes war diese Sicht nicht fremd, Philo, wie er zum Schluss der Dialoge beteuert, ebenso wenig. Allerdings gelang es beiden noch nicht, in der Sachdiskussion den falschen Beweisanspruch zu vermeiden, während

---

[46] HUME (1981), 130.
[47] Ibid. 131.
[48] PEIRCE, RS, 408f. (das Zitat bricht im Original an dieser Stelle ab).

sie doch im Blick auf die Lebensführung Instinkt, Gefühl und Common Sense als Basisleistungen der Religiosität heranziehen. Die Größe des christlichen Gottesgedankens liegt eben darin, dieses Dilemma zu überwinden, und das zugunsten nicht-abergläubischer Religiosität und nicht-nominalistischer Religionsphilosophie. Cleanthes hat sich diese Einsicht in Humes *Dialogen* jedenfalls nicht ausreden lassen.

10. Zum Religions- und Wahrheitsbegriff bei William James

A. Pragmatismus: Wissenschaft und Lebenseinstellung

„*Sie* aber suchen eine Philosophie", so William James vor seinem Auditorium der ersten seiner *Pragmatismus-Vorlesungen* in Harvard 1906, „ein System, das beides miteinander verbindet: zum einen wissenschaftliche Redlichkeit gegenüber den Tatsachen [...] aber auch das altbewährte Vertrauen in menschliche Werte und die hieraus resultierende Spontaneität, sei sie von der religiösen oder von der romantischen Art."[1]

Ist diese Gegensatzstellung zwischen Faktenwissenschaft und Spontaneität berechtigt? Besteht die Problemlösung in einem Kompromiss zwischen den beiden Extremen, und welche Bedeutung hat in diesem Zusammenhang der religiöse Glaube?

In den *Pragmatismus-Vorlesungen* nutzt W. James durchgehend dieses einfache Muster des Gegensatzes: Es gibt zwei Wissenschaftsauffassungen und entsprechend zwei Persönlichkeitstypen. Die eine ist die triumphierend geradlinige der modernen Naturwissenschaften in empiristischer Tradition, hier gelten die Fakten alles und damit die Erfahrung im Geist des Experiments; und Menschen, die sich diesem Geist ganz und gar verschrieben haben, heißen „robust" („tough-minded")[2], oder, mit dem Ausdruck aus den Gifford-Lectures (1901/02), sie sind „gesunden Geistes" („healthy-minded").[3] Die andere Wissenschaftsauffassung ist die des philosophischen Rationalismus, des idealistischen Systemdenkens ebenso wie des dogmatischen Theismus im Geiste der Scholastik; und Menschen, die sich diesem Geist des Absoluten ganz und gar verschrieben haben, heißen „empfindsam" („tender-minded")[4], oder, mit dem Ausdruck aus den *Gifford-Lectures*, sie haben eine „kranke Seele" („sick soul").[5]

---

[1] W. JAMES (2001), 49.

[2] Ibid. 45; vgl. (1995), 4.

[3] W. JAMES (1997), 110; vgl. (1985), 92. – Die Unterscheidung wird in der 8. Vorlesung dann für die Religion entsprechend angewandt, vgl. (2001), 179.

[4] JAMES (2001), 45; vgl. (1995), 4.

[5] JAMES (1997), 152; vgl. (1995), 137.

Lebensgefühl und Pathos, in dem W. James diesen Gegensatz vorträgt, lassen keinen Zweifel daran, dass seine Sympathien keinem der beiden Extreme gehören, wenn auch die Bevorzugung im Zweifel eher den Erfahrungswissenschaften gilt. Insofern ist der Gegensatz nicht ganz symmetrisch, und eine gewisse Schieflage dieses Grundmusters ist auch darin zu sehen, dass wir uns mit Leichtigkeit einen „robusten" Rationalisten, Idealisten oder theologischen Dogmatiker vorstellen können, während W. James – aus Gründen seiner spezifischen Verteidigung der Religiosität! – die scholastisch-idealistische Dogmatik als traditionelle und wissenschaftsfeindliche Denkungsart mit der romantisch-sensiblen Menschengattung zusammenbringen muss. Psychologisch ist das durchaus naheliegend: Warum sollte nicht auch das härteste dogmatische System des Rationalismus im Grunde auf eine „kranke Seele" zurückgehen? Doch warum können wir uns heute, und darin ganz anders als W. James, vielleicht auch eine „empfindsame" Empirie vorstellen?

Doch zurück zu W. James' Musterbildung. Woran liegt es, dass die Faktenwissenschaften zum Ersticken lebensfremd erscheinen, während die metaphysische Tradition nur noch als bunter Vogel einer alten Zeit in Erinnerung bleibt? Es ist die für alle Menschen dominante *Lebenseinstellung*, die Empfindung der Menschen, „was uns das Leben wirklich bedeutet", oder der „Sinn für die Gesamtverfassung der Welt", die sich jenen beiden Extremen gegenübersieht und sich von ihnen nicht mehr zufriedenstellen lässt.[6] Denn „unseren Seelen Mut machen"[7] kann eine Philosophie nur dann, wenn sie weder in die gefühlsfremde Welt der Fakten noch in die abstrakte Welt eines Jenseits aller Erfahrung abgeschoben wird. Die Gegenwart – für W. James bereits um die Wende zum 20. Jahrhundert – sucht eine Vermittlung, und genau diese soll der *Pragmatismus* darstellen können. Und wozu Religion? Die Religion vertritt seit Jahrtausenden[8] den Common Sense des Trostes für jenen *romantischen* Typ von Menschen, die uns im stillen doch näherstehen als die mit den Ellenbogen und ihrer wissenschaftlichen Rechthaberei. Wenn unser Erfahrungswissen menschlich bleiben soll, muss eine solche, auch gefühlsmäßig überzeugende, Vermittlung zwischen jenen Extremen möglich werden. Woher sollte sonst noch die Lebensfreude am *Universum* kommen und der Impuls, darin vernünftig, erfahrungsgeleitet und die eigenen Überzeugungen zufriedenstellend auch zu handeln? In diesem Sinne laufen alle acht *Pragmatismus-Vorlesungen* auf die Empfehlung der überragenden Vermittlungsleistung des Pragmatismus zu, und ebenso durchgängig ist die entsprechende Bedeutung der Religiosität.

---

6 JAMES (2001), 41, 57. – E. HERMS (1991) hat seine kritische James-Interpretation in der Analyse dieses Grundgefühls verankert.

7 JAMES (2001), 42.

8 Ibid. 169: „die Brauchbarkeit des Absoluten ist durch den ganzen Gang der Religionsgeschichte des Menschen erwiesen."

Ist mit diesem Verständnis und Programm des *Pragmatismus* immer zugleich eine bestimmte Religionsphilosophie verbunden, dann steht diese auch auf dem Spiel, wenn es um die Wahrheit, d.h. um die Kritik und wissenschaftstheoretische Konsistenz dieses philosophischen Vermittlungsvorschlags im Ganzen geht.

Der *Pragmatismus*, kurz gesagt und so gefasst, wie ihn W. James 1906/07 apologetisch präsentiert, besteht in einem Doppelten: Erstens in einer philosophischen Methode, Begriffsbedeutungen dadurch zu klären, dass der praktische Nutzen des jeweils Gemeinten zum Kriterium seiner Bedeutung gemacht wird. Zweitens aber bedeutet Pragmatismus auch Praxiskontrolle im Sinne der Lebensführung. Denn die methodische Begriffsanalyse wird nicht auf theoretische Einstellungen reduziert, sondern bezieht gerade auch den praktischen Nutzen mit ein, der aus einer religiösen Weltsicht resultiert. Daran scheitert ja die „positivistische Robustheit"[9], dass sie solche Funktionen für die Lebenseinstellung nicht registrieren kann, weil ihnen keine empirischen Gegenstände korrespondieren; und auf der anderen Seite ist es gegenüber dem philosophischen Rationalismus dieselbe lebenspraktische Bedeutung, mit der der Pragmatismus sich der „Rationalität des Universums"[10] näher weiß als jedes idealistische System, dem diese Praxiskontrolle unwürdig erscheinen muss. Von Pragmatismus als philosophischem Gesamtprogramm zu sprechen schließt also gerade die Emotionalität der Menschen ein, und in dieser Perspektive liegen letztlich die „konkreten Nützlichkeiten" („concrete expediencies")[11] der Religiosität, sie ist von „hohem pragmatischem Wert".[12] Ist dies nicht – oder vorsichtiger gesagt: *wäre* dies nicht wirklich die Lösung unserer Probleme mit Wissenschaft, Weltanschauung und Lebensführung, wenn wir eine solche vermittelnde Methode zur Verfügung hätten, die auch der Religiosität ihre Anerkennung und Würde in einem weiterhin wissenschaftlich geprägten und geforderten Zeitalter zurückgeben könnte?

Der immer wieder vorgebrachte Einwand gegen diesen Pragmatismus ist naheliegend und wohlfeil: Was nützlich ist, ist noch lange nicht wahr bzw. wirklich[13]; auch ein Millionenpublikum, dem eine Medienbotschaft nützt, garantiert noch nicht deren Wahrheit. Hat W. James wirklich dergleichen vertreten?

Da ist zuerst seine ungeschützt praktische Sprache, die – zumindest für deutsche Ohren immer ein wenig anstößig – pekuniäre Metaphern nicht

---

[9] Ibid. 166.

[10] Ibid. 150.

[11] Ibid. 148, vgl. 143; (1995), 90, 86.

[12] Ibid. 111, vgl. 110.

[13] Zur entsprechend vernichtenden Kritik z.B. durch B. RUSSELL ebenso wie M. HORKHEIMER vgl. H. DEUSER (1993), 130f.

scheut. W. James spricht rücksichtslos vom „practical cash-value"[14] der pragmatischen Methode, und das gilt auch für den „cash-value" von Theologie und Religion des Absoluten: Sie liefern den Menschen Trost im Sinne eines „moral holiday"![15] Dass die Wahrheit funktionieren muss („truth is what works best") ist ebenso klar wie dass sie sich bezahlt macht („it pays").[16] Ob wir nun dem Geld diesen Praxisvorrang einräumen wollen oder nicht, auf diesem Wege wird in der Beurteilung des Pragmatismus sicher nur seine Oberfläche erreicht; und dasselbe gilt für empiristische, materialistische oder instrumentalistische Töne („true *instrumentally*")[17], solange nicht wirklich auf den Doppelbegriff von *pragmatistisch* im Sinne einer lebenspraktischen Bedeutungstheorie eingegangen wird. Was meint W. James, wenn er sagen kann, Pragmatismus sei, über seinen methodischen Charakter hinausgehend „eine genetische Theorie darüber, wie Wahrheit entsteht und was ‚Wahrheit' bedeutet"?[18]

B. Zum Wahrheitsbegriff

In den *Pragmatismus-Vorlesungen* setzt sich W. James in drei Schritten mit dem Wahrheitsproblem explizit auseinander: In einer ersten Problemanzeige in der 2. Vorlesung zum Begriff des Pragmatismus, detailliert und thematisch in der 6. Vorlesung und schließlich noch einmal in der Verteidigung des pragmatischen „Humanismus" (im Sinne F.C.S. Schillers) in der 7. Vorlesung.

(1) Pragmatismus als Methode, so die Exposition der 2. Vorlesung, empfiehlt sich als Begriffsklärung gerade auch für die alten metaphysischen Großbegriffe wie „Gott", „Materie", „Vernunft", weil der Bezug dieser Begriffe auf ihre praktischen Verwendungssituationen Bedeutungsdifferenzen liefern kann, noch bevor inhaltliche Definitionen in unnötige Abgrenzungen und theoretische Ausschließlichkeiten metaphysischer Schulphilosophien führen müssen. James übernimmt zur Illustration von G. Papini das Bild eines Korridors, von dem aus zu beiden Seiten einzelne Zimmer zugänglich werden.[19] D.h. der Korridor ist der methodisch-pragmatistische Zugang, während in den Zimmern unterschiedliche Philosophien vertreten sind, z.B. in einem der Atheismus, in einem anderen der religiöse Glaube. Die kritische Frage lautet

---

[14] (1995), 21; vgl. (2001), 64: „praktische[r] Barwert" (zusammen mit den Erläuterungen der Hg.).

[15] (1995), 29, 42; (2001), 74, 90 („moralische Ferien").

[16] (1995), 31, 84; (2001), 77, 141.

[17] (1995), 23; (2001) 67.

[18] (2001), 70f.

[19] Ibid. 65.

natürlich, wie können diese gegensätzlichen „Zimmer“ zugleich Anspruch auf Wahrheit erheben? W. James’ Antwort ist zunächst die Überlegenheit der pragmatistischen Zugänglichkeit von verschiedenen Begriffssystemen, Ideen und Hypothesen, indem diese, wie naturwissenschaftlich üblich, einer methodischen Kontrolle im Sinne ihrer praktischen Nützlichkeit unterzogen werden können. *Wahr* sind solche Ideen, Begriffe etc. dann, wenn sie in den bisherigen Zusammenhang der Erfahrung und des als wahr Erkannten *passen*, in diesem Sinne also *wahr werden.*[20] Die Konsequenz dieses prozesshaft konzipierten, methodischen Wahrheitsbegriffs ist natürlich, dass feste Absolutheiten oder „völlig objektive Wahrheit“[21] durch den Geist der modernen Wissenschaften von vornherein ausgeschlossen sind. Wahrheit wird auf den Prozess der Erfahrung bezogen und darin liegt der Sinn der pragmatistischen Methode, den Wahrheitsbegriff selbst in Bewegung zu bringen: eben als „genetische Theorie“ der Wahrheit.[22]

(2) Damit ist aber nur der Zugang, der „Korridor“, um zur Wahrheit zu gelangen, erklärt, noch nicht die Frage beantwortet, wie Atheismus und religiöser Glaube zugleich wahr sein können. *Religion* und *Gott* sind hierfür die exemplarisch schwierigsten Fragen, sie stehen klassisch im Sinne der Gottesbeweise für das menschliche, wissenschaftliche Verhältnis zu Wahrheit und Wirklichkeit überhaupt. Für W. James wiederum zunächst methodisch gesehen so, dass der Pragmatismus – im Gegensatz zu den *robusten* positivistischen Weltanschauungen – „keine *grundsätzlichen* [*a priori*] Vorurteile gegenüber der Theologie“ mitbringt. Das ist eine weitere Konsequenz des Korridor-Modells. Doch was ist es denn, das die Theologie oder den religiösen Glauben überhaupt als ein denkbares Zimmer im Haus der wissenschaftlichen Interessen angesiedelt sein lässt? Antwort: „*Wenn sich zeigt, dass religiöse* [sc. *theological*] *Ideen für das konkrete Leben einen Wert besitzen, sind sie aus pragmatischer Sicht genau deshalb und in dem Maße wahr*“.[23] Allgemeiner gesagt: „*Das Wahre ist die Bezeichnung* [sc. *the name*] *für alles, was sich im Rahmen von Überzeugungen und aus exakten, klar angebbaren Gründen als gut erweist.*“[24] Damit ist natürlich der rein methodische Sinn der Pragmatismus wenn nicht verlassen, so doch wesentlich erweitert. Denn Wahrheit und Güte sitzen offensichtlich weder selbst in Zimmern, die vom Korridor aus zugänglich werden, noch ergeben sie sich aus der Korridormethode als solcher, sondern sie qualifizieren die Zugänglichkeit von allem – aufgrund der jeweiligen Nützlichkeit und Güte für die Überzeugungsbildung

[20] Ibid. 67ff.
[21] Ibid. 70.
[22] Ibid. 70f.
[23] Ibid. 74; vgl. (1995), 29.
[24] Ibid. 75; vgl. (1995), 30.

der Menschen – im Erfahrungsprozess von Wissenschaft und Leben. Stimmt dies alles zusammen, dann kann von Wahrheit gesprochen werden.[25]

(3) Nutzen, Güte, Überzeugungsbildung [belief] und Erfahrung geben also das Geflecht, worin W. James' schlichte Formeln wie „truth is what works best"[26] zu platzieren und zu verstehen sind. Im Falle der Theologie bzw. des religiösen Glaubens aber komplizieren sich die Dinge dadurch, dass der praktische Nutzen begriffliche Bildungen für die Instanz *Gott* aus pragmatistischen Gründen ausschließen muss und allein die Trostfunktion, den „moral holiday"[27], als messbare Größe gelten lassen kann. Die empfohlene Vermittlungsleistung des Pragmatismus, rationalistische Metaphysik ebenso aufs Praktische zu korrigieren wie den rigiden Empirismus, hat zwar in der Religion ein großes Erfolgsbeispiel: Wir können den Trostwert der Religiosität als ihre praktisch wirksame Güte erfahren und damit blinden Atheismus ebenso relativieren wie dogmatische Absolutheiten. Doch diese Vermittlung wird dadurch erreicht, dass die „konkrete Realität"[28], die die religiöse Überzeugung glaubt, nicht mehr auf ihren Inhalt und Gegenstand, sondern allein auf ihren *guten Zweck* zu beziehen ist. Um im Bild der Zimmer und des Korridors zu bleiben: Theologie und Religionsphilosophie haben eigentlich gar kein eigenes Zimmer mehr, sie leben auf dem Korridor. – Doch gilt nicht dasselbe in Konsequenz auch für alle anderen Ideen, Wahrheiten und Hypothesen?

(4) W. James hat diese Frage gespürt und deshalb wiederum ganz traditionell das Wahrheitsproblem in seinen korrespondenztheoretischen Dimensionen von Realität und Denken zum Thema gemacht. Nach den bisherigen Erklärungen des „genetischen" Wahrheitsbegriffs im Erfahrungsprozess ist zwar das *Werden* der Wahrheit einsichtig, aber der gegenständliche Realitätsbezug bleibt schwierig, wenn nicht gar aufgelöst, wie es sich im Beispiel des religiösen Glaubens schon andeutete. Trotzdem geht W. James in der 6. Vorlesung (*Pragmatism's Conception of Truth*) von einem Wahrheitsbegriff als Übereinstimmung mit der Realität aus und spricht von „Verifikation".[29] Die darauf folgenden Erläuterungen lassen sich in fünf Punkten zusammenfassen:

(4.1) Unübersehbar deutlich versteht W. James unter „Verifikation" keinen empirischen Einzelnachweis, d.h. die Reduktion von Wahrheit auf den nominalistischen Einzelfall (oder den Protokollsatz über diesen) wird hier nicht konzipiert[30] und wäre auch nicht in Übereinstimmung mit der Methode des Pragmatismus als Vermittlung zwischen Empirismus und Rationalismus. Was

---

[25] Ibid. 76: „wahr ist, was zu glauben für uns besser ist, *es sei denn, diese Überzeugung kollidiert zufällig mit einem anderen vitalen Nutzen.*"

[26] (1995), 31; vgl. (2001), 77.

[27] Ibid.

[28] (2001), 77; (1995), 32.

[29] Ibid. 133.

[30] Zum Begriff des Nominalismus s.o. Kap. I.3 u. III.9.D.

aber dann? Offenbar im Anschluss an C.S. Peirce, dessen Programm-Aufsatz von 1878 zu Beginn der 2. Vorlesung ausdrücklich genannt wurde, aber offenbar auch im Anschluss an Peirce' spätere Erläuterungen der *pragmatischen Maxime*[31] in einem definitiv nicht-empiristischen Sinn (ohne dass dies von W. James hier genannt würde) wird *Wahrheit* bezogen auf die *möglichen* Handlungskonsequenzen aufgrund von wahren Überzeugungen.[32] Dies setzt voraus, dass im Prozess der Erfahrungen und Wahrheitsfindungen sich im Sinne des Common Sense[33] bestimmte selbstverständliche Wahrheiten als Überzeugungen herausgebildet haben und in Kraft stehen, gerade auch solche, die aktuell nicht gebraucht werden, aber jederzeit zum Einsatz kommen *können*. W. James ist an dieser Stelle eindeutig nicht von der Einzelverifikation abhängig, und der praktische Nutzen als Bestimmung von Wahrheit ist allein sinnvoll im Kontext von Common Sense und der dadurch beschriebenen „lohnenden Hinführung" zur Wahrheit der Dinge im Erfahrungsprozess.[34]

(4.2) Entsprechendes gilt auch, wenn W. James die „eventual verification" auf die überall vorliegenden *Regularitäten* im Erfahrungsprozess bezieht.[35] Darunter versteht er offenbar nicht Regularitäten in der Natur selbst, sondern solche, die sich wiederum im Rahmen des Common Sense ausgebildet haben und als solche gar nicht „direkt", sondern immer nur und ausreichend „indirekt" verifiziert werden. Es geht nicht um den einzelnen Fall, sondern um zusammengefasste „Arten" von Ereignissen, deren Wahrheit indirekt oder potenziell als verbürgt gelten kann. In W. James pekuniärer Metaphorik gesagt: Wir haben Wahrheit auf „Kredit".[36]

(4.3) Von „ewigen" Wahrheiten spricht W. James bezüglich „mentaler Gegenstände", der Relation von Ideen im Bereich der geistigen Abstraktionen, aber auch hier ist es der passende Zusammenhang („eine Sache des Hinführens"), der darüber entscheidet, ob solche deduktiven oder analytischen Wahrheiten produktiv zum Einsatz kommen („marriage of fact and theory").[37]

(4.4) *Realität* also setzt sich aus den bisher genannten Bestimmungsstücken zusammen, aus empirischen Fakten, abstrakten Gegenständen und Relationen. Mit dieser *Realität* überein zu stimmen („agree") bedeutet dann pragmatistisch gesprochen, in einem Prozess sich entsprechend „führen" zu lassen („being guided") – und zwar erfolgreich. Damit ist klar, dass Wahrheit nicht als die „Abbildungen" („copies") der Realität aufzufassen ist.[38] Im Den-

---

[31] Vgl. die ausdrückliche Nennung von PEIRCE in: JAMES (2001), 61; vgl. (1997), 437f.; zur *pragmatischen Maxime* s.o. Kap. I.1.C.

[32] JAMES (2001), 134f.

[33] Vgl. dazu die hier nicht weiter analysierte 5. Vorlesung, ibid. 116ff.

[34] JAMES (2001), 135.

[35] JAMES (1995), 79; (2001), 135.

[36] JAMES (2001), 136.

[37] Ibid. 137; vgl. (1995), 81.

[38] Ibid. 138; vgl. (1995), 82.

ken finden sich „Symbole" und „Namen", die immer erst im jeweiligen Prozess-Zusammenhang wirklich wahr werden können oder längst als wahr gelten. Wahrheit ist somit wiederum auf die Praxis des wissenschaftlichen und alltäglichen Erfahrungsprozesses verwiesen, also auf eine Allgemeinheit der Funktionalität zwischen Common Sense und „nützlichen sinnlichen Bestimmungen".[39] Damit zeichnet W. James die Wahrheitsfindung in menschliche Kontexte ein und formuliert wortbildend, einfühlsam und prophetisch: „All human thinking gets discursified"[40] – die Geburtsstunde der Diskurstheorie!

Dass in diesem Sinne Wahrheit sich herausbildet, ist überzeugend im Rahmen dieses Prozessbegriffs wissenschaftlicher Erfahrung. Setzt dies aber nicht immer stillschweigend eine entsprechend strukturierte Realität als Bedingung voraus, um sich überhaupt in dieser Weise des praktisch kontrollierbaren Prozesses auf sie beziehen zu können? Und kann *diese* Frage wiederum über den praktisch kontrollierbaren Prozess beantwortet werden? Dass eine Theorie „*funktioniert*", dass die Wissenschaften mit ihren ökonomischen, ästhetischen, utilitaristischen Anpassungen[41] wirklich der Wahrheit näher kommen, muss doch zumindest *auch* an der *Realität*, ihrer Produktivität, Struktur und evolutionären Kraft selbst liegen! In diesem Punkt aber bleibt W. James unklar, er kann die (aus seiner Sicht) rein für sich genommene objektive Seite der Realität nicht aus dem praktischen Verifikationsprozess herauslösen und muss deshalb gleichsam ein nominalistisches Eingeständnis machen: Die wissenschaftlich entdeckte Realität lehrt uns ein „*als ob*" über diese Realität als solche: „Der Terminus ‚Energie' gibt nicht einmal vor, irgendetwas ‚Objektives' zu bezeichnen."[42]

(4.5) W. James sind die Konsequenzen dieser Position offenbar bewusst gewesen: Wahrheit und Realität werden auf den Prozess ihrer Herausbildung verlagert, d.h. der Wahrheitsbegriff wird *pluralistisch*, d.h. entwicklungs- und korrekturfähig; alles andere gilt als veralteter, unwissenschaftlicher Rationalismus.[43] Es gibt nicht den Hunger, die Gesundheit oder den Reichtum, sondern Menschen, die hungrig, gesund oder reich sind – und so auch im Fall des Wahrheitsbegriffs. Wahr ist, was wir in diesem Zusammenhang unserer Erfahrungen zielgerichtet und erfolgreich „in the long run" herausfinden.[44] Kierkegaards Satz: „Vorwärts zu leben, aber rückwärts zu verstehen"[45], sieht W. James als Beleg seiner Wahrheitstheorie: Was früher einmal wahr gewesen ist und für wahr gehalten wurde, muss heute durchaus nicht mehr wahr

[39] Ibid. 139.
[40] Ibid.; (1995), 82.
[41] Ibid. 140.
[42] Ibid.
[43] Ibid. 141.
[44] Ibid. 143.
[45] Ibid. 144 (hier in eigener Übers. widergegeben); vgl. zum Sachzusammenhang N.J. CAPPELØRN (1975); H. DEUSER (2000), 193f. u. Anm. 13.

sein. Anders als für Kierkegaard bedeutet das „vorwärts leben" zwar auch die existenzielle Entscheidungssituation, bevor wir den Ausgang kennen, aber doch abgefedert durch das Wissen um einen Prozess, in dem „in the long run" pluralistisch immer wieder verschiedene Resultate gebildet und korrigiert werden. Wahrheit ist in diesem Kontext eine Funktion von Überzeugungen aufgrund von Erfahrung – und auf der Basis von Fakten, die selbst nichts bedeuten: „They simply *are*."[46] Natürlich kann W. James mit dem Pathos von Erfahrung, Forschung und Wissenschaft den rationalistischen Wahrheitsbegriff als den der ewigen und abstrakten und statischen Absolutheit ins Abseits stellen[47], aber einen realistischen *Grund* für die pragmatistische Wahrheitsfindung im Prozess kann er nicht mehr anführen. Es sei denn wiederum in Sachen Religion, und zwar deshalb, weil hier von einem *begründeten* „Universum"[48] gesprochen werden kann, von dessen Rationalität und Erfahrung sich gerade der Pragmatismus nicht ausschließen will.

(5) In der Verteidigung von F.C.S. Schillers *Humanismus* (7. Vorlesung), der offenbar als ein radikalisierter Kantianismus der „kopernikanischen Wende" in pragmatistischer Hinsicht zu verstehen ist[49], verweist W. James wiederum im Namen des Pragmatismus und gegen den Rationalismus ausdrücklich auf die „*Struktur der Welt* [sc. *the universe*] *selbst*".[50] Diese soll sich vom rationalistischen Monismus durch evolutionistische *Einheit* im immer unfertigen *Wachstum* produktiv unterscheiden. Im Gegensatz zu Peirce geht W. James damit keinen einzigen Schritt in Richtung auf eine *Metaphysik der Evolution*, sondern denkt den evolutionären Prozess der Wahrheitsfindung eigentlich nur gesellschaftlich, geistes- und wissenschaftsgeschichtlich.[51] Eine *Realität* als solche und von ihrer menschlich-praktischen Rezeption abgesehen bleibt – auch als Prozess, Wachstum, Evolution – unvollziehbar. Es sei denn, dass diese (aus W. James' Sicht) „absolute" Realität, „Reality with the big R" in mystisch-religiöser Weise als das *Eine*, die *empfindsamen* Menschen Tröstende aufgefasst würde.[52] Nur dann liegt auch eine „konkrete" Absolutheit vor, weil sie nämlich eine lebenspraktische Differenz zur Folge hat[53], während aus der Sicht der *robusten* Szientisten (die hier Kants Kritik des transzendentalen Ideals vertreten) dergleichen nur als „abstrakte" Abso-

---

[46] JAMES (1995), 87; (2001), 144 („sie *sind* einfach").

[47] JAMES (2001), 145ff.

[48] Ibid. 150; vgl. zur kosmologischen Interpretation von JAMES' Begriff des Universums H. DEUSER (1993), 146f.

[49] Ibid. 157. – Zu SCHILLERS „Humanismus" (1911) vgl. Text und Darstellung in E. MARTENS (1975).

[50] Ibid. 162; (1995), 100.

[51] Ibid. 162f.

[52] (1995), 101; (2001), 163.

[53] (2001), 165.

lutheit im Sinne begrifflicher Summierungen auftreten kann, denen gegenständlich gerade nichts entspricht.[54]

Auch hier muss kritisch festgehalten werden: Auf die Rückfrage nach dem Status dieser religiösen *Realität*, wie sie pragmatistisch gerade als Vermittlungsform empfohlen werden muss[55], ergibt sich wiederum, dass W. James keine Realität selbst annehmen kann, sondern nur eine, die die *empfindsamen* Menschen eben brauchen. Und sofern wir diese Realität brauchen, um das Leben nicht verkümmern zu lassen, wird uns das *eine* Universum Gottes zum *Postulat*.[56]

Es ist selbstverständlich und doch der Erwähnung wert, dass der Vater des Pragmatismus, auf den sich Schiller wie W. James berufen haben, genau diese Konsequenz weder im Wahrheits-[57] noch im Religionsbegriff geteilt, seinen Freund W. James deshalb brieflich (1905) kurz und knapp ein „Heiden" genannt und hinzugefügt hat: „Auch das Heidentum ist eine Religion, aber meiner Ansicht nach kaum besser als gar keine."[58]

C. Zum Religionsbegriff

Die Schwierigkeit in W. James' Religionsbegriff liegt also darin, dass er einerseits theologische oder metaphysische *Inhalte* der Religion dem rundum als fehlerhaft und überholt zu verwerfenden Rationalismus zurechnet, andererseits aber unter Berufung auf den *empfindsamen* Menschentyp eine Verteidigung der Religiosität betreibt, weil sie allein das vertritt, was als Einziges die Einheit der Realität – und zwar zugunsten aller und wie immer prozesshaft und pluralistisch angelegten Wahrheitsfindung – sichern könnte: „kosmisches Gefühl" („cosmic emotion").[59] Die letzte der *Pragmatismus-Vorlesungen*, die zum Thema *Religion*, hat folglich ihr einziges Problem noch darin, ob ein religiöser Glaube denkbar und praktikabel wäre, der solche *kosmische Emotion* vertritt, ohne monistisch-dogmatisch werden zu müssen. Dann wäre die

---

[54] Ibid. 164.

[55] Vgl. den Schluss der 7. und dann im Ganzen die 8. Vorlesung.

[56] Ibid. 163; vgl. ibid. 164; (1995), 102: „They (sc. the tender-minded party) must back the world we find ourselves born into by 'another and a better' world in which the eaches form an All and the All a One that logically presupposes, co-implicates, and secures each *each* without exception."

[57] Vgl. PEIRCE, RS, 358: „daß dann, wenn die WAHRHEIT darin besteht, zufriedengestellt zu werden, es sich dabei nicht um eine *tatsächlich vorliegende* Befriedigung handeln kann, sondern um eine, die letztlich auftreten *würde*, triebe man die Untersuchung bis zu ihrem äußersten und unantastbaren Abschluß voran."

[58] RS, 284.

[59] JAMES (2001), 170f.; (1995), 106.

religiöse Einheits- und Troststiftung tatsächlich als pragmatistische, d.h. wissenschaftstheoretisch notwendige, Vermittlungsleistung nachgewiesen.

Die Bedingungen dafür wären: Solcher religiöser Glaube müßte die pluralistischen Wahrheitsmöglichkeiten ebenso vertragen wie das schöpferische Werden der Wahrheit[60], das Risiko eines offenen Universums ebenso wie die verantwortliche Schöpferkraft der Menschen.[61] W. James selbst trifft seine Entscheidung für diese – gemessen an der kritisierten dogmatischen Tradition – schwächere, gemessen am Pragmatismus aber durchaus überlegenere und stärkere Glaubensform.[62] Sie ist vergleichsweise eher „moralisch" als strikt theologisch. Die Funktion des „moral holiday" wird zwar als „cosmic emotion" im Rahmen menschlicher Trostmöglichkeiten akzeptiert, eine klare Unterscheidung zwischen Moral und Religion aber ist nur schwer möglich.[63] Denn die theologische oder religiöse Hypothese eigenständig, d.h. inhaltlich und realistisch zu nehmen, dagegen stehen für W. James dann doch die empiristischen Einwände gegen Monismus und Absolutheit. Die Kritik der *robusten* Wissenschaftseinstellung und ihre Tendenz zum *Pluralismus* ist kaum widerlegbar, sich ihr in diesem Punkt zu widersetzen würde die Position des *empfindsamen* Menschentyps zum Prinzip erheben und auf eine wissenschaftlich unpassende Kultivierung des – biblisch gesprochen – „verlorenen Sohns" hinauslaufen.[64]

W. James geht also den paradoxen Schritt, dass er der Religiosität im Namen des *empfindsamen* Menschentyps und aus *kosmologischen* Gründen der Einheit der Realität Verständnis entgegenbringt, vielleicht ist sogar sagen: Verständnis entgegenbringen muss; während er aufgrund seiner Standardkritik am Absolutheitsdenken zugunsten einer pluralistisch erfahrbaren Welt und Wissenschaft die Religiosität auf ein menschliches, schöpferisches *Wagnisuniversum* hin interpretiert, das mehr Mut verlangt als der einfältigen Form des *Moral-Holiday-Prinzips* recht sein kann. Er entflieht auf diese Weise (und die Geschichte des Bekehrungsprotestantismus des 19. Jahrhunderts macht diese Option verständlich!) dem monistisch verstandenen Glaubenszwang, z.B. dem, „dass die Welt *erlöst werden muss* und auch *erlöst* [*saved*] *werden wird*", und versteht unter der pragmatistischen Kompromisslösung die Religiosität, die es erträgt, dass die Welt „*gerettet* [*saved*] *werden kann.*"[65] Dann und unter solchen Voraussetzungen können theologische Dogmatik auf der einen Seite ebenso ausgeschlossen werden wie Atheismus auf der anderen.

---

[60] Ibid. 175ff.

[61] Ibid. 178; (1995), 112: „add our *fiat* to the *fiat* of the creator."

[62] Ibid. 180f. – Bereits in den *Gifford-Lectures* wird die Kritik der traditionellen Theologie in einen neuen religiösen Glauben überführt, vgl. JAMES (1997), 439-449 (18. Vorlesung).

[63] Ibid. 179f.

[64] Ibid. 178, 180.

[65] Ibid. 173; (1995), 109.

Die religiöse Wahrheit wird riskiert und wird sich herausstellen, die dazu nötige „Theologie" bezieht sich auf eine „superhuman hypothesis" und die dazu gehörigen „various overbeliefs" und „several faith-ventures" der Menschen.[66] Dieses „MEHR" des religiösen Glaubens, dieser „Über-Glaube", wie es schon zum Abschluss der *Gifford-Lectures* hieß, braucht Gott zur Bezugnahme auf die gefühlsmäßig fundierte Kraft und Einheit des Universums; genau das verlangt mit Recht das „praktische Leben".[67]

D. Psychologie oder Philosophie der Religion?

Beide, Religions- und Wahrheitsbegriff bleiben für W. James in einer gewissen Schwebe, und diese ist erkauft durch sein Insistieren auf dem *praktischen Leben*. Dieser wahrheitstheoretisch wie theologisch gleichermaßen aufschlussreiche Schwebezustand soll abschließend in drei Punkten kritisch diskutiert werden, und dazu sind entsprechende Belegstellen aus den *Pragmatismus-Vorlesungen*, den *Gifford-Lectures* und punktuell auch aus *The Will to Believe* heranziehen.

(1) W. James möchte eine Art empirischer Reinigung des religiösen Glaubens von überholter dogmatisch-metaphysischer Theologie vorantreiben, und er befördert dies durch die Verwandlung von Theologie in die „Wissenschaft der Religionen" („science of religions"), die „sich niemals vom konkreten Leben entfernen oder in einem Vakuum von Begriffen arbeiten."[68] In diesem Sinne hat der Pragmatismus nicht nur Verständnis für den religiösen Glauben – und sei es im Extrem der *empfindsamen* Menschen, die sich „an die monistische Form von Religion halten" –, sondern in der moderaten Mischung von *empfindsam* und *robust* kann der „pluralistisch" agierende Pragmatismus selbst auch als „religiös" bezeichnet werden.[69] Warum das notwendig und auch wissenschaftlich (die Wahrheitsfrage betreffend) unvermeidlich ist, zeigt vielleicht am schönsten eine Stelle aus den *Gifford-Lectures*, wo es im Zusammenhang der philosophischen und relgionswissenschaftlichen Aufgabenstellung, nahe am „konkreten Leben" zu bleiben, über das Problem der *Wahrnehmung* heißt:

„Die Philosophie lebt von Worten; Wahrheit und Wirklichkeit jedoch überschäumen unser Dasein in einer Weise auf, die über verbale Formulierungen

---

[66] (1995), 115/116; vgl. (2001), 181ff. (die deutsche Übersetzung ist eher unscharf und vermeidet JAMES' Begriffsbildungen).

[67] JAMES (1997), 487-496; 501ff. – S.o. Einleitung C.

[68] Ibid. 448; vgl. (1985), 437 (die dt. Übers. von „science of religions" mit „Religionswissenschaft" trifft gerade nicht die ausdrücklich philosophische Intention der Problembeschreibung; vgl. die angemessene Übersetzung in der vorhergehenden Ausgabe der *Vielfalt religiöser Erfahrung*, hg. v. E. HERMS [1982], 423).

[69] JAMES (2001), 183.

hinausgeht. In jedem lebendigen Akt der Wahrnehmung ist stets etwas Glitzerndes und Funkelndes, das sich nicht einfangen lassen will und für das die Reflexion zu spät kommt.“[70]

In diesem Sinne verfehlen die berufsmäßigen „Wortsalven“ aus der „Begriffsflinte“ der Philosophen regelmäßig das Ziel der „persönlichen Erfahrung“. Der religiöse Glaube aber kann, trotz seiner dogmatischen Verirrungen, dieses Ziel niemals ganz verlieren, weil er schon aus ihm hervorgeht. Wollte W. James seinen Kritikern entkommen, müsste er eine konsequente (semiotische) Wahrnehmungstheorie[71] entwickeln, die den begrifflichen Erfordernissen genauso gerecht zu werden verstünde wie dem, was in aller Wahrnehmung *glitzert und funkelt*, begrifflich also niemals vollständig zu transportieren und doch – wegen der Konkretion persönlicher Erfahrung – auch nicht zu bestreiten ist. Das begrifflich Unaufgelöste gehört zur Wahrheitsfindung. Für W. James resultiert daraus das Motiv, den religiösen Glauben pragmatistisch zu verteidigen.

(2) Religionspsychologisch gesehen – und W. James *Wissenschaft der Religionen* ist nicht ohne Grund vor allem unter diesem Stichwort rezipiert worden – wäre zu fragen, ob gemäß den Phänomenanalysen der religiösen Erfahrung in den *Gifford-Lectures* und ganz ähnlich in der Verteidigung des *Will to Believe*[72] nicht die empirische Basis der aus der „transmarginalen oder subliminalen Region“[73] menschlichen Bewusstseins stammenden Erfahrungen zuallererst überprüft werden müsste. W. James setzt die Realitätsnähe solcher Erfahrungen offensichtlich voraus und betrachtet sie generell als nachgewiesen. Deshalb kommt es ja zum philosophisch-theologischen Problem der gegenständlich zu bestimmenden Wahrheit dessen, was W. James als „im Zustand des Vertrauens und Betens einströmenden Energie“ konstatiert.[74] Wiederum besteht die Schwebe darin, dass W. James einerseits eine quasi *supranaturalistische* Position einnehmen muss, um der Realität jener psychischen, religiösen, persönlichen Erfahrungen gerecht zu werden[75], andererseits aber den Schritt zu einer spezifischen Realitätsauffassung, die dem Supranaturalismus wissenschaftlich entsprechen könnte, nicht tut. Anstelle metaphysischer Konsequenzen, wie sie beispielsweise C.S. Peirce' *scholastischer*

---

[70] JAMES (1997), 449; s.o. Einleitung C, Anm. 44.

[71] W. JAMES hat in diesem Punkt aus C.S. PEIRCE' Pragmatizismus keine Folgerungen gezogen und die Semiotik ignoriert. In der Darstellung der Philosophie F.C.S. SCHILLERS (8. Pragmatismus-Vorlesung) lässt W. JAMES sich sogar auf die schlichte positivistische oder nominalistische Erkenntnisabfolge von Sinnesdaten, Wahrnehmungsrelationen und vorgegebenen Wahrheiten ein. Die Sinnesdaten sind wie „Mandanten“, für die wir zu sprechen haben. Der Übergang scheint gar kein Problem zu sein; vgl. JAMES (2001), 155f.

[72] Vgl. JAMES (1956); dt. (1975).

[73] JAMES (1997), 471.

[74] Ibid. 495.

[75] Ibid. 497f. – Zur kritischen Diskussion vgl. G. BIRD (1986), 176f.

Realitätsbegriff entwirft, bleibt W. James bei zirkulär wirkenden Statements wie diesem: „Gott ist wirklich, weil er etwas Wirkliches hervorbringt.“[76] Unangreifbar und vollständig zu verstehen wäre dieser Satz allein dann, wenn eine Realitätstheorie vorläge, die dem instinktiven Glauben ebenso wie dem Symbol *Gott* Realitätsstatus zuerkennen könnte. W. James möchte das eigentlich, bleibt in seinem Pragmatismus-Konzept aber bei der Beteuerung der praktischen Situation. Es gibt „overbeliefs of men, their several faith-ventures“ – das muss genügen, um den Pragmatismus *religiös*, *pluralistisch* und *melioristisch* vertreten zu können.[77] „Für das praktische Leben reicht es, die *Chance* zur Erlösung zu haben.“[78]

Dass aus dieser Position umgekehrt keine Gegenstandsbehauptungen abgeleitet werden können, zeigt am besten W. James' pragmatistischer Umgang mit dem scholastischen Problem der *Transsubstantiation*. Während scholastische Begriffe generell kritisiert bzw. der Lächerlichkeit preisgegeben werden, weil sie abstrakt, absolut, statisch und fern vom praktischen Leben konzipiert sein sollen[79], greift dieses Muster nun erstaunlicherweise gerade im Falle der Eucharistie nicht, denn hier hat der religiöse Vorgang praktische, persönliche, religiöse Konsequenzen: Eine „substance-notion [...] with tremendous effect“! Doch trotz dieses pragmatistischen Verständnisses für die praktische Situation folgt daraus für den Substanzbegriff kein realistisch-scholastisches Argument, denn „ernst genommen“ könnten dies nur die so verstehen, die „bereits aus hiervon unabhängigen Gründen an die ‚leibhafte Gegenwart' [‚real presence'] Christi glauben.“[80] Der Protestant W. James wird auch aus Gründen seines eigenen Pragmatismus nicht katholisch!

(3) Wenn also aus praktischen Folgen nicht auf die Realität eines metaphysischen Gegenstandes geschlossen werden kann, was leistet dann überhaupt das Praxiskriterium in Fragen von Religion und ihrer Wahrheit? Die Antwort liegt wiederum allein in der *persönlichen* Erfahrung bzw. in der „Gefühlsseite unseres Wesens“, wie es in *The Will to Believe* heißt.[81] Diesem Gefühl wird in der praktischen Situation *Realität* und nicht nur Wirkung zugebilligt, ohne diese Art von *Realität* allerdings unter naturwissenschaftlichen Bedingungen

---

[76] Ibid. 493. – Der metaphysischen Reflexion auf Erfahrung steht in W. JAMES' Wissenschaftsauffassung die Einheit der Erfahrung als „radikaler Empirizismus“ gegenüber, vgl. E. HERMS (1991), 86ff.

[77] JAMES (1995), 116; vgl. (2001), 182f.; s.o. Anm. 66.

[78] JAMES (1997), 503.

[79] JAMES (2001), bes. die 3. Vorlesung.

[80] Ibid. 80f.; (1995), 34.

[81] JAMES (1975), 138 (These in Abschnitt IV); vgl. engl. Ausg. (1956), 11: „our passional nature“. – Ein Nachklang dieser Schrift findet sich (neben ihrer Nennung in einem polemischen Kontext, vgl. JAMES [2001], 161) in der 8. Pragmatismus-Vorlesung, wo die Hypothese „seriously and as a live one“ aufgefasst werden soll ([1995], 112; vgl. [2001], 177), d.h. entsprechend der „echten“ und nicht bloß „intellektuellen“ „Option“ in *The Will to Believe*, ibid.

benennen zu können. Hier fehlt offensichtlich der Nachweis, dass und wie der Zusammenhang zwischen Gefühl und Wahrheitsbewusstsein gedacht werden soll.[82] W. James will diesen Nachweis auch gar nicht führen und beschränkt sich bewusst auf die praktische Seite des religiösen Glaubens, weil naturwissenschaftlich gesehen und nach Kant die theoretische Seite der Theologie zerfallen ist. In diesem Sinne hat H. Scholz den Pragmatismus verteidigt, weil diesem „metaphysischen Dilemma gegenüber" praktische Situationen eben doch entschieden werden müssen.[83]

An diesem Respekt vor der existenziellen, praktischen, gefühlsmäßigen oder wie immer empfundenen *persönlichen* Situation wird im Ernst auch niemand vorbei kommen. Dann aber ist W. James' Pragmatismus jedenfalls mehr als nur ein Zirkelschluss von den Wirkungen auf eine Realität, die als solche keinen eigenen Grund für sich hat. Allerdings bleibt bei diesem Verständnis für die Vorbehalte und Öffnungen von W. James' Philosophie gegenüber Religion – und vor allem gegenüber der Theologie – diese Schwebe wiederum einzugestehen, dass er vom religiösen Glauben eigentlich mehr erwartet und erwarten muss, als er mit den Standardmitteln seiner Philosophie zeigen kann.[84] Dass er diese Grenze und Schwebe beibehält, ist sicherlich ein Nachteil; dass er damit aber auf die Religiosität als das Andere des intellektuellen Begreifens verweist, worin zugleich für den Begriff einer realistischen Philosophie, jedenfalls für den *Pragmatismus*, eine notwendige Voraussetzung liegt, muss sozusagen als ein Mahnzeichen der Moderne beachtet und bearbeitet werden.[85]

W. James hat mit gutem Grund jeden *transzendentalen Absolutismus* als ebenso weltfremd empfunden wie jeden *kruden Naturalismus*. Dass er zugleich den Versuch eines mittleren Weges gehen will, der philosophisch so überzeugend sein wollte wie religiös respektabel, sollte ihm nicht vorgeworfen werden, auch wenn die gefundene Systematik Lücken aufweist.[86] Schließlich bleibt es dabei, dass wir vorwärts leben und rückwärts verstehen – und darüber hinaus auf diesen philosophisch ernüchternden Tatbestand immer wieder aufmerksam gemacht werden müssen. Das hat auch W. James auf seine Weise getan.

---

[82] Vgl. G.E. MYERS (1986), 470ff.

[83] H. SCHOLZ (1974), 257.

[84] Dieser Vorwurf ist F. WAGNER (1986), 250, und E. HERMS (1977), 267, 272, 278, gemeinsam.

[85] Selbst J.L. MACKIEs (1985), 323-333, Kritikwerkzeuge greifen da ins Leere.

[86] Deshalb wäre W. JAMES (von PEIRCE aus gesehen) theologisch sehr viel ernsthafter zu interpretieren. Das aber geht verloren, wenn in typisch europäischer Manier aus der religionstheoretischen Not (im Zeitalter der Wissenschaften) immer wieder die ästhetisierende Tugend einer Religiosität ohne Religion zu destillieren versucht wird, vgl. P. SLOTERDIJKs Vorwort zu W. James (1997).

11. Die Religion und die Funktion der Religiosität in John Deweys *A Common Faith*

A. Die Unterscheidung zwischen Religion und Religiosität

Der für kirchliche Theologien nach wie vor provozierende, von J. Dewey gezielt in dieser Absicht geschriebene und zugleich unverkennbar in geradezu missionarischem Sinne *aufklärende* Essay *A Common Faith*[1] soll im Folgenden in genau dieser produktiven Mehrdeutigkeit vorgestellt und interpretiert werden. Deweys Intention ist klar formuliert, und seine Religionsauffassung steht erkennbar im Kontext der besonderen nordamerikanischen Entwicklungen zwischen 1850 und 1950, ein Zeitraum, der sich wissenschaftsgeschichtlich und in seinen gesellschaftlichen Verständigungsmöglichkeiten sehr profiliert von der Situation in Deutschland unterscheidet.[2]

Dass zwischen den historischen Religionen (wie Buddhismus, Christentum, Islam, Judentum etc.) und der jeweils persönlich gelebten Religiosität einzelner Menschen und Gruppen ein Unterschied besteht, ist eigentlich selbstverständlich. Doch setzt diese Selbstverständlichkeit bereits die bewusst gemachte Erfahrung der Nichtübereinstimmung von personaler Aneignung und traditioneller Institutionalität voraus, d.h. in gewissem Sinne die Unterscheidung von Objektivität und Subjektivität in Sachen Religion.[3] Dabei dürfte es sich letztlich um eine der reformatorischen Theologie und dem protestantischen Frömmigkeitstyp eigentümliche Bewusstwerdung handeln, die die Moderne geprägt hat und die für Dewey auf der ideengeschichtlichen Basis des amerikanischen Transzendentalismus und Pragmatismus längst eine undiskutierte Voraussetzung darstellt. Andererseits aber gibt Dewey der Unterscheidung zwischen Religion und Religiosität eine besondere Auszeichnung und kompromisslose Schärfe, und erst dadurch gewinnt der Essay *A Common Faith* seinen aufklärend-missionarischen Ton.[4] Es ist diese für das

---

[1] J. DEWEY (1989). – Zur Gesamtdarstellung und Einbettung von DEWEYs Religionsphilosophie in sein Gesamtwerk vgl. S.C. ROCKEFELLER (1991), chap. 10f.; M. JUNG (2003), 75ff.

[2] S.o. Einleitung: *American Philosophy*.

[3] Vgl. H. DEUSER, Einführung (1999), § 1.

[4] Zur zeitgenössischen Diskussion zwischen traditionell theistischer Dogmatik und Agnostizismus vgl. die gründliche Darstellung bei ROCKEFELLER (1991), 452-466.

20. Jahrhundert typische und für das 21. Jahrhundert lebenswichtige Unterscheidung, die im Anschluss an Dewey zu erarbeiten und zu diskutieren ist.

(1) Das bei Dewey von Beginn an regierende Motiv für die Abhebung von „the religious" gegenüber „*a* religion"[5] ist begründet in der für ihn problematischen Beziehung jeder historischen Religion auf einen supranaturalen Gegenstand. Genauer gesagt: Was *religiös* ist, erscheint in den Religionen traditionell gebunden an diese Voraussetzung der supranaturalen Wirklichkeit.[6] Diese Voraussetzung aber wurde durch das wissenschaftliche Selbstbewusstsein der Neuzeit – jedenfalls in seinen gesellschaftlich und intellektuell dominierenden Richtungen – mit Erfolg destruiert, so dass bei bleibender Identifikation von Religiosität mit Religion beide zugleich mit supranaturalen Gegenstandsbehauptungen identifiziert würden: Der Untergang des Religiösen mit den Religionen zeichnet sich auf diesem Wege deutlich ab. Die „intellektuellen" und „moralischen Implikationen" der doktrinal, unwissenschaftlich, institutionell verfestigt auftretenden Religionen erscheinen vielen Menschen unerträglich (eine Einschätzung, die sich bis heute bestätigen lässt).[7] Soll also überhaupt etwas an solcher Religion von Bedeutung sein und bleiben, so muss es aus dem Zwangsrahmen von *Religion* als Hort von Gegenstandswahrheiten herausgelöst und in der Differenz des *Religiösen* als einer Verhaltensweise, Einstellung oder Eigenschaft gerettet und empfohlen werden. Kurz: Das „Substantiv" *Religion* wird verlassen zugunsten des „Adjektivs" *religiös*.[8]

(2) Die von Dewey markierte Differenz besteht also darin, dass *Religion* auf metaphysisch und institutionell gebundene, d.h. supranaturale Wahrheiten festgelegt wird. Dafür steht ein Begriff von „Glaube", der als Ersatz von „Wissen" fungiert und sich auf eben diese supranaturalen Wahrheiten bezieht. Das corpus entsprechender Lehrsätze gehört zur *Theologie*.[9] Die Religiosität demgegenüber bezieht sich auf „Erfahrung"[10] – doch nicht so, wie dies in bestimmten religiösen Kreisen verstanden wird: etwa als Bekehrungserfahrung, die dann als Prämisse für den Gottesbeweis eingesetzt werden kann (9f.). Auch in dieser Hinsicht greift wieder die Unterscheidung zwischen *Reli-*

---

[5] J. DEWEY (1989), 4.

[6] Ibid. 3.

[7] Ibid. 8: „I believe that many persons are so repelled from what exists as a religion by its intellectual and moral implications, that they are not even aware of attitudes in themselves that if they came to fruition would be genuinely religious."

[8] Ibid.: „I hope that this remark may help make clear what I mean by the distinction between ‚religion' as a noun substantive and ‚religious' as adjectival [...] the adjective ‚religious' denotes nothing in the way of a specifiable entity, either institutional or as a system of beliefs. It does not denote anything to which one can specifically point as one can point to this or that historic religion or existing church."

[9] Ibid. 15.

[10] Ibid. 9f.

gion und *Religiosität*, insofern Dewey zeigt, dass es zweifellos derartige Erfahrungen gibt, dass sie aber in einem theologisch-doktrinalen Sinne natürlich nur das beweisen, was im Interpretationskontext schon vorausgesetzt war. Denn dass es sich in einer solchen „Bekehrung" um Gotteserfahrung handelt, geht nicht aus der Erfahrung als solcher hervor.[11] An diesem Punkt ist Dewey den Bekehrungsanalysen, wie sie W. James in den *Gifford-Lectures* von 1901/02 geben hatte, sehr nahe. Allerdings hatte gerade W. James in der kritischen Frage nach der Wahrheit, die der erfahrenen Wirklichkeit religiöser Bekehrung und ihrer unbestreitbaren praktischen Folgen in der Lebensführung zugrunde liegen muss, hilfsweise wiederum von seinem „piecemeal-supernaturalism" gesprochen.[12] D.h. an dieser Stelle entsteht der Sache nach das Problem, einerseits übernatürliche Wirklichkeiten gemäß neuzeitlicher Wissenschaft nicht mehr akzeptieren zu können, andererseits aber an der Erfahrung selbst mehr festmachen zu müssen, als die positivistischen, materialistischen oder pur naturalistischen Standard-Weltanschauungen der *natural sciences* zulassen würden.

(3) Dewey löst dieses Problem, indem er im Unterschied zu W. James das Supranaturale nicht mehr als Ersatzbegriff für die psychologisch-pragmatistisch begründbare Extremerfahrung zulässt, sondern wiederum allein die *Funktion* des Religiösen gelten lassen will. Die Lebensführung durchgängig aufgrund religiöser Erfahrung zu ändern und bestimmt sein zu lassen, sich dem „Einströmen" („influx"[13]) des Göttlichen ausgesetzt zu finden, wird von Dewey über die moralischen und insofern *idealen* Möglichkeiten des Lebens erfasst. In ihnen zeigt sich unabdingbar die religiöse Einstellung, die sich über Stichworte wie „Ganzheit", „Imagination", „Harmonisierung des Selbst", „Universum" als weitester Möglichkeitsraum der Menschen darstellt.[14] Was der doktrinalen Religionsauffassung, die sich an supranaturale Gegenstandsvoraussetzungen bindet, nicht mehr gelingt: die emotionale und ideale Erfahrungseinheit der Menschen zu erfassen, das genau bleibt die Funktion der

---

[11] Ibid. 11: „The stable outcome is so invaluable that the cause to which it is referred is usually nothing but a reduplication of the thing that has occurred, plus some name that has acquired a deeply emotional quality."

[12] Vgl. das *Nachwort* in W. JAMES (1997), 497; s.o. Kap. III.10.D.

[13] DEWEY (1989), 14: „The limited world of our observation and reflection becomes the Universe only through imaginative extension [...]. Religionists have been right in thinking of it as an influx from sources beyond conscious deliberation and purpose – a fact that [...] throws some light upon the reference of it by William James to unconscious factors." – Zum Begriff *influx* im Kontext von Transzendentalismus und Pragmatismus, hier in den Frühschriften von C.S. PEIRCE, vgl. RS, 9 u. Anm. 2.

[14] DEWEY (1989), 14; vgl. ibid. 17: „For all endeavor for the better is moved by faith in what is possible, not by adherence to the actual." – Diese Auffassung vertritt DEWEY bereits 1929 in *The Quest for Certainty*, vgl. S.C. ROCKEFELLER (1991), 467f.; zu DEWEYs Entwicklung in dieser Frage vgl. M. JUNG (2003), 76ff.

Religiosität. Die „imaginative totality we call the Universe"[15] wird in der religiösen Erfahrung des menschlichen Selbst thematisiert. Dieser Erfahrung nicht mehr Ausdruck geben zu können, so ist Dewey zu verstehen, würde eine unsachgemäße Reduktion im Erfahrungsbegriff selbst bedeuten.

B. Die Bestimmung der Religiosität

Religiosität kann für Dewey insofern die doktrinale Religion ersetzen, als die religiöse Funktion zugleich auch erklärt, wie es zur supranaturalen Vergegenständlichung hat kommen können. Es liegt nahe, den idealen Gegenständen, die das Leben letztlich prägen, Gegenstandscharakter zuzusprechen.[16] Genau dies aber nimmt der Religiosität heute ihre genuine Kraft und verschiebt die Auseinandersetzung mit ihr auf Abstellgleise vergangener und isolierter Wissenschafts- und Weltauffassungen.[17] Entscheidend ist deshalb die Wendung: Nicht die Religion (im Sinne ihrer supranaturalen Gegenstände) ist es, die religiöse Einstellungen heraufführt, sondern wo solche ideale Einheit gelebt wird, da handelt es sich um Religiosität (im Sinne ihrer erkennbaren Funktion für alle Erfahrung).[18] Was aber, genauer gesagt, fällt unter die Funktion der Religiosität?

Zunächst ist durchweg deutlich, was nicht darunter fällt: Die Inhalte der christlichen Dogmatik (entsprechendes müsste für alle Religionen noch gezeigt werden; Dewey bleibt bei den doktrinalen Beispielen in der christlich-theologischen Tradition) werden zwar der Sache nach nicht diskutiert, also auch nicht bestritten, aber ihrer Relevanz und wissenschaftlichen Stellung nach als überholt und als Belastung empfunden: z.B. die christliche Gotteslehre (*Theismus*), die Lehre der Unsterblichkeit[19], die Erbsündenlehre, die Gefallenheit der menschlichen Natur.[20] Andererseits aber sieht Dewey z.B. in der Vorsehungslehre (*Providence*) Sicherungen gegen menschliche Überschätzung, „Omnipotenz" und „Egoismus".[21]

Worauf es also ankommt ist die *Funktion* der traditionellen Lehren bezüglich der menschlichen – natürlichen – Entwicklung. Was dieser mit autoritä-

---

[15] DEWEY (1989), 14.

[16] Ibid. 17f.

[17] Ibid. 21f.

[18] Ibid. 13: „religions [...] effect this generic and enduring change in attitude. I should like to turn the statement around and say that whenever this change takes place there is a definitely religious attitude." – Ibid. 17: „whatever introduces genuine perspective is religious, not that religion is something that introduces it."

[19] Ibid. 22.

[20] Ibid. 48. – Zu den Gründen für diese betonte Distanz z.B. zur Erbsündenlehre (im Gespräch mit R. NIEBUHR) vgl. S.C. ROCKEFELLER (1991), 486ff.

[21] DEWEY (1989), 18.

rem Absolutheitsanspruch fremd entgegensteht, ist heute nicht mehr zu vermitteln und verfällt folglich Deweys Kritik des Supranaturalen[22]; was dagegen „natürlicher Frömmigkeit" entspricht, sucht und braucht seinen religiösen Ausdruck. Eine intellektualistische Trennung des Menschen vom natürlichen Lebenszusammenhang („from the world of physical nature and his fellows") wäre eine in ihrem Wesen „unreligiöse Einstellung" überhaupt.[23] Das zeigt wiederum, dass die Funktion der Religiosität in einen offenen, wissenschaftsmethodisch verständlichen Erfahrungszusammenhang[24] gehört, der durchaus nicht in der Autonomie der Menschen gegen die Natur oder gegen das Göttliche besteht. Im Gegenteil, die religiöse Funktion lebt im respektvollen, gerade auch durch Passivität und Anpassung[25] gekennzeichneten Umgang mit den natürlichen, d.h. vorgegebenen Lebensbedingungen. So gesehen ist von Religiosität dann auch nicht mehr im Sinne der Differenz von Glauben und Wissen die Rede, sondern am Wissen und Verstehensprozess selbst ist die „Qualität des Religiösen"[26] zu orientieren; und damit kommt es zu einer genaueren Bestimmung des Religiösen:

„Jede Tätigkeit, die im Namen eines idealen Ziels, gegen Hindernisse und Drohungen persönlicher Nachteile zum Trotz und in der Überzeugung seines allgemeinen und dauerhaften Wertes verfolgt wird, ist von religiöser Qualität"; und diese zeigt sich auch ohne dass sie als solche intendiert oder bewusst dargestellt wäre „in der Vereinigung" im Selbst der Menschen „und ihren Beziehungen zu den Bedingungen ihrer Existenz."[27]

Es ist im Folgenden zu zeigen, dass diese Bestimmung der religiösen Funktion weder dezisionistisch noch subjektivistisch oder – im Sinne der deutschen und französischen Existenzphilosophie der Mitte des 20. Jahrhunderts *existenzialistisch* – aufzufassen ist. Der amerikanische Pragmatismus denkt auf spezifische Weise *naturalistisch*, d.h. erfahrungsbezogen, wodurch bestimmte metaphysische wie vitalistische Fehlformen vermieden und ethi-

---

[22] Ibid. 19.

[23] Ibid. 18.

[24] Ibid. 19: „Some fixed doctrinal apparatus is necessary for *a* religion. But faith in the possibilities of continued and rigorous inquiry does not limit access to truth to any channel or scheme of things." – Ibid. 27: „The method of intelligence is open and public. The doctrinal method is limited and private."

[25] Vgl. die Erläuterung der Begriffe *accomodation*, *adaptation*, *adjustment*, ibid. 12

[26] Ibid. 18: „Understanding and knowledge also enter into a perspective that is religious in quality."

[27] Ibid. 19: „Any activity pursued in behalf of an ideal and against obstacles and in spite of threats of personal loss because of conviction of its general and enduring value is religious in quality. Many a person, inquirer, artist, philanthropist, citizen, men and women in the humbelst walks of life, have achieved, without presumption and without display, such unification of themselves and of their relations to the conditions of existence." – S.C. ROCKEFELLER (1991), 479, erläutert diese Einheitsfunktion der Religiosität mit P. TILLICHs Begriff des „ultimate concern".

sche wie religiöse Dimensionen nicht wegreduziert, sondern neu erschlossen werden können.

C. Religiosität und der ihr korrespondierende Erfahrungsbegriff

a. Wissenschaft und Methode

Dass es überhaupt zu einem Konflikt zwischen Wissenschaft und Theologie bzw. Religion[28] in der Moderne hat kommen können, erklärt Dewey – darin ganz ein Schüler von Peirce – mit der „Revolution" im Wissenschaftsbegriff. Wissenschaftliche Autorität begründet sich nicht mehr in Instanzen, Institutionen oder festen Prinzipien, sondern allein in der Forschung selbst, zu deren *Methode* die kritische Selbstkontrolle gehört.[29] Nichts ist von der Anerkennung als Wirklichkeit und Wahrheit ausgeschlossen, was sich in diesem Verfahren als überzeugend herausstellen kann.

Ausgeschlossen sind allerdings die Methoden, die diese tendenzielle Einheit aller Erfahrung negieren zugunsten von „mystischen" Sondererfahrungen und damit „dualistischen" Wahrheitsauffassungen[30], etwa durch die Trennung in „naturale" und „supranaturale" Erfahrungsfelder.[31] Dieser Ausschluss ist allerdings dadurch legitim, dass der wissenschaftliche Methodenbegriff jedem Dualismus gegenüber als überlegen nachzuweisen ist.[32] Denn während jede dualistische Konzeption verschiedene Zugänglichkeiten von „Erfahrungen" oder überhaupt vermittelbare Erfahrung von nicht-vermittelbarer Erfahrung auseinanderhalten muss, lässt die wissenschaftliche Methode im Sinne des Peirce'schen Pragmatizismus *jede* Erfahrung zu, um daraufhin deren Bedeutung zu prüfen und zugänglich zu machen. D.h. die *Einheitlichkeit* und *Kontinuität* aller Erfahrung steht gegen die dualistische Ausgrenzung von unzugänglichen Sonderbereichen.

Angewandt auf Deweys Verteidigung der Religiosität bedeutet dies, dass er die *Idealität* des Religiösen gerade als deren reale Funktion nachweisen will. Dem Gottesbegriff oder anderen religiösen Inhalten *mehr* gegenständliche Wahrheit zusprechen zu wollen, als in ihrer idealen Funktion notwendi-

---

[28] Vgl. ibid. 22.

[29] Ibid. 23: „The mind of man is being habituated to a new method and ideal: There is but one sure road of access to truth – the road of patient, cooperative inquiry operating by means of observation, experiment, record and controlled reflection."

[30] Ibid. 24ff.

[31] Ibid. 27.

[32] Vgl. dazu PEIRCE' klassische Argumentation in der Aufsatzreihe *Illustrations of the Logic of Science* (1877/78), in: EP 1, no. 7/8; s.o. Kap. I.1.C.

gerweise schon begriffen ist, würde gerade eine Reduktion bedeuten.[33] Weil Dewey der doktrinalen Religion, d.h. der Theologie, diesen veralteten Wahrheitsbegriff unterstellt, lehnt er *Religion* definitiv als unwissenschaftlich ab und etabliert *Religiosität* als wissenschaftsmethodisch notwendiges Organ für *Imagination* und *Möglichkeit*.[34]

Der gesuchte Zusammenhang zwischen allgemeinem Erfahrungsbegriff (im Sinne moderner Wissenschaft und ihrer Auffassung von Forschung und Methode) und Religiosität ist dann erreicht, wenn gezeigt wird, dass zur Erfassung der Erfahrungswirklichkeit die Differenz von *empirisch* und *möglich* hinzu gehört; und darunter ist nicht allein die ethisch-religiöse Differenz zwischen gut und böse zu verstehen[35] (hier könnten leicht und wiederum dualistisch Sein und Sollen auseinandergehalten werden), sondern entscheidend ist der Gedanke, dass der Begriff der *Realität* ohne das spezifische Zusammenspiel von Möglichkeit und Wirklichkeit gar nicht angemessen gebildet werden kann. Dies ist es, was Dewey vor Augen hat, wenn er den konstitutiven Zusammenhang von ethischer Idealität und Wirklichkeit, von Zielgebungen und ihren faktischen Folgen[36], von kreativen Prozessen[37] und ihren Wertsetzungen als einheitlichen „natural process"[38] beschreibt.

b. Vielfalt und Einheit

Es ist also der natürliche Erfahrungsprozess selbst, an dem sich die Funktion von Idealen und Möglichkeiten zeigt. Für diesen realistischen Sinn von Kreativität will Dewey durchaus den Begriff des *Göttlichen* („the idea of the divine") reservieren[39] – und daran prallt die atheistische Kritik als im Kern eigentlich selbst „supranaturalistisch" ab.[40] Interessant ist, dass die „individuelle Entscheidung", ob und wie in einem bestimmten Sinne von „Gott" gesprochen werden soll, eigentlich aus den historischen Religionen begründet

---

[33] DEWEY (1989), 29: „The assumption that these objects of religion exist already in some realm of Being seems to add nothing to their force, while it weakens their claim over us as ideals, in so far as it bases that claim upon matters that are intellectually dubious."

[34] Ibid. 30: „An ideal is not an illusion because imagination is the organ through which it is apprehended. For *all* possibilities reach us through the imagination." – Zur religionsphilosophischen Bedeutung der *Imagination* vgl. R.C. NEVILLE (1981), part 2; (1996), chap. 2.2.

[35] Vgl. DEWEY (1989), 31: „Were existing conditions wholly good, the notion of possibilities to be realized would never emerge."

[36] Ibid. 33: „Ends, purposes, exercise determining power in human conduct [...]. Aims, ideals, do not exist simply in ‚mind'; they exist in character, in personality and action."

[37] Ibid. 34: „the process of creation is experimental and continuous."

[38] Ibid.: „When the vital factors in this natural process are generally acknowledged in emotion, thought and action, the process will be both accelerated and purified through elimination of that irrelevant element that culminates in the idea of the supernatural."

[39] Ibid.

[40] Ibid. 36.

wird und nicht als Produkt von Religiosität ausgegeben werden muss.[41] D.h. die in der kontinentalen Philosophie und Theologie übliche Subjektivierung religiöser Inhalte bis hin zum dezisionistischen Syndrom wird von Dewey gerade nicht zur Bestimmung der *religiösen Funktion* herangezogen. Kommt es zur Funktion der Einheit, besser: der *Vereinigung* („*uniting*“[42]), so ist die Vielfalt der Dinge und Zugänge vorausgesetzt, und die Kraft der *Vereinigung* kommt nicht irgendwie von außen, sondern liegt in der Entwicklung der Dinge und Konstellationen selbst. Für diese „*aktive* Relation zwischen Idealem und Wirklichem“ möchte Dewey „den Namen ‚Gott‘“ einsetzen, d.h. für einen prozessualen, natürlichen ebenso wie geschichtlichen und gesellschaftlichen Vorgang.[43] Anders als für W. James[44] muss hier keine *mystische* Sondererfahrung geltend gemacht werden, obwohl diese zum Ausdruck solcher Einheitserfahrungen durchaus auch illustrativ sein kann. Aber wiederum: Wegen der Gefahr eines vor allem Prozess schon als gegeben vorausgesetzten supranaturalen religiösen Gegenstandes will Dewey auf solche Sondererfahrungen jedenfalls in Begründungsfragen verzichten. „Einheit“ im Sinne der religiösen Funktion ist „aktiv und praktisch; es geht um eine *Vereinigung*, nicht um etwas Vorhandenes“.[45] Und dieser Prozess ist auf der Basis der modernen Wissenschaften eher als *natürlicher* denn als *mechanistischer* Vorgang anzusehen.[46] Natürlichkeit, Sinn für Möglichkeit, Emotionalität und Imagination beschreiben den Ort der Religiosität unter den Bedingungen „menschlicher Erfahrung“.[47]

D. Loyalität und Gemeinschaft

Die Revolution bezüglich der religiösen Verhältnisse der Moderne war nicht beschränkt auf die Ebene der Wissenschaften. Die entscheidende und massi-

---

[41] Ibid. 35: „Whether one gives the name ‚God‘ to this union, operative in thought and action, is a matter for individual decision. But the *function* of such a working union of the ideal and actual seems to me to be identical with the force that has in fact been attached to the conception of God in all the religions that have a spiritual content; and a clear idea of that function seems to me urgently needed at the present time.“

[42] Ibid. 35: „But in fact this union is active and practical; it is *uniting*, not something given.“

[43] Ibid. 34: „For there are forces in nature and society that generate and support the ideals. They are further unified by the action that gives them coherence and solidity. It is this *active* relation between ideal and actual to which I would give the name ‚God‘.“

[44] Im Übrigen besteht natürlich mit W. JAMES' Erfahrungsbegriff und der Auffassung der Vereinheitlichung des Vielfältigen ein beständiger und positiver Zusammenhang, vgl. W. JAMES (2001), 4. Vorlesung; s.o. Kap. III.10.

[45] S.o. Anm. 42.

[46] Vgl. ibid. 37.

[47] Ibid. 39.

vere Veränderung erkennt Dewey in den radikal umgestellten *Gemeinschaftsbedingungen*: War traditionell in der vormodernen Gesellschaftsstruktur das Individuum von vornherein bereits Teil einer religiösen Gemeinschaft bzw. Kirche, so wird jetzt zunehmend die Gesellschaft als zerlegt empfunden in Interessen- und Wirkungssphären, unter denen die Kirchen nur noch eine unter vielen anderen abdecken.[48] In der Folge wird Religion zu einer Frage der „persönlichen Wahl", während zugleich die überwiegende Zahl relevanter Lebensfragen in säkularen Kontexten zu Hause ist. Aus diesem drohenden Verlust der *Religion* durch gesellschaftliche Zergliederung möchte Dewey die *Religiosität* retten.[49] Die Unterscheidung der religiösen Funktion vom doktrinalen Kirchenglauben, wie Dewey sie aus Gründen des modernen Wissenschaftsbegriffs zunächst eingeführt hatte, kommt erst in dieser sozialen Perspektive zu ihrem eigentlichen Ernst: Im Rahmen der kirchlichen Religion scheinen sich die religiösen Inhalte, die der menschliche Erfahrungszusammenhang von Idealität und Realität gar nicht entbehren kann, respektvoll zu verflüchtigen; allein der Bewusstmachung und Ausarbeitung der *religiösen Funktion der Erfahrung*, wie Dewey sie vornimmt, könnte die Re-Integration von Religiosität in die „sozialen Beziehungen" gelingen.[50]

Um dies zu erreichen, muss auf der Gegenseite deutlich werden, dass der Supranaturalismus diese fortschrittliche Gemeinschaftsorientierung wiederum blockieren würde, gerade so wie die physikalischen Entwicklungen der Wissenschaften in der Neuzeit einmal blockiert werden sollten.[51] Das „demokratische Ideal" menschlicher Gemeinschaftsbildung[52] braucht die religiöse Funktion – und muss deshalb die doktrinale Religion als in diesem Sinne unsoziales Unternehmen verhindern. Denn zur lebendigen *Gemeinschaft* (*community*) gehört die „Imagination" der Einheit, das „Universum" im religiösen Sinne. Es ist J. Royce' Begriff der *Loyalität*, den auch Dewey einsetzt, um die praktisch wirksame, symbolische Integration von Gemeinschaftsbildung gegenüber Vereinzelung zu beschreiben.[53] Die wissenschaftlichen wie die gesellschaftlichen Beziehungen der Menschen sind solche der *community*, in der ideale Möglichkeiten im Erfahrungsprozess das Verhalten prägen und überindividuell wirksam sind. Das gilt naturwissenschaftlich ebenso wie im religiösen Leben. Dieser pragmatistische Denkzusammenhang von Wissenschaft

---

48 Ibid. 41f.

49 Ibid. 44f.

50 Ibid. 47: „The movement that has been going on for the last few centuries will continue to breed doubleness of mind until religious meanings and values are definitely integrated into normal social relations."

51 Ibid. 50f.

52 Ibid. 56f..

53 Ibid. 30; vgl. J. ROYCE (1968); (1969), bes. vol. 2, 855-1014 (chap. VII: „Loyalty, Truth, and Reality"). – Zur gegenwärtigen Diskussion des *Communitarianism* vgl. J.V. SOOSTEN (1992), 61-74; s.u. Kap. III.12.

und Methode, Gemeinschaft und Religiosität ist zudem auch dafür entscheidend, dass aus dem Aspekt des Überindividuellen nicht die Gewalt von Volksideologien resultieren kann. Wissenschaftsverpflichtung, Vielfalt und Einheit gehen nicht vergessen, wenn in dieser (pragmatistischen) amerikanischen Religionsphilosophie der Gemeinschaftsgedanke die individuellen Zielbereiche integriert. *Humanität* verdankt sich „dem Tun und Leiden im Kontinuum der menschlichen Gemeinschaft, deren Teil wir sind."[54] Ihre Idealität gehört konstitutiv zu ihrer Realität; und für ihre Einheit steht der „religiöse Glaube", der in der Lage ist, Sektenbildungen zu verhindern. Dewey möchte mit aller Kraft diesen in der Moderne längst „impliziten" *common faith* zur Rettung von Religiosität und umfassender Erfahrung „explizit" werden lassen.[55]

E. Fünf Thesen über Pragmatismus und Religiosität

a. Modernitätskritik

Dewey gilt als der Philosoph des spezifisch amerikanischen Demokratiebegriffs im 20. Jahrhundert. Seine politische Sozialphilosophie wurzelt im amerikanischen Pragmatismus, sie ist deshalb *humanistisch*, *naturalistisch* und *religiös* von Grund auf – und das als kritische Theoriebildung in pragmatischer Absicht, wie sie in der kontinentalen Philosophie desselben Jahrhunderts kaum denkbar war.[56] Ein Gegensatz zwischen human-philosophischer Utopie und gesellschaftspolitisch gegenläufiger Praxis, der erst den funkelnden Begriff des *Prophetischen* hervortreibt, gehört nicht zu den Voraussetzungen der pragmatistischen Denk- und Erfahrungszusammenhänge.

Inwiefern aber ist der amerikanische Pragmatismus – hier in der Gestalt John Deweys – nicht doch und in anderem Sinne durchaus prophetisch? Er ist es, weil die Situation der industriellen Moderne und ihrer ethisch-religiösen Orientierungskrise viel genauer erkannt wurde als in den tendenziell agnostischen und religiös eher indifferenten Weltanschauungen der kontinental geprägten Philosophien. Prägnanter gesagt: Die öffentliche Randstellung der Theologie bzw. Religiosität in Europa (blickt man auf die gesellschaftlich die Zukunft faktisch bestimmenden Kräfte) ist ein Zeichen für die Fehleinschätzung der Religion in der Moderne. Der amerikanische Pragmatismus – klassisch repräsentiert in Peirce, James und Dewey – hat demgegenüber an der konstitutiven Bedeutung des religiösen Glaubens gerade auch für die wissenschaftliche Wirklichkeitserkenntnis festgehalten.

---

[54] DEWEY (1989), 57.
[55] Ibid. 58.
[56] S.o. Einleitung: *American Philosophy*.

b. Gemeinschaft

Die Begründungskraft für Religiosität, wie Dewey sie vorführt, hat eines ihrer Zentren im Begriff der *community*: Die Gemeinschaft der Forschenden ist zugleich eine Gemeinschaft des Glaubens. Dewey hat dabei ebensoviel Kritik an den aus seiner Sicht dogmatistisch eingeengten Kirchen wie Sympathien für die Imaginationskraft des Glaubens – symbolisch repräsentiert in einer dann wahrhaft *katholischen* Kirche.[57] Peirce hat dies in gleicher Weise vertreten, und zwar deshalb, weil einerseits die Religiosität in die sozialen Symbolisierungskontexte gehört und weil sie andererseits transindividuelle Dimensionen auf eine Weise erschließt, die sonst gar nicht zum Zuge kämen und gerade von den Wissenschaften vermisst werden müssten.[58] Dass es sich in diesem Sinne um einen *metaphysischen* Begriff der *Gemeinschaft* handeln muss, ist in Peirce' Philosophie des *Synechismus* deutlicher und prinzipieller vorgetragen worden als in James' oder Deweys Versionen eines psychologisch-sozialphilosophischen Pragmatismus. In Deweys Programmatik von *A Common Faith* aber schwingt die konstitutive und damit generalisierte Bedeutung des Peirce'schen Gemeinschaftsbegriffs mit. Dass dazu gerade nicht die für Deutschland so typische Differenz zwischen *Gemeinschaft* und *Gesellschaft* eingeführt werden muss, ist ausdrücklich festzuhalten.[59]

c. Realität

Die Begründung für diese fundamentale Bedeutung von Gemeinschaft und Glaube ist allerdings bei Dewey ebenso problematisch wie bei W. James. Das liegt daran, dass beide aus dem vorliegenden Erfahrungszusammenhang eine wesentliche Aufbaubedingung derselben Wirklichkeit ermitteln wollen: nämlich die Religiosität – ohne aber die Theorie dieser Verflechtung von Erkenntnisbedingung und Gegenstandswahrnehmung zweifelsfrei vorzulegen. Das Stichwort des Pragmatismus steht für diesen Problemzusammenhang und ist nur dann wirklich zu klären, wenn mit der *Kategorien*lehre und dem metaphysischen (und dezidiert nicht nominalistischen) *Realitäts*begriff von Peirce wirklich ernst gemacht wird.[60] Die *Möglichkeit* des Glaubens ist dann zu verstehen als der Raum der schöpferischen *Ermöglichung* von Wirklichem, diese Wirklichkeit bildet sich in empirischer Gegenständlichkeit aus, und Menschen gehen mit der geistigen Prozessualität ihrer Erfahrungswirklichkeit interpre-

---

[57] DEWEY (1989), 54f.: „The transfer of idealizing imagination, thought and emotion to natural human relations would not signify the destruction of churches that now exist. It would rather offer means for a recovery of vitality [...] in different ways and with differing symbols, by the churches. In that way the churches would indeed become catholic."

[58] Vgl. PEIRCE, RS, (Nr. II.8 u. 9), bes. 215: „Je höher die Religion, desto allgemeiner [catholic]. [...] Was wir brauchen ist eine große und allumfassende [catholic] Kirche." – Zum Zusammenhang von Sozialität und Religiosität bei DEWEY vgl. S.C. ROCKEFELLER (1991), 262f.

[59] S.u. Kap. III.12.

[60] S.o. Kap. I.1 u. 2.

tierend und partiell gestaltend um. *Real* ist dann genau dieser dreigliedrige Zusammenhang von Ermöglichung, gegenständlicher Wirklichkeit und geistiger Wirkungskraft.

d. Semiotik

Es ist darüber hinaus die Peirce'sche *Semiotik*, die die erkenntnistheoretischen und ontologischen Nachweise für die konstitutive Rolle von Gemeinschaft und Glaube führt. J. Royce (Peirce' Schüler, W. James' und Deweys Kollege) hat diese Seite der Sache in einem metaphysischen Begriff der Gemeinschaft expliziert, ohne allerdings konsequent die Semiotik und Wissenschaftsklassifikation seines Lehrers zu rezipieren.[61] Klar ist aber folgendes: Wenn alle geistigen Zusammenhänge relational verfasst sind und semiotisch erläutert werden können, dann ist die Gemeinschaft der Ideen die Voraussetzung für Verstehensprozesse überhaupt; und zugänglich werden diese Prozesse – nämlich als die einer *geistigen* Gemeinschaft – nicht primär durch Einzeldaten und sog. Fakten, sondern durch die in symbolischen Interaktionen immer vorausgesetzten Zeichenformen wie Bilder, Metaphern, Gefühlsqualitäten; kurz: durch Zeichenereignisse schöpferischer Ermöglichung, für die der religiöse Glaube seine genuine Zuständigkeit, d.h. Erschließungs- und Bearbeitungsfähigkeit besitzt.

e. Religiosität und Gemeinschaft

Aus heutiger Sicht bleibt allerdings die von Peirce über W. James bis hin zu Dewey so gut wie selbstverständliche, aber der Sache nach doch problematische Differenz zwischen institutionell etablierter Religion auf der einen Seite und religiösem Glauben auf der anderen zu diskutieren. In der Tradition von Aufklärung und Empirismus ist diese polemische Unterscheidung gegenüber den wissenschaftlich als rückständig markierten Positionen der Kirchen zwar verständlich und motiviert, aber auf die Dauer nicht haltbar. Denn der gesuchte religiöse Glaube bedarf seiner eigenen Pflege und kulturellen Wachstumsbedingungen. Peirce hat auch in diesem Punkt am klarsten gesehen und – bei aller Kritik an den Kirchen – doch alles getan, um ihrer Verachtung oder Erübrigung entgegen zu treten.[62] Dass W. James und Dewey darin nicht in gleicher Konsequenz folgen konnten, liegt keineswegs an einer weitergreifenden Entwicklung zur Säkularität, sondern an theoretischen Defiziten im Blick auf Semiotik und Realitätsbegriff. Die Bedeutung des Pragmatismus – und

---

[61] S.o. Anm. 53. Vgl. zu den Begriffen *Loyalty* und *Beloved Community* die Einleitung von J.E. SMITH, in: J. ROYCE (1968), 32ff.

[62] S.o. Anm. 58; vgl. vor allem RS, 218: „Zweifellos hängt an den historischen Kirchen eine Menge Aberglaube; doch Aberglaube ist der Schmutz auf dem ehrwürdigen Fußboden des heiligen Gebäudes, und wer diesen Fußboden aufwischen will, der muß bereit sein, für diese Arbeit im Raum der Kirche auf die Knie zu gehen."

das nicht nur im Blick auf den Zusammenhang von Pragmatismus und Religiosität – ist daran zu messen, wie weit die metaphysischen Initiativen von Peirce vergessen oder aufgenommen wurden.

Es ist dieser letzte Aspekt, der wahrhaft *prophetisch* genannt zu werden verdient: die philosophische und zugleich theologisch relevante Kritik des säkularistischen Modernismus, die einer unverkrampft begriffenen Moderne zugute kommen kann. Deweys Philosophie der ebenso naturalen wie religiösen Erfahrung und Peirce' Philosophie des *Fallibilismus* finden ihre allgemeinste Bedeutung im Geist der Gemeinschaft der Menschen: „Wahrheit ist die Frucht freier Forschung und einer Gelehrigkeit gegenüber den Tatsachen, sofern diese uns immer wieder dafür bereit machen sollen, zuzugestehen, daß wir uns irren, und entdecken zu wollen, daß wir Fehler gemacht haben.“[63]

[63] PEIRCE, RS, 248 („Religion und Politik“, 1895).

12. Ist *Gemeinschaft* ein metaphysischer Begriff?

A. Metaphysik, Erfahrung, Realismus

Wenn im Folgenden von *Metaphysik* gesprochen wird, so ist darunter im Anschluss an C.S. Peirce eine Wissenschaftsdisziplin im Blick auf *Erfahrung* zu verstehen.[1] Sie unterscheidet sich von den anderen Wissenschaften allerdings dadurch, dass sie nicht an ausgegrenzten Experimenten, sondern an Alltagsphänomenen gewonnen wird, und diese erscheinen deshalb sehr viel schwerer zugänglich, weil wir sie nicht mehr in ursprünglicher Weise wahrzunehmen gewohnt sind. Diese phänomenologische oder *realistische* Auffassung von Metaphysik könnte als „neoklassisch" oder „neometaphysisch" von der Tradition des antiken oder mittelalterlichen Begriffs unterschieden werden[2]; entscheidend aber ist, dass diese älteren Vorstellungen als historische Vorformen des erfahrungswissenschaftlichen Begriffs von Metaphysik verstanden und entsprechend kritisch interpretiert werden. Der neu gefasste Begriff hat die modernen Naturwissenschaften dezidiert zur Voraussetzung, nicht etwa zum Gegner:

„Jede Wissenschaft entdeckt Dinge, die jenseits der Reichweite direkter Beobachtung liegen. Weder ist Energie sichtbar noch die Anziehungskraft aufgrund von Gravitation, der Flug der Gasmoleküle, der Lichtäther, die Wälder der Kohlenstoffära, die Explosionen in Nervenzellen Es sind allein die Voraussetzungen der Wissenschaft, die wir direkt beobachten, nicht ihre Konklusionen. Selbst die Metaphysik, sogar die schlechte, beruht tatsächlich auf Beobachtungen".[3]

Wird in dieser Weise von Metaphysik gesprochen, so ist darin Folgendes impliziert:

(1) Unterschieden wird *nicht* in der Weise, als gäbe es einerseits *science*, die sich auf nachprüfbare Sinnesdaten berufen kann und in Theorien möglichst praktikable Gesetzeshypothesen formuliert, und andererseits (traditio-

---

[1] Vgl. PEIRCE, RS, Nr. II.13.

[2] Zur Kosmologie und Metaphysik von A.N. WHITEHEAD, für die C. HARTSHORNE die Charakterisierung „neoklassisch" eingeführt hat, vgl. I.U. DALFERTH (1992), 153ff., 192ff.

[3] RS, 250.

nelle) Metaphysik „in einer beklagenswert rückständigen Verfassung“[4], die sich auf Gegenstände jenseits menschlicher Erfahrung bezöge.

(2) Metaphysik als *realistische* Erfahrungswissenschaft hebt den, gerade in der europäischen Theologie üblichen, doppelten Erkenntnisweg einer erfahrungsgeleitet-natürlichen und einer supranaturalen Erkenntnis auf.[5]

(3) Insofern ist es auch überflüssig, eine eigene *supranaturale* Gegenständlichkeit anzunehmen. Der Dualismus zwischen *empirischer* und *metaphysischer* Welt erbringt keinen Erkenntnisgewinn.

(4) Als *metaphysisch* gelten folglich Generalisierungen aufgrund von Erfahrungen, so wie in Peirce' kategorialer Semiotik Phänomene der *Drittheit* analysierbar werden. Begriffe höchster Allgemeinheit (wie Zeit, Raum, Möglichkeit, Wahrheit etc.) in ihrem Realitätsgehalt zu bestimmen ist Aufgabe der Metaphysik.[6]

(5) Im *System der Wissenschaften* ist die Metaphysik damit nach der Phänomenologie und den drei normativen Wissenschaften (Ästhetik, Ethik, Logik) die dritte Hauptdisziplin[7], d.h. Kategorienlehre und Semiotik gehen ihr voraus.

Diese Begriffsbestimmung macht verständlich, warum überhaupt gefragt werden kann, ob es sich bei *Gemeinschaft* um einen metaphysischen Begriff handelt. Wenn nämlich die Erfahrung zeigt, dass Menschen nicht auf ihre „enge Persönlichkeit“ beschränkt, sondern vollständig erst verstanden sind im Bezug auf das „Leben, das in der Wahrheit allen Seins wurzelt“, dann sind überindividuelle, geistige Strukturen vorausgesetzt und zu analysieren. „Damit dies geschieht, braucht es die Begründung und den Bezug auf eine bestimmte und öffentliche Erfahrung.“[8] Eine dieser Erfahrungen ist der Ziel- und Idealbegriff der menschlichen Gemeinschaft, und im Folgenden soll in einer Skizze ihres Begriffs gezeigt wird, wie dessen europäische Vorgeschichte in der *American Philosophy* zu einer neuen Durchdringung und Prägung geführt hat.[9] Vier Stufen oder Dimensionen lassen sich hervorheben: der *logisch-metaphysische* Begriff der Gemeinschaft (κοινωνία) seit Platon, der *sittlich-soziale* (φιλία) seit Aristoteles, der *metaphysisch-kosmologische* (civi-

---

[4] RS, 249.

[5] Vgl. THOMAS V. AQUIN, Summa contra gentiles I.3; C.H. RATSCHOW (1966), §§ 15/16. – W. JAMES (s.o. Kap. III.10) hat interessanter Weise die supranaturale Erkenntnis mit der rationalen (traditionellen) Metaphysik identifiziert und als Wissenschaft abgelehnt, andererseits aber als Erfahrungszugang im Namen der *empfindsamen Religiosität* partiell wieder zugelassen.

[6] S.o. Kap. I.1.A; vgl. PEIRCE, CP 6.6.

[7] Vgl. PEIRCE' Klassifikation der Wissenschaften, in: SS 2, 190ff. – Diesen genannten philosophischen Disziplinen ist allein die Mathematik noch vorgeordnet, vgl. M. GRÜNEWALD (1994), 105ff.

[8] RS, 248.

[9] S.o. Einleitung: *American Philosophy*, u. Kap. III.11.C.

tas) seit Augustin und der *transzendental-ontologische* (Organismus) seit Schleiermacher.

B. Gemeinschaft: logisch-metaphysisch

Aus Anlass der Frage, in welcher Weise *Ruhe* und *Bewegung* in ihrer Entgegensetzung doch zugleich *Seiendes* bezeichnen, stößt die Diskussion in Platons *Sophistes* auf die zwingende Unterscheidung und Gemeinschaftsbildung von Begriffen: Ruhe und Bewegung haben offensichtlich zugleich Anteil am Seienden, sind zu betrachten im Hinblick auf ihre „Gemeinschaft [κοινωνία] mit dem Sein", obwohl sie trotzdem gegenseitig unterscheidbar bleiben.[10] Der Begriff der *Gemeinschaft* führt hier also zu Gattungsunterscheidungen[11], wodurch sich begriffliche Zuordnungen erst herstellen lassen. Die eigentliche *logische* Arbeit muss dann darin bestehen, die jeweiligen Zuordnungsmöglichkeiten genau anzugeben, während sich die *metaphysische* Analyse darauf richtet, aufgrund der Gemeinschaftlichkeit der begrifflichen Zusammenhänge ihren möglichen ontologischen Implikationen nachzugehen. Hierzu gibt es zwei extreme Antwortrichtungen: Die metaphysische Bestimmung der platonischen Ideen könnte im einen Extrem ganz bestritten und auf die logische Analyse reduziert werden, d.h. eine Idee wäre nichts anderes als der logisch-operativ notwendige Rückgang auf ideal anzunehmende Grundbegriffe, rein theoretisch angenommene „Objekte": wie in der Geometrie der ideale Kreis oder das Dreieck[12]; im anderen Extrem müsste der höchsten Idee zugleich höchste Realität zukommen, und die Angemessenheit aller Begriffe wäre nach ihrer (abgestuften) *Gemeinschaft* mit diesem höchsten Begriff erst richtig bestimmt.

Wie Platons Ideenlehre letztlich aufzufassen ist, muss hier nicht entschieden werden. Im *Sophistes* geht die Argumentation jedenfalls dahin, dass, zusammenfassend gesagt, dreierlei gezeigt werden kann:

(1) Wenn „die Begriffe ihrer Natur nach Gemeinschaft miteinander haben"[13], ergibt sich überhaupt erst die Möglichkeit der gattungsmäßigen Zuordnung, so dass zwischen Seiendem, Ruhe, Bewegung, Identität und Differenz[14] wirksam unterschieden werden kann.

(2) Unter dieser Voraussetzung der *Gemeinschaft* von Begriffen lässt sich zeigen, dass der Gedanke des *Nichtseins* durchaus keine Paradoxie in Verbin-

---

[10] Sophistes, 250b, in: PLATON, Werke Bd. 6, 336f. – Vgl. die Kurzdarstellung bei M. RIEDEL (1974), 240.

[11] Ibid. 254b.

[12] Vgl. J. MITTELSTRAß (1985), 46f.

[13] Sophistes, aaO. 257a.

[14] Ibid. 254e-256b.

dung mit dem Begriff des *Seienden* heraufbeschwört, so als müsste *Nichtsein* wie ein *Etwas* gedacht werden, was doch zugleich negiert würde. Die Negation eines Seienden ist eine Differenz am Seienden, sozusagen eine relative Verneinung, keine absolute.[15] D.h. die *Gemeinschaft* der Begriffe ermöglicht es, die Teilhabe des Negierten am Seienden zu denken.[16]

(3) Wäre es anders, würde das bedeuten, „alles von allem absondern zu wollen"[17], es entstünde das absurde Bild einer Welt, in der nichts mehr zusammenhinge; und schlimmer noch, solche Trennung aus Prinzip wäre das Ende der *Rede* (λόγος) und damit das Ende der Philosophie![18]

C.S. Peirce wird in ganz analoger Gedankenführung seine Philosophie des *Synechismus* bzw. des *Kontinuums* verteidigen[19], und der ontologische Rang der *Ideen* wird demgemäß weder im Extrem ihrer nominalistischen Reduktion auf bloße Theoriemodelle[20] noch im Extrem der Etablierung einer höchsten Wirklichkeit des Seienden selbst bestehen, sondern im allein erfahrungsmäßig *und* metaphysisch zugänglichen Zwischenfeld der real wirksamen Bedeutung von allgemeinen Begriffen; semiotisch gesprochen in der realen Gesetzes- bzw. Verhaltensbedeutung von *Interpretanten*.[21]

C. Gemeinschaft: sittlich-sozial

Aristoteles' Lehre von der *Freundschaft* (φιλία) steht unter zwei Voraussetzungen seiner Ethik: Erstens des deskriptiv erhobenen Grundsatzes, alles Handeln beziehe sich zuletzt auf ein Ziel, nämlich das Gute, das „um seiner selbst willen" erstrebt wird[22]; und das ist ethisch gesehen das *Glück* als gelingendes Leben. Zweitens unter der Voraussetzung der Lebens-, Handlungs- und Rechtsgemeinschaft der *Polis*, jenes natürlichen Zusammenhangs, in dem allein vom Menschen in angemessener Weise gesprochen werden kann: „denn der Mensch ist von Natur bestimmt für die Gemeinschaft [πολιτικόν]".[23]

Die Ethik bestimmt folglich gar nicht das Gute als solches, sondern sie sucht die optimalen Realisierungen dieser letzten Zielbestimmungen im Rahmen der (politischen) Gemeinschaft: Das Allgemeine zeigt sich am Einzelnen

[15] Ibid. 257b-258e.
[16] Ibid. 259a.
[17] Ibid. 259d-e.
[18] Ibid. 259e-260a.
[19] S.o. Kap. I.2.D.
[20] S.o. Kap. I.3.
[21] S.o. Kap. I.1.B.
[22] ARISTOTELES, Nikomachische Ethik (1979), I.1 (1094a), I.5 (1097a-b).
[23] Ibid. I.5 (1097b).

– so wie die Heilkunst des Arztes dem einzelnen Kranken gilt, so soll sich das Gute als gelingendes, glückliches Leben des Einzelnen realisieren.[24]

Die *Freundschaft*[25] ist nun insofern ein ausgezeichneter Fall dieser zugleich auf den Einzelnen wie auf die Gemeinschaft bezogenen Ethik, als an dieser besonderen Beziehung aufgrund von Liebe (als Zuneigung und Wohlwollen) gezeigt werden kann, warum es für die *sittliche* Realisierung notwendig ist, *sozial* zu sein. Die Analyse der Freundschaftsbeziehungen setzt unter den ethischen Bedingungen der Polis alle natürlichen und rechtlichen Bindungen des gesellschaftlichen und politischen Zusammenlebens voraus, also z.B. die Eltern-Kind-Beziehung ebenso wie die von Geschäftspartnern. Das Spezifische der Freundschaft aber wird erst dann bestimmbar, wenn aus den drei Gründen jeder Handlungsorientierung: dem Guten, dem Nutzen und der Lust[26], die wiederum dominierende Rolle des *Guten um seiner selbst willen* die Unterordnung von Nutzen und Lust entschieden hat. Das lässt sich in folgenden Schritten demonstrieren:

(1) Es gibt Freundschaftsbeziehungen um der Lust willen, es gibt solche um des (gegenseitigen) Nutzens willen, die wahre und höchste Form aber – die Lust und Nutzen nicht aus-, sondern einschließt – ist die Freundschaft der *Guten um ihrer selbst willen*[27], d.h. ihr Ziel liegt nicht mehr außerhalb ihrer selbst. Freundschaft ist nur dann, wenn das Gute und das Glück zugleich die Gegenseitigkeit und die Zielbestimmung dieser Beziehung auszudrücken vermögen, Freundschaft im höchsten Sinne des Begriffs.

(2) Warum aber das (sittlich) Gute und das Glück nur *in Beziehung*? Aristoteles ist diese Sozialität aufgrund der Voraussetzung der Polis eigentlich selbstverständlich, und so verteidigt er zuerst auch nur, dass das konkrete *Zusammenleben* gerade auch für diese höchste Stufe der Realisierung des Guten und des Glücks nicht ausfallen dürfe. Der allgemeine Grund dafür liegt aber in der gegenseitigen Bedingtheit von *Gemeinschaft* und *Freundschaft*[28], genauer: Aus der ethischen Voraussetzung der Sozialität in der Polis folgt deren besondere Realisierung in der Freundschaft.[29]

(3) Wegen der höchsten Zielbestimmung des Guten aber ergibt sich die Freundschaft nicht nur als natürliche Ableitung aus den Gemeinschaftsbedingungen, sondern sie ist deren Inbegriff: Denn die φιλία ist als letzte und entscheidende Integration von Lebenszielen in der Freundschaft das *Menschliche um des Menschlichen willen*.[30] Denn allein in dieser Zielbestimmung kann

---

[24] Ibid. I.4 (1097a).
[25] Ibid. VIII u. IX; vgl. M. THEUNISSEN (1965), 492f.
[26] Ibid. VIII.2 (1155b).
[27] Ibid. VIII.6 (1157b).
[28] Ibid. VIII.11 (1159b). – Vgl. M. RIEDEL (1974), 242f.
[29] Ibid. VIII.11 (1160a); VIII.13f. (1161b).
[30] Ibid. IX.4 (1166a).

sich das eigentlich Menschliche, die rationale (*dianoetische*) Fähigkeit der Einsicht wirklich selbst erfassen und lebendig darstellen.[31]

(4) Erst jetzt ist die Folgerung wirklich zwingend, dass gerade die höchste Form von Gemeinschaft, die Freundschaft nämlich, gar keine Realisierung besäße, bliebe der einzelne Mensch mit seinem Glück allein. So wie es das Wesen der Polis ist, Gemeinschaftsformen zu ermöglichen (aus denen sie ja besteht), so ist es das Wesen der Freundschaft, das höchste Gut und Glück des Menschen nicht in Einsamkeit, sondern im konkreten Zusammenleben darstellen zu können.[32]

Auch zu diesem Modell ist zu notieren, dass die hier vorgelegte sittlich-soziale Vermittlungsleistung der Liebe sich in gewissem Sinne in Peirce' Begriff der „evolutionären Liebe" (*Agapismus*) wiederfinden wird.[33] Die deskriptive Ethik bei Aristoteles braucht auf den ersten Blick allerdings keine metaphysische Generalisierung, und der platonische Begriff der *Idee des Guten* wird konsequent und ausdrücklich kritisiert.[34] Den Inbegriff des realisierten gelungenen Lebens in der Freundschaft als Gemeinschaft zu fassen ist aber doch mehr als eine bloße Beschreibung vorhandener Sozialität. Nicht nur die Verbindlichkeit der Liebe für die Gemeinschaft, sondern auch deren Entwicklungsfähigkeit zur andauernden Realisierung von Zwecken müsste untersucht werden, wenn *Gemeinschaft* als Prinzip von Realität überhaupt verstanden werden soll.

D. Gemeinschaft: metaphysisch-kosmologisch

Augustins spätes Hauptwerk *De civitate dei*[35] entsteht zu einer Zeit, als das römische Reich nach der Eroberung Roms durch die Westgoten (410) dem Zusammenbruch nahe ist. Weder die antike Polis noch der römische Staat, wie er sich in Stadt und göttlichem Kaiser repräsentierte, können seither unbefragt als rechtliche, gesellschaftliche, staatliche Voraussetzungen von Sittlichkeit und Sozialität gelten. Dieser Verlust an Selbstverständlichkeit ist ein großes Motiv in Augustins Geschichtsbild der beiden *civitates*; seine Apologie des Christentums gegenüber dem Vorwurf, es habe zum Niedergang Roms entscheidend beigetragen, ein zweites; und ein drittes Grundmotiv ist natürlich die späte Gnadenlehre[36], der gemäß Verwerfung und Rettung, Verloren-

[31] Ibid. IX.4 (1166a); vgl. X.7 (1178a).

[32] Ibid. IX.9 (1169b).

[33] Zu PEIRCE' Kosmologie und Begriff der Liebe vgl. NZ, Nr. 7 („Evolutionäre Liebe", 1898); RS, Nr. II.6; H. DEUSER (1993), 77ff.; s.o. Kap. II.5.C, Anm. 74.

[34] Vgl. ARISTOTELES, aaO. I.3-5 (1096a-1097a).

[35] Zur AUGUSTIN-Forschung und zur Interpretation dieser Schrift vgl. U. DUCHROW (1983), Kap. II; K. FLASCH (1980); J. KREUZER (1995).

[36] Vgl. die beispielhafte *philosophische* Interpretation bei J. KREUZER (1995), 42-54, 139.

heit und Lebenssinn, Schuld und Vergebung aller Menschen vom ewigen Ratschluss des biblischen Gottes in seiner kirchlichen Repräsentanz abhängig gemacht werden.

Augustins Geschichtsbild steht in dieser unmythologischen Nüchternheit, mit der er die menschliche Geschichte in ihrer Verfallenheit diagnostizieren muss, am Beginn nicht nur des europäischen Mittelalters, sondern des europäischen Geistes überhaupt. Die Geschichte und die Gemeinschaft der Menschen bedeuten eine Bewährung in der Zeit, aus der keine philosophische oder theologische Selbsttranszendierung mehr erlöst.[37] In der historischen und sozialen Gegenwart sind nämlich die beiden *civitates* (die *civitas terrena* und die *civitas dei*)[38] miteinander verflochten, und zu welcher *Gemeinschaft* die einzelnen Menschen zu zählen sind bzw. sich selbst zählen, das ist jedenfalls nach äußeren Daten und aufgrund menschlicher Tätigkeit und Einsicht nicht mehr unmittelbar abzusichern. Die Entscheidung über die soziale Zugehörigkeit (*civitas*) und Wahrheit des eigenen Lebens rückt damit einerseits als göttliche in eine äußerste Ferne, sie geschieht andererseits aber unter tendenzieller Freisetzung und Nähe der weltlichen Verantwortungsspielräume, die selbst wiederum im universalen Horizont der beiden – sich in Wahrheit gegenseitig ausschließenden – *civitates* stehen. Dieser Entscheidungshorizont ist zugleich *kosmologisch* wie *metaphysisch* (im neu-platonisch/ christlichen Sinn) vorzustellen und zu analysieren:

(1) Mythologisch gesehen, d.h. in konsequenter Aufnahme der biblischen Schöpfungserzählungen und damit in bewusster Korrektur gegenüber den antiken philosophischen und manichäisch-religiösen Traditionen, sieht Augustin die beiden *civitates* begründet in der Differenz der *Engel des Lichts* und der *Engel der Finsternis*, die wiederum auf die Scheidung von Licht und Finsternis (Gen 3,4) zurückgeführt wird.[39] Gottes gute Schöpfung (Gen 1, 31) ist folglich von einem Widerspruch gezeichnet, der als solcher nicht direktes Produkt dieser Güte sein kann. Insofern ist keine *causa efficiens* für den Ursprung des Bösen auszumachen, und der Ort, an dem trotzdem dieses Problem erfahrungsmäßig demonstrierbar ist, ist der *Wille*.[40] Sich von der ursprünglichen Gotteszugehörigkeit ab- und der (ontologisch niederen) Eigenmächtigkeit zuzuwenden, in diesem *Willensentscheid* liegen sowohl die Richtung der

[37] Vgl. KREUZER, 44: AUGUSTIN ist „das antike Ideal des Weisen, der im Aufstieg zum Intelligiblen [...] sich selbst zum ‚Kunstwerk' bedürfnislosen Glücks wird, ebenso abhanden gekommen [...] wie der plotinsche Transzendenzoptimismus."

[38] Vgl. ibid. 133f.; 121: „Die Aporie des Geschichtlichen besteht in der Verwobenheit beider in dieser ‚Weltzeit' (saeculum). ‚Geschichte' ist der Text der Geschichten beider."

[39] AUGUSTINUS, Vom Gottesstaat (1991), XI.7 u. XI.9; XI.32 u. XI.33.

[40] Ibid. XI.33; XII.7.

Affekte wie die kollektive Zugehörigkeit zur „sancta societas" bzw. der Abfall von ihr beschlossen.[41]

(2) Zwischen Engeln und Menschen besteht nun der Unterschied, dass nach dem Sündenfall zunächst *alle* Menschen als dem bösen Willen unterworfen zu gelten haben, durch Gottes Gnade aber die erwählten Menschen dann am Ende der Zeiten zu den Engeln des Lichts gezählt werden.[42] Bis dahin aber kommt es in der geschaffenen Welt zum Misch- und Bewährungszustand, in dem die *civitas dei* innerhalb der *civitas terrena* aus menschlicher Perspektive verborgen und uneindeutig auftritt. Aus Gottes Perspektive hat sich die Wahrheit der *civitas dei* – seit der Erschaffung des Menschen und dem folgenden Sündenfall – der Menschheitsgeschichte in einer Weise ausgeliefert, dass an dieser realen Geschichte prinzipiell, überall und ständig der Kampf zwischen Wahrheit und Falschheit, Gut und Böse, wahrem Glück und falschem Glück abgelesen werden kann. Das von Augustin vorgelegte Muster der beiden *civitates* impliziert insofern eine Wahrheitstheorie, als die Einsicht in die Doppelung der beiden gegensätzlichen *civitates* selbst wiederum nur aus der Wahrheit der *civitas dei* stammen kann, d.h. die christliche Philosophie Augustins braucht die kosmologische Metaphysik der beiden *civitates* um der Wahrheitserkenntnis willen.

(3) Zu dieser möglichen Wahrheitserkenntnis des Menschen gehört auch der Aspekt, dass im Unterschied zur Erschaffung der Tiere in Gattungen der Mensch zunächst als Einzelwesen in die Geschichte eintritt; allerdings ein solches, das von Beginn an auf Gemeinschaft, Geselligkeit, Eintracht hin angelegt war.[43] Deshalb gehört zum Menschen (aus der Perspektive der *civitas die*) wesentlich die Herkunft aus und Tendenz auf *Einheit* unter den Bedingungen der *Vielheit* („unitas in pluribus"[44]): Eine von Natur aus doppelsinnige Gemeinschaftsbildung[45], in der nicht der einzelne Mensch gegen die Gemeinschaft gedacht wird – oder umgekehrt, sondern die in Adam typologisch versammelte *conditio humana* ist wesentlich zweifach im Blick auf die paulinische Gegenüberstellung *secundum carnem* und *secundum spiritum*, d.h. trotz aller menschlich-gesellschaftlichen Vielfalt kann es wesentlich nur diese zwei *Gemeinschaften* geben.[46] Diese Doppelung ist ausschließend wie Wahrheit und Falschheit, sie entspricht der Willensentscheidung *secundum hominem*

[41] Ibid. XII.6; XIV.6; XII.9. – Die entscheidende Differenz zu I. KANTs Analyse des „radikal Bösen" als seiner Herkunft nach ebenso unbegründbar, doch aber beschreibbar als Umkehrung der obersten „Maximen" (vgl. *Die Religion innerhalb der Grenzen der bloßen Vernunft*, A 29ff., Werke Bd. 7, 684f.), ist darin zu sehen, dass für KANT eine ontologische Kollektivzuordnung in der primären moralischen Sicht gerade nicht in Frage kommen kann.

[42] Ibid. XII.22f.

[43] Ibid. XIV.1; XII.22.

[44] Ibid. XII.23.

[45] Ibid. XII.28.

[46] Ibid. XIV.1.

und *secundum Deum*[47] bzw. der zwischen *amor sui* und *amor Dei*.[48] Gemeinschaftskonstitutiv ist demnach das Wahrheits- oder Unwahrheitsverhältnis, und nur in diesem Zusammenhang stellt sich die Frage nach dem einzelnen Menschen: Ob er oder sie mit ihrer willentlichen Relationsbestimmtheit, ihrem affektiven Leben und ihrer Zielorientierung auf sich selbst fixiert oder der menschlich nicht verfügbaren Wahrheit gegenüber aufgeschlossen bleiben.

(4) Sicherlich hat Augustin selbst, darin zeitbedingt und apologetisch, diese Gegenüberstellung oft mit dualistischen Tendenzen belastet: zwischen dieser (schlechten) Welt und der jenseitigen (guten) Welt, zwischen Teufel und Gott etc. Entscheidend aber ist, dass Augustin sich zu einer biblisch-kosmologisch und neuplatonisch-metaphysisch konzipierten Gegenüberstellung durcharbeitet, die weder die natürliche Welt als solche abwerten kann (was biblisch ausgeschlossen ist[49]) noch die faktische Geschichte – auch nicht die der Kirche – mit der *civitas dei* identifiziert.[50] Das menschliche Diesseits wird dementsprechend völlig illusionslos analysiert[51], die *vita socialis* und *humana societas*[52] sind aus sich selbst des eigentlichen Glückes und Friedens nicht fähig[53], aber das Schlechte und Falsche wird erkannt am Guten und Wahren.[54] Die menschlichen Gemeinschaftsformen geraten deshalb durch die kosmologisch-metaphysisch konzipierte Doppelung der beiden *civitates* in eine Wahrheitsperspektive, die von der *civitas dei* her gesehen das realistische Maß der weltlichen und menschlichen Verhältnisse nicht mehr überschätzen lassen sollte – wenn diese Perspektive des Guten und des Friedens nur eingehalten werden könnte! Die Spur der richtigen Perspektive, d.h. der wahren Gemeinschaft, ist die klare Unterscheidung von *uti* und *frui*: In den menschlichen Gemeinschaftsformen (im Haus, in den Gesellschaften, im Staat) sind alle Dinge pragmatisch zu *gebrauchen* (*uti*), gelten aber nicht um ihrer selbst willen; dieses *Genießen* (*frui*) gilt allein um der Wahrheit willen und gehört zur

---

[47] Ibid. XIV.4.

[48] Ibid. XIV.28.

[49] Die Fehlerhaftigkeit des Natürlichen kommt allein über den Willen zustande (vgl. XII.1 u. XII.3); auch die Affekte sind nicht als solche verwerflich (XIV.9); und trotz der deutlichen Lustfeindschaft des späten AUGUSTIN insistiert er biblisch korrekt auf der leiblichen Auferstehung – auch der Frauen (XXII.17). – Vgl. zur kritischen Lektüre AUGUSTINs bei KREUZER, 134ff., und im Sinne dieser kritischen Lesart E. BLOCH (1967), 589: „Augustin dagegen setzt wieder etwas wie neue Erde. Dadurch eben kann seine Transzendenz utopisch sein, denn sie verflicht sich mit der produktiven Hoffnung *menschlicher Geschichte*, hat darin Umgang, Gefahr und Triumph, nicht, wie die pure Transzendenz, bereits Entschiedenheit, also Fixum. Folglich ist civitas Dei bei Augustin nur als Stein des Anstoßes und höchst bedrohte Vor-Erscheinung präsent: als Utopie ist sie erst am Ende der bisherigen Geschichte."

[50] Vgl. U. DUCHROW (1983), 264ff.

[51] AUGUSTINUS, ibid. XIX.4.

[52] Ibid. XIX.5.

[53] Vgl. „beatitudo finalis" ibid. XIX.10; zu „pax" und „aeterna vita" in XIX.11.

[54] Ibid. XIX.13.

civitas dei.[55] Wie Aristoteles die Freundschaft als Gut um ihrer selbst willen bestimmen konnte, so Augustin die *civitas dei* – und sie allein! Die Erkenntnis der Wahrheit *dieser* Gemeinschaft ist in jeder Weise erfahrungsgesättigt, und doch ist sie nicht einfach aus den empirisch-historischen Gegebenheiten ableitbar.

Welcher Einsichten dieser kosmologisch-metaphysischen Konzeption im Übergang von antiker zu christlicher Philosophie erscheinen gültig? Die doppelte Gemeinschaftsperspektive ist fundiert in Augustins Entdeckung der Geschichte zwischen schöpferischem Beginn und göttlichem Ende. Hatten die antiken Kreislauflehren (des Kosmos und seiner Geschichte) die göttliche Souveränität gerade dadurch sichern wollen, dass zwischen Gott und seiner Schöpfung, zwischen Anfang und Ende keine Unterschiede aufgrund von wirklicher Entwicklung denkbar sein konnten[56], so stellt Augustin dieser zyklischen Kosmologie das Argument entgegen: Gott allein müsse und könne so gedacht werden, dass ihm alles – auch das *Unbegrenzte* und *Neue* – erfassbar sei und zugleich die Ordnung der Dinge bewahrt bleibe.[57] Die Schöpfung am Anfang wird zum Inbegriff der realen Möglichkeiten, die Natur und Körperwelt, d.h. reale Geschichte und ihre Entwicklung, ebenso einschließt wie die Welt des Geistes. Wenn von Gott das geschichtlich Neue nicht fernzuhalten ist, sondern zu seinem Begriff gehört, dann eröffnet das Ende der Geschichte erst die volle Wahrheit. In diesem Sinne vertritt die *civitas dei* die wahre Gemeinschaft der (kosmologisch-metaphysischen) Perspektive Gottes, die im Prozess der *civitas terrena* ihre konfliktstarke Gegenwart erfährt. Das Jenseits und Ende der Zeit in der *wahren Gemeinschaft* ist der unmythologische Blick auf die Leiden der Gegenwart und ihren Mangel an Gelingen und Wahrheit.[58]

---

[55] Ibid. XIX.17; vgl. KREUZER, 127f.

[56] Ibid. XII.18. – Zu AUGUSTINs kritischer Geschichtstheorie vgl. K. FLASCH (1980), 395ff.; KREUZER, 120ff.

[57] Ibid. XII.19; vgl. (1955), 375,28-30: „profecto et omnis infinitas quodam ineffabili modo deo finita est, quia scientiae ipsius inconprehensibilis non est." – XII.21; vgl. (1955), 378,88-379,91: „Si autem et haec nouitas ab ordinatione prouidentiae non excluditur [...]: possunt fieri noua, quae neque antea facta sint nec tamen a rerum ordine aliena sint."

[58] Zur Kritik an AUGUSTINs tendenzieller Trennung (trotz biblischer Schöpfungstheologie) der *Ewigkeit Gottes* von der bloßen *Zeitlichkeit der Welt* vgl. DUCHROW, 304ff. – In KREUZERs dazu gegenläufiger Interpretation wird unter dem Stichwort der „präsentischen oder proleptischen Eschatologie" (ibid. 123, 142ff.), gerade die Würde der Endlichkeit als „Unwiederbringlichkeit geschichtlichen Daseins" (123) herausgearbeitet, wofür die Perspektive der *civitas dei* entscheidend ist: „Die Rede von den ‚zwei Bürgerschaften' bzw. Gemeinschaften stellt zwei Blickweisen auf ein- und dieselbe ‚Geschichte' dar. Die ‚Bürgerschaft Gottes' unterscheidet sich durch den Maßstab der Selbstreflexion des eigenen, geschichtlichen Tuns von der ‚anderen'" (127). Zu fragen ist, ob diese präsentische Eschatologie allein durch den Verlust der philosophischen Kosmologie und Metaphysik der Moderne begründet ist und ob bzw. wie diese Interpretation gültig bleibt, wenn der evolutionäre Sinn moderner Kosmologie – verbunden mit einem gegenüber Augustin veränderten Metaphysikbegriff – wieder entdeckt wird."

Gibt es eine solche Sozialität eschatologischer Wahrheit ohne Kosmologie? Diese entscheidende Frage wird in Peirce' evolutionärer Metaphysik wieder aufgenommen, in der der (naturwissenschaftliche) Entwicklungsbegriff der Moderne mit dem kategorial begründeten Dreischritt von Anfang, Ende und Gegenwärtigkeit verbunden werden kann; ein Denken, dessen semiotisch-trinitarische Struktur[59] keine mythischen Welten zur Begründung heranziehen muss, den mythischen Common Sense und seine anthropomorphe Kraft aber auch nicht zwanghaft wegzurationalisieren braucht.

E. Gemeinschaft: transzendental-ontologisch

Schleiermachers *Ethik (1812/13)*[60] gründet auf der Unterscheidung der beiden Grundwissenschaften Ethik und Physik – und sieht beide noch einmal ununterschieden begründet im „absoluten Wissen".[61] Diese letztere Herkunft der Einheit und Unterscheidung der Wissenschaften aus Schleiermachers *Dialektik* soll als *transzendentale* Voraussetzung bezeichnet werden, die Aufteilung der Wirklichkeit bezüglich der beiden Grundwissenschaften ist der *ontologische* Sinn von Schleiermachers Ethik: Was *wirklich ist* – in der zugleich problematischen wie vorgegebenen Zuordnung von Vernunft (Aspekt: Ethik) und Natur (Aspekt: Physik) – kann immer nur als schon *Gewordenes* oder ausstehendes *Werden* betrachtet werden, als *Prozess* einer *organischen Ganzheit.*[62] Der diesem ausdrücklich nicht deontologisch, sondern deskriptiv verfahrenden Ethik-Konzept zugrunde liegende Begriff der *Gemeinschaft* ist mehrdeutig und muss im Zusammenspiel mit den Grundsatzentscheidungen dieses Modells präzisiert werden:

(1) Schleiermacher benutzt den logisch-metaphysischen Sinn des Gemeinschaftsbegriffs[63], wenn er den realen Gegensatz von Vernunft und Natur in „Gemeinschaft mit dem Absoluten vermittelt" sieht.[64] Zwischen der transzen-

---

[59] S.o. Kap. II.5.

[60] F. SCHLEIERMACHER (1990).

[61] Ibid. 7f. Nr. 20f. u. Nr. 24-30.

[62] Ibid. 9f., Nr. 39: „Die Vernunft wird in der Natur gefunden und die Ethik stellt kein Handeln dar, wodurch sie ursprünglich hineinkäme. Die Ethik stellt also nur dar ein potenzirtes Hineinbilden und ein extensives Verbreiten der Einigung der Vernunft mit der Natur, beginnend von dem menschlichen Organismus als einem Theil der allgemeinen Natur, in welchem aber eine Einigung mit der Vernunft schon gegeben ist." Ibid. 10, Nr. 41: „Was sie darzustellen hat, ist also eine Reihe, davon jedes Glied besteht aus gewordener und nicht gewordener Einigung". – Vgl. M. MOXTER (1992), 198ff.

[63] S.o. Abschnitt *B*.

[64] Ibid. 13, Nr. 63. – Zum Problem der Unterscheidung eines (vorkritisch) metaphysischen und eines transzendental-handlungstheoretischen Denkens bei SCHLEIERMACHER vgl. MOXTER, 79, 86ff., 196.

dentalen Voraussetzung der Einheit und der faktischen Gegensatzstellung im Werden von differenzierter Einheit gilt die Gemeinschaftsordnung von Ursprünglichkeit und Abbild, von innerem Impuls und Erscheinung, von Kontinuität im Verschiedenen, von Einzelnem im Allgemeinen etc.[65]

(2) Das genuine Kontinuum der Ethik aber ist das des tatsächlichen „Zusammenseins der Vernunft mit der Natur" als Geschichte.[66] Hier den Vorgang lebendiger Verhältnisse angemessen zu beschreiben verlangt die Innenansicht von Gemeinschaftsbildungen. Schleiermacher zentriert seine beschreibende Ethik um den Begriff des *Organismus*: Das Ineinander von Natur und Vernunft ist die Definition des *organischen Ganzen*[67], d.h. es sind die lebendigen Gemeinschaftsformen (Freundschaften, Geselligkeiten, Familie, Nation, Staat, Kirche), in denen natürliche Bedingungen zweckhaft gestaltet werden – und als solche Gestaltungen wiederum ihre Bedingungen prägend verändern. Dieses Wachstum ist *organisch* zu verstehen, und fundierend dafür ist der Gemeinschaftsbegriff in seiner durchaus aristotelischen Tradition.[68]

(3) Allerdings implizieren die in dieser Weise organisch beschriebenen Gemeinschaftsformen zugleich auch mehr als ihren jeweils vorhandenen Bestand. Der *Zweck* der jeweiligen *Organisation*[69] ist ein Ganzes, nicht nur eine Sammlung, ein „Aggregat" von Vielem, sondern die *Totalität*.[70] Damit zeigt der Gemeinschaftsbegriff seine quasi objektive, institutionelle, vorgeordnete Seite: Die Realisierungen von Gemeinschaftsformen stellen Zwecke um ihrer selbst willen dar, nur deshalb geht ihre Tendenz auf Einheit und Totalität (im Gegensatz zur bloßen Sammlung).

(4) Dann ist es nur konsequent, wenn der Begriff der *Persönlichkeit* nicht als eigenständiger, sondern immer nur als relativer im Verhältnis zur *Gemeinschaft* auftreten kann.[71] Der allgemeine Zweck von Gemeinschaften liegt nicht in der Persönlichkeit. Soll Gemeinschaft noch einmal verallgemeinert werden, kommt nur die „menschliche Gattung" als höhere Form in Frage.[72]

---

[65] Vgl. MOXTERs Erläuterungen, 80ff., 86, zu SCHLEIERMACHERs Begrifflichkeit von „Kraft und Erscheinung" im Anschluss an LEIBNIZ.

[66] SCHLEIERMACHER, ibid. 11, Nr. 50.

[67] Ibid. 15, Nr. 80; vgl. 13, Nr. 65. – Der Begriff steht als Gegensatz zu allem *Mechanischen/ Äußerlichen*, vgl. MOXTER, 105 u. Kap. 5

[68] Vgl. MOXTER, 174ff.; s.o. Abschnitt *C.*

[69] SCHLEIERMACHER, ibid. 7, Nr. 17.

[70] Ibid. 8, Nr. 23. – Vgl. hier und im Folgenden MOXTER, 106.

[71] Ibid. 7, Nr.17; 21, Nr. 18; 25, § 16 u.ö.

[72] Ibid. 33, § 73. – Vgl. MOXTER, 122: „Die Anbindung des Handlungsbegriffs an eine Güterkonzeption scheint insofern nicht nur das Modell eines *einsamen* Handlungssubjekts, sondern das eines Subjekts überhaupt abzulösen."

(5) Das Zusammenspiel aber von *Persönlichkeit* und *Gemeinschaft* lässt sich in zwei Grundformen fassen: *Organisieren* und *Symbolisieren.*[73] Im Organisieren liegt das gestaltende Wachstum des *Organischen*, im Symbolisieren der immer begleitende Zug zur *Darstellung*, d.h. zur Repräsentation in Zeichen.[74] Damit erst wird die volle Komplexität dieses Gemeinschaftsbegriffs erreicht: Die natürliche Seite der (organisch) wachsenden Vernunftbildung in der Geschichte ist nicht nur durch äußere Handlungen und ihre Zusammenhänge (Organisieren) geprägt, sondern im selben Akt immer auch durch Darstellungsfunktionen (wie Wissen, Erkennen, Selbstverstehen etc.), die auf die organische Entwicklung einwirken. Umgekehrt entstehen die Darstellungen am Organisieren und repräsentieren deren Ideen und Zwecke, so dass Schleiermacher zusammenfassend formulieren kann: „jedes Organ ist zugleich ein Symbol."[75] Auf diese Weise ist der Vorgang von Gemeinschaftsbildung erst angemessen und vollständig zu analysieren: in der „Identität des relativen Für-sich-Gesetztseins und In-Gemeinschaft-Gesetztseins".[76]

Schleiermachers Ethik der Gemeinschaft zeigt in der Auseinandersetzung mit den konkurrierenden Systemen des deutschen Idealismus direkte Verbindungen zur antiken Philosophie, der kosmologisch-metaphysische Zusammenhang in der Tradition Augustins aber ist unterbrochen durch die Reformation einerseits und die wissenschaftstheoretisch neue Situation nach Kants Kritik metaphysischer Kosmologien andererseits. Deren Funktion wird indirekt über die transzendentale Begründung und Einheit von Ethik und Physik wahrgenommen, in der religiösen Anwendung aber steht dominierend vor allen kosmologischen Kontexten die *Gemeinschaft des Gefühls.*[77] Allerdings, auch in dieser Anwendung lässt sich zeigen, dass das allen Menschen „innewohnende Gattungsbewußtsein" von sich aus darauf drängt, die „Tatsachen anderer Persönlichkeiten in die eigene" aufzunehmen. Das Gefühl ist beschreibbar im Wechsel von innen nach außen, d.h. als *Darstellung.*[78] Es ist diese Entdeckung der *semiotischen* Aufbauelemente von Gemeinschaften, die nicht zuletzt Schleiermachers Ethik in neuer Perspektive erscheinen lässt und ihre eigentliche Leistung zu Beginn des 19. Jahrhunderts unter Beweis stellt.

---

[73] Ibid. 14, Nr. 74; 15, Nr. 78; 23, § 1f. u.ö. – Zum Schema der dementsprechend gegliederten Ethik vgl. MOXTER, 220.

[74] Vgl. MOXTER, 59f. (im Anschluss an PEIRCE); J. DITTMER (2001), Kap. 3.

[75] SCHLEIERMACHER, ibid. 19, Nr. 6.

[76] Ibid. 19, Nr. 5.

[77] SCHLEIERMACHER, Der christliche Glaube (1960), § 6.2. – Wobei *Gefühl* als symbolisierendes Handeln zu verstehen ist, vgl. MOXTER, 220 (s.o. Anm. 73).

[78] SCHLEIERMACHER, Der christliche Glaube (1960), § 6.2: „So das Gefühl [...] will doch [...] nicht ausschließlich für sich sein, sondern wird ursprünglich und auch ohne bestimmte Absicht und Beziehung ein Äußeres durch Gesichtsausdruck, Gebärde, Ton, und mittelbar durch das Wort, und so anderen eine Offenbarung des Inneren."

F. American Philosophy und Metaphysik der Gemeinschaft (J. Royce)

Aus der Sicht der kontinentalen und besonders der deutschen Entwicklung der Philosophie des 19. Jahrhunderts ist es ausgesprochen erstaunlich, dass durch J. Royce' um die Jahrhundertwende überhaupt noch eine *Metaphysik* in der Tradition des deutschen Idealismus vorgetragen wird. Dass dies nicht einfach als Anachronismus verbucht werden darf, hat zwei wesentliche Gründe: Erstens steht Royce in einem kulturellen, wesentlich vom amerikanischen Protestantismus geprägten Kontext, dessen akademische Öffentlichkeit nicht durch den als ausschließend empfundenen Gegensatz von methodischem (positivistischem und antimetaphysischem) Geist der Wissenschaft und staatskirchlichem (weltanschaulichem) Traditionalismus bestimmt wurde[79]; und zweitens ist es gerade die bewusste Weiterentwicklung sowohl des Christentums als auch der metaphysischen Tradition im Begriff der *Community of Interpretation*[80], wodurch sich Royce' *Idealismus* in einer Sonderstellung präsentiert, die in dieser Weise in der kontinentalen Philosophie zu seiner Zeit keine Parallelen haben kann.[81] Denn der Versuch, in einem systematischen Entwurf die Philosophie des Absoluten – vermittelt über mathematische Modelle der Unendlichkeit und Peirce' kategoriale und semiotische Dreistelligkeit – als Metaphysik der Gemeinschaft neu zu fassen, gerade das ist ein wesentliches Charakteristikum der *American Philosophy* um die Wende zum 20. Jahrhundert.[82]

Auf der Grundlage der vorgetragenen vier klassischen Modelle des Begriffs *Gemeinschaft* kann abschließend der Blick für die Eigenart dieser amerikanischen Philosophie geschärft und zugleich die neu zu formulierende Aufgabenstellung von *Metaphysik* präzisiert werden:

(1) *Gemeinschaft* rein als soziales oder soziologisches Phänomen ist wohl ein Anlass, aber keine ausreichende Begründung für eine *Metaphysik der Ge-*

---

[79] Vgl. die genaue Einstufung von ROYCE' wissenschaftshistorischer Position durch E. HERMS (1974), bes. 412ff., 415-423.

[80] J. ROYCE, The Problem of Christianity (1968), 315.

[81] Zur deutschen Diskussion und Literatur zum Thema *Gemeinschaft* im Anschluss und in Kritik an F. TÖNNIES (1979), vgl. M. RIEDEL (1974), 242f.; auch die Kritik dieses „romantischen" Gemeinschafts-Gesellschafts-Dualismus bei J. MOLTMANN (1973), 91ff.; P. KRAUSE (1973). – Die für die deutsche philosophische Diskussion des Gemeinschaftsbegriffs im 20. Jahrhundert typische Gegenstellung ist die zwischen einem auf E. HUSSERL zurückgehenden transzendentalen Denken von *Ich* und *Wir* – und dem vor allem mit M. BUBER verbundenen *dialogischen Denken*. Zum Vergleich beider Ansätze und einzelnen Autoren im Umkreis vgl. M. THEUNISSEN (1965), bes. auch die zusammenfassende *Nachschrift*, 483-507. THEUNISSEN betont, dass diese beiden Ansätze gerade nicht mit der von TÖNNIES geprägten Dualität von Fremderfahrung der *Gesellschaft* und natürlicher Unmittelbarkeit der *Gemeinschaft* übereinstimmen, aaO. 493, Anm. 6.

[82] S.o. Einleitung: *American Philosophy*.

meinschaft. Platos und Aristoteles' Forderung und Instanz der Freundschaft[83], der gegenseitigen Liebe und des Wohlwollens kommen nur dann über den Status von Beschreibungen hinaus, wenn die begriffliche Konsequenz selbst diese Sozialität verlangt: Ein logisch-metaphysischer Sinn des Begriffs *Gemeinschaft* (wie im platonischen Sprachgebrauch[84]) muss mit dem sozialen Phänomen der Liebe (wie im aristotelischen Modell der Freundschaft[85]) verbunden werden können. Genau dies unternimmt Peirce, wenn er im Begriff des *Synechismus* naturphilosophische Traditionen des „Concord Transzendentalismus" nicht leugnend und mathematisch-naturwissenschaftliche Erkenntnisse integrierend die Kontinuität von Ideen in ihren infinitesimalen (raumzeitlichen) Zusammenhängen als *The Law of Mind* zu verstehen sucht.[86] Dass diese Gesetzmäßigkeit des Geistes nicht Individualitäten absolut setzen kann, sondern im evolutionistischen Begriff der *Liebe*[87] die Tendenz zur Gemeinschaft als Prinzip von Verhaltensbildung annehmen muss, ist bereits eine Implikation des *Synechismus*.

(2) Dass Aristoteles den *Agapismus* seiner Freundschaftslehre nicht direkt metaphysisch begründen muss, liegt daran, dass der Sozialität der Liebe die Sozialität der Polis als Prämisse vorausliegt. Andererseits spielt die aristotelische Metaphysik mit dem für die wirkliche Freundschaft alles entscheidenden Aspekt des „um ihrer selbst willen"[88] doch auch in diese Konzeption von *Gemeinschaft* hinein. Es bleibt allerdings problematisch, aus dieser Idealität jenseits von Nutzen und Lust eine eigene (sog. metaphysische) Wirklichkeit etablieren zu wollen. Dass dieser traditionelle Weg durch die neuzeitliche Kritik und zuletzt Kants Transzendentalphilosophie versperrt war, hatte Royce wohl beachtet. Hier liegt der erste Grund dafür, dass seine Philosophie der Gemeinschaft auf Peirce' formale (kategoriale und semiotische) Strukturbegrifflichkeit der *Drittheit* bzw. der *Triade* zurückgreifen muss.[89] Royce' Ableitung der dritten Kategorie der *Interpretation* soll als geistige Fundierung aller anderen Wahrnehmungen, Erkenntnisse und Handlungen die Eigenständigkeit eines metaphysischen Grundbegriffs garantieren, der somit „Seiendes, insofern es

---

[83] Vgl. J. SCHAPP (1994), 46: „Ein Resümee des ‚Staates' kann man in Platos Forderung sehen, dass wir alle einander gleich und befreundet sein sollen."

[84] S.o. Abschnitt *B*.

[85] S.o. Abschnitt *C*.

[86] EP 1, no. 23; vgl. NZ, Nr. 5 (auf die Tradition der *American Philosophy*, die Stadt Concord als Treffpunkt der Transzendentalisten, weist PEIRCE einleitend selbst ausdrücklich hin; vgl. dazu in: R.W. EMERSON [1990], Einl. I); zur Philosophie des *Synechismus* vgl. auch PEIRCE, RS, 203ff.

[87] Zur PEIRCE' Lehre des *Agapismus* s.o. Anm. 33; vgl. auch RS, 205: „Auch muß kein Synechist den Satz vertreten: ‚Ich bin ganz und gar ich selbst und überhaupt nicht Du.' Wer den Synechismus angenommen hat, muß dieser gottlosen Metaphysik abschwören."

[88] S.o. Abschnitt *C*.

[89] J. ROYCE, The Problem of Christianity (1968), chap. XI, XIV.

seiend ist“[90] bestimmt, oder, wie Peirce sagt: „ Die Metaphysik hat über das ganze Universum des Seienden Rechenschaft zu geben.“[91]

(3) Dass die für Royce spezifische Begründung der *Community of Interpretation* in sich nicht konsistent erscheint[92], liegt vor allem daran, dass die von ihm als eigenständige Realität konzipierte „spiritual unity of our community“[93] im idealistischen oder selbstbewusstseinstheoretischen Sinn einer nicht-empirischen Wirklichkeit vorgestellt werden muss. Die Vielzahl individueller Intentionen soll nicht als bloße Summe, sondern als neue ideale Wirklichkeit gesehen werden können. Solange dies aber immer nur vom sozialen Beispielfeld aus vorgetragen wird, bleibt ähnlich wie bei Aristoteles die metaphysische Selbständigkeit entweder eine implizite Voraussetzung der Polis, oder es kommt (wie bei Royce) zur Gefahr des Zirkelschlusses: dass in der durch Beispiele vorgelegten Sozialität menschlicher Erfahrungen schon das vorausgesetzt werden muss, was bewiesen werden soll.[94] Anders gesagt: Royce’ Rückgriff auf Peirce’ Kategorienlehre und Semiotik ist deshalb problematisch, weil er beides direkt metaphysisch interpretiert, ohne den Stellenwert der Metaphysik in Peirce’ Klassifikation der Wissenschaften – *nach* Mathematik, Phänomenologie und Semiotik – zu beachten.[95]

(4) Dass der metaphysische Status von *Gemeinschaft* nicht einfach soziologisch darstellbar sein kann, hat Royce insofern schon im Ansatz gesehen, als er seinen Metaphysikbegriff als Auslegung der christlichen Tradition, d.h. im bewussten Weiterführen des „teaching of the early Christian community“[96] verstanden hat. Mit seiner Begrifflichkeit von *Loyalty* und *Beloved Commu-*

---

[90] So die mittelalterliche Definition von Metaphysik im Anschluss an die *skotistische Tradition*, vgl. TH. KOBUSCH (1980), 1226. – Vgl. zur Verteidigung dieses Grundbegriffs von Metaphysik bezüglich der „Verfaßtheit des Seienden bloß als solchen“ gerade auch in der Moderne und im Blick auf ROYCE bei E. HERMS (1974), 422f. (Anm. 60).

[91] RS, 255; s.o. Anm. 1.

[92] Vgl. die Darstellung und Kritik bei J.E. SMITH, in: ROYCE (1968), 22-33; und HERMS, 433ff.

[93] ROYCE, aaO. 317.

[94] Zur analogen Problematik des Gottesbegriffs vgl. HERMS, 437 (unter Berufung auf die ROYCE-Kritik von W.P. BELL [1922]); bzw. PEIRCE’ Kritik an ROYCE in der Rezension *An American Plato* (1885), in: W 5, 221-234; dt. in: SP, 253-265; vgl. HERMS, 438f. – PEIRCE’ *synechistische* Konzeption symbolischer Repräsentationen kommt besonders deutlich in seiner Kritik an ROYCE Landkartenbeispiel zum Ausdruck, vgl. die Besprechung von ROYCE’ *The World and the Individual* (1900), in: CP 8.100-131, bes. 8.122-125; vgl. auch die Darstellung von M. RAPOSA (1989), 118-123.

[95] S.o. Anschnitt *A*, Anm. 7. – Im übrigen ist im Sinne dieser Kritik auch ROYCE’ Fehleinstufung des PEIRCE’schen Zeichenbegriffs charakteristisch. ROYCE (1968), 345, schreibt: „a Sign, according to Peirce, is something that determines an interpretation.“ PEIRCE hat im Gegensatz zu dieser Darstellung den *Interpretanten* immer durch die *Objekt*relation des Zeichens bestimmt gesehen. ROYCE gibt demnach eine (im traditionellen, nicht im PEIRCE’schen Sinne!) *idealistische* Interpretation der Zeichentriade.

[96] ROYCE, ibid. 76.

nity[97] ist der quasi kosmologische Horizont aufgerichtet, in dem (nach Augustins Vorbild) über wahre und falsche Sozialität zuletzt entschieden wird. Aber auch in diesem Punkt ist der Unterschied zu Peirce mit Händen zu greifen: Während Royce im Horizont der eschatologischen Liebesgemeinschaft (*civitas dei*)[98] einen metaphysischen – und damit zugleich wissenschaftlichen – Begriff von Realität begründen will, nutzt Peirce zunächst die kosmologische Dimension für seinen Begriff der „community of inquirers" verbunden mit dem Prozessgedanken „in the long run".[99] Neben dieser wissenschaftstheoretischen Begründung der Kosmologie kann dann die religiöse Metaphysik als analoges Phänomen von eigenem Wert eingestuft werden. Peirce überführt nicht die (traditionelle) christliche Metaphysik und Kosmologie in einen neuen Interpretationsbegriff der *Gemeinschaft*, sondern er zeigt, dass und wie die strukturelle Dreigliedrigkeit der kategorialen Semiotik für den Geist der Forschung ebenso gültig ist wie für den (richtig verstandenen) religiösen Glauben. Peirce' spezifische Verteidigung der *Religion of Science*[100] leitet weder die Wissenschaft von der Religion noch die Religion von der Wissenschaft ab, sondern zeigt, dass die *Religion der Liebe* ebenso in *direkter Wahrnehmung* gründet wie die Schlussfolgerungen der Wissenschaften.[101] Von dieser Einheit der Wahrnehmung her gesehen ist die christliche und lebenspraktische Formel für die Entscheidung zwischen „dem Weg des Lebens und dem Weg des Todes"[102] keineswegs anstößig, sondern eher ein entmythologisierter Nachklang der beiden *civitates* Augustins. Die wahre *Gemeinschaft*, die mehr ist als die „enge Persönlichkeit" eines Menschen, bedarf nicht der dualistischen und als supranatural begründeten „Höllenfurcht und Paradieseshoffnung", wohl aber der in der Lebensführung (conduct of life) verbindlichen Verhaltensorientierung und deren Kontrolle durch „öffentliche Erfahrung".[103]

(5) Der Übergang von der (traditionellen) Kosmologie zum (evolutionären) Prozessgedanken kritischer Wissenschaft liefert das entscheidende Kriterium. Geht bei diesem Übergang die kritische Wahrheitsinstanz im Sinne der beiden *civitates* verloren, besteht für eine Metaphysik der Gemeinschaft keinerlei Begründungschance mehr. Dieser Einsicht aber ist in der direkten Transformierung von christlicher Gemeinschaft in Royce' *Community of Interpreta-*

[97] Ibid. 318; auch J. ROYCE , The Philosophy of Loyalty (1969), vol. 2, chap. VII; s.o. Kap. III.11.C, Anm. 53 u. 61.

[98] ROYCE (1968), 340f: „The history of the universe, the whole order of time, is the history and the order and the expression of this Universal Community."

[99] Vgl. bei M. RAPOSA (1989), 12f., 98f., 103f.; und zur Entwicklung des Community-Begriffs J.P. DEMARCO (1971).

[100] RS, 211, 478f. (Anm. 3).

[101] RS, 213, 215, 245; s.o. Kap. II.6.C.

[102] RS, 214.

[103] RS, 248; s.o. Abschnitt *A*.

tion noch nicht ausreichend entsprochen, solange der besondere Sinn von Wirklichkeit im Falle von *Drittheit* (d.h. der *Interpretation* im Verhältnis zu Wahrnehmung und Verstand) nicht unabhängig vom sozialen Beispielfeld erklärt ist. Schleiermachers Begriff der *Gemeinschaft* versucht an dieser Stelle eine moderne Begründung dadurch, dass die ontologische Differenz von Vernunft und Natur als dynamische und tendenzielle Einheit im Werde-Prozess der Geschichte und ihrer gesellschaftlichen Realisierungsformen entschlüsselt wird. Dieses Modell kommt dem amerikanischen Pragmatismus zweifellos am nächsten; allerdings muss konstatiert werden, dass Schleiermacher als Philosoph und Ethiker kaum Wirkungen auf die sozialphilosophischen Theoriebildungen des 19./ 20. Jahrhunderts hat ausüben können.[104] Und doch ist durch seine Ethik der Gemeinschaft: dass aufgrund der *organischen Ganzheit* von Gemeinschaftsbeziehungen diese zugleich *organisierend* und *symbolisierend* aufzufassen seien, ein epochaler Schritt zur semiotischen Analyse von Repräsentationsleistungen gelungen. Gemeinschaftsformen sind *Symbole* – genauso wie *Person* oder *Persönlichkeit* symbolisch aufzufassen sind.[105] Das ist aber nur dann fruchtbar, wenn mit Peirce' Semiotik die *Realität von Drittheit* angenommen wird, d.h. wenn die dreigliedrige Semiose – bestehend aus realer Möglichkeit, empirischer Wirklichkeit und symbolischer Regelhaftigkeit (bzw. Verhaltensbildung) – Analyse und Konstruktivität dieses Modells bestimmt. Dann sind sowohl der Begriff der *Gemeinschaft* wie der der *Metaphysik* so bestimmbar und aufeinander beziehbar, dass keine der Erfahrung gegenüber gesonderten Wirklichkeitsräume eröffnet werden müssen; dass umgekehrt *Erfahrung* aber auch so gefasst werden kann, dass von ihr weder die kreativen Möglichkeiten noch die realen begrifflichen Verallgemeinerungen abgeschnitten werden müssen.

(6) Zwei Beispiele mögen zum Schluss zeigen, wie ein solcher Begriff der *Gemeinschaft* kritische Anwendung finden und somit auch seine Berechtigung noch einmal untermauern kann: Geht dem Gemeinschaftsbegriff die kosmologische Wahrheitsinstanz und die metaphysische Grundlegung zugunsten rein sozialer Beschreibungsmodelle verloren, so droht die unkritische und horizontlose Selbstbestätigung vorfindlicher Gemeinschaftsformen. Die für Deutschland in der ersten Hälfte des 20. Jahrhunderts in vielen Fällen typische nationalistische Gemeinschafts- und Volksideologie ist dafür das erschreckende Beispiel im Bereich der kontinentalen Philosophie – einer Philosophie ohne die Möglichkeiten kritischer Metaphysik.[106] Im amerikanischen

---

[104] Vgl. MOXTER, 238 (zum versäumten „Dialog" der Denkmodelle HEGELS und Schleiermachers); I. HÜBNER (1995), bes. 61f.

[105] S.o. Kap. II.7; zur durchgängigen semiotischen Interpretation Schleiermachers vgl. J.M. DITTMER (2001).

[106] S.o. Anm. 81.

Bereich dürfte die *Civil Religion*[107] ein Beispielfall dafür sein, wie eine Gemeinschaftsform sich von ihren spezifischen Wurzeln und Begründungen löst und (nivellierend) verallgemeinert wird, ohne das kritische Potenzial bestimmter Theologien, Kosmologien oder Philosophien noch als relevant mitführen zu können. Solches Kritikpotenzial aber ist geradezu die Definition von Wissenschaft, und zwar einer solchen, die den (kategorialen und semiotischen) Begriff von Gemeinschaft einschließt. Nur so ist die Verantwortlichkeit von einzelnen Personen füreinander gewährleistet. Wahrheit, Gemeinschaft und Öffentlichkeit sind die prägenden Dimensionen des (religiösen) Symbols der Personalität.

[107] Vgl. z.B. das Material bei R.V. PIERARD/ R.D. LINDER (1988); zwischen unbewusster und unkontrollierbarer „civil religion" und der religiösen Verantwortung für eine „civil society" kann und muss deutlich unterschieden werden, vgl. R.C. NEVILLE (1992), chap. 10; Religion in Late Modernity (2002), chap. 8.

Kapitel IV

Perspektiven

13. Robert Nevilles Schöpfungs-, Bundes- und Trinitätstheologie

Aus der Perspektive deutscher (protestantischer) Theologie stellt sich Robert C. Nevilles Œuvre in einer für beide Seiten des Atlantiks sehr charakteristischen, mehrfachen Überkreuzung ihrer Traditionsbildungen dar: *Religionsphilosophisch* gesehen wagt Neville mit seinem Erstlingswerk von 1968, *God the Creator*, den Entwurf einer spekulativen Theologie, die er selbst zum damaligen Zeitpunkt gar nicht als solche zugegeben, sondern zurückhaltend als „philosophisches Buch" bezeichnet hatte.[1] Das setzte einerseits eine philosophische Schulung und Debatte voraus, die es Mitte des 20. Jahrhunderts wohl in Nordamerika, nicht aber im durch Neukantianismus und protestantische Existenzphilosophie dominierten deutschen Umfeld geben konnte; andererseits einen Begriff von Theologie, der religionsphilosophische Prinzipienfragen eher ignorierte, was amerikanischer Tradition entsprach[2], aber für Deutschland gänzlich fremd war.

Theologisch gesehen fällt Nevilles Werk aus deutscher Perspektive selbstverständlich und von Beginn an unter die Disziplinen der Schöpfungstheologie, (protestantisch geprägter) Religionsphilosophie und Religionsphänomenologie. Überraschend und erstaunlich aber bleibt dabei die Fundierung aller Theologie in einer dezidiert philosophischen Argumentation, die zudem noch in einem kosmologischen Gottesbeweis gipfelt.[3] Dergleichen wäre im deutschen Protestantismus bis vor kurzem undenkbar gewesen, und insofern wären Nevilles frühere Vorbehalte, seine spekulative Theoriebildung als Theologie zu bezeichnen, nachträglich gerechtfertigt; aber aus ganz anderen Zusammenhängen und Gründen: In Nordamerika wurde nämlich aufgrund der spezifischen Entwicklungen der *American Philosophy* seit R.W. Emerson und C.S. Peirce eine spekulative Metaphysik als Kosmologie im produktiven Kontakt mit den Naturwissenschaften schon in der zweiten Hälfte des 19. Jahrhunderts

---

[1] R.C. NEVILLE, God (1992), XXIV (Vorwort 1968); vgl. im Vorwort zur Neuaufl., XIII: „it is no longer true that the book is not theology." – Eine gute Übersicht zur Theologie NEVILLEs geben C.D. HARDWICK (1993); J.H. CHAPMAN (1996), 308-314; vgl. J.H. CHAPMAN/ N.K. FRANKENBERRY (1999).

[2] Nur so ist NEVILLEs Bemerkung, aaO. 119, zu verstehen, dass seine „philosophischen Begründungen" für die vorgetragene Schöpfungstheologie in ihren „religiösen Konsequenzen" nicht ohne Wirkung auf „die Theologen" bleiben sollten.

[3] Ibid. chap. 3, section A.

praktiziert, und die Prozessphilosophie (A.N. Whitehead, C. Hartshorne) des 20. Jahrhunderts hat diese Tendenzen nur noch verstärkt.[4] In der deutschen (protestantischen) Tradition dagegen waren diese kosmologischen Ecksteine christlicher Philosophie und Schöpfungstheologie seit dem von Kants Philosophie geprägten 19. Jahrhundert nahezu vollständig verloren gegangen. Nevilles spekulative Religionsphilosophie gegenüber der Theologie kritisch abzuheben hätte insofern in Deutschland *theologische* Gründe gehabt, in der amerikanischen Tradition waren es primär *philosophische*! Im ersteren Fall, weil die deutsche Theologie für derartige kosmologische Beweisführungen keinen Sinn mehr (bzw. noch nicht wieder) hatte; im letzteren Fall, weil der Theologe Neville seine Kosmologie sozusagen von Hause aus nur in der Philosophie platzieren konnte.

Diese Überkreuzungen der Perspektiven haben einen weiteren Grund schließlich darin, dass die Einstufung von *Religiosität* und *Religion* auf beiden Seiten des Atlantiks bis vor kurzem noch ganz unterschiedlich vorgenommen wurde. In Nevilles philosophischem Umfeld, namentlich bei seinen Lehrern der Yale University: Paul Weiss und John E. Smith, war in der Mitte des 20. Jahrhunderts die produktive Wahrnehmung unterschiedlicher Religionen ebenso eine Realität wie die bewusste Offenheit gegenüber – und jeweilige biographische Orientierung an – individueller Religiosität. Demgegenüber war es für die deutsche Philosophie und (protestantische) Theologie eher typisch, die Religionen ebenso wie die als privat oder überhaupt als reflexionsfremd eingestufte Religiosität zu ignorieren. Dass eine philosophische Theoriebildung in der religiösen Erfahrung ein Bewährungsfeld und eine Kontrollinstanz haben könnte, war für Peirce, Whitehead und Hartshorne selbstverständlich, und insofern konnte Neville schon 1968 als Philosoph über „Transzendenz und Gegenwart Gottes“ schreiben. Dies aber zugleich in eindeutig theologischer Absicht und Anwendung zu tun, wie es vor allem der dritte Teil des Buches *God the Creator* unter Beweis stellt, geht auch über diese amerikanische Tradition deutlich hinaus und ist insofern der klare *theologische* Ausweis von Nevilles *Religionsphilosophie* im Sinne der deutschen Tradition dieses Begriffs.

Kurz gesagt: diese faktische Integration von spekulativer Schöpfungstheorie, religiösen Erfahrungswerten und theologischer Begriffsbildung machen Nevilles Werk brisant, aufschlussreich und exemplarisch. Dass im folgenden für die kritische Analyse seines Œuvres das Erstlingswerk, *God the Creator*, im Vordergrund stehen soll, bedeutet keine willkürliche Entscheidung des Interpreten, sondern ergibt sich sachgemäß aus dem theologischen Interesse an Nevilles schöpfungstheoretischer Prinzipienlehre. Sie hat in diesem Werk ihre umfassende theoretische Grundlegung, so dass hier auch die Ideen späte-

---

[4] S.o. Einleitung: *American Philosophy*; vgl. K. RÖTTGERS (1989); I.U. DALFERTH (1989); H. HUSSLIK (1992); M. WELKER (1992).

rer Arbeiten in nuce zu erkennen sind; bzw. umgekehrt lassen sich diese auch bei Veränderungen und Erweiterungen des Argumentations- und Erfahrungsfeldes immer wieder, wie es der Autor selbst in seinen Rückverweisen regelmäßig tut, auf die frühen Ansätze und Entdeckungen zurückführen.

A. Schöpfung

(1) Die drei in der Themenstellung genannten Begriffe (Schöpfung, Bund, Trinität) sind in Nevilles Theologie durchaus nicht gleichrangig. Ihr philosophischer und theologischer Stellenwert ist jeweils ein völlig anderer – und damit auch ihre systematische Funktion. Gerade deshalb lässt sich aufgrund ihrer markant unterschiedlichen Stellung mit diesen Begriffen die sachkritische Beleuchtung von Nevilles Theologie am besten vornehmen. Denn wenn etwas den Autor von *God the Creator* generell charakterisiert, dann ist es die von ihm selbst später explizit vorgenommene theologische Einstufung als Methodist in calvinistischer Tradition.[5] Als Interpret darf ich hinzufügen, dass ich gerade in der Lektüre von Nevilles Theologie gelernt habe, dass meine eigene Tradition gerade nicht von J. Calvin, J. Wesley und P. Weiss (so ließen sich Nevilles Väter anordnen) repräsentiert wird, sondern eher von M. Luther, S. Kierkegaard und C.S. Peirce. Gemeinsamkeiten und Differenzpunkte zwischen diesen beiden Traditionslinien machen gerade den Reiz der folgenden Analyse aus, die aber dezidiert nicht um dieser Traditionen, sondern um der religionsphilosophischen und theologischen Präzisierung der Begriffe Schöpfung, Bund und Trinität willen vorgenommen wird.

(2) Der Begriff der *Schöpfung* hat für Neville eine einzigartige und alles andere fundierende Bedeutung, sofern Metaphysik und Ontologie auf einem schöpfungstheologischen Argument beruhen und dieses Argument – traditionell gesprochen: ein *kosmologischer Gottesbeweis* – zugleich die Basis aller weiteren systematisch-theologischen Entfaltungen darstellt. Bevor das Argument selbst vorgestellt wird, soll sein besonderer Rang noch einmal an denkbaren Alternativen profiliert werden, wie sie mit den konkurrierenden Begriffen des *Bundes* und der *Trinität* gegeben sind.

Zwar wird in der Theologie Calvins die Gotteserkenntnis wesentlich über die Schöpfung begründet[6], doch hat K. Barth – sehr typisch für die theologischen Reaktionen auf die naturwissenschaftlichen Triumphe der Neuzeit – den schöpfungstheologischen Denkansatz durch die reformierte *Bundestheologie*[7] überarbeitet und an berühmter Stelle vom „Bund als innerer Grund der

---

[5] R.C. NEVILLE, Behind the Masks of God (1991), 163f.

[6] J. CALVIN, Institutio I,5,6 (1984), 11f.

[7] Vgl. zum dogmengeschichtlichen Zusammenhang J.F.G. GOETERS (1983); A.I.C. HERON (1986).

Schöpfung"[8] gesprochen. Damit sollte der *Schöpfung* (als Begriff der theologischen Dogmatik) definitiv jeder metaphysische oder ontologisch allgemeine Vorrang bestritten werden. Neville wählt sehr bewusst diesen theologischen Ausweg gerade nicht. Die Folge dieser Entscheidung ist, dass der Bundesbegriff immer erst im Rahmen der gesellschaftlichen, öffentlichen Darstellung und Wirkung von Religiosität und kirchlicher Verantwortung ins Spiel kommen kann; in *God the Creator* beispielsweise noch ganz unbetont im vorletzten Kapitel *The Public Expression of the Religious Life*: „Brotherhood".[9]

Für die theologische Tradition ist mit dem Gottesbegriff in der Regel die *Trinität* ein verbindlicher und auch philosophisch diskutierter Fundamentalartikel, beispielsweise für Augustin.[10] Neville bestreitet dies nicht, aber es ist doch deutlich, dass gegenüber der fundamentaltheologisch allein dominierenden Stellung der Schöpfung dann der Trinität nur eine sekundäre, explikative Funktion zukommen kann. Die ontologische Fundamentaldifferenz zwischen Schöpfer und Geschaffenem geht den trinitarisch darstellbaren „bedingten Merkmalen" (conditional features) Gottes eindeutig voraus; anders gesagt: die Trinität hat keine primäre ontologische Bedeutung.[11]

Nevilles philosophische Theologie der Schöpfung in ihrer Sonderstellung dogmengeschichtlich zuzuordnen führt deshalb nicht zufällig am ehesten in die Zeit frühchristlicher *Kosmogonien*, etwa zur spekulativen Theologie des Origenes[12]; dafür spricht auch Nevilles versuchsweise Bevorzugung des Begriffs *Kosmogonie* gegenüber dem neuzeitlich-wissenschaftlich festgelegten Begriff der *Kosmologie*.[13] Dass es sich dabei keineswegs um einen Anachronismus handelt, zeigt sich darin, dass dieser spekulative Ansatz gerade herausgefordert und geprägt ist von moderner Physik und Kosmologie im Umfeld der Prozessphilosophie. Diese ist es, die eine erneuerte philosophische Gotteslehre auf der Basis des Schöpfungsbegriffs verlangt. Der erneuerte Gottesbeweis, der Religiosität nicht ignoriert, sondern wesentlich auf sie

---

[8] K. BARTH, Die kirchliche Dogmatik III/1 (1970), § 41/3.

[9] NEVILLE, God (1992), chap. XII, section F; vgl. dann systematisch entfaltet in: A Theology Primer (1991), chap. 5: „The Human Condition: Covenant".

[10] S.o. Kap. II.5.

[11] Vgl. die zurückhaltende, strukturell bedingte Aufnahme des Vokabulars der Trinitätslehre in NEVILLE, God (1992), 98ff.; bestätigt in der Diskussion des Personbegriffs, aaO. 264. Auch die lehrbuchhaft entfaltete Trinitätslehre in: A Theology Primer (1991), chap. 4: „God as Trinity" ändert nichts an diesem Befund.

[12] ORIGENES, De principiis (1992), I,3,3 u. I Praef. 4, S. 86: „quod unus est deus, qui omnia creavit atque composuit, quique, cum nihil esset, esse fecit universa".

[13] Vgl. NEVILLE, God (1992), chap. 5. Dieser Sprachgebrauch findet sich später so nicht mehr. Mit Recht wird gerade für die spekulative Theorie der wissenschaftliche Begriff der *Kosmologie* in Anspruch genommen, und es wird zwischen der ontologisch und spekulativ abstrahierenden *Metaphysik* und der Welt der Bestimmtheiten, d.h. der *Kosmologie* unterschieden, vgl. A Theology Primer (1991), 30; (1993), 67f.

bezogen ist, kann demgemäß nur der kosmologische sein; und die korrespondierende christlich-spekulative Theorie steht in der Tradition der Schöpfungslehre zur Verfügung.

(3) Nevilles *kosmologischer Beweis des Schöpfergottes*[14] wird in drei *propositiones* vorgetragen, wovon *propositio 2* und *3* nur noch explizit die Konsequenzen bezüglich der vorausgesetzten *Erfahrungs*welt und der Bestimmung des Begriffs *Schöpfer* formulieren[15]; d.h. in *propositio 1* liegt der Kern des Gedankenganges vor – einschließlich aller seiner Voraussetzungen im Rahmen der bis dahin eingeführten ontologischen Grunddistinktionen. Die wesentlichen Beweisschritte von *propositio 1* sollen deshalb zusammen mit ihren jeweiligen Voraussetzungen erläutert werden:

(3.1) „*The determinations of being need a creator in order to be*".[16] Ausgangspunkt für den Beweis dieses Satzes ist die Klärung der Begriffe „Seiendes/ Sein" und „Bestimmung". Hierzu wurde vorausgehend entwickelt, dass eine Lösung der klassischen ontologischen Fragestellungen dann möglich ist, wenn

(a) der Begriff des „Seins" univok aufgefasst wird[17],

(b) dieser Begriff des „Seins" mit dem „Einen" aus der Zuordnung des „Einen und Vielen" identifiziert wird[18],

(c) diese beiden Begriffe des „Seins" und des „Einen" wiederum identifiziert werden mit dem onto-theologischen Begriff des „Seins-Selbst", wie er von Paul Tillich geprägt wurde.[19]

Auf der Basis dieser begrifflichen Voraussetzungen wird klar, dass die *metaphysische* Frage nach dem *Seienden als solchen* für Neville im selben Akt immer *die* (schöpfungs-)*theologische* („Sein-Selbst") und *ontologische* („Eine/ Viele") Grundfrage darstellt. Ihre *logische* Explikation geschieht in Gestalt von Bestimmtheitszuordnungen der *Identität* und *Differenz*. Nevilles Systematik und terminologische Festlegung lauten wie folgt:

(d) Alles, was in irgendeiner Weise *ist*, muss nach den beiden „Merkmalen" der „Identität" (essential feature) und „Differenz" (conditional feature) bestimmbar sein.[20]

---

[14] NEVILLE, God (1992), chap. 3, section A.

[15] Ibid. 69f., 70ff.

[16] Ibid. 65.

[17] Ibid. 16.

[18] Ibid. 15.

[19] Vgl. ibid. 21.

[20] Ibid. 45; vgl. (1974), 30ff., hier werden die ontologischen Grundkategorien wiederholt unter der Kapitelüberschrift „The Cosmological Scheme" und der Abschnittsüberschrift „Metaphysical Categories", und deutlicher als in *God the Creator* wird auch „harmony" (neben „essential and conditional features") zu diesen Kategorien gezählt (im Verweis [aaO. 36] auf die Kosmologie A.N. WHITEHEADS); vgl. (1989), chap. 5, hier dominiert in den Kapitelüberschriften

(e) Der Begriff der „Bestimmtheit" setzt demnach die Gegenseitigkeit von Vielem voraus[21], kann zugleich aber nicht ohne Einheitsfunktion gedacht werden, sonst würde der Aspekt der „Identität" einzelner Gegenstände (als Bedingung für die Gegenseitigkeit mit den anderen) aufgegeben.

(f) Als allgemeinste Seinsbestimmung muss die Grundunterscheidung von „Bestimmtheit" und „Unbestimmtheit" gerade auch auf das „Sein", das „Eine" und das „Sein-Selbst" angewendet werden[22]; hier allerdings nur so, dass *notwendigerweise* das „Sein-Selbst" allein auf die Identitätsseite gehören kann, während die Welt der Gegenstände das „Viele" in seinen gegenseitigen Bestimmungen vertreten muss – jede andere Verteilung wäre selbstwidersprüchlich, und genau in diesem Gedanken besteht der ganze Beweis!

(3.2) Die schwierige Frage, wie die gegenseitige Bestimmungsabhängigkeit des „Vielen" zur Einheit kommen kann, beantwortet Neville damit, dass er auf der Ebene der Bestimmungen nur relative Einheit zulässt, die sogenannte „*de facto* Einheit"[23], nicht aber die ontologisch prinzipiell gesuchte Einheit des „Einen". Das ist so zu verstehen, dass die Dinge sich zwar gegenseitig bestimmen (z.B.: Amerika ist nicht Deutschland, und Deutschland ist nicht China etc.), dass die darin wirksame Unterscheidung und relative Identität des Einen gegenüber dem Anderen aber nur „faktisch" sozusagen eine Einheitsfunktion füreinander ausmacht. Damit bleibt noch ungeklärt, wieso es überhaupt zu einer wesentlichen Identität („genuine unity"[24]) bzw. dem (schöpferischen) „Einen" kommen kann, das der Grund aller Differenzbildung überhaupt wäre. Neville nutzt an diesem Punkt die durch Whitehead geprägte Terminologie von „Kontrast" und „Harmonie", um einerseits die Differenzbildung und andererseits die Einheitsfunktion ins Spiel zu bringen.[25]

(3.3) Der entscheidende Schritt des Beweises ist dann getan, wenn aufgrund der zuletzt erläuterten Einheitsfunktion gesagt werden kann: „A *de facto* unity does not account for itself."[26] Hier liegt der Kern des kosmologischen Beweises *e contingentia mundi*[27], und er ist dann überzeugend, wenn drei alternative Erklärungsmöglichkeiten ausgeschlossen werden können:

(a) *Zu viel* wäre erklärt, wenn die Einheitsfunktion jeweils die Anwendung eines allgemeinen „Prinzips" darstellte. Solche Prinzipien müssten selbst wie-

---

die Terminologie von „Identität" und „Differenz", ohne dass die alte Unterscheidung von „essential" und „conditional feature" aufgegeben würde.

[21] NEVILLE, God (1992), 65, Abschnitt (1).

[22] Ibid. 40ff.

[23] Ibid. 65, Abschnitt (2).

[24] Ibid. 50.

[25] Ibid. 40, 45; 49, 66; vgl. wiederum (1989), 108f., wobei noch einmal zwischen der gegenseitigen Bestimmung von Dingen und der Integration von Teilen einer Bestimmung („components") unterschieden werden muss.

[26] Ibid. 65, Abschnitt (3).

[27] Vgl. H.G. HUBBELING (1981), 88ff.

derum erklärt werden[28], bzw. die Einführung eines Prinzips als Erklärungsgrund für gegenseitige Bestimmungen nähme der faktischen Pluralität von bestimmten Gegenständen ihre reale Unterschiedenheit und Selbständigkeit zugunsten eines immer vorrangigen, idealistisch konzipierten geistigen Zusammenhanges.[29] Neville verteidigt die Integrität und Unableitbarkeit der Einzeldinge in ihrem *faktischen* Zusammenhang.

(b) *Zu wenig* wäre erklärt, wenn die Einheitsfunktion so weit relativiert würde, dass in einer „pluralistischen Ontologie"[30] immer nur das Eine für das Andere Bestimmungen lieferte, ohne die Identität als solche noch in Betracht ziehen zu können.[31] Neville verteidigt den Aspekt der „Ganzheit", denn die Identität (essential feature) ist offensichtlich immer mehr, als in relativen Bestimmungen gegenüber Anderem (conditional feature) erkennbar gemacht werden kann.

(c) Schließlich könnte die Einheitsfunktion als „Harmonie" sich selbst erklären. Dies ist der interessanteste und wohl auch aktuellste Einwand gegen das kosmologische Argument, denn Autopoiesis und Selbstorganisation im Prozess der Evolution scheinen externe Erklärungen am radikalsten überflüssig zu machen. Nevilles Gegenargument ist deshalb schlagend, weil er nun selbst weder zu viel noch zu wenig erklären will, sondern unter „Harmonie" einfach diese selbst versteht, also gerade nicht ein theoretisch erkennbares, ableitbares oder herstellbares „Muster" des „Harmonischseins" („harmoniousness"[32]). An diesem Punkt verteidigt Neville die faktische Unmittelbarkeit einfach vorliegender „Harmonie" – ganz so wie Peirce seine Beispiele für die Kategorie *Firstness*: „A harmony simply is what it is, that is, harmonious, and this gives no account why it is harmonious."[33]

(3.4) Der Beweisschritt des kosmologischen Arguments ist damit implizit bereits vollzogen: Wenn die Bestimmtheit der Dinge nicht aus sich selbst erklärt werden kann, dann muss sie anderswoher erklärt werden. Vorausgesetzt ist allerdings ein Begriff von *Kontingenz*, der als solcher nach Erklärung verlangt. Neville geht an dieser entscheidenden Stelle offenbar bewusst nicht von einem modallogisch definierten Begriff der Kontingenz aus[34], sondern defi-

---

[28] NEVILLE, God (1992), 65, Abschnitt (3)(a).

[29] Diese Abgrenzung gegenüber der idealistisch erklärten, primär geistigen Realität der Dinge durch die Einführung eines „third term" richtet sich zunächst explizit gegen F.H. BRADLEY, vgl. NEVILLE, ibid. 47 Anm. 5, 101f.; vgl. zur generellen Positionsbestimmung in dieser Sache auch (1974), 32.

[30] NEVILLE, God (1992), 65f., Abschnitt (3)(b).

[31] Diesem Argument liegt eine ausführliche Diskussion mit P. WEISS zugrunde, vgl. ibid. 55-59.

[32] Ibid. 66.

[33] Ibid. 66, Abschnitt (c); zu PEIRCE' Kategorien s.o. Kap. I.1.A.

[34] Vgl. HUBBELING, aaO. 88: „Kontingent ist das, dessen Nichtexistenz wenigstens gedacht werden kann." - Vgl. auch H. POSER/ H. DEUSER (1990).

niert „ontologische Kontingenz" intern im eigenen Gedankengang als das, „What does not account for itself", d.h. „dependent on something else for its whole being and nature."[35] Das erscheint auf den ersten Blick als zirkulär, als würde Kontingenz schlicht als Abhängigkeit definiert – womit dem Beweis schon entsprochen wäre, noch bevor das Kontingente überhaupt als Argument zum Einsatz kam! Genauer betrachtet aber ist es wohl so, dass

(a) eine gesamtkosmologische Erklärungsabhängigkeit verteidigt wird, aus der auch zufällige Ereignisse, d.h. solche, deren Ursachenzusammenhänge wir nicht angeben können, keineswegs entlassen sind. Es ist der *ontologische* Fragezusammenhang, in dem alles, was ist, auch seiner *Seins*bestimmung entsprechend erklärt werden muss; sonst ergäbe sich ein Defizit bzw. ein Widerspruch im Begriff des „Seienden/ Seins" selbst. Wo Identität und Differenz vorliegen, wo die Einheitsfunktion trotz und wegen der Pluralität der Bestimmtheiten gilt, ist die Frage nach dem Sein-Selbst konstitutiv für den beschreibbaren Zusammenhang der Dinge.

(b) Dieser vorliegende Zusammenhang der Dinge aber wurde als nicht aus sich selbst erklärungsfähig nachgewiesen – und genau so definiert Neville *Kontingenz*. Hier liegt offenbar die Aufnahme scholastischer Denktraditionen vor, dass nämlich Dinge entweder *a se* oder *ab alio* erklärt werden können. Nun ist eine Erklärung *a se* für alles Seiende – gemäß Nevilles ontologischer Grunddifferenz der wesentlichen und bedingten Merkmale (essential/ conditional features) aller realen Bestimmungen – ausgeschlossen; also kommen überhaupt nur Erklärungen *ab alio* in Frage, und diese werden konsequent in drei Fällen angegeben:

(α) Es gibt Kausalzusammenhänge als Erklärung.

(β) Es gibt zufällige Ereignisse ohne Kausalerklärung, die damit aber aus dem Erklärungskontext *ab alio* nicht herausfallen.

(γ) Es gibt den ontologisch sich selbst ausschließenden Fall von Dingen oder Ereignissen, denen in keiner Weise „Sein" zuzusprechen wäre („no way of being at all") – und diese sind in striktem Sinne *unmöglich*.[36]

Es handelt sich also um einen besonderen Begriff von *Kontingenz*, der nicht nur formal Notwendigkeit ausschließt und Möglichkeit und Wirklichkeit einschließt, sondern der *ontologisch* umfassend alles Wirkliche, sofern es nicht unmöglich ist, in seinem Wirklichsein als *kontingent* und damit zugleich als *ab alio* bestimmt. Hinter diese Fassung von *Kontingenz* als *Abhängigkeit* kann insofern nicht zurückgefragt werden, als damit der Sinn von Bestimmtheit, d.h. von Ontologie überhaupt erfasst wird[37]: Etwas von etwas zu unterscheiden setzt implizit „Sein" voraus und zeigt im Bereich des so bestimmten „Seienden" dessen Kontingenz bzw. *ab alio*-Bestimmtheit; andernfalls wäre

---

[35] NEVILLE, God (1992), 67, Abschnitt (4).

[36] Ibid.

[37] Ibid. 67, Abschnitt (5).

der ontologische Rahmen der Frage nach dem Sein-Selbst gesprengt, verlassen oder in sich widersprüchlich beantwortet.

(3.5) Der Begriff „Sein/ Seiendes" ist damit doppeldeutig geworden: Er bezeichnet einmal den Gesamtzusammenhang, in dem alle realen Bestimmungen sich vorfinden und in dem also Bestimmtheit als solche gedacht werden kann (proposition 1.a); und er bezeichnet auch die jeweiligen Anteile des vielfach bestimmten Seienden in seiner Einheitsfunktion. Der zweite Teil des ersten Beweisganges (propositio 1.b) besteht insofern allein darin, diese Unterscheidung zwischen vorauszusetzendem Seinszusammenhang einerseits und faktisch davon bestimmtem Seienden andererseits wiederum als ontologische Konsequenz auf den Begriff zu bringen[38]:

(a) Es lässt sich zeigen, dass gegenseitige Bestimmungen zwar wechselseitig gelten, und zwar aufgrund der Vorgegebenheit, dass ein solcher Zusammenhang überhaupt da ist; weil dieser Tatbestand aber nicht wiederum aus derselben Gegenseitigkeit heraus erklärt werden kann, wird der Begriff der *Kontingenz* nun explizit erweitert als *Abhängigkeit von...* („contingent upon"): „The very possibility that one determination is conditioned by another means that both are contingent upon their togetherness. And this togetherness must be contingent upon some further thing, not a determination."[39]

(b) Wenn aber die Abhängigkeit aller Bestimmungen und Bestimmtheiten nicht aus sich selbst und ihrer Gegenseitigkeit erklärt werden kann; und wenn (wie in *propositio 1.a* gezeigt wurde), um nicht *ontologisch* selbstwidersprüchlich zu werden, überhaupt weiterhin erklärt werden muss, dann bleibt nur ein einziger und damit notwendiger Weg: Die Welt des Seienden muss von außerhalb ihrer selbst erklärt werden; *theologisch* gesprochen, sie muss geschaffen sein: „Therefore, if any are [sc. unity of togetherness], all must be created, that is, made to be [...], what makes them be must be outside the realm of determinations and create them from nothing, that is, from no determination."[40]

(3.6) Als letztes und entscheidendes Merkmal in Nevilles kosmologischem Beweis soll dessen theologische Implikation der strikten *creatio ex nihilo*[41] hervorgehoben werden. Auch hier liegt zugleich ein ontologisches *und* theologisches Argument vor bzw. eine sachliche Konsequenz aus dem Ansatz beim Bestimmtheitsproblem (Identität und Differenz): Gott, der Schöpfer, das Sein-Selbst als Erklärungsgrund aller Bestimmtheiten kann selbst nicht wie-

---

[38] Ibid. 67-69, „proposition" b).

[39] Ibid. 68, Abschnitt (4).

[40] Ibid. 69, Abschnitt (5).

[41] Die Analyse geht damit zu dem hier vor allem einschlägigen chap. 4/ section B über, ibid. 106-116. Vgl. auch die kurze Übersicht zur *creatio ex nihilo* in: (1982), 132-135. – Eine analoge religionsphilosophische Begründungsfunktion hat die *creatio ex nihilo* für E. WÖLFEL (1981), 20-34.

derum „bestimmt" sein. D.h. der Schritt des kosmologischen Beweises von der Kontingenz alles Bestimmten zu Gott als Grund von allem ist zugleich der Schritt zum *Unbestimmten*. Deshalb ist zu folgern, dass der Akt der Schöpfung – sozusagen aus diesem *Unbestimmten* heraus – *aus nichts* („from nothing") erfolgt.[42]

(a) Die Begriffsbildung „Nicht-Sein" ist insofern problematisch, als sie aufgrund der Schöpfung im ganzen, d.h. aufgrund vorliegender und denkbarer Bestimmtheit, ontologisch widersinnig ist.[43] Im Rahmen des kontingenten Seienden kann allein von relativem Nicht-Sein gesprochen werden.[44] „Absolutes Nicht-Sein" als Gegensatz zu den geschaffenen Bestimmungen („created determinations"[45]) ist aufgrund der Bestimmtheit als Bedingung des Denkens in seiner Konkretion ein unvollziehbarer Gedanke.

(b) Der Bereich der *Unbestimmtheit* aber ist dann insofern mit dem *Nichts* belegt, als allein aus ihm heraus *Bestimmtheit* geschaffen sein kann. Die *Transzendenz* und *Unbestimmtheit* Gottes sind gleichbedeutend mit *creatio ex nihilo*: Ontologisch und theologisch gilt, dass vom „Sein-Selbst" und von Gottes Transzendenz eben keine Bestimmtheitsaussagen gemacht werden können, trotzdem aber muss die *Realität* des Schöpfergottes gedacht werden – das ist eine Implikation des kosmologischen Beweises im Rückgriff vom Kontingenten auf seinen Grund.[46]

(c) Die entscheidende Frage an dieses onto-theologische Konzept ist dann allerdings, wie *reale Unbestimmtheit schöpferisch* gedacht werden soll, ohne beständig in Widersprüche zu geraten. Eine erste Antwort darauf ist die *creatio ex nihilo*, denn sie vollzieht die Unbestimmtheit für sich selbst absolut, aber relativ zum Geschaffenen als „absolute Spontaneität" und „absolut Neues" („absolute novelty").[47] D.h. das Schöpferische ist gemessen an den geschaffenen Bestimmtheiten diesen fremd, unterliegt ihnen nicht, und kommt doch innerhalb des Geschaffenen vor!

(d) Der spezifische Zusammenhang oder Berührungspunkt zwischen Schöpfer und Geschaffenem muss gleichzeitig aber doch angebbar sein, ohne auf der einen Seite (des Schöpfers) Bestimmtheitsbedingungen oder auf der anderen Seite (des Geschaffenen) nicht-kontingente Gegebenheiten ins Spiel

---

[42] NEVILLE, God (1992), 69, Abschnitt (5).

[43] Ibid. 92.

[44] Ibid. 114: „since by definition of non-being some determinate being is."

[45] Ibid.

[46] Vgl. ibid. 93. – NEVILLE spricht einschließlich chap. 3 überwiegend und bewusst neutral (grammatisch im Neutrum und im relativischen Anschluß mit „it") von „creation" oder „being-itself", was im Deutschen so nicht möglich ist. Mit chap. 4 aber wird für Schöpfung die Transzendenz *Gottes* eingesetzt, vgl. 111: „All determinations, because of this, must have a common source or creator, which we now call God."

[47] Vgl. ibid. 109. – Das ist wiederum eine Gedanke, der PEIRCE sehr nahe steht, vgl. C.R. HAUSMAN (1975).

zu bringen. Die *creatio ex nihilo* markiert insofern exakt die Grenze zwischen Unbestimmtheit und Bestimmtheit, muss andererseits aber auch den Kontakt zwischen beiden ontologischen Größen plausibel machen können.

Dies geschieht wiederum über den Begriff der *Harmonie*, die als faktische Einheitsfunktion schon eingeführt war, ohne dadurch ein geistiges Prinzip oder Muster im Verfügungsbereich des Menschen (unabhängig von seinem Schöpfer) zu sein.[48] Die Harmonie der faktischen Bestimmungen und Bestimmtheiten drängt sich uns auf, so wie sie ist. Ihr „Grund" kann nur in der transzendenten Unbestimmtheit bzw. in der *creatio ex nihilo* gesucht werden, und das bedeutet für die Frage nach der Kontaktstelle zwischen Schöpfer und Geschaffenem: „that harmony *is* at the heart of the connection of determinations of being with God".[49]

(e) Von Kontaktstelle zu sprechen bleibt aber immer eine dürftige Konstruktion – denn aller Sinn von Schöpfung ist ja darin beschlossen! – und ontologisch gefährlich, denn etwas Eigenes neben der strikten Grundunterscheidung von Schöpfer und Geschaffenem darf nicht etabliert werden. Neville will beidem ungeschmälert gerecht werden: Die Kontaktstelle zwischen Schöpfer und Geschaffenem, die das Nicht-Sein vom Seienden ja nicht einfach trennt, sondern produktiv und kreativ unterscheidet, ist „Gottes Kraft", der „kreative Grund" von allem – und damit als Bestimmung Gottes relativ zu seiner Schöpfung.[50] Im selben Gedanken aber muss versichert werden, dass damit kein eigenständiges „Medium" zwischen Gott und dem Geschaffenen eingerichtet ist: Die schöpferische Kraft Gottes *ist* seine Schöpfung, allein über sie „bestimmt" er sich selbst in gewissem Sinne und aus menschlicher Sicht gesprochen. Als Akt selbst ist die Schöpfung daher real, aber keiner Bestimmung des Geschaffenen unterlegen, sie bleibt gerade insofern *ex nihilo*.[51]

(4) Die Vorstellung und Erläuterung der Kerngedanken des kosmologischen Beweises auf der Basis von *God the Creator* kann abgerundet werden mit der Markierung der Problempunkte, die dann im Blick auf die systematisch-theologischen Begriffe des *Bundes* und der *Trinität* noch einmal exemplarisch aufgegriffen werden sollen.

(4.1) Im Unterschied zu klassischen Formen des kosmologischen Beweises[52] geht es in Nevilles „spekulativer Theorie des Seins-Selbst"[53] weder um

---

[48] S.o. Anm. 32.

[49] NEVILLE, God (1992), 112.

[50] Ibid. 114: „The creative power is a conditional feature God gives himself in the actual creating."

[51] Ibid.: „The coming-to-be of the determinations is a novelty on the ontological scene. They come out of nothing, and there is no process with middle stages through which they are made. They are created through power and the power is immediate."

[52] Vgl. J. CLAYTON (1984), 747-751.

[53] NEVILLE, God (1992), 61.

einen Existenzbeweis Gottes noch um den Begriff eines notwendigen Wesens. Im Rahmen der spezifischen, darin aber allgemeingültigen ontologischen Fragestellung wird gezeigt, dass auf der Basis kontingenter Wirklichkeit deren Seinszusammenhang mit dem transzendenten und unbestimmten „Sein-Selbst" als Schöpfer notwendig gedacht werden muss. Damit liegt allerdings auch ein modallogisches Argument innerhalb des Beweisganges vor: Aus der Wirklichkeit und Möglichkeit von ontologischer Bestimmung muss deren „notwendiger, aktiv wirkender Grund" gefolgert werden.[54]

(4.2) Die beiden klassischen Einwände Kants gegen den kosmologischen Beweis bestanden darin, dass *erstens* ein unbegründeter Sprung vom unendlichen Regress der Ursachenverfolgung auf eine qualitativ höchste Ursache vorliege[55] und dass *zweitens* sich hinter dem nur scheinbar wirksamen Ausgang bei der Erfahrung doch der ontologische Beweis verberge.[56] Auch das kosmologische Argument müsse demnach den Begriff des *notwendigen Wesens* unterstellen und anwenden. Der ontologische Beweis aber scheitert (auf der Basis von Kants theoretischer Philosophie) zuletzt daran, dass ein absoluter Begriff seinen Gegenstandsbereich verliert.[57] – Nevilles spekulative Theorie unterliegt dieser Kritik schon deshalb nicht, weil Kants transzendentale Rahmenbedingungen aller Begriffsbildungen in der amerikanischen Philosophie nicht geteilt werden können.[58] Anders gesagt: Wenn Neville einen Existenzbeweis vortragen müsste, wäre es der der *religiösen Erfahrung*; eine Erfahrung aber beweisen zu wollen ist widersinnig, und darin wiederum besteht Einigkeit mit der Philosophie Kants! Insofern ist verständlich, dass Neville in gewissem Sinne den *ontologischen Beweis* akzeptieren kann.[59] Doch das geschieht unter dem (theologischen) Vorbehalt, die „Realität des Schöpfers" könne mit den kontingenten Voraussetzungen menschlicher Intelligenz gerade nicht erfasst werden; und darin zeigt sich eben die Voraussetzung der *religiösen Erfahrung*, die das, was die philosophische Theoriebildung als „Geheimnis" bezeichnen muss, produktiv zu verarbeiten in der Lage ist.[60] Wird Religiosität von spekulativer Theorie nicht prinzipiell ausgeschlossen, sondern letztere erfahrungsorientiert konzipiert, so haben die Argumente für Gottes Realität einen (gemessen an der neuzeitlichen Debatte um ihre Relevanz) völlig anderen und neuen Stellenwert.[61]

---

[54] HUBBELING, aaO. 187.

[55] Vgl. KANT, *Kritik der reinen Vernunft*, A 605 Anm., in: Werke Bd. 4, 537.

[56] Ibid. A 607, in: Bd. 4, 539.

[57] Vgl. ibid. A 593, in: Bd. 4, 529: „ob ich alsdenn durch einen Begriff des Unbedingtnotwendigen noch etwas, oder vielleicht gar nichts denke."

[58] S.o. Einleitung: *American Philosophy*; und zur Frage der Gottesbeweise Kap. II.6.A.

[59] Vgl. NEVILLE, God (1992), 79.

[60] Ibid. 76f., 93.

[61] Vgl. ibid. 64: „But the proof does not stand alone; it must be taken in the context of the whole speculative scheme that interprets it, and it must also be related to the appearance of God

(4.3) Die Besonderheit in Nevilles kosmologischem Argument besteht vor allem darin, dass er nicht auf einen theoretisch distinkten Begriff Gottes schließt, sondern dessen Transzendenz als *Unbestimmtheit* nachweist. Damit ist sowohl die religiöse Erfahrung angemessen ins Spiel gebracht als auch die Grenze der theoretischen Explikationsfähigkeit eingeräumt. An diesem Punkt weder theoretisch noch praktisch zu resignieren oder diese beiden Denk- und Erfahrungsfelder auf gesonderte Philosophie- oder Lebenssparten aufzuteilen, die dann aufgrund ihrer Trennung auch ihr kritisches Verhältnis verlieren müssten – an diesem neuzeitlich so entscheidenden Gabelungspunkt die üblichen Aufteilungen *nicht* hinzunehmen, das macht den Rang von Nevilles philosophischer Theologie aus.

(4.4) In dieser paradox erscheinenden Lösung des Problems[62] steht notwendigerweise die *creatio ex nihilo* im Zentrum. Auf den ersten Blick könnte es so scheinen, als bestünde im klassischen Prinzip des Kontingenzbeweises (das auch Neville wie selbstverständlich verwendet): *ex nihilo nihil fit*[63], ein eklatanter Widerspruch zum Begriff der *creatio ex nihilo*. Dass es sich hier um keinen Widerspruch, sondern um eine notwendige Doppelperspektive handelt, ist Nevilles eigentliche Entdeckung! Das ontologische Grundschema der Unterscheidung von Identität und Differenz (essential and conditional features) gilt zwar für alle Dinge – und also auch für Gott. Im letzteren Fall aber nicht in derselben Weise. Gottes (bzw. des ontologisch „Einen") *Unbestimmtheit* kann nicht in derselben Weise „bedingte Merkmale" haben wie alle anderen Dinge; im *Verhältnis* zu seiner *Schöpfung* aber liegt offensichtlich genau das vor, was als „bedingte Merkmale" zu gelten hat.[64] Die strikte Differenz zwischen Schöpfer und Geschaffenem[65] führt daher, negativ gesagt, in das Problem, im Gottesbegriff selbst ein „Nichts" an Bestimmung zu denken, obwohl von diesem *alle* Bestimmungen ausgehen. Positiv gewendet: Die *creatio ex nihilo* (aus *Nichts* wird *Alles*) sagt aus der Perspektive des Seins-Selbst nichts anderes als das Prinzip *ex nihilo nihil fit* aus der Perspektive des Geschaffenen (aus *Bestimmten* kann immer nur *Bestimmtes* werden).

---

in religion." Vgl. auch die entsprechende Einstufung der Gottesbeweise bei I.U. DALFERTH (1992), 51-94, und NEVILLES explizite Interpretation von Anselms *ontologischem Argment* als „rule of thinking" ibid. 194.

[62] NEVILLE versucht im 2. Teil von *God the Creator* (1992), einen Begriff von *Dialektik* zu entwickeln, der dieser Perspektivenvielfalt von Theologie, Philosophie und religiöser Erfahrung entsprechen könnte.

[63] Vgl. HUBBELING, aaO. 92f.; NEVILLES Abgrenzung von diesem Prinzip bezogen auf die *creatio ex nihilo* in NEVILLE (1991), 40.

[64] NEVILLE, God (1992), 75.

[65] Ibid. 77: „That the distinction should be made sharply is the brunt of our argument." – Vgl. auch die Kurzdarstellung desselben Gedankens (Kontingenz hat ihren „ontologischen Grund" in Unbestimmtheit oder Unendlichkeit) in NEVILLE (1987), 194f.

Es ist diese Konstellation, die im Folgenden diskutiert werden soll: Wie kann es gelingen, zugleich Gottes *Relationalität*[66] im Verhältnis zum Geschaffenen (und also auch in Gott selbst) zu denken und doch jede Bestimmtheit Gottes selbst aufgrund derselben Ontologie auszuschließen?

B. Bund

(1) Nevilles ontologische Grundunterscheidung in „wesentliche und bedingte Merkmale" entspricht der traditionell metaphysischen Unterscheidung von *Etwas, sofern es ist* (d.h. in seiner Identität, seiner Existenz oder seinem Dass-Charakter) und *Etwas, sofern es bestimmt ist* (d.h. in seiner Differenz zu anderem, seinem Wesen oder *Was*-Charakter).[67] Auf das Verhältnis Gottes zu seiner Schöpfung angewandt ergibt sich, wie gesagt, das Problem der *ex nihilo*-Unbestimmtheit Gottes selbst gegenüber seiner relationalen Bestimmtheit im Verhältnis zum Geschaffenen. Der Begriff des *Bundes* könnte hier eine vermittelnde Rolle spielen, weil der Bundeszusammenhang eben die Relation zwischen Gott und Schöpfung (des Menschen) umschließt.[68] In der für Nevilles philosophische Theologie notwendigen Doppelperspektive lässt sich nun zwar die Schöpfung *ex nihilo* mit ihrer ontologischen Denknotwendigkeit aufgrund des Prinzips *ex nihilo nihil fit* zusammendenken, von einem *Bund* Gottes *ex nihilo* zu sprechen würde aber keinen Sinn machen. Und tatsächlich, Nevilles ausgeführte Bundestheologie[69] spricht zwar von einem „ontologischen Bund"[70], darunter ist aber ebenso deutlich nur die relationale Seite des Geschaffenen zu verstehen, d.h. *Bund* ist eine „interpretative Metapher" zur Beschreibung der *conditio humana*[71] in ihrer Kontingenz, Abhängigkeit und Relationalität zwischen Menschen, zwischen Mensch und Natur, zwischen Mensch und Gott. Die Bundestheologie ist demzufolge immer von der Schöpfungstheologie abgeleitet, nur aus der einen, der *bedingten* (conditional) on-

---

[66] Hier handelt es sich um die als Problem der *Relationalität* (vgl. NEVILLE, God [1992], 77: „that would articulate the creator's conditional feature of being creator [...] relational in character") umformulierte Frage, wie sie bereits unter dem Stichwort der „Kontaktstelle" zwischen dem Göttlichen und dem Menschlichen aufgefallen war, s.o. Anm. 49.

[67] S.o. Kap. I.2.A.

[68] Vgl. die *Westminster-Confession* (1647), chap. VII, in: E.F.K. MÜLLER (1987), 558: „The Distance between God and the Creature is so great, that although reasonable Creatures do owe Obedience unto him as their Creator, yet they could never have any Fruition of him as their Blessedness and Reward, but by some voluntary Condescension on God's Part, which he hath been pleased to express by way of Covenant."

[69] Vgl. vor allem NEVILLE, Theology (1991), chap. 5; Highroad (1992), 194ff.; (1993), 205ff.; (1996), 26f.

[70] NEVILLE, Highroad (1992), 195.

[71] NEVILLE, Theology (1991), 52.

tologischen Perspektive einsetzbar, sie kann und darf nichts über Gott selbst sagen.[72]

(2) Die Bedeutung des *Bundes* wird demnach entfaltet als Fundierung einer modernen Sozialontologie, einschließlich der moralischen und institutionellen Selbstrepräsentationen der menschlichen Gattung und ihrer Entwicklung.[73] Die theologische Interpretation entspricht dieser Funktion[74] genau: *Gerechtigkeit*, *Frömmigkeit*, *Glaube* und *Hoffnung* verlängern die biblisch-christliche Tradition in die religiöse, politische und kirchliche Gegenwart, und gegenüber der sozialen Ignoranz eines quietistischen Individualismus entwickelt Neville eine kraftvolle und begründete christliche Sozialverantwortung in den Dimensionen der Weltgesellschaft.

Die theologischen Rückfragen richten sich keineswegs gegen die Intentionen in diesem Entwurf einer bundestheologischen Sozialontologie, sondern sie sollen einen anderen Begründungsaspekt beleuchten, der oft unterbewertet als bloße individualistische Alternative angesehen wird: die *imago Dei*-Lehre als Fundierung und Beschreibung der *conditio humana*.[75] Dabei geht es hier nicht um die Frage, welcher Soziallehre größere Überzeugungskraft, Berechtigung und Leistungsfähigkeit zukommt, der traditionell mehr lutherisch oder mehr reformiert geprägten. Im Rahmen von Nevilles Schöpfungstheologie geht es vielmehr um das bereits formulierte Problem der Verbindung, des Kontaktes, der Relation zwischen Gott dem Schöpfer und dem Geschaffenen. Wenn die Bundestheologie in Nevilles Konzept allein aus der Perspektive des Geschaffenen fungieren kann, hat sie keine Funktion *ex nihilo*.[76] Auch der *gebrochene Bund*[77] liefert eine wirksame personale und soziale

[72] Dass diese Perspektive nach *God the Creator* (1968) inhaltlich weiterentwickelt wurde bedeutet eine neue Differenzierung im ontologischen Bereich des Geschaffenen aufgrund der platonischen *Logos*lehre, vgl. in: NEVILLE (1981), 50ff.; (1989), chap. 6, bes. 120-128; Behind the Masks (1991), chap. 1, bes. 17ff. Der Ausgangspunkt bei der *creatio ex nihilo* ist aber unverändert geblieben, und beides wird im *Vorwort* zu *A Theology Primer* auch ausdrücklich gesagt, (1991) aaO. XII. D.h. die Schöpfungstheologie steht ontologisch souverän und begründend am Anfang, die Bundestheologie betrifft den Folgebereich des Geschaffenen. Damit hat sich an den grundsätzlichen Fragen zur theologischen Interpretation des kosmologischen Arguments nichts geändert.

[73] Vgl. Highroad (1992), 194-197.

[74] Die ontologische Funktion ist nun durch das vierfache Logos-Konzept (s.o. Anm. 72) vorgegeben und wird dem gemäß theologisch entfaltet, vgl. vor allem in: Theology (1991), 56-59; auch die Kurzfassung in (1993), 205f.

[75] Vgl. NEVILLES kritische Sicht gegenüber der individualistischen Tendenz dieser Lehre in der lutherischen Tradition, in: Theology (1991), 53.

[76] K. BARTHS Theologie hat in dieser Hinsicht die gegenteilige Konsequenz gezogen und (ohne kosmologische oder ontologische Begründungen!) den Bundesgedanken in die Schöpfung selbst verlegt, s.o. Anm. 8.

[77] Vgl. NEVILLE, Theology (1991), chap. 6; (1993), 206; (1996), 79ff.

Beschreibungsstruktur, kann das Gottesverhältnis selbst aber nicht hinsichtlich seiner Unbestimmtheit erläutern.

(3) Die damit aufgeworfene Frage ist deshalb schwierig, weil Neville keineswegs ein Schweigen bezüglich der Transzendenz verordnet, sondern eine reale Aussage über die Transzendenz als *Unbestimmtheit* fordert.[78] Welche Bedeutung aber kommt der *ex nihilo*-Unbestimmtheit für die *conditio humana* strenggenommen zu, wenn nicht nur nach beschreibbaren Strukturen des Geschaffenen, sondern nach dessen (schöpferischer) Relation zum Ungeschaffenen gesucht wird? Das „intrinsic mysteriousness of being-itself"[79] muss demnach in angemessener Weise, d.h. ohne unter der Hand nun doch als Bestimmtheit ausgegeben zu werden, eine eigentümliche Präsenz haben, sonst droht die schöpfungstheologische Fundamentalunterscheidung von Unbestimmtheit der Transzendenz und kontingenter Bestimmtheit alles Geschaffenen dualistisch zu zerfallen.

Es ist die aus lutherischer Tradition entwickelte, im Angesicht der neuzeitlichen Krise des Christentums theoretisch zugespitzte und in religiöser Erfahrung durchlebte existenzielle Theologie Kierkegaards, die in diesem Punkt eine respektable Lösung im Sinne der *imago Dei*-Lehre vorschlägt. Und eben diese Denk- und Erfahrungstradition christlicher Theologie zeigt gerade in Ergänzung zur eher reformiert geprägten Bundestheologie und Sozialontologie Nevilles ihre Leistungsfähigkeit in einem Problem, das sich genuin in Nevilles Theologie der „Transzendenz und Gegenwart Gottes"[80] stellt.

(4) Die „Kontaktstelle"[81], die Relation zwischen Gott und Mensch, Schöpfer und Geschaffenem wäre konsequent so zu beschreiben, dass die göttliche *ex nihilo*-Unbestimmtheit in eben dieser Weise sich auch und gerade im Geschaffenen präsentiert. Der Ort wäre das *Gewissen*, in Kierkegaards Analysen vor allem in *Der Begriff Angst* die noch nicht explizite, noch nicht bestimmte *Freiheitserfahrung* als „Möglichkeit zu *können*", die sich in Ahnung und Traum als *Angst* vor „Nichts" darstellt.[82] Im Kern der Person zeigt dann der Freiheitsbegriff die Fundierung aller Sozialität, zu erläutern und existenziell zu beschreiben über den charakteristischen (religiösen) Vorrang der Unbestimmtheit (der *Angst*) bezogen auf die faktische Möglichkeit des Misslingens und Gelingens im Rahmen der Bestimmtheiten (des kontingent Geschaffenen). Die Person in dieser Weise als Relationengefüge aufzufassen würde

[78] Vgl. God (1992), 99: "God apart from determinate creation is indeterminate. But the paradox is that to be creator is to be something determinate [...]; part of the meaning of being creator is that God must *also* have reality apart from that determinate connection and that this other reality is prior to his reality as creator."

[79] Ibid. 98.

[80] Ibid., vgl. den Untertitel des Buches und die Überschrift zu chap. 4.

[81] S.o. (zuletzt) Anm. 66.

[82] Vgl. S. KIERKEGAARD, Der begriff Angst (1992), Kap. I, § 5.

gerade dem *Paradox*[83] der göttlichen *Transzendenz und Immanenz*[84] entsprechen, so dass im Kontext menschlicher Erfahrung deren Bezogenheit auf ihren Grund in angemessener *Unbestimmtheit* wirksam würde, ohne von der Bestimmtheit des Geschaffenen hergeleitet oder gesteuert werden zu können. Diese spezifische (existenzielle) Relationalität *ex nihilo* empfiehlt sich gerade der „spekulativen Theorie des Seins-Selbst"[85], ohne dass an diesem Konzept im Ganzen eine Veränderung nötig wäre. Die Problembeschreibung des „Nichts" aber hätte eine Ergänzung erfahren: Denn die metaphysisch-ontologisch notwendige Auskunft der Unmöglichkeit absoluten Nicht-Seins[86] bedeutet eben nicht, dass es nicht die existenzielle Erfahrung von *Nichts* gäbe. Diese Erfahrung gehört in den kosmologischen Zusammenhang der Schöpfung Gottes *und* der Kontingenz des Geschaffenen.

C. Trinität

(1) Die aufgeworfene Frage nach der Relation zwischen Transzendenz und Immanenz, zwischen Gottes Unbestimmtheit und seiner Bestimmung als Schöpfer des Geschaffenen hat ihren klassischen Ort in der Trinitätslehre. Denn die Verhältnisbestimmung Gottes *nach außen* bringt Gott als Schöpfer in ein Selbstverhältnis, das wiederum dem Verhältnis zum kontingent Geschaffen nicht widersprechen darf. Nevilles Lösung dieser Frage ist zunächst die, dass er eine Asymmetrie[87] zwischen beiden Perspektiven einführt: Die „Unabhängigkeit" des transzendenten Schöpfers von seiner Schöpfung muss ebenso behauptet werden wie seine Relation zum Geschaffenen, aber eine Abhängigkeit vom Geschaffenen darf deshalb nicht gelten. Gottes Aseität („aseity of ‚in-itselfness'") gilt als ontologischer Vorrang, seine Relation zur Schöpfung ist nur eine epistemische Realität im Bereich des Geschaffenen (die gewusst werden kann).[88] Bedeutet dies, dass eigentlich nur von einer *ökonomischen Trinität* die Rede sein kann, nicht aber von einer *immanenten Trinität*, einer Relation sozusagen in Gott selbst? Wäre Gott selbst dann allein „mystischer Erfahrung" in irgendeiner (eben *unbestimmbaren*) Weise zu-

[83] NEVILLE, God (1992), 99.
[84] Ibid. 94.
[85] Ibid. 61.
[86] S.o. Anm. 44f.
[87] NEVILLE, Theology (1991), 40: „In the asymmetry of the act of ontological creation, the source of the act is indeterminate because all determinateness is the result of the act [...]. Insofar as God is conceived, therefore, as abstracted from the Trinitarian source-product-act relation, God is utterly indeterminate and unknowable." Vgl. die entsprechende Beschreibung „of this logical implication", in: (1982), 51.
[88] NEVILLE, God (1992), 96.

gänglich?[89] In *God the Creator* gibt es über diese Problemanzeige hinaus keinen Versuch, die Relationalität zwischen Schöpfer und Geschaffenem, Transzendenz und Immanenz so zum Ausdruck zu bringen, dass auch der Übergang zwischen beiden ontologischen Sphären verständlich werden kann. Die *Selbstkonstitution Gottes* („self-constituting“[90]) in der Unterscheidung von Schöpfer und Geschaffenem ist offenbar das Äußerste, was ontologisch gesagt werden kann.

(2) Wird Nevilles Intention der strikten Unterscheidung zwischen Unbestimmtheit der Transzendenz und kontingenter Bestimmtheit des Geschaffenen anerkannt und doch nach einer angemessenen Realisierung dieser Differenz auch in Gottes *Selbstkonstitution* gefragt, so müsste wiederum ein Modus der Unbestimmtheit die Vermittlungsleistung erbringen können. Nevilles Erklärungsweg bleibt an dieser Stelle (ontologisch gesehen) allein auf Gottes „bedingte Merkmale“ (conditional features) beschränkt, trotzdem aber werden diese *trinitarisch* entfaltet:

(a) Gott „als Schöpfer“ („being the creator“[91]),

(b) Gott bezüglich des Geschaffenen („the created realm“[92]),

(c) Gottes „Schöpferkraft“ („power“[93]) oder „kreative Aktivität“.[94]

Der kritische Punkt ist jeweils, ob das „Geheimnis“[95] Gottes selbst von dieser trinitarischen Entfaltung ausgeschlossen bleibt, diese also dezidiert als *ökonomische* Trinität zu verstehen ist, oder ob sich nicht doch implizit eine *Unbestimmtheits*fassung der *immanenten* Trinität geradezu aufdrängt. Für diese letztere Interpretation spricht Folgendes:

(3) Die *creatio ex nihilo* schließt definitiv alles Materielle oder Nebengöttliche im Akt der Schöpfung aus[96], aber doch keineswegs das schöpferisch Neue selbst. „Absolut Neues“ und „absolute Spontaneität“[97] stehen in einzigartiger Weise für den Schöpfungsakt. Was hindert eigentlich, diesen Akt als Möglichkeitsgrund und damit als Beschreibungsbasis immanenter Trinität zu verstehen? Neville möchte sich an dieser Stelle von Leibniz' Möglichkeitsbegriff[98] ebenso wie von der Prozesstheologie und ihrer kosmolo-

---

[89] Ibid. 97.

[90] Ibid.

[91] Ibid. 99.

[92] Ibid. 100.

[93] Ibid. 102.

[94] Ibid. 104; vgl. Theology (1991), 39: „In the act of divine creation, three elements are necessarily involved: God as source of everything determinate, God as the product or end point of the creative act, and God as the creative activity itself."

[95] NEVILLE, God (1992), 76.

[96] Ibid. 76: „It does not refer to any fuzziness or chaos in the creator's essential nature." – Ibid. 101: „creation of the world from nothing denies that God has an *Urstoff* present in him".

[97] Ibid. 109; s.o. Anm. 47.

[98] Ibid. 81.

gisch immanent konzipierten Strukturmöglichkeit der Kreativität unterscheiden, von der ausgehend erst der Gottesbegriff – dann als offensichtlich kosmologisch abhängiger – hergeleitet wird.[99] Es ist also *dieser* Möglichkeitsbegriff (als zuvor eingesehene Struktur, der gemäß dann Gott auch immanent zu verstehen wäre), der aufgrund von Gottes *ex nihilo*-Unbestimmtheit zu bestreiten ist; *nicht* aber ein Möglichkeitsbegriff, der als solcher durch seine schöpferische Unbestimmtheit charakterisiert wäre: als *ursprüngliche Ermöglichung*[100] von kontingenter Wirklichkeit, wobei die *ursprüngliche Ermöglichung* im Geschaffenen als „absolute Spontaneität" auftritt.[101] Das Schöpferische ist das *Neue*, und zwischen diesem und den kontingenten Bedingungen herrscht kein Ableitungsverhältnis, sondern ein *Sprung* (um noch eine weitere Kategorie aus Kierkegaards *Begriff Angst* einzuführen).[102] Diese Unableitbarkeit möchte Neville sichern, und sein Begriff der *Selbstkonstitution* Gottes[103] versucht dies ebenso wie die trinitarisch dafür notwendige schöpferische „Kraft".

(4) Wenn in diesem Sinne *Gottes Selbstkonstitution* als Ereignis verstanden werden kann, worin trinitarisch der kreative Ursprungsakt, sein Gegenstand und die schöpferische Kraft selbst zu unterscheiden sind[104], dann werden

---

[99] Ibid. 108f.; vgl. die analoge Kritik bei I.U. DALFERTH (1992), 153-191.

[100] S.o. Kap. I.2.E; II.6.B.d; vgl. H. DEUSER, in: PEIRCE, RS, Einleitung, Abschnitt 4.

[101] Es handelt sich dann *nicht* mehr um einen Möglichkeitsbegriff, von dem gelten würde (NEVILLE, God [1992], 100): „Creation cannot be mere actualization of potentialities, for those potentialities would have to stem from something determinate."

[102] S.o. Anm. 82. - Vgl. NEVILLE, God (1992), 115: „*Any* exercise of creative power that makes something new, or makes something *ex nihilo* (those being the same), is eternal, that is, non-temporal [...] between the moments of not-being and being, when the creating is going on, there is no time."

[103] S.o. Anm. 90.

[104] S.o. Anm. 94. – NEVILLEs Einwand gegen die immanente Trinität als „theistische" Hypothese auf der Basis des christlichen Aristotelismus (Unwandelbarkeit der ersten Substanz) ist dann hinfällig, wenn die Trinität mit einem kreativen *und* metaphysischen Gesamtkonzept übereinstimmt bzw. dessen Struktur angibt. Dann ist Gott (ganz wie NEVILLE es fordert) gerade nicht im Sinne eines abstrakten Theismus zu verstehen „as an individual apart from creation", vgl. (1993), 142. – Allein die explizit ausgeführte Trinitätslehre in: The Tao (1982), 73-91, macht stellenweise den Eindruck, als korrigiere NEVILLE seine Vorbehalte gegenüber der *immanenten* Trinität. Zwar gilt auch hier die Unbestimmtheit der Transzendenz als solcher, aber *in* seiner Schöpfung ist Gott trinitarisch „immanent" (aa0. 78). Dieser Begriff der Immanenz erscheint aber als Verschiebung des Problems, weil er nur zeigen soll, dass nicht „hinter" der *ökonomischen* Trinität noch ein davon separater Gott zu denken wäre: „it must be made clear that the locus of the Trinitarian distinctions is the real and true God" (ibid.); „God does not have some primordial nature *beyond* the Trinitarian one" (aa0. 80). Solange nicht die Kreativität (wie im Folgenden vorgeschlagen) *in* der Schöpfung wie *in* Gott als kreative Unbestimmtheit (und nicht wie ein quasi zuständlicher Gegensatz zur Bestimmtheit) gefasst werden kann, bleibt es bei dem Schnitt zwischen Bestimmtheit auf Seiten des Geschaffenen und Unbestimmtheit auf Seiten der göttlichen Transzendenz. In der Analogie von „ungesprochenem" und „gesprochenem Wort

keine Bestimmtheiten des Geschaffenen der göttlichen Transzendenz zu Unrecht unterstellt, sondern aus dem schöpferischen Akt selbst folgt seine – sicher hypothetische und fallible – relationale Beschreibbarkeit als immanente Trinität, die für sich ebensoviel Realität beanspruchen kann wie die ontologisch abgeleitete Unbestimmtheit der Transzendenz. Ihre „Kraft" ist „unmittelbar und ewig"[105], keine schon vorhandene „Potenz" oder „Substanz"[106], sondern die aller erste Qualität einer schöpferischen Ermöglichung von allem Anderen. An diesem Befund wird nichts dadurch verzerrt, dass gesagt wird: Gott ist selbst eben dieses *Erste*[107] (ursprünglicher Ermöglichung). Als solches ist er dies für ein ihm gegenständliches *Zweites* (das Geschaffene und seine Versöhnung). Und der notwendig zu denkende Zusammenhang ist als *Drittes* die Relation als solche: die lebensschaffende Kraft des Geistes Gottes; mit Nevilles Worten: die *Harmonie* und *Einheit* in allem Geschaffenen, die *Kraft* gegenüber dem *Nicht-Sein*, der *kreative Grund* für die Unterscheidung zwischen Alt und Neu.[108] Die Aseität Gottes erscheint in dieser trinitarischen Konkretion als die Fülle des Schöpferischen: seiner Unbestimmtheit und Bestimmtheit. Die darin implizierte Lebendigkeit fordert es geradezu, von Gott

Gottes" ausgedrückt: Auch das „ungesprochene Wort Gottes" kann für NEVILLE nicht als Analogie der *immanenten* Trinität gelten, denn „the Word unspoken is indeterminate and, consequently, is indistinguishable from any other person in the Godhead" (aa0. 81). Demgegenüber ist NEVILLE sicher nicht der Vorwurf zu machen, er trenne das Göttliche vom Weltlichen (vgl. aaO. 82) und mache die Schöpfung sozusagen nur zur „Brücke" zwischen beiden Seiten. In Frage steht aber, wie die „Verbindung" zwischen Transzendenz und Immanenz Gottes zu denken sei. NEVILLEs Antwort, es handle sich nicht bloß um eine *ökonomische* Trinität (aa0. 82), bezieht sich hier allein auf den Einwand der künstlichen Trennung zwischen Gott und Welt. Der Satz: „The connection between God and world is internal to God" (ibid.) ist streng genommen keine Aufnahme der *immanenten* Trinität und bleibt in Übereinstimmung mit NEVILLEs Konzept der ontologischen Grunddifferenz von Unbestimmtheit (Transzendenz) und Bestimmtheit (Immanenz).

[105] NEVILLE, God (1992), 104.

[106] Ibid. 113.

[107] Vgl. NEVILLEs analoge Verteidigung der *Harmonie* als des unhintergehbaren, qualitativen Phänomens überhaupt, s.o. Anm. 33. – Allerdings bezeichnet in NEVILLEs ontologischem bzw. metaphysischem Schema *Harmonie* das, was „de facto" vorliegt und insofern kategorial mehrfach bestimmt werden kann. NEVILLE selbst macht den im Folgenden vorgeschlagenen (trinitarischen) Unterschied zwischen Harmonie im (kategorial) *ursprünglichen* und im (kategorial) *triadischen* Sinn nicht: *Einheit* und *Harmonie* haben demnach beide den doppelten Sinn *ursprünglicher* Qualität und durch den Geist geschaffener *neuer* Qualität. Im Zusammenhang der Sündenlehre wird deutlich, dass NEVILLE „Harmonie" vor allem im letzteren Sinn versteht, d.h. geschaffen durch Gottes „creative power", vgl. ibid. 302; entsprechend auch zur ewigen Bedeutung der menschlichen Personalität, vgl. in: (1993), 198: „Persons, like any other determinate thing, are harmonies of essential and conditional features."

[108] NEVILLE, God (1992), 112,114f.

als *Person* zu sprechen – nicht nur im Sinne der *ökonomischen*[109], sondern zugleich im Sinne der *immanenten* Trinität.[110]

Kann diese trinitarische Interpretation der Schöpfungstheologie Nevilles gerecht werden, indem auf der Basis ihrer Grunddistinktionen eines ihrer zentralen ontologischen Probleme als Relationalität gefasst wird? – Auch für diesen Versuch gilt der Erfahrungssatz: „The untidiness of this indirect approach is that there is always difficulty in showing that where philosophy has gotten us is where religion wanted us to get."[111]

---

[109] Ibid. 264.
[110] S.o. Kap. II.7.
[111] NEVILLE, God (1992), 94.

14. Die strukturelle Wahrheit der Religiosität – Zu Ulrich Oevermanns Konstitutionslogik von Praxissituationen

A. Wissenschaft und normative Geltung

Wie können wir uns *wissenschaftlich* adäquat zu der Lebensform *Religion* verhalten, die doch Welt und Sinn vorrangig erst begründet? Diese Frage kann nur dann als irrelevant für die europäische Moderne ausgeschieden werden, wenn sie methodisch als nicht greifbar und weltanschaulich als mit *Wissenschaft* unvereinbar hingestellt wird; und dann kommt in den religionswissenschaftlich gängigen Disziplinen (Religionspsychologie, Religionssoziologie und Religionsgeschichte) Religion nur vor wie die Krankheit in der Medizin. Andererseits wächst inzwischen wieder das Problembewusstsein dafür, dass die menschlichen Zugangsbedingungen zu wissenschaftlicher Objektivität diese selbst nicht nur als (möglichst zu neutralisierende) Randbedingungen mitbestimmen, sondern in der Sache letztlich konstitutiv sind, ausschlaggebend im Sinne eines *geistigen Zusammenhanges*, ohne den es auch Wissenschaft gar nicht gäbe.

Als religionsgeschichtliches Problem ist diese fragliche Zuordnung spätestens seit E. Troeltschs *Absolutheitsschrift*[1] fassbar, indem dort vorbehaltlos die historische Methode auch für die Beschreibung von Religion zugrundegelegt, trotzdem aber gefragt wird, wie *„normative Geltung“* denn begründbar sei.[2] Eine unbedingte Gültigkeit (*Absolutheit*) kann nicht mehr übernatürlich (durch „Sonntagskausalität“ oder „Wunder-Kausalität“[3]) und auch nicht aus dem (spekulativen oder gesamtgeschichtlich realisierten) Begriff der Religion

---

[1] E. TROELTSCH (1998).

[2] Ibid. 130; vgl. 189 (Ende *Drittes Kapitel*): „So bleibt nur eine wissenschaftliche Untersuchung übrig, die nach Vermögen die historische Erfahrungswirklichkeit zu umfassen und aus ihr durch umsichtige Vergleichung und Ueberlegung die Normen zu gewinnen strebt. [...] Die Historie hat ein eigenes Wissenschaftsgebiet, weil sie das Gebiet des Individuellen und Einmaligen ist. Aber in diesem Individuellen und Einmaligen erschließt sich doch überdies zugleich jedes Mal Allgemeingültiges oder solches, das mit Allgemeingültigem zusammenhängt. Diese beiden Elemente miteinander in das richtige Verhältnis zu setzen, ist das schwierige Problem.“

[3] Ibid. 125, 133.

gewonnen werden, weil diese für uns jeweils unabgeschlossen, dem religionstheoretischen Vergleich ausgeliefert und somit auch in ihren höchsten Formen noch für andere denkbare Realisierungen offen bleiben muss.[4] Troeltschs eigene Problemlösung bestand darin, in aller geschichtlichen Relativität die Quasi-Absolutheit der „persönlichen Ueberzeugung" als die „praktisch entscheidende Frage" herauszuheben.[5] Hier bleiben dann zwei Möglichkeiten, die beide von Troeltsch selbst nicht wirklich durchgeführt oder in ihrem theoretischen Anspruch erfasst werden: Entweder müsste eine Theorie der personalen Entscheidungssituation und Überzeugungsbildung durchgeführt werden, wie es unabhängig voneinander im Existenzialismus und Pragmatismus des 19./20. Jahrhunderts geschehen ist[6], oder es müsste die Geschichtlichkeit selbst als soziales wie personales Integral des Menschseins metatheoretisch so erfasst werden, dass eine Notwendigkeit religiöser Orientierung gezeigt werden könnte. Was Troeltsch in dieser Perspektive „die Empfindung eines die Gegensätze jenseits der Sinnenerfahrung überwindenden höheren Lebens"[7] nennt, wirkt heute wie ein (idealistisch und kulturprotestantisch) formulierter Stellvertreter für den gesellschaftstheoretischen Nachweis der *Funktion* oder des *Wesens* der Religion. Die Soziologie hat sich im 20./21. Jahrhundert an die Stelle geschoben, an der Begründungen gesucht, bestritten oder aufgebaut werden müssen, die zwischen Wissenschaftsmethoden und Lebensformen, bloßen Deskriptionen und vorweg beanspruchten Sinnwelten zu vermitteln in der Lage sind. Wenn metaphysische, religiöse, ontologische oder theologische Begründungen als traditionell, dogmatisch und damit überholt erscheinen, ist es die Soziologie, die im Faktor menschlichen Zusammenlebens Grundbedingungen im Geist der Wissenschaften freilegt, die zugleich mehr sind als bloß wissenschaftlich wahr: Sie müssen die Menschen überzeugen, die Verbindlichkeit gelebten Lebens beeindrucken können. Das

---

[4] Vgl. ibid. 197: „deshalb ist auch mit keiner strengen Sicherheit zu beweisen, dass es [sc. das Christentum] der letzte Höhepunkt bleiben müsse und daß jede Ueberbietung ausgeschlossen sei." In der 2. Auflage (1912) fügt TROELTSCH hinzu (ibid. 199): „Und wenn einmal überhaupt alles erwogen werden soll, so muß auch der Möglichkeit gedacht werden, dass unsere ganze antik-christlich-europäische Zivilisation wieder in die Barbarei zurückgeworfen werden könnte."

[5] Ibid. 191; vgl. auch durchgehend die Verteidigung eines entscheidungsbewussten und wertorientierten, zuletzt (ibid. 243) „christlichen Personalismus".

[6] TROELTSCH zeigt dort, wo er dem historischen Relativismus entkommen will, Tendenzen in beide Richtungen: Die existentialistische im Pathos der persönlichen „letzten" *Entscheidung* (ibid. 170), doch sie bleibt immer nur im übertragenen Sinne absolut und – gemessen am Standard der historischen Methode – unwissenschaftlich; die pragmatistische im wissenschaftstheoretischen Aufgreifen von Typen der Überzeugungsbildung vom *naiven zum wissenschaftlichen Weltbild* (ibid. 214ff.), doch auch dieser Durchgang ist für den Wissenschaftsbegriff nicht fundamental, sondern nur nachträglich deskriptiv, d.h. wiederum nur historisch von Bedeutung.

[7] Ibid. 196.

gilt offensichtlich auch dann, wenn die bio-genetische Revolution des menschlichen Selbstverständnisses wiederum unser wissenschaftliches Weltbild in ungeahnte Ermächtigungen zwingt. Doch werden dadurch die notwendigen Qualifizierungen und auszuhandelnden Spannungen des gesellschaftlichen Zusammenlebens keineswegs neutralisiert, sondern verstärkt: „Jede Verbesserung zieht das Üble nach sich. Diese Dialektik lässt sich genetisch nicht stoppen. Sie folgt einem stärkeren, einem soziologischen Gesetz."[8]

B. Religionssoziologie

Dass *Religion* bevorzugter Gegenstand der Soziologie und in ihr zur abgrenzbaren Disziplin wurde, ist seit Ende des 19. Jahrhunderts selbstverständlich; also genau seit der Zeit, als weder die Kirchen noch das kulturtraditionelle Christentum die Universalbedeutung und Wahrheit von *Religion* wissenschaftlich zu garantieren in der Lage schienen.[9] Das Motto dieses kritisch-bewahrenden Übergangs könnte lauten: „Die Sozialwissenschaften reden nicht von Gott und fragen nicht nach ihm, aber Religion war eines der Schlüsselthemen in der Zeit ihrer Herausbildung."[10] Wenn religiösen Ausdrucksformen, Glaubensaussagen, Riten, Kulthandlungen, Mythen, Religionstheorien oder Theologien irgendein tatsächlicher Sinn und damit auch eine wissenschaftliche Bearbeitbarkeit zukommen sollten, so müsste sich dies in der Aufgabenstellung von *Religion* geschichtlich und gesellschaftlich nachweisen lassen. Die jeweils eigene religiöse Selbstbeschreibung und ihr jeweiliger Absolutheits- oder Wahrheitsanspruch erscheinen demgegenüber aber als bloß subjektiv, d.h. als zu distanzierender *Gegenstand* wissenschaftlicher Beschreibungen bzw. Kritik. Trotzdem die unübersehbare *Funktion* von Religionen individuell wie sozial zeigen zu wollen, steht nur dann nicht in Widerspruch zur eigentlich vorausgesetzten Unwissenschaftlichkeit der religiösen Sachbehauptungen (aus der Innensicht ihrer Gläubigen), wenn a) entweder im wissenschaftlichen Fortschritt und im Pathos der Säkularisierung die zunehmende und absehbare Selbstauflösung der Religionen prognostiziert wird, Religion also als ein sich überlebendes Phänomen betrachtet wird; oder wenn b) die human- oder sozialwissenschaftliche Unabdingbarkeit einer Problemlage gezeigt werden kann, an deren (sozial wie individuell) notwendiger Bearbeitung nicht nur kein Mensch, sondern deswegen auch die Wissenschaft nicht vorbeisehen kann.

---

[8] K.O. HONDRICH (2000).

[9] Zur „klassischen" Religionssoziologie (E. DURKHEIM, M. WEBER) vgl. die Kurzdarstellungen von L. LAEYENDECKER (1992), 1594f.; H.G. KIPPENBERG(1998), 22ff.; H. KNOBLAUCH (1999), Kap. III u. IV.; und G. THOMAS (2001), Kap. 3 u. 4.

[10] H. JOAS (1999), 990; vgl. V. KRECH (2003).

Die erste der beiden Möglichkeiten ist in den positivistischen oder szientistischen (religionskritischen) Entwicklungstheorien seit dem 19. Jahrhundert aktuell gewesen und hat heute in akademischen Kontexten an Überzeugungskraft deutlich verloren, während eine bestimmte Öffentlichkeit erst jetzt von den Ausläufern eines anti-religiösen Wissenschaftsvertrauens erreicht wird. Das inzwischen nicht zu übersehende Faktum der weltweit einflussreichen Religionen und der nicht zu verifizierenden Säkularisierungsthese ist in dieser Frage selbstverständlich auch als empirisches Argument zu registrieren. Die zweite Möglichkeit beschreibt die Aufgabenstellung gegenwärtiger *Religionswissenschaft* – und damit auch ihrer theoretisch dominierenden Partnerdisziplin, der *Religionssoziologie.* Ihr Selbstverständnis ist gerade dadurch in lebendigen und vielfältigen Richtungsauseinandersetzungen verwickelt, dass die Bestimmung von *Religion* nicht einheitlich oder abschließend vorgenommen werden kann. Die (wissenschaftliche) Denkmöglichkeit religiöser Inhalte, Behauptungen oder Lebensformen ist dabei ebenso umstritten wie die Abgrenzbarkeit empirisch bestimmbarer (religiöser) Gegenstände. Nach der Methodenübersicht von D. Pollack sind entsprechend den unterschiedlichen Zugängen zur wissenschaftlichen Bestimmung von *Religion* auch und gerade für die Religionssoziologie jedenfalls vier bislang erprobte methodische Zugriffe zu unterscheiden[11]: a) Religion in ihrer *Substanz* oder ihrem *Wesen* zu bestimmen macht sich leicht von religiös-theologischen Vorentscheidungen abhängig (die dann wissenschaftlich nicht mehr zu rechtfertigen sind) oder gerät zu unspezifisch. b) Die *Hermeneutik* der Religion respektiert zwar den jeweiligen Wahrheitsanspruch der Beteiligten, setzt diesen auch für das phänomengerechte Verstehen voraus, riskiert damit aber den Verlust der intersubjektiven (wissenschaftlichen) Verallgemeinerungsfähigkeit. c) Die *Historisierung* bzw. prinzipielle kulturgeschichtliche *Kontextualisierung* der Religion betrachtet die Phänomene in wissenschaftlich entschiedener Distanzierung, liefert Material für die empirisch arbeitende Religionswissenschaft, hat aber an der Innenperspektive der religiösen Erfahrung kein Interesse und sieht an dieser Stelle in der Regel auch gar kein Zugangsproblem für die wissenschaftliche Bearbeitung. d) Die *funktionale* Interpretation der Religion dürfte die aktuellsten religionssoziologischen Methoden betreffen, nämlich, wie beschrieben, die Verankerung religiöser Ausdrucksformen in ihrer anthropologischen oder sozialen Notwendigkeit. Dann ist jeweils ein gesellschaftlich relevantes „Bezugsproblem“[12] zu benennen, das religiös bearbeitbar und mit tatsächlichen Handlungsfolgen belegbar ist. Dies soll auch dann zur Ausgangsorientierung genommen werden können, wenn keine „allgemeine Notwendigkeit von Religion postuliert“ werden kann, d.h. die Funktionalität

---

[11] D. POLLACK (1995), bes. Abschn. 1.

[12] Ibid. 189, vgl. 178 (im Anschluss an N. LUHMANN). Für POLLACK selbst besteht das herausragende Bezugsproblem in der Kontingenzerfahrung, vgl. 184-187.

von Religion soll über das (soziologisch fassbare) Bezugsproblem „gegenstandskonstitutiv“[13] sein können, ohne allgemeine ontologische/ metaphysische oder religionsphilosophische Zusammenhänge als systematische Voraussetzungen dieser Gegenstandskonstitution ins Spiel bringen zu müssen.

In dieser Diskussionslage stellt sich aus religionsphilosophischer wie theologischer Perspektive die Frage, wo und wie weitgehend religionssoziologische Konzeptualisierungen von Religion auf den ontologischen Kern des Problems stoßen bzw. ihm gerecht zu werden versuchen: Dass der religiöse Gegenstand, die religiöse Ausdruckform oder Behauptung sich dort, wo sie gilt, sozusagen selbst begründet. Weil das Welt- und Selbstverstehen vom jeweiligen religiösen Grund abhängig gedacht werden muss, kann in diesem Feld keine immanente Gegenstandsabgrenzung vorweg etabliert werden, auf die methodisch dann eine entsprechende Wissenschaftssparte reagieren würde. Wenn Religion wissenschaftlich zugänglich sein soll, muss diese Konstitutionsbeschreibung in irgendeiner Form phänomenangemessen zum Zuge kommen. Es ist der soziologische und handlungstheoretische Begriff der *Lebenspraxis* bzw. von *Praxissituationen* in U. Oevermanns „objektiver Hermeneutik“[14], der offensichtlich den sonst bekannten soziologischen Modellen in dieser Sache überlegen, eigenständig und religionsphilosophisch wie theologisch von höchstem Interesse ist – weil die spätestens seit E. Troeltsch bekannte Aporie von Wissenschaftlichkeit und religiöser Lebensform einer adäquaten Lösung zugeführt werden muss.

C. Strukturmodell und Lebenspraxis

Voraussetzung für die eigengewichtige Betrachtung von gelebter Religion ist dann der Nachweis einer human-sozialen Grundsituation, in der sich notwendigerweise das aufbauen muss, was nicht nur das allgemein bekannte Phänomen der Religionen erklärt, sondern vor allem auch die Bedeutung von jeweils eigener Aneignung von Ausdrucksformen der Religion in persönlich wirksamer *Religiosität.*[15] U. Oevermanns Analysen nehmen dazu ihren Ausgangspunkt in der „Lebenspraxis“, die unabdingbar gekennzeichnet ist durch „Entscheidungszwang und Begründungsverpflichtung“.[16] Was dabei auf dem

---

[13] Ibid. 189.

[14] Ich beziehe mich im folgenden ausschließlich auf drei Publikationen, wobei die letzte im Vordergrund des Interesses stehen wird: U. OEVERMANN (1988), (1991) und (1995). – Die Bezeichnung „objektive Hermeneutik“ findet sich programmatisch in OEVERMANN (1991), z.B. 283, 330.

[15] Zu dieser systematisch entscheidenden Differenz von Religion und Religiosität vgl. H. DEUSER (1999), § 1.

[16] OEVERMANN (1988), 243; vgl. (1995), 36ff.

Spiel steht wird besonders erschreckend, aber auch nüchtern-analytisch deutlich an der Interviewauswertung des sich selbst missverstehenden Franziskus-Aussteigers, der religiöse Entschiedenheit mit sozialtherapeutischen Ersatzerklärungen verwechselt und letztere an die Stelle fehlender, zugleich gefürchteter, aber nicht erreichbarer eigenverantwortlicher Lebenspraxis setzt. Dieser „Zerfall der Mitte autonomer Lebenspraxis“[17] erklärt sich dadurch, dass zwischen der (theoretischen) Rekonstruktion von praktischen Entscheidungen und der eigentümlichen, unersetzbar praktischen Entscheidungssituation selbst nicht mehr unterschieden wird – und dafür biographisch angewandt auch noch theoretische Begründungsmuster angeführt und eben an der falschen Stelle scheinbar entlastend eingesetzt werden: „versozialwissenschaftlichte Identitätsformation“![18] An dieser verzerrten Form von Selbstverwirklichung ist erkennbar, dass *Entscheidung* und *Begründung* in einer komplizierten Spannung zueinander stehen müssen, das eine jedenfalls nicht das andere ersetzen oder überflüssig machen kann. Es käme sonst zu der wirren Figur des „Dozenten“, wie ihn Kierkegaards Existenzdialektik verspottet hat, der Theorieleistungen an die Stelle eigener existenzieller Entscheidungen setzt, ohne dies noch zu bemerken (und erst letzteres macht die Situation komisch). Weil Lebenspraxis im Blick auf Entscheidungssituationen wissenschaftlich nicht aufgeht, weil Rekonstruktion nicht an die Stelle des konstruktiven Handelns treten kann, muss eben die Lebenspraxis vor der Theorie in Schutz genommen werden, während die Theorie als solche sich selbst schützen und behaupten kann. Ihr Auftrag bleibt aber bezogen auf dieselbe Praxissituation, der die Theorie entsprechen soll. Wird dieser Bezug ernst genommen, bleiben auch die Begründungen für Praxisentscheidungen kontingent wie diese selbst, d.h. es geht um die Wahrung des Vorrangs der „Entscheidungsautonomie konkreter Lebenspraxis“.[19]

Weil aus *Begründungen* keine *Entscheidung* vollständig abgeleitet und deshalb diese jenen nicht subsumiert werden kann, umgekehrt *Begründungen* aber für individuelle wie soziale Handlungskontrollen und Kontinuitäten unbedingt notwendig bleiben, liegt hier ein strukturelles Problem vor: die „notwendig widersprüchliche Einheit von Entscheidungszwang und Begründungsverpflichtung“.[20] Diese Struktur ist nun aber nicht als Faktum einfachen Datenerhebungen zu entnehmen, sondern sie stellt eine Interpretationsleistung aufgrund von menschlicher Erfahrung dar, die sich wiederum an Zeugnissen

---

[17] OEVERMANN (1988), 261.

[18] Ibid. 245; vgl. 284 Anm. 9 (zur dem entsprechend methodischen Kritik an J. HABERMAS).

[19] OEVERMANN (1991), 271ff. – Vgl. den Hinweis auf die doppelte Kontingenz (im Blick auf die „religiösen Sinnformen“ in der Verarbeitung von Kontingenz) bei D. POLLACK (1995), 186, 189.

[20] OEVERMANN (1995), 39.

solcher Erfahrungen belegen lässt. Insofern ist die Analyse von Lebenspraxis hier hermeneutisch-philosophisch verankert, auch wenn ihr Belegverfahren an Fallanalysen durchgerechnet werden kann: *objektive Hermeneutik*. Ebenso ist allein schon die Frage nach „der Entstehung des Neuen"[21] eher eine kosmologisch-philosophische als eine schlicht sozialwissenschaftliche, denn damit ist die Kreativität von Lebenspraxis und Welt überhaupt im Blick, das Selbst-Verhältnis des Menschen und die konstitutiven Zeitmodi der Selbsterfahrung. Oevermann allerdings argumentiert nur materialiter philosophisch, formaliter bleibt es bei der sozialtheoretischen Begrifflichkeit, der Erkundung einer „Strukturgesetzlichkeit", nach der die Spannung von immer defizitärer, aber nicht aufzugebender Begründung im Blick auf den Vorrang von autonomer und damit kreativer (emergenter) *Lebenspraxis* für diese überhaupt konstitutiv sein soll.[22] Wie in den Religionsphilosophien von S. Kierkegaard und W. James insistiert Oevermann folglich auf dem menschlich unausweichlichen Strukturproblem, dass die Erfahrung von Kreativität nur dann theoretisch auch angemessen verarbeitet und dargestellt ist, wenn als Grundbedingung akzeptiert wird: dass routiniertes Weitermachen nach eingespielten (rationalen) Begründungsmustern objektiv irrational wird, weil es den notwendigen Entscheidungsspielraum und die zu ihm gehörige Selbsterfahrung erstickt.[23]

Diese wissenschaftstheoretisch fundamentale Bedingung gegenüber jeder Form von reduktionistischem Szientismus lässt sich analog, nämlich in der Bestreitung der universalen Gültigkeit von *Funktionalität* (im Fall von N. Luhmanns Religionssoziologie), auch so begründen, wie E. Herms es im Vergleich von einfachen Gegenstandsbezugnahmen und „*konkret*-selbsterfassende[n] Wiederholungen" derselben gezeigt hat[24]: Gegenstandsbezug, Wiederholung dieser Beziehung als solcher und das Wiederholen im Wissen um die Beziehung als solche, diese drei Stufen sind nicht numerische Repetitionen, sondern bilden eine gestufte dreistellige Struktur, die nur um den Preis einschneidender Reduktion dieser Gegenstands- und Selbsterfahrung vereinfacht werden kann. Das (kosmologisch wie lebenspraktisch) „Neue als Neues auch wirklich anzuerkennen" ist nur dann möglich, wenn nicht prinzipiell reduktionistisch oder funktionalistisch verfahren wird.[25]

Unter diesen schwierigen wissenschaftstheoretischen Abgrenzungsstrategien ist es verständlich, dass Oevermann noch den jüngsten Entwicklungen der Religionssoziologie vorhalten kann, es sei ihnen nicht gelungen, ihre Dis-

---

[21] OEVERMANN (1991), 267ff., bes. dann die Einführung des Begriffs der *Emergenz*, ibid. 294ff.

[22] Ibid. 305; vgl. zur betont „methodologische[n], nicht ontologische[n]" Problembeschreibung ibid. 302.

[23] Zum Zusammenhang mit S. KIERKEGAARD und W. JAMES s.o. Kap. III.10.B, Anm. 45.

[24] E. HERMS (1982), 202ff. Anm. 67.

[25] OEVERMANN (1991), 294.

ziplin wirklich eigenständig zu begründen[26], was am Fehlen der „*explizite[n] Bestimmung der Lebenspraxis selbst* in ihren *strukturellen* Konstitutionsbedingungen" liege.[27] Dem ist auch deshalb zuzustimmen, weil jetzt die moderne Entwicklungsproblematik: Säkularisierung, Traditionsabbrüche, gesellschaftliche Differenzierungen, Fundamentalismus, exotische Ersatzreligionen etc., nicht mehr als Fort- oder Rückschritte an einem einmal gegebenen Urphänomen gemessen werden müssen; sondern *Religiosität selbst* ist entwicklungsfähig, weil es sich hier um eine dynamische Ausgangsbasis handelt, die konstitutiv ist für „das objektiv gegebene Strukturproblem von *Individuierung*".[28]

D. Religiosität

a. Religiosität als Bewährungsproblem

Was unter *Religiosität* zu verstehen ist, wird demnach nicht aus einem Querschnitt der Religionsgeschichte, nicht aus Erfahrungen, Inhalten oder Lehren einer bestimmten Religion und auch nicht aus der gesellschaftlich nachweisbaren Funktion von Religion oder dem anthropologischen Bedürfnis nach Religion abgeleitet, sondern all dies ist zu erklären aufgrund der modellhaft eingeführten Struktur von Religiosität. Diese ist „handlungslogisch" fundiert und wird durch drei Begründungsschritte ausgezeichnet:

(1) Die „Dialektik von Endlichkeit und Unendlichkeit",

(2) diese kommt kulturell am deutlichsten zum Ausdruck in der „*Emergenz der Sprachlichkeit*" und des dadurch „*konstituierten regelgeleiteten Handelns*",

(3) was wiederum die Distanz zur jeweiligen Wirklichkeit impliziert, d.h. die „*hypothetisch konstruierte[n] Welt von Möglichkeiten*" eröffnet.[29]

Subjektwerdung, Bildungsprozesse und Sozialität erklären sich aus dieser Strukturgegebenheit des „Endlichkeitsbewusstseins", das seine „Grenzüberschreitung" immer schon mit sich führt: von der Familie als Lebensvoraussetzung bis zur universalisierten Schöpfung, von der existenziellen Fragesituation „Wer bin ich, woher komme ich, wohin gehe ich?" bis zur „universellen Funktion des Mythos"[30]; und die „Transzendenzstelle", die andere Seite der Endlichkeit, bleibt strukturell nachweisbar auch dort, wo die „religiösen Inhalte" säkularistisch verschwunden sein sollten.[31]

---

[26] Vgl. OEVERMANN (1995), 28ff.

[27] Ibid. 31.

[28] Ibid. 32.

[29] Ibid. 34.

[30] Ibid. 35.

[31] Ibid. 36.

Dass dies alles so ist, dafür spricht eben die „Eigenlogik von Lebenspraxis“[32]: Entscheidungen und ihre Alternativen eröffnen Möglichkeitsräume, in diesen sind Begründungen nötig, die aber niemals automatisch Entscheidungen übernehmen können – und aus der unauflöslichen Spannung folgen Krisenerfahrungen. Letztlich impliziert die Endgültigkeit des Todes immer schon die alles normale Leben auch latent auszeichnende Forderung, sich zur eigenen Lebenspraxis mit Entschiedenheit verhalten zu müssen.

Was in Oevermanns *objektiver Hermeneutik* als „Sequenzanalyse“[33] bezeichnet wird, ist die methodische Ausarbeitung derselben Zuordnung von *Entscheidung* und *Begründung*, so dass zwischen den für die jeweilige Situation geltenden (festen) Regeln und der gleichwohl für dieselbe Situation eigentümlichen und nicht reduzierbaren Auswahlentscheidung genau unterschieden werden kann.[34] Den religionskritischen Tendenzen der europäischen Aufklärung bleibt die *objektive Hermeneutik* insofern verpflichtet, als sie aufgrund der wachsenden Säkularisierung eine Zunahme von expliziten Auswahlentscheidungen erkennt, die die Autonomie der Lebenspraxis immer mehr bewusst machen, während Mythos, Magie und religiöse Dogmen in voraufgeklärten Zeiten zur „Entscheidungsentlastung“[35] beitrugen, d.h. zur noch nicht in gleicher Weise manifesten Bewusstheit von Autonomie. Das bedeutet allerdings nicht, dass bei Zunahme an Autonomie religiöse Verarbeitungsformen überflüssig würden. Denn kultur- und religionsübergreifend gilt eben das Strukturmodell der Religiosität: Es muss immer entschieden und begründet, es muss immer die Realität des Lebens als Lebenspraxis erfüllt werden, und die darin latent und manifest eingeschriebene Krise ist für die erklärende Strukturanalyse der „Normalfall“.[36] *Religiosität* ist folglich als „*Bewährungsproblem* der offenen Zukunft und einer darauf bezogenen nicht stillstellbaren Unsicherheit“[37] biographisch, sozial, kulturell und weltgeschichtlich notwendig.

b. Charisma

Was ist es aber, das den Entscheidungsvorrang sozusagen *zwischen* Regelhaftigkeit und Spontaneität ausmacht? Denn beide Seiten für sich genommen würden statt eines besonderen Vorrangs nur ein (reduktionistisches) Erklärungsschema reproduzieren: die Regelhaftigkeit den Determinismus (der für

---

[32] Ibid. 36ff.

[33] Ibid. 41ff.

[34] Im kritischen Vergleich zu N. LUHMANNS Zuordnung von Kontingenz und Selektionsentscheidung macht OEVERMANN klar, dass darin die Selbständigkeit der Entscheidungssituation, d.h. die Differenz zwischen geltender Regel und „subjektivem Motiv“ gerade nicht mehr respektiert wird, vgl. ibid. 43.

[35] Ibid. 44.

[36] Ibid. 44, 61ff.

[37] Ibid. 63.

Handlungsentscheidungen nichts erklärt), und die Spontaneität den irrationalen Zufall (der Verantwortlichkeit zunichte macht).[38] Erst in der lebenspraktischen und als Krise erfahrenen Überschneidung dieser beiden konstitutiven Dimensionen des Handelns ergibt sich als *Drittes*[39] das jeweils *Neue*: aufgrund eigener Entscheidung, vor allem aber in der damit erst erfahrenen Lebenspraxis als solcher, d.h. erfahren durch ein handelndes *Selbst*.[40] Bezogen auf den Entscheidungsinhalt aber, der ja nicht gesetzmäßig abgeleitet werden kann, kommt es hier entweder zu einem blinden Fleck der Entscheidungs- bzw. Handlungstheorie, oder es muss sozusagen ein Medium dieses Zwischenraumes benannt und plausibel gemacht werden können, in dem sich die Ereignishaftigkeit des Neuen hält. Die Religionen ebenso wie Religionsphilosophie und theologische Dogmatik können dieses Medium, diesen Ort und spezifischen Zeitpunkt genau benennen, beschreiben und lebensgeschichtlich auszeichnen. Oevermann aber greift methodisch gerade nicht auf religiöse Elemente selbst zurück, sucht hier auch keine ontologische Klärung der Konstitution dieses gesuchten Dritten, sondern wählt zu seiner Plausibilisierung M. Webers Begriff des *Charismas*. Der Begriff vereinbart situationsspezifische Unbegründbarkeit mit faktischer Wirkungsmacht und „*Glaubwürdigkeit*“[41], ist bei Weber gerade vermittelnd zwischen geschichtlichen Religionen und ihren sozialen Wirkungen eingesetzt, darüber hinaus verallgemeinert zum Kennzeichen jeder besonderen autoritativen Person oder Herrschaftsmacht geworden – wird hier aber in der Struktur der Religiosität zur Erklärung des krisenhaft-emergierenden Neuen eingesetzt und somit als religionstheoretischer Grundbegriff in seiner ursprünglichen Bedeutung erneuert.[42] Oevermann bleibt damit religionssoziologisch dem säkularen Wissenschaftsstandard verpflichtet, d.h. an den Vorgaben Webers orientiert, wählt aber doch einen nicht nur methodisch, sondern existenziell und pneumatologisch deutbaren Begriff (sc. Charisma), der Religiosität als Hintergrund schon mitbringt. Damit ist eine erste Öffnung zur theologischen Sprache erreicht, jedenfalls ist

---

[38] Zur Abwehr des *Zufalls* als Erklärung vgl. das existentielle Beispiel der „Heiratsentscheidung“ (ibid. 39), das der Sache nach von KIERKEGAARD stammen könnte; aber auch den Versuch, Emergenz systematisch von Zufall abzuheben (weil erstere kontextbezogen platziert sein muss, Zufall beziehungslos wäre), in: OEVERMANN (1991), 304, 307, 321, 325.

[39] OEVERMANN (1995), 47.

[40] Vgl. (1991), 314f. – Diese Selbstkonstitution im Blick auf Handeln wird hier durchgängig vor allem an G.H. MEAD, aber auch an C.S. PEIRCE und J. DEWEY entwickelt.

[41] OEVERMANN (1995), 47ff.; hier: 48.

[42] Zum religionswissenschaftlichen Begriffsgebrauch vgl. M.N. EBERTZ (1999); C.H. RATSCHOWS (1981) Kritik des seit M. WEBER als „inhaltsleeres Allerweltswort“ gebrauchten Begriffs ist nur verständlich, wenn zwischen Abstraktion und Konkretion so unterschieden wird wie zwischen inhaltsleerer Theorie und lebenspraktischer Religiosität, und nur für letztere steht das (göttliche) *Charisma*!

deren Einsatz prinzipiell nicht auszuschließen, weil sie eben dieselbe Leistung zu erbringen sucht: lebenspraktisch verankerte Religiosität mit strukturell begründeten Lehrbegriffen zu beschreiben, abzugrenzen und kritisch zu verarbeiten. *Offenbarung* und *Glaube* wären dann – unbefangen verstanden – die theologischen Synonyme für das, was Oevermann, Webers Begriff *Charisma* reformulierend, als „Spontaneität des argumentationslosen Überzeugt-Seins" bezeichnet, genauer: „die Verpflichtung auf die Geltung von etwas Allgemeinem, das sich in diesem Überzeugt-Sein zuverlässig verbirgt und nachträglich durch Rekonstruktion argumentativ einzuholen ist."[43]

c. Kategorien und Temporalität

Dass der damit aufgebaute Strukturbegriff von Religiosität nicht nur in seiner Veranschaulichung, sondern bereits in seiner Konstitutionsproblematik *religionsphilosophischen* Rang beansprucht, zeigt sich in der mit der Analyse von Lebenspraxis verknüpften Thematisierung raum-zeitlicher Erfahrung. Erstens geht es darum, *Räumlichkeit* und *Zeitlichkeit* als Dimensionen *objektiver Hermeneutik* zu etablieren, und zwar so, dass sie nicht physikalistisch oder (dazu nur das Gegenbild) subjektivistisch (d.h. „residual") konzipiert werden.[44] Der Entwurf der religiösen Struktur verlangt – im konsequenten Anschluss an die innovative Entscheidung und ihre charismatische Unableitbarkeit – eine zeit-räumliche Eigenheit der „sequentiellen Struktur konkreter Praxis", ausgedrückt in ihrer „Eröffnung und Beschließung", und diese zeiträumliche Eigenheit sei „kategorial konstituiert".[45] Damit ist wiederum gegenüber szientistischen oder irrationalen Reduktionismen (auch gegenüber „Transzendentalität"[46]) auf die genuine Eigenkonstitution der Lebenspraxis verwiesen; was aber heißt jetzt „kategorial"? Dazu werden, zweitens, unter partiellem Rückgriff auf C.S. Peirce' Kategorien, Zeitlichkeit und Räumlichkeit als „eine dialektische Struktur von hierarchisch verschachtelten Oppositionen"[47] vorgestellt, so dass die Temporalität (Gegenwart, Vergangenheit, Zukunft) abhängig erscheint von der vorausliegenden, lebenspraktischen Gegenwartserfahrung (Erstheit), die immer erst in raumzeitlicher Bestimmtheit (Zweitheit) erfasst und in zeichenvermittelter Rekonstruktion (Drittheit) verallgemeinert werden kann. Das ist wohl so zu verstehen, dass die ursprüngliche Zeiterfahrung lebenspraktisch-strukturell der Temporalität vorausliegen muss, weil die Gegenwartsbasis von Lebenspraxis der „Sphäre der charismatischen Entscheidung"[48] zugehört! Die von Beginn an im Entscheidungs-

[43] OEVERMANN (1995), 48.
[44] Ibid. 52f.
[45] Ibid. 53.
[46] Ibid. 54.
[47] Ibid. 55; zur Begrifflichkeit der Kategorien s.o. Kap. I.1.A.
[48] Ibid.

Bewährungs-Modell gesuchte *Autonomie* entsteht sozusagen in dieser primären Sphäre, genauer: Sie ist strukturell angelegt und wird in wachsenden Sequenzverantwortungen in „angeeignete Autonomie" transformiert.[49] D.h. die Raumzeitlichkeit entspricht strukturell dem biographisch-geschichtlichen Prozess, und das „erzwingt Religiosität" – nämlich als reales (praktisches) Modell dieser Strukturiertheit von „*Charismatisierung und Bewährung*".[50]

In einer Nachklärung[51] wird der Sequenzbegriff noch einmal aufgenommen und in seiner Zeitlichkeit expliziert: „Sequenzstellen" sind immer zeitlich, sofern sie auf „Eröffnung" und „Beschließung" beziehbar bleiben und sich wie *Zukunft* („eröffneter Spielraum"), *Vergangenheit* (abgeschlossene Praxissituation) und „reine Gegenwart" zueinander verhalten. Diese *Temporalität* wird doppelt bestimmt:

(1) Die Unterscheidung zwischen Handlungsgegenwart und ihrem zeitlichräumlichen Verhältnis zu Vergangenheit und Zukunft als dem „Gehäuse" der Gegenwart (57) wird als „dialektisch" bezeichnet und besteht in der Spannung und Angewiesenheit von „Unmittelbarkeit und Vermitteltheit"; anders gesagt: Die Raum-Zeit-Analyse stößt phänomenologisch bzw. kategorial gesehen auf das Problem von Gegenwärtigkeit als „Praxis-Mitte" im Bezug auf ihre „Repräsentanz". Die semiotisch vermittelte Welterschließung orientiert die Gegenwart im Medium von Vergangenheit und Zukunft: „Objektivierung qua Ausdrucksgestalt".[52] Durchaus *phänomenologisch* ist auch die daran anschließende methodische Konsequenz, dass für eine *objektive Hermeneutik* der „subjektiv gemeinte Sinn", d.h. die als Gegenwart erlebte eigene Praxis, niemals vollständig in ihren Rekonstruktionsformen und Darstellungen aufgehen kann. Diese (nennen wir sie *existenzielle*) *Differenz*, dass zwischen Subjekt und Objekt „ein Übergang bzw. eine Überbrückung nicht praktisch, sondern nur methodisch möglich" ist, soll auch gegen Peirce' Kategorie *Drittheit* geltend gemacht werden.[53] *Erstheit* als „Praxismitte", *Zweitheit* als „Praxiszeit- und -raumstruktur", *Drittheit* als „Rekonstruktion" von Gegenwart und Konstruktion von „Unendlichkeit", während in *Erstheit* die „Unendlichkeit" noch „punktuelle [...] Naturverwurzeltheit" war.[54]

(2) Von der ersten kategorialen Klärung ontologisch abhängig ist die klassisch dreifache Temporalität: Vergangenheit, Gegenwart und Zukunft als „Momente" von Handlungen. Darin soll keine Reduktion auf Gegenwart impliziert sein, sondern allein deren Vorrang für die Zeit- und Raumerschliessung im Handlungsereignis. Anstelle von Peirce' *Drittheit* steht schließlich

[49] Ibid. 56.
[50] Ibid.
[51] Ibid. 56-60.
[52] Ibid. 57.
[53] Vgl. ibid. 58 u. Anm. 20.
[54] Ibid. 59.

der Terminus „Dialektik" (die als solche nicht näher oder selbständig bestimmt wird), zu verstehen als das unaufhebbare Zusammenwirken von „Emergenz und Determination"[55] (das wäre ein Zusammenspiel von Erstheit und Zweitheit); Drittheit erscheint demgegenüber nur als (soziologische) Grenzbestimmung der „Unendlichkeit".[56]

d. Mythische wie säkulare Religiosität

Die Struktur der Religiosität müsste nun auch auf die in ihr wesentlichen, ihrer spezifischen Praxis angemessenen Erfahrungsinhalte hin ansprechbar sein. Hier aber kommt das Strukturmodell in eine interne Schwierigkeit, weil religiöse Erlebnis-, Bekenntnis- oder Begriffsinhalte aus methodischen Gründen gar nicht thematisch werden können. Einerseits gilt das allgemeine Modell der unvermeidlichen religiösen Strukturiertheit aller denkbaren Praxissituationen; andererseits aber lösen sich deren religiöse Inhalte im „Rationalisierungsprozess" der „*Religionsentwicklung*" auf, und es bleibt nur noch die Struktur.[57] Anders gesagt: Oevermanns Begriff von Religiosität gerät in dieselbe Schwierigkeit, die E. Bloch seinerzeit in das religionskritische Bild gefasst hatte: „was ist *mit dem Hohlraum*, den die Erledigung der Gott-Hypostase hinterlässt [...]? Muß der Mantel nach, wenn der Herzog fällt [...]?"[58] Aus dieser Doppelperspektive ist schwer zu entkommen, einerseits universale Religiosität festzuhalten und nachzuweisen, andererseits ihr methodisch keine Eigenständigkeit, keinen theoretischen unabhängigen Zugang erlauben zu wollen. Das Projekt selbst aber bleibt erst recht aufschlussreich, weil es sich nun doch konsequenter, d.h. am religiösen Material bewähren will und muss. Die strukturelle Religiosität legt sich selbst aus im „Herkunfts- und Bewährungsmythos", und dieser gilt bis in die säkularisierte „Leistungsethik" der Gegenwart.[59]

Das existenzielle *Bewährungsproblem* dieser Art resultiert aus der Entscheidungssituation und ihrer Endlichkeitserfahrung gegenüber offener Zukunft, es tritt in Krisen an den Tag, zeigt darin aber gerade die Struktur aller Erfahrung von Endlichkeit als „Antizipation des Todes". Mythos, Magie, Religion und „säkularisierte Lebenspraxis"[60] bleiben sich darin gleich, das gilt nach beiden Seiten: Säkularität nicht ohne religiöse Struktur, und eine noch so „inhaltlich" besetzte Religiosität (z.B. „Transzendenz", „Gnadenlehre") hat auch nur „die Bewährung im Diesseits".[61] Das liegt an der „Paradoxie", dass

[55] Ibid. 60.
[56] Ibid. 59.
[57] Ibid. 62.
[58] E. BLOCH (1967), 1529.
[59] OEVERMANN (1995), 62.
[60] Ibid. 63.
[61] Ibid. 64.

die „Bewährung" im Leben genau darin besteht, nicht definitiv gelöst werden zu können. Ihre „Unerfüllbarkeit" bleibt ihr Kennzeichen: *Paradoxie* der „Bewährungslogik"[62] in der unausweichlichen (religiösen) Struktur der „Dreifaltigkeit von Fragen": nach sich selbst, nach Herkunft und Ziel.[63] Die religiösen Inhalte können dabei säkular wegrationalisiert, „verdampft" erscheinen, und der „religiöse" Mensch ist ein solcher „nur strukturell"; oder die „Bewährungsdynamik" wird noch in religiöser „Erlösungshoffnung und -gewißheit" abgearbeitet.[64] In der Moderne gibt es folglich zwei Religionsformen: eine *traditionell-inhaltliche* und eine *säkular nur noch strukturelle.*

Die allgemeine Struktur ist also bis in postmodern „gekaufte Bewährungsmuster" aussagekräftig und nachweisbar[65], der Mythos dann nur die althergebrachte Bearbeitungsform desselben Problems. Was aber garantiert kulturell gesehen den adäquaten Umgang mit notwendigen Mythen? Gibt es ein strukturinternes Kriterium für die Güte religiöser Arbeits- und Sinnformen? Oevermann antwortet wiederum mit dem Charisma-Begriff, dieser muss leisten können, was sich theoretischen Erklärungen entzieht: „Selbst-Charismatisierung" als *„suggestive Evidenz"*.[66] Ist dieses Evidenzereignis aber nicht jeder inhaltlichen Wertung entzogen? Kann es in dieser Funktion ein Gütekriterium sein? Ist hier nicht die Grenze der Aussagekräftigkeit des Strukturmodells selbst erreicht, das im „Charisma" einen Inhalt sucht und braucht, der zugleich kein Inhalt sein darf? Oevermann bleibt bei der strukturellen Typisierung, sie ist offenbar analog den vorher angeführten Peirceschen Kategorien aufzufassen: *erstens* die religiös „universell geltende Strukturbedingung", d.h. hier: Charismatisierung im Rahmen des unabdingbaren Bewährungsproblems; *zweitens* die universelle „Funktion" der religionsgeschichtlichen bzw. kulturellen „Ausformung" des jeweiligen Bewährungsmodells, d.h. hier: ein bestimmter Mythos; *drittens* bildet sich auf der Basis von eins und zwei ein „universal geltender Typus", d.h. hier wohl: eine bestimmte Bearbeitungsstruktur des Endlichkeits- und Bewährungsproblems, wie sie in europäischer Religionstradition und Säkularität offensichtlich vorliegt. „Säkularisierung" heißt dann nichts anderes als dass „Religiosität sich strukturell radikalisiert".[67]

---

[62] Ibid. 63.

[63] Diese nicht ohne Grund in trinitarischer Anspielung gefasste Fraglichkeit menschlicher Existenz in lebenspraktischer Entscheidungssituation ist anthropologisch, mythisch und soziologisch-strukturell zugleich zu verstehen, vgl. ibid. 35, 62, 64: „Wer bin ich?" – „Woher komme ich?" – „Wohin gehe ich?"

[64] Vgl. ibid. 62ff.

[65] Ibid. 65.

[66] Ibid.

[67] Vgl. ibid. 65-67.

E. Die Wahrheit der Religiosität

a. Der strukturell interpretierte Mythos

Anders als bei M. Weber soll der Effekt der Säkularisierung nicht am biblischen Gottesbegriff und seinen Traditionsbildungen vorgeführt werden, sondern zum Nachweis der beschriebenen Struktur von Religiosität wird die „Eigenlogik des Schöpfungs- und Erlösungsmythos“[68] vorgenommen. Das ergibt nichts Geringeres als eine sensible und souveräne Interpretation der biblischen Schöpfungs- und Sündenfallerzählungen. Sie geht Einzelzügen konsequent nach, hat aber natürlich an dem gezeigten Dilemma des doppelten (säkular-inhaltslosen wie mythisch-inhaltlichen) Begriffs von Religiosität Anteil und will ihn erst recht bestätigen:

(1) Der jüdische Monotheismus trägt insofern seine Säkularisierung schon in sich, weil er in der nicht-sinnlichen Abstraktion der „Allmacht“ die Konkretion von (erfahrbaren) Götterwelten negiert. Der biblische Gott ist deshalb eine theoretisch nicht mehr zu überbietende Entwicklungsstufe, die aber mit ihrer „schwer einzuhalten[den]“ Unvorstellbarkeit Gottes nicht mehr greifbar erscheint. Ist diese Stufe einmal erreicht, kann sie offenbar nicht mehr zurückgenommen werden. Der Monotheismus ist nicht noch einmal religiös zu überholen, und das Strukturproblem des allerhöchsten Gottes, der sich der gegenständlichen Vorstellungskraft gerade deshalb entzieht, bleibt einfach als Problem stehen. Das aber bedeutet soziologisch-positiv gewendet: Dieser biblisch-monotheistische Gott ist „strukturaffin zur Bewährungsdynamik“.[69]

(2) Dieser monotheistischen Abstraktion entspricht genau die Schöpfung durch das *Wort*, und in der Wort-Tat-Realisierung von Gen 1 liegt zugleich die „Bewegungsgesetzlichkeit, die der kooperativen Praxisform entspricht“. *Wort* wird hier aber nicht semiotisch aufgefasst, sondern handlungstheoretisch auf die (dialektische) Praxissituation hin ausgelegt, deren Spannungselemente dann in den bekannten Gegenstellungen[70] von *sakral/ profan*, Arbeit/ Ruhetag wiedererkannt werden können.[71] Damit bleibt es auch bei der (dialektischen) Gegenstellung von abstrakt/ konkret, die (mit Peirce' Semiotik und Kategorie der Drittheit) eigentlich auf der *Symbolebene* der Realität Gottes ihren Ort hätte: in der symbolischen Kommunikation der Sprache, die Verhalten, Handlung und Wirksamkeit einschließt.[72] Doch wiederum aus methodischen Gründen geht Oevermanns Interpretation diesen Schritt nicht mit.

---

68 Ibid. 67.

69 Ibid. 68f.

70 Das hat gute soziologische Tradition seit E. DURKHEIM, vgl. seine Religionsdefinition bezüglich dieser Differenz in: J. WAARDENBURG (1999), bes. 311-316.

71 OEVERMANN (1995), 70.

72 S.o. Kap. I.2 u. I.4.

(3) An drei ganz unterschiedlichen Textstellen wird die „ödipale Triade" wiedererkannt, d.h. der Schöpfungsmythos ist psychoanalytisch ebenso strukturaffin wie soziologisch gesehen: Gen 2, 24 („Darum verlässt der Mann Vater und Mutter und bindet sich an seine Frau, und sie werden *ein* Fleisch.") zeigt die unumgängliche Trennung in Generationen und die dazu nötige Mann-Frau-Kind-Relation[73]; Gen 2, 2 (7. Schöpfungstag) wird zahlendeutend auf die Generationenbildung (vier Großeltern, zwei Eltern, ein Kind = 7) bezogen als „kollektiv unbewusster Ausdruck dieser Bedeutung"; Gen 4, 1 („Adam erkannte Eva, seine Frau") zeigt schon vom Wort her die über die Biologie hinausgehende Partnerbeziehung und Autonomiebildung an.[74]

(4) Die Sündenfallerzählung wird gründlich und hintergründig im Blick auf das bewegende Motiv der beiden Bäume (Gen 2, 9b: „den Baum des Lebens und den Baum der Erkenntnis") interpretiert: Der Baum der Erkenntnis bezeichnet den für die Schöpfung notwendigen Wechsel vom „bewusstlosen Naturzustand" zur „begründbaren autonomen Entscheidung". Was auf der Erzähloberfläche wie Ungehorsam und Verfehlung der „Bewährungsprobe" aussehen muss, ist „auf der Ebene der Struktur" der „Befreiungsfall" aufgrund dieser erzählimmanenten *„produktive[n] Beziehungsfalle*"![75] Ganz im Sinne der philosophischen Aufklärung[76] kann dann gelten: Von der Struktur der Erzählung her schafft sich Gott, indem er die Chance zur „Autonomie" gibt, „tendenziell" selbst ab – zugunsten der „Verinnerlichung der sittlichen Verpflichtung". Auf diesen Weg führt die Schlange, sozusagen der „erste Hermeneut", und die angekündigte Differenz von "Gut und Böse" ist natürlich nicht „kognitiv", sondern handlungspraktisch aufzufassen: sich verantwortlich bewähren zu müssen. Die sequenzielle „Bewährungsdynamik" ist erreicht.[77]

(5) Die Paradiesvertreibung schließlich ist stillschweigend von Beginn an im „Baum des Lebens" schon motiviert, so dass jetzt (Gen 3, 22) das zuvor angekündigte Sterben (nach dem Essen vom „Baum der Erkenntnis", Gen 2, 17) in einem zweiten Sinn zu verstehen ist: „Mühsal" und „Lebensnot"[78] in

---

[73] OEVERMANN (1995), 70.

[74] Ibid. 71.

[75] Ibid. 72f.

[76] Vgl. I. KANT, *Die Religion innerhalb der Grenzen den bloßen Vernunft* (1793), Erstes Stück, A 43/44 Anm., in: Werke Bd. 7, 693: „Das hier Gesagte muß nicht dafür angesehen werden, als ob es Schriftauslegung sein solle, welche außerhalb den Grenzen der Befugnis der bloßen Vernunft liegt. Man kann sich über die Art erklären, wie man sich einen historischen Vortrag zu Nutze macht, ohne darüber zu entscheiden, ob das auch der Sinn des Schriftstellers sei, oder wir ihn nur hineinlegen: wenn er nur für sich und ohne allen historischen Beweis wahr, dabei aber zugleich der einzige ist, nach welchem wir aus einer Schriftstelle für uns etwas zur Besserung ziehen können, die sonst nur eine unfruchtbare Vermehrung unserer historischen Erkenntnis sein würde."

[77] OEVERMANN (1995), 73f.

[78] Ibid. 75f.

der Folge der Paradiesvertreibung sind nichts anderes als die Verwirklichung des Schrittes vom Naturverhältnis zur „Kultur" – mit der eigenen Endlichkeit vor Augen. Der „Schöpfergott" schafft „geradezu genial" die Ausgangsbedingungen, bei deren (quasi geplantem) Einrasten durch den sog. Sündenfall sich genau die Autonomie bahnbricht, die als „Paradoxie" dann die neue Wirklichkeit beschreiben lässt. Die religiöse Struktur aber bleibt ebenso notwendig wie inhaltlich labil: Über den „inbrünstigen Glauben" an den „allmächtigen Schöpfergott" führt der Weg der Menschheitserziehung in die eigentliche „Menschwerdung" als „langfristiger Säkularisierungseffekt".[79] Gott wird dann, weil ambivalent im Fortschrittsprozess, zur „Chiffre". Diese problemanzeigende Zeichengebung ist der religiösen Struktur nach notwendig und als Bewährungsaufgabe und paradoxe Verpflichtung ernst genommen; hier wird nicht fortschrittsoptimistisch rationalisiert. Andererseits aber wird die ontologische Bedeutung dieser „Chiffre" gar nicht erst in Erwägung gezogen, eben diese Ungenauigkeit oder Nicht-Festlegung kommt gerade in dieser Begriffswahl zum Ausdruck.[80] Die Vertreibung jedenfalls ratifiziert den Ausschluss vom „ewigen Leben" (Gen 3, 22b), d.h. nach dem Sündenfall folgt Endlichkeit. Sie ist erreicht durch die „Autonomisierungsbewährung" von Baum der Erkenntnis gegessen zu haben. „Unendlichkeit" ist dann nicht mehr nur das paradiesisch-natürliche Leben ohne Bewusstsein der Differenz, sondern ein neues endlich/ unendliches Bewusstsein im Blick auf *„endgültiges Gelingen"*: *„Erlösung von der Bewährungsdynamik"*.[81] Mit diesem postlapsarischen „Erlösungsproblem" kommt offenbar über die alttestamentlich-monotheistische Grundstruktur hinaus eine weitere Dynamik ins Spiel, nämlich die christliche, die als die eigentliche „Erlösungsmythologie" erst gelten kann. Sie löst das Zusatzproblem der Erfüllung (die monotheistisch scheitern muss, aber nicht aufgegeben werden kann) durch göttlich-menschliche Stellvertretung: in der Christologie. Diesen theologischen Zug der Sache soziologisch und strukturell-religiös umzusetzen bedeutet wiederum „Selbst-Charismatisierung", jetzt des Opfertodes. Auferstehung und Erwählung erscheinen als neutestamentliche Grenzfiguren von Individualisierung und Universalisierung religiöser Strukturgegebenheit.[82]

b. Kritik des Zusammenhangs von „Bewährungsdynamik und Säkularisierung"

Der erbrachte (exemplarische) Nachweis, dass das Strukturmodell dem Mythos entspricht, hat die These eingeholt: Die religiöse Struktur ist universal, prinzipi-

---

[79] Ibid. 77f.

[80] Zu diesem – in Sachen Religion – typischen, aber eben semiotisch ungeklärten Gebrauch des Begriffs „Chiffre" liegt bei N. LUHMANN eine genaue Parallele vor, vgl. H. DEUSER, Zeichenkonzeptionen (1998), 1746.

[81] OEVERMANN (1995), 79-82.

[82] Ibid. 84-87.

ell für alle Religionen gültig[83], wenn auch – wiederum in guter Aufklärungstradition – dem Christentum auf jüdischem Hintergrund ein Vorzug im Blick auf die Säkularisierungsimpulse zukommt. Die Struktur von Religiosität besteht zusammenfassend gesagt in folgendem[84]:

(1) Die beschriebene Problemlage (lebenspraktische Bewährung, mythologische Bearbeitung, charismatische Evidenz) ist „*kulturübergreifend universell*".

(2) Die „nicht stillbare Bewährungsdynamik" ist „*partikular*": kulturelle Sonderprägung der jüdisch-christlichen Tradition.

(3) Die Säkularisierung bleibt gleichwohl „universalhistorisch", aber sie erscheint in anderen Religionen bzw. Kulturen nicht intern motiviert, sondern als „eine schlichte Folge der Weltzugewandtheit".

(4) Gegen den Vorwurf des „Ethnozentrismus" setzt Oevermann die Sachlogik der soziologischen Konstitutionsanalytik „von der Autonomie der Lebenspraxis".

Der erste und der vierte Aspekt der Strukturthese behaupten die Wahrheitsfindung aufgrund wissenschaftlicher Analyse. Selbstverständlich können darin Irrtümer vorkommen und ständige Korrekturen als notwendig unterstellt werden, doch in dieser offenen Allgemeinheit wissenschaftlicher Wahrheitsfindung kann dem Modell zugestimmt werden: Es ist phänomennah-lebenspraktisch entwickelt und insofern überprüfbar, die Sensibilität für Religiosität ist zumindest im Blick auf die existenzielle Entscheidungssituation von Menschen gegeben, nämlich unhintergehbar geprägt zu sein vom Wissen um die eigene Endlichkeit, zu der zugleich im Selbstverhältnis ein konstruktives Handlungsinteresse aufgebaut werden muss. Demgegenüber kulturell oder religionsgeschichtlich differente Zugangsweisen als Einwand geltend zu machen, hätte tatsächlich nur dann Sinn, wenn methodisch auf derselben Ebene der Analytik religiöser Strukturen vergleichbar argumentiert werden könnte, um eine verbesserte Gesamtthese vorzulegen.

Der zweite und dritte Aspekt der Strukturthese sind demgegenüber religionstheoretischer oder theologischer Natur, sie unterstellen die Richtigkeit der Säkularisierung als weltgeschichtlich unvermeidlich, wenn auch so modifiziert, dass die jüdisch-christliche Religions- und Kulturentwicklung keineswegs automatisch in religionslose Rationalität mündet, sondern im Strukturproblem der – säkularistisch interpretierten – Religiosität sozusagen hängen bleibt. Die Gründe dafür liegen in der Konstitutionsanalytik der Lebenspraxis. Eine argumentationsinterne Schwierigkeit ergibt sich aber aus der Frage, ob das Festhalten an einer (religiösen) Struktur überhaupt sinnvoll ist, wenn deren entscheidende, inhaltliche Strukturmomente als solche nicht mehr belastbar erscheinen. Oevermann selbst benennt dieses Kernproblem seiner Religi-

---

[83] Ibid. 87ff.

[84] Ibid. 92f.

onstheorie[85] – wiederum in der zwiespältigen Form, dass einerseits die wissenschaftliche Analytik auf die Unersetzbarkeit der religiösen Struktur stößt, deren mythischen Wert und Sinn sie andererseits selbst nicht garantieren kann.

Im Anschluss an diese Frage wäre im Blick auf das entwickelte Modell zunächst kritisch zu prüfen, ob die ständig mitlaufende und nie eigens diskutierte Prämisse der Säkularisierungsthese überhaupt zutrifft. Es könnte ja sein, dass trotz der richtig beschriebenen jüdisch-christlichen Impulse von Monotheismus, Religionskritik und Verinnerlichung des religiösen Glaubens diese Entwicklung gerade nicht die Inhaltslehre der jeweils weiterentwickelten religiösen Vorstellungen bzw. theologischen Begriffe implizieren muss. Oevermann aber stellt diese naheliegende Rückfrage nicht, sondern weist das soziologisch-methodisch entstandene Dilemma den darunter leidenden Subjekten zu. Die existenzielle Vorordnung der Praxissituation, die in keiner (methodischen) Objektivierung voll aufgehoben werden kann, soll gelten, aber die lebensgeschichtliche Bearbeitungsform des Mythos, d.h. der mündigen Religiosität im Blick auf die „Frage nach dem Sinn des Lebens", ist nicht mehr zu erkennen![86] Fest steht, die Soziologie verfügt hier über keine eigenen Antwortmöglichkeiten mehr. Dies wird nüchtern, auch ein wenig resignativ festgehalten und steht in krassem Gegensatz zur Emphase des entwickelten Strukturmodells kulturuniverseller Religiosität. Weil die esoterischen Sinnangebote wegen ihres offensichtlichen Ersatzcharakters ebenso indiskutabel sind wie die reduktionistischen aus dem Wissenschaftstrieb („Selbst-Szientifizierung" als „technokratische Regression"), bleibt ganz einfach ein „offenes", ungelöstes Problem.[87]

Aus dem Käfig der soziologischen Strukturanalyse, die die methodischen Restriktionen vorgibt, auszusteigen, um „authentische Lösungen"[88] dort zu suchen, wo sie gelebt werden, nämlich in der Religiosität, wird nicht erwogen. Denn Religiosität darf nur wissenschaftlich gefiltert auftreten, weil ihr selbst – hier greift die Säkularisierungsthese – nicht mehr zu trauen ist. Das ist im Falle der von Oevermann vorgelegten Analytik menschlicher Lebens- und Entscheidungssituationen besonders wenig überzeugend, weil diese beständig an der Grenze religionsphilosophischer und ontologischer Fragestellungen vorgetragen worden sind. Es bedürfte nur des kleinen Schrittes, die behandelte Endlichkeitsausgeliefertheit des Menschen als solche zu nehmen, ontologisch so zu bestimmen, wie sie bei einem einzelnen Menschen in seinen sozialen Beziehungen wirklich auftritt – und die methodische Strukturrestriktion würde überführt werden können in eine Begrifflichkeit, die in der Objekt-

[85] Ibid. 93f.
[86] Ibid. 94.
[87] Ibid. 94f.
[88] Ibid. 95.

sprache der Religiosität oder in der Theoriesprache von Theologie bzw. Religionsphilosophie auf die existenzielle Sachlichkeit dessen vertraut, was die zeichenvermittelte Sprachdistanz präsentiert. Diese Wendung aber blockiert die Säkularisierungsthese, die immer in Geltung steht, obwohl die *Dialektik der Aufklärung* als bekannt vorausgesetzt und zum Beleg für die Kraftlosigkeit der Verwissenschaftlichung angeführt wird.[89]

Methodenimmanent bleibt der soziologischen Analyse dann nur der Rückzug aus dem Modell, das doch strukturell mit guten Gründen verteidigt wurde: Statt Religiosität nur subjektive Ästhetik auf der Suche nach „Authentizität"[90], wo vielleicht gefunden werden könnte, was laut Säkularisierung nicht mehr sein darf und doch dringend gebraucht würde.

Diesem resignativen Ende der groß angelegten Studie zur „Struktur von Religiosität" muss widersprochen werden. Die gesuchte Wahrheit derselben Religiosität kommt erst dann wieder – auch wissenschaftlich begründet – in den Blick, wenn die Theoriebildung den folgenden drei Überlegungen standhalten kann; und gerade auf der Basis von Oevermanns Analysen endlicher Entscheidungssituationen gibt es keinen Grund, sich diese Dimensionen der Realität verstellen zu lassen:

(1) Das menschliche *Selbst* ist nicht objektivistisch zu fassen, sondern nur so, dass die kreativ wirksamen Voraussetzungen seiner Selbsterfahrung mit in den fraglichen Umgang mit der eigenen Endlichkeit und ihrer Grenze aufgenommen werden. Dies nur im Blick auf handlungstheoretische Strukturvorgaben festzuhalten ist deshalb nicht ausreichend, weil mit der Selbst-Vorgabe bereits eine ontologische Aussage über die notwendige Bedingung der Zugänglichkeit von (menschlicher) Wirklichkeit überhaupt gemacht wurde. Das *Selbst* ist folglich nur dann angemessen thematisiert, wenn sein schöpferischer Grund (wie Oevermann handlungstheoretisch gezeigt hat) nicht nur nicht ignoriert, sondern auch wirklich zum Ausdruck gebracht wird. Dies berechtigt zu der Aussage theologischer Anthroplogie, den Menschen als Geschöpf und damit als Person anzusprechen. Von dieser Grundlage aus werden Mythen, Rituale und Symbolisierungen der religiösen Überlieferungen verständlich, sie sind dann nicht nur illustratives religionsgeschichtliches Material, sondern sie können zur lebensdienlichen Kommunikation tatsächlich praktiziert werden. So nur können Menschen sich zugleich lebenspraktisch und authentisch selbst thematisieren.[91]

(2) Der Grund des menschlichen Selbst ist nicht nur eine subjektive Erlebnisgestalt, sondern konstitutiv für die Erfahrung des Neuen, der Temporalität, der Weltbeziehungen überhaupt. Warum nicht auch an dieser Stelle die ontologische Konsequenz beim Namen nennen: Die Evolution im kosmischen

---

[89] Ibid. 99f. Anm. 34.

[90] Ibid. 95.

[91] S.o. Kap. I.4.

Sinne basiert auf dieser schöpferischen Produktivität. Mit Peirce' Kategorien gesagt: Erstheit ist ein universales Phänomen, das deshalb auch die Selbsterfahrung von Menschen in ihren Handlungskontexten und Endlichkeitsbedingungen verständlich macht. Realität ist ohne die schöpferische Erstheit nicht zu verstehen, und umgekehrt: Die schöpferische Möglichkeit gehört in den Begriff von Realität. Die Säkularisierungsthese verblasst gegenüber dieser wissenschaftstheoretisch begründeten Metaphysik der realen Möglichkeit.[92] Es geht dann geschichtlich und kulturell allerdings um die jeweiligen Entwicklungsformen von Religiosität und Theologie, die die Ausdrucksfähigkeit schöpferischer Erstheit für die Lebenspraxis wie selbstverständlich – oder im Wissen um ihre Historizität – garantieren.

(3) Schließlich schwebt der Lebenszusammenhang selbst nur dann nicht über einer sonst chaotischen Weltentwicklung, wenn mit der schöpferischen Erstheit auch die tatsächlichen Ausdrucks- und Organisationsformen menschlicher Sinngebungen für den Aufbau von Realität respektiert werden (Zweitheit). Rituale, Texte und alle symbolischen Kommunikationen führen darüber hinaus in ihrem verstehenden und agierenden Neuvollzug zu geistigen *Verhaltensbildungen* (Drittheit), aus denen im Ganzen die menschliche Realität besteht. Selbst-, Welt- und Grundbezug ergeben zusammen die Konstellation struktureller Religiosität, deren Wahrheit dann ergriffen wird, wenn das geschieht, was die Strukturanlage zeigt: sich selbst im Bewusstsein der Endlichkeit auf diese (in allen physischen und sozialen Verhältnissen) so einzulassen, dass aus dem kreativen Grund gelebt werden kann. Diese Wahrnehmung eigener Potenziale aus dem schöpferischen Grund, der trotzdem dem menschlichen Zugriff entzogen bleibt, macht die eigentliche Lebendigkeit der Religiosität. Wo sie allerdings verbannt wird, weil sie säkular-wissenschaftlich nicht mehr belastbar erscheint, liegt ein Kategorienfehler vor: Erstheit auszuschalten, weil im Rahmen von Drittheit und Zweitheit die Verwissenschaftlichung jener Ursprungsbeziehung nur noch in einem deskriptiven Modell zugänglich sein soll. Erstheit zu denken ist strukturell möglich; aus ihr zu leben erst zeigt die Wahrheit der religiösen Strukturiertheit des Menschen.

Das von Troeltsch gesuchte „höhere Leben"[93] lässt sich nicht finden, wenn Menschen sich nach erfolgter historisch-wissenschaftlicher Relativierung noch einmal suchend umschauen, sondern nur dann, wenn die Kontingenz der eigenen Lebenssituation auf dem Hintergrund ihrer schöpferischen Ermöglichung wahrgenommen, gedacht und gelebt wird. Genau dies ist die Struktur von Religiosität; sie lebt, wenn Kontingenz nicht mehr allein verwissenschaftlicht dominiert und funktional ersetzbar angenommen wird[94], sondern als Zei-

---

[92] S.o. Kap. II.5.

[93] S.o. Anm. 7.

[94] S.o. Anm. 24 u. 34. – Vgl. zum religionsphilosophischen Denkzusammenhang der Kontingenzerfahrung H. DEUSER, Inkommensurabilität (2000).

chen des schöpferischen Grundes diesen in religiösen Bildern, Geschichten und Symbolen lebensstiftend repräsentiert. Die Struktur der Religiosität ist wahr, wenn sie wissenschaftlich gezeigt und – auf dem Niveau dieser Bestimmungen – religiös auch gelebt werden kann. Die existenzielle Endlichkeitserfahrung (der Ernst der Praxissituation) ist mit Endlichkeit allein nicht einmal angemessen zu beschreiben, was zu beweisen war.

15. „Was nicht eine wahre innere Existenz hat, hat kein Leben" – Luthers Auslegung des 1. Gebots und Goethes Wahrnehmungsbegriff

Goethe und das Christentum, Goethes Religion – ein heikles, immer wieder (für beide Seiten) aufschlussreiches, aber auch ein unabschließbares und insofern ermüdendes Thema? Immerhin, historisch gesehen bleibt diese Fragestellung unvermeidlich und hoch interessant, Goethes Lebens- und Kunsteinstellung wird sich ohne genaue Kenntnis ihrer christlich-lutherisch-pietistischen Hintergründe kaum entschlüsseln lassen. Lehrreich ist bis heute zudem seine frühzeitig liberale und konstruktive Einstellung zur Bibelkritik, der „historisch-kritischen Ansicht", wie er in *Dichtung und Wahrheit* bemerkt und die er erleichtert unterstützt. Die „ungerechten, spöttlichen und verdrehenden Angriffe" gegen die Bibel wehrt er allerdings entschieden ab und erklärt knapp, aber festen Sinnes: „Ich für meine Person hatte sie lieb und wert"![1]

Aber nicht derartige Positionsbestimmungen biographischer Art sind es, die hier den Vergleich zwischen Luther und Goethe provozieren, sondern die Entdeckung einer tieferliegenden Gemeinsamkeit in der – für Religion, Philosophie und Kunst in gleicher Weise fundamentalen – Wahrnehmung der Dinge. Anlass zu diesem Vergleich gab eine Eichendorff-Goethe-Studie[2] zur *Italienischen Reise*, die den Aufbauelementen der Wahrnehmungstheorie Goethes nachgeht; und diese Initiative aufgreifend soll hier in genauem Anschluss an Luther jene gemeinsame Perspektive präsentiert werden[3]: die lutherische Erkenntnistheorie, d.h. der für die gesamte Neuzeit überaus wirksame, typisch protestantische Begriff von *Wahrnehmung, Glaube und Gewissheit*, wie er sich erstmals bei Luther und dann in strukturell gleicher Weise bei

---

[1] J.W. GOETHE, Dichtung und Wahrheit II, Siebentes Buch, Werke, Bd. IX, 274f.; (1998), Bd. II, 308f.

[2] K. RYBKA (1993).

[3] Dabei geht es nicht um gelehrte Goethe-Forschung, auch nicht um die immer wieder aufdringliche Frage nach GOETHEs mehr oder weniger bekenntniskonformem Christentum; vgl. dazu die Problemübersicht bei P. PFAFF (1984), C. HAMLIN (2000) und das Textmaterial (mit Hinweisen zur Sekundärliteratur) bei H.-J. SIMM (2000); zum direkten literarischen Bezug GOETHEs auf die geschichtliche Gestalt LUTHERs vgl. J. BAUR (1996).

Goethe findet. Diese Behauptung soll erklärt und belegt werden. Beginnen wir mit Luthers berühmter Auslegung zum 1. Gebot.

A. Das Gottesgebot: „Wir sollen Gott über alle Dinge fürchten, lieben und vertrauen“

(1) Luthers Auslegung des 1. Gebots in den beiden Katechismen von 1529, die des *Kleinen Katechismus* wurde soeben vollständig zitiert[4], gewinnt ihre Kraft aus der rückhaltlosen Einfachheit und Allgemeinverbindlichkeit des existenziellen Gottesverhältnisses. Sprache und Argumentation zumal des *Großen Katechismus* dienen allein diesem Erfahrungswert, der Vorrangstellung des Vertrauens *in* einem Menschen, und das ist nichts anderes als „einen Gott haben“.[5] Deshalb ist auch verständlich, dass Luther die alttestamentliche Selbstvorstellung Gottes: „Ich bin Jahwe, dein Gott, der ich dich aus dem Lande Ägypten, aus dem Sklavenhause, herausgeführt habe“ (Ex 20, 2), zunächst unberücksichtigt lässt. *Wer* dieser Gott im einzelnen und als *mein* oder *unser* Gott wirklich ist, bleibt hier zunächst offen. Die Allgemeinheit des Gottesglaubens steht am Anfang; doch nicht so, als müsste nun ein theoretischer Gottesbeweis geführt werden, sondern (dem Katechismus gemäß) so, dass es wahrhaftig jeder verstehen und nachempfinden kann. Es ist dieser spezifisch praktische Ton in Luthers Katechismus, der den Gottesglaubens in genialer und für den Protestantismus und die Moderne in geradezu unwiderstehlicher Weise in Szene gesetzt hat:

„Was heißt, einen Gott haben; oder, was ist Gott? Antwort: Ein Gott heißet das, dazu man sich versehen soll alles Guten, und Zuflucht haben in allen Nöten; also, daß einen Gott haben nichts anders ist, denn ihm von Herzen trauen und glauben; wie ich oft gesagt habe, daß allein das Trauen und Glauben des Herzens machet beide, Gott und Abgott. Ist der Glaube und Vertrauen recht, so ist auch dein Gott recht; und wiederum, wo das Vertrauen falsch und unrecht ist, da ist auch der rechte Gott nicht. Denn die zwei gehören zu Haufe, Glaube und Gott. Worauf du nun (sage ich) dein Herz hängst und verläßt, das ist eigentlich dein Gott.“

Luther beschreibt hier die eigentliche Basis der menschlichen Existenz: Woher *das Gute* im Leben kommt und wohin wir *in allen Nöten* fliehen, das ist Gott – der Grund *aller Dinge*. Weil insofern alles in für uns nicht durchschauter Weise auf Gott zurückgeht, ist das einzig angemessene Gottesverhältnis eben dieses „fürchten, lieben und vertrauen“. Lebenspraktisch gesehen ist dessen Allgemeinheit fundiert im „von Herzen trauen und glauben“, denn diese Erfahrung ist für Menschen ganz unvermeidlich und macht den univer-

[4] M. LUTHER, Der kleine Katechismus (1962), 171.
[5] Der große Katechismus, ibid. 193. – Vgl. zum Folgenden H. DEUSER (2002), Kap. I.

salen Sinn des religiösen Begriffe *Glaube* aus. Ohne solches Grundvertrauen kann nicht gelebt werden.[6]

Die besondere *theologische* Komplexität dieses umfassenden Vertrauens liegt darin, dass ein mögliches Scheitern demselben Vertrauensakt eingeschrieben sein kann: Sein Gegenstand ist dann nicht Gott, sondern ein „Abgott", die Vertrauensbeziehung ist nicht „recht", sondern „unrecht"! Wenn trotzdem gesagt werden soll, dass Glaube und Gott „zu Haufe" gehören, dann kann die Gelungenheit des richtigen Glaubens immer nur aus ihm selbst ihr Kriterium gewinnen. Es ist diese Letztinstanzlichkeit des (religiösen) Glaubens, der aus innerer Gewissheit glaubt, was er glaubt, und diese Überzeugung des *Herzens* kann immer wieder nur durch sich selbst korrigiert werden. Deshalb liegt der tiefere Sinn aller Gebotserfüllungen auch im 1. Gebot und seinem Vertrauensverhältnis schon beschlossen, und demgegenüber rücken alle Sollensforderungen, externe Moralisierungen, Bekenntniskontrollen und Frömmigkeitsüberprüfungen ins Abseits. Die Letztinstanzlichkeit ist aus demselben Grund gar nicht zu kontrollieren, allenfalls aus ihren praktischen Effekten ist ein gewisser Rückschluss möglich, aber niemals zwingend.

(2) Mit dieser Konzentration auf *Vertrauen* als die ureigene Sicht der Glaubensgewissheit hat Luther den alttestamentlichen *Monotheismus* zusammen mit dem *Bilderverbot* aus ihrem historischen Kontext gelöst. Der unsichtbare Gott negiert die bildliche, gestalthafte Darstellung und kultische Verehrung, eine Vermarktung von Götterbildern ist damit ausgeschlossen. Doch andererseits, wie soll der christliche Gott denn vorgestellt werden, wenn nicht im *Bild* des Vaters, in seinem „Ebenbild", dem Sohn, und in der leibhaftigen Gegenwärtigkeit des Geistes? Die eigentliche Gefahr der *Abgötterei* sieht Luther deshalb auch nicht mehr im Aufbauen, Schnitzen und Gießen von Götterbildern, sondern entweder im „Mammon" oder im Missbrauch der Gnade durch Werkgerechtigkeit.[7] Der Begriff des *Bildes*, das hat Luther gesehen, wird damit religiös mehrdeutig und kann nicht einfach nur mit Abgötterei identifiziert werden.[8] Alles, was aufgrund von Wahrnehmung vorgestellt wird, muss bildlich repräsentiert werden, sonst kann menschliche Erfahrung damit gar nicht umgehen.[9] Kunst und Religion liefern dafür die genuinen Zeugnisse, weil sie sich – in der Moderne auf verschiedene Weise – dem Auftauchen von ursprünglicher Wahrnehmung widmen: in der Kunst durch (wis-

---

[6] Vgl. H. SCHULZ (2001), Kap. 3, unterscheidet in diesem Sinne den *personalen* Glauben (im Vertrauen „an jemanden glauben") vom *doxastischen* (Fürwahrhalten) und *testimonialen* („jemandem etwas glauben"). Der *religiöse* Glaube ist zusätzlich durch sein *unbedingtes* Vertrauen charakterisiert, vgl. ibid. Kap. 4, § 18 (im Anschluss an LUTHERs Auslegung des 1. Gebots). – Vgl. auch PEIRCE' Erläuterung des Begriffs Glaube als *Vertrauen* in: RS, 534ff. (Anm. 3).

[7] M. LUTHER, Der große Katechismus, ibid. 193-195.

[8] Vgl. W. VON LOEWENICH (1980), 546-551; (1990), 137ff.

[9] S.o. Kap. II.8.

sende) Wiederherstellung des ursprünglichen Eindrucks; in der Religiosität durch lebenskonformes Einstimmen und die (symbolische) Auslegung und Bearbeitung des Empfangenen.

(3) Der ethische Vorrang des 1. Gebots macht die menschliche Freiheit im Glauben sozusagen autonom. Luther kann in diesem Sinne formulieren: „Daraus denn weiter folget, daß ein Christenmensch in diesem Glauben lebend nicht bedarf eines Lehrers guter Werke, sondern was ihm vorkommt, das tut er.“[10] – Diese Aussage negiert nicht die Aufgaben einer rationalen Ethik, sie fundiert diese allerdings so, dass deren Gelingen immer schon eine Einstimmung voraussetzt, die aus der religiösen Vertrauensbeziehung stammt. Das *Fürchten und Lieben* des Katechismus ist als christliche Einsicht (aufgrund des 1. Gebots) zugleich allgemein menschlich. Luther selbst hat diese Unterscheidung nicht in den Vordergrund gestellt, aber die neuzeitliche (europäische) Entwicklung wird zwischen kirchlich-christlicher Besonderheit und Menschheitsreligion unterscheiden wollen, um Heteronomie und Einschränkungen des freien Blicks zu entgehen. Dass eine Wurzel dieser Autonomie ursprünglicher Wahrnehmung gerade in der reformatorischen Lehre zu finden ist, macht deren Folgen ebenso interessant wie ihre Wiederentdeckung nach der neuzeitlichen Kritik des kirchlichen Katechismus.

B. Das „italienische Sehen“

(1) Goethes *Italienische Reise*, zunächst die wirkliche, erste Reise nach Italien 1786/88, bündelt bekanntlich mehrere Motive: das der Bildung, der Therapie, der Flucht und – alles in allem – das der Neubestimmung des Kunstbegriffs.[11] Die in Italien gesuchte Selbstfindung hat insofern mit dem existenziellen einen entschieden theologischen Akzent, weil kontinuierlich seit Goethes Jugend- und Studienzeit es ihm in der *Kunst* immer um *Natur*, in der *Natur* immer um *Gott* zu tun war. Dieses Zusammenspiel zeigt natürlich für Goethe selbst (biographisch und geistesgeschichtlich gesehen), aber auch für die nachträgliche Forschung und Interpretation eine Fülle von Verästelungen. Sie reichen von der frühen Erziehung im Geist des lutherischen Pietismus und den naturreligiösen, „hermetischen“ Einflüssen[12] über bewusste theologische

[10] M. LUTHER, Von den guten Werken (1962), 7; vgl. WA 6, 207.

[11] Vgl. zur Begründung K. RYBKA (1993), 111-118, 139f.

[12] Vgl. vor allem die Untersuchungen von R.C. ZIMMERMANN (1969), 219 (zusammenfassend): „So mündet die Auseinandersetzung des jungen Goethe mit der hermetischen Tradition auch inhaltlich in die großen zeitgenössischen Tendenzen ein. Sie hat nicht nur ihre Affinität zur religiösen Popularphilosophie der Logen, zur ‚Privatreligion‘ eines Johann Salomo Semler, zum Synthesestreben der spätempiristischen Naturwissenschaft. Sondern sie begegnet auch dem dynamischen Kosmos der Leibnizischen Philosophie, dem Sensualismus Baumgartens, dem Naturenthusiasmus Rousseaus, dem Geniebegriff Youngs, dem immanenten

Kritikpositionen der 70er Jahre[13] bis in die großen theoretischen Auseinandersetzungen (z.B. mit Spinoza) und naturphilosophischen Modellbildungen[14] der klassischen und späten Zeit.

Es ist trotzdem nicht illegitim, zur Markierung des *Italienischen Sehens* eine Vereinfachung dadurch vorzunehmen, dass die Flucht-, Bildungs-, Therapie- und Kunstreise nach Italien auf dem Hintergrund der „vor-italienischen" Weltsicht betrachtet wird, d.h. gegenüber der zu überwindenden Grenzerfahrung, wie sie durch *Werthers Leiden* repräsentiert ist. Im Werther-Brief vom 3. November (im zweiten Buch[15]) heißt es:

„Ich leide viel, denn ich habe verloren, was meines Lebens einzige Wonne war, die heilige, belebende Kraft, mit der ich Welten um mich schuf; sie ist dahin! [...] o! wenn da diese herrliche Natur so starr vor mir steht wie ein lackiertes Bildchen, und alle die Wonne keinen Tropfen Seligkeit aus meinem Herzen herauf in das Gehirn pumpen kann, und der ganze Kerl vor Gottes Angesicht steht wie ein versiegter Brunnen, wie ein verlechter Eimer. Ich habe mich oft auf den Boden geworfen und Gott um Tränen gebeten, wie ein Ackersmann um Regen, wenn der Himmel ehern über ihm ist und um ihn die Erde verdürstet."

Das Scheitern dieser Relation von Gott und Natur, das zugleich über die Kunstform der Werther-Briefe bestimmt, kann durch zwei Begriffe charakterisiert werden:

(a) Werthers Existenzgründung misslingt, weil die *Exterritorialität*[16] des schöpferischen Naturgefühls nicht überwunden werden kann. Der fremde Gott ist wie die fremde Natur, die Metaphern der Entleerung und Erstarrung dominieren die Leidenssituation.

(b) Rückblickend hat Goethe (im letzten Buch von *Dichtung und Wahrheit*[17]) diese nicht integrierfähige Konfrontation mit dem religionsphilosophischen Begriff des *Dämonischen* bezeichnet – und diesem eine erfahrungsmäßige Beschreibung mitgegeben:

„Er glaubte in der Natur, der belebten und unbelebten, der beseelten und unbeseelten, etwas zu entdecken, das sich nur in Widersprüchen manifestierte und deshalb unter keinen Begriff, noch viel weniger unter ein Wort gefaßt werden könnte. Es war nicht göttlich, denn es schien unvernünftig; nicht

---

Gottesbegriff Herders." – Vgl. auch das Material bei A.B. WACHSMUTH (1967), bes. 280-304; H. LOEWEN (1972), bes. Kap. II.

[13] Vgl. WACHSMUTH, 305ff. – Zum Einfluss von GOTTFRIED ARNOLDS *Kirchen- und Ketzer-Historie* vgl. P. MEINHOLD (1958), Kap. 1.

[14] Zu GOETHEs entwickeltem Naturbegriff in Auseinandersetzung mit SPINOZA vgl. die (geistesgeschichtlich ganz unterschiedlich orientierten!) Arbeiten von G. MÖBIUS (1964), 183ff.; H. HAMM (1976), 39ff.

[15] Mit K. RYBKA, 105; vgl. GOETHEs Werke, Bd. VI, 84f.

[16] RYBKA, 108.

[17] Ibid. 118; vgl. GOETHEs Werke, Bd. X, 175f.; (1998), Bd. III, 854f.

menschlich, denn es hatte keinen Verstand [...]. Nur im Unmöglichen schien es sich zu gefallen und das Mögliche mit Verachtung von sich zu stoßen. Dieses Wesen, das zwischen alle übrigen hineinzutreten, sie zu sondern, sie zu verbinden schien, nannte ich dämonisch, nach dem Beispiel der Alten und derer, die etwas Ähnliches gewahrt hatten. Ich suchte mich vor diesem furchtbaren Wesen zu retten, indem ich mich nach meiner Gewohnheit hinter ein Bild flüchtete."

Wenn im Folgenden von Goethes *Wahrnehmungsbegriff* gesprochen wird, so betrifft dieser die erarbeitete neue Bestimmung des Verhältnisses von Mensch, Natur und Gott – in der Weise, dass diese Gefährdungen durch *Exterritorialität* und *Dämonie* vermieden werden können. Es ist die Kunst des *Italienischen Sehens*, die darin besteht, „ein Bild von der Natur zu gewinnen"[18], das dem Dämonischen gegenüber standhält, ohne in eine mechanistische Naturauffassung oder eine dogmatistische Theologie überwechseln zu müssen.

(2) Goethes *Italienische Reise* – jetzt das Dokument aufgrund von Dokumenten: die im Kontext von *Dichtung und Wahrheit* stehende Reise-Erzählung von 1816/17 – beschreibt den Weg der neuen Selbstfindung als Weg zu den Dingen. Goethe übt systematisch Kunst- und Naturwahrnehmungen ein, trainiert die Sinne und Begriffe, um des ruhigen Blickes willen[19], der das Schöpferische nicht verstellt oder verkennt. Der theologische Zusammenhang ist schon an der Oberfläche dadurch gegeben, dass mit Italien der *Katholizismus* zum Gegenstand des Interesses und der Auseinandersetzung avanciert. Das ist häufig beschrieben worden.[20] Folgende Züge, die das typisch Protestantische, Lutherische auch auf dieser Ebene sichtbar werden lassen, sind hervorzuheben:

(a) *Glaube* und *Aberglaube* stehen deutlich gegeneinander, und das gilt allgemein für die Geschichte der (bildenden) Kunst: Mit „Unmut" notiert Goethe am 19. Oktober in Bologna: „der Glaube hat die Künste wieder hervorgehoben, der Aberglaube hingegen ist Herr über sie geworden und hat sie abermals zugrunde gerichtet."[21] D.h. die kritische Linie nach-antiker Belebung und Ruinierung der Kunst verläuft innerhalb des Christentums, und dass der Aberglaube (kirchlich und volkstümlich) in Italien mit dem Katholizismus verknüpft ist, macht Goethe überdeutlich. Noch auf dem Weg nach Rom steht dafür das peinliche Gespräch mit dem italienischen Hauptmann, der über Protestantismus, die Beichte oder Friedrich den Großen nichts als verdrehte

---

[18] RYBKA, 118; vgl. 128.

[19] Vgl. ibid. 113f.

[20] Vgl. die Übersichten bei P. MEINHOLD, aaO. Kap. 2; H. LOEWEN, aaO. Kap. V.

[21] GOETHES Werke, Bd. XI, 106; (1976), 140f. – Das Urteil GOETHES ist hier veranlasst durch das Bild *Madonna della Pietà* von GUIDO RENI, vgl. die Erläuterungen des Hg. H. VON EINEM, Bd. XI, 601f.

Vorurteile kolportieren kann; Goethe kommentiert: „so daß ich mich über die kluge Geistlichkeit wundern mußte, welche alles abzulehnen und zu entstellen sucht, was den dunklen Kreis ihrer herkömmlichen Lehre durchbrechen und verwirren könnte."[22]

(b) Dieser anti-katholische Affekt in zugleich protestantischer und philosophisch aufgeklärter Manier bricht schließlich in Rom am Tag Allerseelen, dem 3. November, besonders krass hervor: Die zunächst erhabene Erwartung des „heilige[n] Vaters" als „würdigste[r] Männergestalt" schlägt um in die entschiedene Abwehr des zelebrierenden „gemeinen Pfaffen", dessen „Meßopfer" in der hier bewusst werdenden „protestantischen Erbsünde" explizit kritisiert wird. Am Maßstabe des offenen Wortes und der Schriftauslegung Jesu – „denn er sprach gern, geistreich und gut, wie wir aus den Evangelien wissen" – erscheint das römische Zeremonienspiel unwürdig und ohne Legitimation.[23] Das gleiche Resultat hat die Teilnahme am Weihnachtsgottesdienst (ich sah „den Papst und die ganze Klerisei in der Peterskirche"), und Goethe wählt für seine Sicht der Dinge, genauer: für seine Wahrnehmungsperspektive eine Metapher, die Understatement und Überlegenheit in einem versammelt: Sein „protestantische[r] Diogenismus" verhindert nicht nur jede Bewunderung dieser römischen „Herrlichkeit", sondern lässt ihn auch „sagen: ‚Verdeckt mir doch nicht die Sonne höherer Kunst und reiner Menschheit'."[24] Mit einem Wort: Das *Italienische Sehen* geschieht in einer protestantischen Wahrnehmungsperspektive, die die naive Anbetung von Bildern und Statuen ebenso verachtet wie den Kult um Weihrauch und Kerzen. Denn beides verdeckt nur die wahre „brüderliche Verehrung eines Menschengeistes"[25], und „mit heiliger Unverschämtheit" wird „die einzige Kunstsonne" „umwölkt" und „trübe".[26]

Dass solche konfessionellen Unterschiede mehr sind als nur ein historisch-geographischer Rahmen, hängt nun mit dem *Wahrnehmungsbegriff* selbst zusammen. Dieser hat sicher nichts Konfessionalistisches in dem Sinne, als sollten damit theologische Kontroversen gestützt werden; auch wäre es mehr als 200 Jahre nach Goethes Italienreise und 500 Jahre nach Luther ziemlich müßig und anachronistisch, in dieser Weise Verbündete zu suchen. Es ging Luther und Goethe – bei allem zeitbedingten Streit – längst um etwas anderes: *die Entdeckung der wahren Darstellung aufgrund der ihr vorausliegenden Darstellungsfähigkeit.* Es ist nicht zufällig ebenfalls auf dem Weg nach Rom und in Begleitung eines Priesters, nämlich in Terni am 27. Oktober, dass Goethe bezüglich der inneren und äußeren Größe antiker Bauten („das Am-

[22] Bd. XI, 114ff., 116; (1976), 151ff., 153.
[23] Bd. XI, 127; (1976), 169f.
[24] Bd. XI, 156; (1976), 205.
[25] Bd. XI, 159; (1976), 208.
[26] Bd. XI, 172; (1976), 224.

phitheater, der Tempel und der Aquadukt“) und im kritischen Vergleich zu deutschen Exempeln von der „zweiten Natur“ der antiken „Baukunst“ spricht, „die zu bürgerlichen Zwecken handelt“: „denn was nicht eine wahre innere Existenz hat, hat kein Leben und kann nicht groß sein und nicht groß werden.“[27]

Von *Wahrnehmung* muss hier in doppeltem Sinn gesprochen werden: einmal im Sinne von Selbstwahrnehmung – für Luther die Realität des Glaubens, für Goethe die neue Selbsterfahrung des Künstlers im *Italienischen Sehen* -, dann und auf dem Weg dahin von der Wahrnehmung der natürlichen Dinge. Sie sind es, ohne die die „innere Existenz“ und ihre Stellung gar nicht erfasst werden könnte, und es ist eben der *Wahrnehmungsbegriff*, in dem beide, das innere und das äußere Wahrnehmen, sich bedingen.[28]

(a) Zwei Sätze später (nach der Feststellung über die „wahre innere Existenz“) heißt es konsequent im Sinne der italienischen Reiseerfahrung: „Ich halte die Augen nur immer offen und drücke mir die Gegenstände recht ein. Urteilen möchte ich gar nicht, wenn es nur möglich wäre.“[29] Können Menschen *etwas* wahrnehmen, ohne zu urteilen? Goethe versucht es, und noch im selben Zusammenhang spricht er vom „geologischen und landschaftlichen Blick“, mit dem er die klassischen Orte wahrnehmen will, ohne dass zuvor der „Einbildungskraft und Empfindung“ Raum gegeben würde.[30] Und wieder ist es die analoge Situation des Katholizismus, dem er als jetzt erlebtes „barockes Heidentum[s]“ die „Reinheit“ des „ursprünglichen Christentums“ der Apostelgeschichte entgegenstellt.[31] D.h. die ursprüngliche Wahrnehmung muss methodisch eingeübt werden, um das Reine, Klassische, die Dinge an ihrem Ort überhaupt in den Blick nehmen zu können. Der abergläubischen Überformung entspricht dann schlechte, unangemessene Einbildungskraft.

(b) Dass dies nicht bedeutet, die Vorstellungsbilder zu reduzieren, sondern gerade umgekehrt, diese – und nun unzensiert und frei – wirksam werden zu lassen, belegt der letzte Gedanke in dieser Aufzeichnung vom 27. Oktober: Neues zu entdecken, d.h. in angemessener Weise wahrzunehmen, setzt den besonderen Zustand morgens „zwischen Schlaf und Wachen“ voraus, „dem Tag entgegen zu fahren, und dabei die ersten besten Phantasiebilder nach belieben walten zu lassen.“[32] Solche Bilder werden also nicht bewusst hergestellt, sie versagen sich einem Urteilsschema und werden „walten“ gelassen, kommen möglichst unbewusst zur Wirkung. Das methodische Abblenden der geprägten Schemata geht also Hand in Hand mit der freien Rezeptivität ur-

[27] Bd. XI, 122; (1976), 160.
[28] S.o. Kap. I.2.C.
[29] Bd. XI, 122; (1976), 160.
[30] Ibid.
[31] Bd. XI, 123; (1976), 161.
[32] Ibid.; (1976), 162.

sprünglicher Wahrnehmung. Diese will auf ihre begrifflichen Bedingungen verzichten, um den Dingen selbst zu entsprechen. Nicht viel später, am 10. November in Rom, kommt die Methode ins Ziel: „Meine Übung, alle Dinge, wie sie sind, zu sehen und abzulesen, meine Treue, das Auge licht sein zu lassen, meine völlige Entäußerung von aller Prätention kommen mir einmal wieder recht zustatten und machen mich im Stillen höchst glücklich."[33] – Wie aber ist dieser Widerspruch überhaupt zu denken, solche „Entäußerung" offenbar bewusst zu „üben" und einzusetzen, deren Effekt dann „von aller Prätention" frei sein soll?

(3) Goethe hat diesen Widerspruch im Wahrnehmungsbegriff des *Italienischen Sehens* gerade zu dessen Prinzip gemacht. „Wunderlich genug, daß man zu der freisten Handlung doch einige Nötigung erwartet, ja fordert."[34] – Dies, zum Druck seiner Schriften und im Zusammenhang des *Tasso* am 16. März (vor der Sizilienreise in Caserta bei Neapel) notiert, gilt strukturell auch für das Wahrnehmungsproblem: Das Freie, Ursprüngliche, Reine, Angemessene ereignet sich in einem Rahmen, der durchaus bewusst, zielgerichtet und eingeübt eben dieses Wahrnehmungsfeld überhaupt erst offen hält. Der *Zugang* ist das erste und entscheidende, er macht die Rezeption frei für die Qualität der Gegenstände, über die die Wahrnehmung nicht verfügt; wohl aber verfügt sie über die eigene Kraft der *Zueignung*[35]: „Hab' ich einem Gegenstande nur die Spitze des Fingers abgewonnen, so kann ich mir die ganze Hand durch Hören und Denken wohl zueignen."[36] Der scheinbare Widerspruch im Wahrnehmungsbegriffs ist also nichts anderes als die Realisierung des doppelten Sinnes von Wahrnehmung: In der Wahrnehmung der natürlichen Dinge spielt immer schon die Öffnung für sie, die Selbstwahrnehmung als geglückte Rezeptivität, mit hinein. Diese „wahre innere Existenz" ist es, die die Wahrnehmung des *Italienischen Sehens* freimacht, im Verhältnis zu den Dingen und zu sich selbst.

Auffällig ist nun, dass sich an der Oberfläche der italienischen Erfahrungen, ähnlich wie in der Auseinandersetzung mit dem Katholizismus, eine abwertende, ironisch gefärbte Entmythologisierung von Frömmigkeit und Glaube findet, die dem offensichtlich theologischen Sinn der „wahren inneren Existenz" zuvor zu kommen scheint. So spricht Goethe in Rom (13./20. Dezember) von der *Schulung* des neuen Sehens und Begreifens als einer „Wiedergeburt": „Man muß sozusagen wiedergeboren werden"[37]; und das klingt wie eine säkularisierte Metapher der inneren Erneuerung. Erst recht die

---

[33] Bd. XI, 134; (1976), 178f. – Vgl. zum Wahrnehmungsbegriff und dem dafür nötigen „prägnanten Sehen" bei RYBKA, aaO. 105, 129, 133.

[34] Bd. XI, 208; (1976), 272.

[35] Vgl. RYBKA, 131.

[36] Bd. XI, 217; (1976), 283.

[37] Bd. XI, 149f.; (1976), 196f.

Szene, in der die in seinem Gastzimmer in Rom aufgestellte Gipsbüste Jupiters von der Katze der Wirtin ehrenvoll beschnuppert und beleckt wird – worin die Wirtin eine Anbetung Gottes erkennt, Goethe aber entmythologisierend den Geruchssinn des Tieres[38], zeigt scharf die den Aberglauben abwehrende Geste. Dass damit aber nur die Oberflächentheologie erreicht ist, wird erkennbar, wenn nach der Wahrnehmungsfähigkeit auf der Spur der „wahren inneren Existenz" gefragt wird. Wenn es nicht abergläubische Vergötterung von Äußerlichkeiten sein soll, wie kann dann überhaupt *Inneres* am *Äußeren* in Wahrheit wahrgenommen werden? Luthers Antwort im schöpfungstheologischen und anthropologischen Sinn des 1. Gebots bestand darin: „von Herzen trauen und glauben"! Allein so, getragen von dem, was Menschen nicht herstellen und sich erarbeiten können, kann die ursprüngliche Wahrnehmung *wahr* sein. Dieser erkenntnistheoretische Ausgangspunkt ist Luthers Begriff des *Glaubens* und Goethes Wahrnehmungsfähigkeit des *Italienischen Sehens* gemeinsam. Zum Beleg eine Stelle aus der Kunsttheorie der *Maximen und Reflexionen*[39]:

„Alles, was wir Erfinden, Entdecken im höheren Sinne nennen, ist die bedeutende Ausübung, Betätigung eines originalen Wahrheitsgefühls, das, im stillen längst ausgebildet, unversehens, mit Blitzesschnelle zu einer fruchtbaren Erkenntnis führt. Es ist eine aus dem Innern am Äußern sich entwickelnde Offenbarung, die den Menschen seine Gottähnlichkeit vorahnen läßt."

(a) Das Wahrnehmungsproblem des *Italienischen Sehens* ist in dieser späten Notiz genau bezeichnet: Das „originale Wahrheitsgefühl" entspricht der ursprünglichen Wahrnehmung und ihrer konsequenten Rezeptivität; in Luthers Sprache dem „von Herzen trauen und glauben"; und es entschlüsselt sich auf diese Weise eine Bemerkung in der *Italienischen Reise* (Neapel, „zum 17. März"): „Welch ein früh wissendes und spät übendes Geschöpf ist doch der Mensch!"[40] Der erkenntnistheoretisch – als ursprüngliche Wahrnehmung der Qualität der Dinge – verstandene *Glaube* ist es, der allein *früh gewusst* werden kann. Empirische Gegenständlichkeit wird demgegenüber immer nachträglich und im Vergleichen und Messen erkannt und wiedererkannt; strukturell ganz dem entsprechend, wie Luther den ethischen Sinn des 1. Gebots so fasst, dass nicht der Glaube aus dem Handeln entwickelt werden kann, sondern dass immer umgekehrt gelingendes Handeln vom Glauben herkommt.

---

[38] Bd. XI, 151f.; (1976), 199f.

[39] GOETHES Werke, Bd. XII, 414, Nr. 364; vgl. RYBKA, 132. – GOETHEs Ausdruck „Erfinden" wird von den Herausgebern H. VON EINEM und H.J. SCHRIMPF genau im Sinne des hier gesuchten Wahrnehmungsbegriffs erläutert (Bd. XII, 714): „*Erfinden* hat bei Goethe den bedeutenden Sinn des vernehmenden Gewahrwerdens und Sichtbarmachens, nicht wie gewöhnlich der hinzufügenden Originalität."

[40] Bd. XI, 210; (1976), 274. – Vgl. RYBKA, 143f.

(b) Der „Blitzesschnelle" des „Innern" entspricht die Qualität des Wahrgenommenen, sofern es noch nicht als ein Bestimmtes zuvor bekannt war, also auch nicht nach bestimmten Erwartungen und vorgegebenen Maßstäben selektiert, reduziert oder vorzensiert werden konnte. Die ursprüngliche Wahrnehmung tritt im Modus des überraschend Neuen auf, und wenn dies geschieht, wird klar, dass dieses Neue „im stillen längst ausgebildet" war.

(c) Sowohl der Prädikation „im stillen", die aus pietistischem Sprachgebrauch herkommt[41], als auch die Begriffe der „Offenbarung" und der „Gottähnlichkeit" geben dem Gedankengang theologische Präzision. Die ursprüngliche Wahrnehmung ist zukommend, nicht selbst gemacht, darin besteht der erkenntnistheoretische Sinn des Offenbarungsbegriffs: Die unbedingte *Zuversicht* und *Gewissheit* des Glaubens kommt diesem von Gott her zu, und dass Menschen zu solchem Glauben kommen, macht ihre *imago Dei* aus. Diese lutherische Struktur wiederholt Goethe, weil allein vom „Innern" her etwas „am Äußern" entdeckt werden kann; und nicht nur irgend etwas, sondern das, was „wahre innere Existenz" hat.

Zu diesem theologischen Akzent gehört aber konstitutiv auch die objektive, natürliche Seite des Wahrnehmungszusammenhangs, dass die Dinge „sich vergleichen und ordnen lassen".[42] Was für Luthers Zeit eine schöpfungstheologische Selbstverständlichkeit war, erarbeitet sich Goethe neu, indem er an der Oberfläche den Aberglauben zugunsten der naturwissenschaftlichen Erklärungen abträgt, dann aber den so freigelegten Naturbegriff im Sinne des Wahrnehmungsproblems organisch und lebendig erhält – und dies gelingt aufgrund der theologischen Tradition der *inneren Gewissheit des Glaubens*. Diese wird konstruktiv im *Italienischen Sehen* für die Wahrheit der Erkenntnis der Dinge eingesetzt, und nur dadurch lassen sich die *Exterritorialität* und *Dämonie* eines fremden, äußerlichen Gottes und einer versteinerten, toten Natur vermeiden.

Alles entscheidend ist die innere Kraft, in der Religiosität und Naturwahrnehmung ineinander liegen, und das hat (wie in Luthers Auslegung der Gebote) praktische Folgen: Als das Schiff auf der Überfahrt von Sizilien nach Neapel in beklemmender Windstille auf Felsen zu laufen droht, ist es Goethe, der in der allgemeinen Verwirrung vor die Menschen tritt und die Schiffsführung zum Handeln, die Passagiere zum Beten auffordert. Denn wie Jesus damals in der drohenden Schiffskatastrophe schlief und zur Rettung gerufen werden musste (Mt 8, 23-27), so ist auch jetzt die Hoffnung nicht verloren.[43]

---

[41] Vgl. RYBKA, 132ff.

[42] Bd. XI, 211; (1976), : „Fühlt' ich nicht solchen Anteil an den natürlichen Dingen und säh' ich nicht, daß in der scheinbaren Verwirrung hundert Beobachtungen sich vergleichen und ordnen lassen, wie der Feldmesser mit einer durchgezogenen Linie viele einzelne Messungen probiert, ich hielte mich oft selbst für toll."

[43] Bd. XI, 318f.; (1976), 409.

Im Kontext von Luthers Auslegung des 1. Gebots und Goethes These der „wahren inneren Existenz“ gewinnt in dieser Szene Goethes doppelbödige Theologie noch einmal Konturen. Die Theologie an der Oberfläche: Goethe fordert praktisch verantwortliches Handeln und beruhigt psychologisch geschickt die Menschenmenge durch den Hinweis auf Jesus und das Gebet; und die Theologie in der Tiefenstruktur der Wahrnehmung des *Italienischen Sehens*: Gegen Aberglaube, Dämonie und Exterritorialität steht die innere Gewissheit göttlicher Wahrheit – wahrzunehmen in der Aneignung der Ordnung der Dinge.

C. Wahrnehmung und Glaube, Bild und Symbol

Der angestellte Vergleich, Goethes Wahrnehmungsbegriff in der Wirkungsgeschichte von Luthers Entdeckung der ursprünglichen Wahrheitsgewissheit des Glaubens, kann nicht zu Ende gehen ohne eine kritische Rückfrage zumindest noch zu nennen: Wird die theologische Tradition, so markant sie auch nachweisbar sein mag, nicht doch in der weiteren Entwicklung solcher Erkenntnistheorie entbehrlich? Die Antwort geht gerade in die entgegensetzte Richtung: An Goethes *Italienischem Sehen* kann gezeigt werden, wie für diese organische, lebendige Naturauffassung der schöpfungstheologische Kontext unentbehrlich ist und also wieder ins Bewusstsein gehoben zu werden verdient.

Dass Goethe selbst dies nicht in gleicher Weise tun kann, liegt einmal daran, dass sein Kampf gegen den Aberglauben sozusagen erst einmal den Boden freimacht für eine erneuerte Sicht der Dinge, die der Moderne entsprechen kann und weder mechanistisch noch dogmatistisch überfremdet erscheint. Andererseits ist Goethes Suche nach Ordnung und ursprünglicher Größe doch auch von dem therapeutischen Interesse geleitet, das *formierende und begreifende Sehen* konstruktiv an der Natur und über deren Abgründe hinweg zu entwickeln. Der Wahrnehmungspol wäre dann doch immer schon eingeholt, der Glaube als Gewissheit und unbedingte Zuversicht schon verstanden, die ursprünglichen Bildkräfte schon symbolisch gedeutet und angeordnet.[44]

Goethes Oberflächentheologie, die aus seiner Sicht unentbehrlich war, mag dazu geführt haben, die eigenständige und ursprüngliche Kraft des Glaubens (im Sinne Luthers) für den eigenen Kunstbegriff zu verkennen, obwohl er sie praktizierte. Hier bleibt eine gewisse Uneindeutigkeit, die aber vielleicht gerade so ihre spezifischen Kräfte zu aktivieren vermochte.

---

[44] Vgl. zu dieser Kritik RYBKA, 134, und im Ganzen seinen Vergleich mit der alternativen Kunsttheorie und Italienerfahrung in EICHENDORFFs *Taugenichts*!

Noch einmal der kurze Inbegriff dieses Erlebens von innerer Kraft und äußerem Ereignis in einem ebenso situationsintensiven wie abschließenden Erinnerungsbild: Während der drohenden Katastrophe auf der Überfahrt von Sizilien nach Neapel ist es der christlich-religiöse Trost, der in all seiner reflektierten Brechung durch das *Italienische Sehen* erinnert wird – und zugleich die Pragmatik Luthers, die unverkennbar hinter den Kupferstichen der Merianbibel zur Stillung des Seesturms aufscheint: „Ich legte mich halb betäubt auf meine Matratze, doch aber mit einer gewissen angenehmen Empfindung, die sich vom See Tiberias herzuschreiben schien; denn ganz deutlich schwebte mir das Bild aus Merians Kupferbibel vor Augen. Und so bewährt sich die Kraft aller sinnlich-sittlichen Eindrücke jedesmal am stärksten, wenn der Mensch ganz auf sich selbst zurückgewiesen ist.“[45]

[45] Bd. XI, 319f.; (1976), 410f.

16. Über das Verhältnis von Theologie und Religionsphilosophie

A. Zur Situation

Wenn über die Wahrheit aller Dinge allein die empirischen Wissenschaften zu befinden haben, dann wandern die lebensorientierenden Wahrheiten an die Ränder des öffentlichen Diskurses. Hier legitimiert sich der Wahrheitsbegriff, wenn überhaupt, aus dem akuten Überzeugungsgefühl – aus dem heraus, wenn es darauf ankommt, gehandelt wird. Dass sich die Theologien europäisch-christlicher Tradition und kirchlich-konfessioneller Zuordnung heute faktisch an diesen Rändern des (wissenschaftlichen) Geschehens bewegen, entspricht zwar nicht ihrem Selbstverständnis, muss in der Außensicht kritischer Öffentlichkeit und die medialen Machtverhältnisse kalkulierend aber wohl so konstatiert werden. In dieser Situation gibt es für die Innensicht, die dies alles weiß, grob gesprochen zwei Reaktionsmöglichkeiten: (1) Auf dem allgemeinen, die Wissenschaften und die Lebensorientierung (Kunst, Religion, Philosophie) umfassenden Wahrheitsbegriff muss mit der Begründung insistiert werden, alles andere führe in Reduktionismus, Zersplitterung und Desorientierung; helfe letztlich gerade auch dem *Geist* der Wissenschaften keineswegs, und die bösen Folgen der Verachtung einer ebenso gewissensprägenden wie wissenschaftlichen Wahrheitsinstanz seien im übrigen mit Händen zu greifen. (2) Oder es wird die postmodern geschätzte Vielspurigkeit zum Prinzip erhoben, das dann den jeweils eigenen Wahrheitsanspruch in seinem kämpferischen Eigenlob stützt und ihn zugleich bestimmten Kritiktraditionen aufgeklärter (allgemeiner) Vernunftgründe entzieht (dann brauchte es auch keine staatlichen theologischen Fakultäten im Universitätszusammenhang mehr und keinen Religionsunterricht in öffentlichen Schulen, weil die konfessionell spezifische Wahrheit nur noch als Privatveranstaltung vertreten werden könnte). Ich wähle dezidiert nicht diese letztere Alternative, sondern will zugunsten der ersteren versuchen, den differenz- und strukturbildenden Zusammenhang von wissenschaftlicher Theologie und Religionsphilosophie zu nutzen, um auf die Ausgangsfrage der Wahrheitsfähigkeit – unter Wahrung des religiösen Geheimnisses – zu antworten.

B. Architektur und Systematik

Der erste Schritt auf dem Wege zur Bestimmung wissenschaftlicher Kontrollierbarkeit ist die *Idee der Architektonik*, mit I. Kants Formulierung: „Die Einheit des Zwecks, worauf sich alle Teile und in der Idee desselben auch untereinander beziehen".[1] Die Grundlage alles Systematischen ist ein einheitsbezogener und entsprechend gegliederter Aufbau der Wissenschaften. Anders als für Kant besteht die Plausibilität eines solchen gegliederten Aufbaus aber nicht in der Apriorität reiner Vernunft (denn diese ist erst eine abgeleitete Vorstellung). Vielmehr sind es die generalisierbaren Züge der faktischen Wissenschaften und ihrer Zuordnungen, die zu einer Klassifikation der Einzelwissenschaften in der Idee ihrer Architektonik führen. Die von C.S. Peirce wissenschaftstheoretisch wie kosmologisch ermittelten *Kategorien* nehmen darin Kants Begriff der Architektonik auf und korrigieren dessen abstrakte Apriorität zugunsten konkreter Erfahrung in den Wissenschaften selbst. Das bedeutet, dass die jetzt bestimmenden Kategorien des *Ersten*, *Zweiten* und *Dritten* nicht in reiner Wissenschaft deduziert, sondern phänomenologisch als Elemente aller Erfahrung entdeckt und entworfen werden. Die Idee dieser Architektonik ist nur ihrer Formulierung nach abstrakt, ihrem Anwendungsbereich nach aber in der Fülle aller Erfahrung und Erfahrungsausdrücke konkret: „the conceptions of First, Second, Third. First is the conception of being or existing independent of anything else. Second is the conception of being relative to, the conception of reaction with, something else. Third is the conception of mediation, whereby a first and second are brought into relation."[2]

Zwischen dieser Idee der Kategorien und Kants Transzendentalphilosophie steht – seit der 2. Hälfte des 19. Jahrhunderts – die Entdeckung von Wachstum und Entwicklung der Natur wie im Naturverhältnis (also auch im Denken) selbst, kurz: der Sachverhalt der Evolution, worin Kontingenz, Gesetzlichkeit und Entwicklungsfähigkeit zusammen gedacht werden müssen. Für die Wissenschaftstheorien des 20. Jahrhunderts geht es damit um das kreative Zusammenwirken von Geist und Materie. Denn dieses auszuschliessen oder unbedacht zu lassen, würde gerade die Entwicklungsfähigkeit in Natur und Geschichte nicht erklären können. Hier liegt deshalb der entscheidende Einwand gegen reduktionistische Wissenschaftskonzeptionen und entsprechend exklusive Wahrheitsbegriffe. Die Idee der Architektonik ist prinzipiell inklusiv.

Der zweite Schritt zur Bestimmung des Systematischen ist die Explikation seiner *Stimmigkeit* (Kohärenz). Die Einzelwissenschaften, ihre Teilgebiete und Methoden müssen, jedenfalls tendenziell und insofern immer verbes-

---

[1] I. KANT, *Kritik der reinen Vernunft* (1781), A 832, in; Werke Bd. 4, 696.

[2] C.S. PEIRCE, *The Architecture of Theories* (1891), in: EP 1, 296. – S.o. Kap. I.1.A; vgl. M. VETTER (1999), § 6.

serungsfähig, auf das Gesamt der Architektonik beziehbar sein. Ein Zustand, in dem z.B. die Physik die absolute Geltung der Gesetze der Mechanik behauptete, während die Biologie dies ablehnen würde, wäre denkbar, aber unbefriedigend; genauso ein Zustand, in dem z.B. die physikalische Kosmologie die Entstehung der Materie aus dem Nichts eines Anfangs bestreiten würde, während die Theologie oder philosophische Kosmologie die *creatio ex nihilo* behauptete. Stimmigkeit bedeutet insofern, Verbindungsmöglichkeiten, Abhängigkeiten, Vorgaben und Folgerungen etc. herstellen zu können. Dazu ist es nicht notwendig, das System in seinem Gesamtzweck schon zu kennen, so dass nur äußerliche Veränderungen vorkommen könnten – so hat es wiederum Kants Systembegriff der reinen Vernunft konzipiert –; sondern äußere (kumulierende, quantitative) Veränderungen können interne Verschiebungen nach sich ziehen, interne Abstimmungen können auf einzelwissenschaftliche Erfahrungen kritisch oder antizipierend bezogen werden. Kants schöne Beschreibung des gegliederten *Ganzen* war dementsprechend weder evolutionistisch noch hypothetisch gedacht:

„Das Ganze ist also gegliedert (articulatio) und nicht gehäuft (coacervatio); es kann zwar innerlich (per intus susceptionem), aber nicht äußerlich (per appositionem) wachsen, wie ein tierischer Körper, dessen Wachstum kein Glied hinzusetzt, sondern, ohne Veränderung der Proportion, ein jedes zu seinen Zwecken stärker und tüchtiger macht.“[3]

In evolutionistischer Perspektive muss die prinzipielle Veränderung und Entstehung von Tiergattungen gedacht werden, ebenso wie die Entstehung und Veränderung von Naturgesetzen. Peirce' philosophisches *System* des „objective idealism“ versucht diesem Tatbestand gerecht zu werden, demgemäß Kreativität und die Wahrscheinlichkeit von Verhaltensbildungen (*habit*) anstelle von absoluter Gesetzlichkeit vorausgesetzt werden müssen.[4] Stimmigkeit meint folglich kein zensurierendes Vorherschonwissen, sondern die methodische Selbstkontrolle im Entwicklungszusammenhang, wofür die drei Kategorien das überzeugendste Suchmuster abgeben. Dass zu diesem Überzeugendsein gerade die Religiosität nicht nur nicht ausgeschlossen ist sondern ihren kosmologischen Beitrag leistet, darauf ist noch zurückzukommen.

Der dritte Schritt zur Klärung des Systembegriffs liegt eben in der Erfassung dessen, was zuletzt *Entwicklungszusammenhang* (Kontinuum) genannt wurde. Dieser muss nun nicht nur so konzipiert sein, dass Offenheit anstelle von Geschlossenheit dominiert, sondern auch so, dass im Prozess von Wachstum und Entwicklung nicht die Diskontinuierlichkeit, wie sie der natürlichen und menschlichen Erfahrung ebenfalls eingeschrieben ist, als unbrauchbar ausgeschieden werden muss. Das ist nur dann möglich, wenn nicht

---

[3] KANT, aaO. A 833, in: Werke Bd. 4, 696.
[4] EP 1, 292f.

endliche oder abzählbar unendliche Reihungen (ähnlich wie Zeitleisten) gedacht werden, sondern infinite und infinitesimale Grenzbegriffe des Absoluten.[5] Die Nähe zum Fernsten, die Präsenz des Ursprünglichen und Letzten ist damit vorstellbar, und das lineare Denken, wie es für die europäische Neuzeit zum Muster wurde, ist als Sonderfall empirischer Anwendungen erkannt, die im größeren Rahmen kreativer Ursprünglichkeit und infiniter Kontinuitäten stehen. Beides nicht vom Begriff realer Entwicklung abzuspalten bedeutet, *System* als strukturfähige Erkennbarkeit zu fassen, worin kreative Möglichkeit, kontingente Wirklichkeit und verhaltensbildende Selbstkontrolle zusammengehalten sind: im Denken der Wirklichkeit (Wissenschaft) wie im lebendigen, personalen Aushalten und Ausarbeiten ihrer Grenzwerte (Religiosität). Diesem Systembegriff ist seine Geschichtlichkeit so wenig fremd wie die tendenzielle Wahrheit der Wissenschaft.

C. Religionsphilosophie

Eine solche Systematik ist keinem Wissensgebiet und keiner Lebenserfahrung fremd, sondern liegt ihnen schon zugrunde. Dann ist es nur eine Frage der kulturell bedingten Leistungen und kritischen Selbstanwendung der Kategorien, ob es zur Reflexionsfähigkeit im Sinne wissenschaftlicher Systematik kommt oder nicht. Angewandt auf religiöse Erfahrungen heißt das: Je reflektierter die Innensicht einer Religion, desto mehr Theologie wird sie entwickeln; je systematischer die Theologie ausgearbeitet wird, desto mehr Außensicht wird sie in sich aufnehmen und dadurch ihre Selbstreflexion weitertreiben können. Kompliziert werden diese Verhältnisse erst dadurch, dass in der europäischen Neuzeit sich die Außensicht auf eine bestimmte (nämlich die christliche) Religion *in* dieser und zunehmend *neben* ihr verselbständigt. Der Wille, institutionelle Distanz zum Identifikationszwang einer bestimmten christlichen Konfession zu üben, führt zur wissenschaftlichen Ausarbeitung von Religiosität als Theorie ihrer selbst und ihrer (vernunftkritischen) Grenzbedingungen.

In diesem Sinne ist der Begriff der *Religionsphilosophie* im europäischen Kontext gerade 200 Jahre in Gebrauch und setzt damit ein bestimmtes Verständnis von religions- bzw. kirchen- und christentumskritischer Philosophie voraus, der eine sich entsprechend verteidigende, auf bestimmte Lehrtraditionen und Frömmigkeitsformen festgelegte Theologie gegenüber stand.[6] Die in diesen Auseinandersetzungen exemplarisch-vernünftige Religionsphilosophie

---

[5] Vgl. EP 1, 293ff.; zu dieser von PEIRCE vertretenen Philosophie des *Kontinuums* bzw. des *Synechismus* s.o. Kap. I.2.D; vgl. in: RS, Text II.5; vgl. H. DEUSER, Synechismus (1998); M. VETTER, aaO. 139ff.

[6] Vgl. T. MAHLMANN (1976); W. JAESCHKE (1992), 748f.; H. ROSENAU (1997), 749ff.

Kants will zwar deutlich noch eine produktive Zuordnung zur Theologie, doch im Bild der beiden „konzentrischen Kreise“[7], in dem sich Offenbarungs- und Vernunftreligion zusammenfinden, besetzt selbstverständlich die Vernunft die innere Norm, der sich alles andere – jedenfalls philosophisch gesehen – fügen muss.

Im Weiterentwickeln von Kants Schemabild der beiden Kreise lassen sich vier Möglichkeiten veranschaulichen und historisch zuordnen, in denen sich Theologie (bzw. Religion) und Philosophie aufeinander beziehen lassen. Das gilt allerdings unter der doppelten Voraussetzung, dass von beiden Seiten entsprechend gemeinsame Fragestellungen (wenn im Einzelnen auch in unterschiedlicher Ausführung) bearbeitet werden und dass der Sache nach diese Verhältnisbestimmung (von philosophischer Theorie des Religiösen und religionsimmanenter Theologie) auch dann wirksam ist, wenn der Disziplinbegriff *Religionsphilosophie* in der jeweiligen Epoche noch gar nicht in Gebrauch war bzw. die für die europäische Neuzeit typische Konstellation von Kirche und Wissenschaft, biblischer (übernatürlich offenbarter) Theologie und (natürlicher) Vernunftreligion noch gar nicht bestand bzw. nicht mehr weiter besteht.

Es ergibt sich dann erstens die Zuordnung von zwei Kreisen, die weder ineinander liegen noch sich überschneiden, sondern selbständig verbleiben und sich allenfalls berühren; und diese Berührungspunkte können an ganz unterschiedlichen Stellen gedacht werden. Die sokratische Philosophie der platonischen Dialoge berührt sich auf diese Weise mit den zu ihrer Zeit gültigen Mythologien, Kulten, religiösen Erfahrungen; ihre Frage nach Gerechtigkeit und dem idealen Guten aber bleibt demgegenüber eigenständig – und auch das Eigenrecht der Religion wird nicht bestritten. Allerdings wird die Frage nach der Zuordnung, dem Vorrang, der gemeinsamen oder konkurrierenden Wahrheit zwischen Philosophie und Religion dadurch immer dringlicher und keineswegs überflüssig.[8] Für den philosophischen Dialog selbst aber bleibt diese Konkurrenz zunächst ebenso unentschieden wie für die religiöse Welt derer, die am philosophischen Dialog noch gar nicht beteiligt sind. So zeigt Platons *Staat* im zweiten Buch deutliche Nähe und Distanz zur Mythologie der Götterwelt, die in ihrer Vielfalt auch für Vieles verantwortlich gemacht werden kann, während die philosophisch klarere Begrifflichkeit eines Gottes, der für das Gute steht, diesen als „in jeder Hinsicht vollkommen“, *unwandel-*

---

[7] KANT, Die Religion (1794), B XXI (Vorrede zur 2. Aufl.), in: Werke Bd. 7, 659. – Die theologischen und religionsphilosophischen Debatten jener Epoche illustriert sehr schön F. NICOLAI, *Das Leben und die Meinungen des Herrn Magister Sebaldus Nothanker* (1773), (1991).

[8] Zur damit gestellten Frage der möglicherweise „doppelten Wahrheit“ zwischen Theologie und Philosophie vgl. H. SCHULZ (2003).

bar und *wahrhaftig* denken muss.[9] Im sechsten Buch wird dann durch das *Sonnengleichnis* die Idee des Guten als Ursprung von allem, was erkannt wird und dass es erkannt wird, vortragen[10] – wahrhaft eine Religionsphilosophie, der zu ihrer Zeit kaum eine Theologie korrespondierte und die im philosophischen Dialog auf eigene Verantwortung die Idee des Höchsten zugleich als Bedingung aller Realität ins Bild setzt.

Es ergibt sich zweitens die Zuordnung von zwei Kreisen, die ineinander liegen, konzentrisch dann, wenn die Autoritätsverhältnisse in idealer Weise als geregelt gelten können. So hat in der mittelalterlichen Scholastik Thomas v. Aquin die Unbegreiflichkeit des Gottesglaubens gerade als den Ausweis der höchsten Wissenschaftlichkeit betrachtet. Die Theologie als „sacra doctrina" ist kraft ihres göttlichen Ausgangspunktes den natürlichen Prüfverfahren entzogen und insofern höchste *Weisheit*.[11] Das hindert nicht, die letztlich unvollkommene Vernunft so weit und so zufriedenstellend wie möglich zum Zuge zu bringen.[12] Insofern liegen die beiden Kreise ineinander, ohne dass es zu Widersprüchen kommen muss. Denn jeder der beiden Kreise vollzieht auf seine Weise das, was dem anderen dient. Dass es sich dabei auch um ein institutionelles Verhältnis von kirchlicher Autorität und wissenschaftlicher Kooperation handelt, ist solange kein Einwand, wie die Zentralstellung des Glaubensgeheimnisses von den Wissenschaften auch aus internen und methodischen Gründen respektiert werden kann. Ist das nicht mehr der Fall – sobald methodische Gewissheit unabhängig von den bzw. gegen die kirchlichen Glaubenswahrheiten gewonnen wird –, kommt es zunächst zu dezentralem Ineinander der beiden Kreise, bis sie sich nur noch als auseinander liegend anerkennen bzw. kritisch distanzieren können.

Es ergibt sich drittens die Zuordnung, wie sie Kant noch zu halten versuchte, dass der Zusammenhang beider Kreise als ihr konzentrisches Ineinanderliegen bewahrt wird; jetzt aber so, dass die wissenschaftliche Allgemeingültigkeit im Namen der autonomen Vernunft auch in Sachen Religion nicht mehr bei einer bestimmten religiösen Erfahrung oder kirchlichen Autorität liegen kann. Diese wird nachgeordnet, ist überhaupt nur akzeptabel, sofern sie sich ihrer Platzanweisung durch die höherrangige Vernunfteinsicht fügt. Doch so autonom die neuzeitliche (theoretische) Vernunft sich selbst gegenüber ist, im Blick auf menschliches Handeln und Leben in der Zeit ergibt sich der zweite Kreis der geschichtlich bestimmten Religiosität, in deren Zentrum aber ihre vernünftige Herleitung zu stehen kommt. Noch einmal Kant: „nicht nach ihrem [sc. der Vernunft] Vermögen, [sondern] nach dem, was sie als zu tun vorschreibt, sofern aus ihr allein *Allgemeinheit, Einheit* und *Notwendigkeit* der

---

[9] PLATON, Der Staat, in: Werke Bd. 4, 160-177 (379a-383c); vgl. K. HELD (1990), Kap. 6-8.
[10] Ibid. 534-545 (506b-509b).
[11] THOMAS V. AQUIN, Summa theologiae, I, q. 1, a. 6 u. 7.
[12] THOMAS V. AQUIN, Summa contra gentiles, I, c. 8; vgl. U.G. LEINSLE (1995), 156ff.

Glaubenslehren hervorgeht, die das Wesentliche einer Religion überhaupt ausmachen, welches im Moralisch-Praktischen (dem, was wir tun *sollen*) besteht, wogegen das, was wir auf historische Beweisgründe zu glauben Ursache haben (denn hiebei gilt kein *Sollen*), d.i., die Offenbarung, als an sich zufällige Glaubenslehre, für außerwesentlich, darum aber doch nicht für unnötig und überflüssig angesehen wird".[13]

Es ergibt sich viertens die Zuordnung, wie sie sich nachneuzeitlich geradezu aufdrängt, dass die Selbständigkeit der beiden Kreise zugleich mit ihrer thematischen, d.h. *religionsphilosophischen* Überschneidung anzuerkennen ist. Worin diese Überschneidungen und thematischen Gemeinsamkeiten im Einzelnen bestehen, wie implizit oder explizit sie ausgeführt werden, kann zunächst offen bleiben. Wesentlich ist, dass die Überschneidungen faktisch immer vorgekommen sind und weiter vorkommen werden, sofern überhaupt die Relevanz religionstheoretischer Fragestellungen in ihren einerseits philosophischen und andererseits religiösen/ theologischen Bearbeitungsformen zugestanden wird. Die damit gesuchte Zuordnung ist nicht als Arbeitsteilung zu verstehen, die gleichbedeutend wäre mit der Unterscheidung von Theorie und Praxis. Denn diese liegt auf einer anderen Ebene und kehrt sowohl innerhalb der Philosophie wie innerhalb der Religion wieder; in der Religion allerdings nur dann, wenn sie, wie im Christentum, religiöse Erfahrung (und Praxis in liturgischen Formen, im Kult etc.) von Theologie zu unterscheiden vermag. Es geht vielmehr um das Eigenrecht des Religiösen und seiner theologischen Gehalte als Gegenstände auch der Philosophie. Affirmative wie religionskritische Verhältnisbestimmungen gehören dann ebenso in diese vielfältigen Überschneidungsmuster der beiden Kreise wie ganz spezifische Annäherungen über metaphysische, ethische, linguistische, kulturanthroplogische, historische etc. Wissenschaftssparten und Arbeitsfelder.

D. Religionsphilosophie und Theologie

Die religionstheoretische Außensicht hat in den (apologetischen) Selbstbegründungen der christlichen Dogmatik eine lange Tradition.[14] Sofern *die* Wahrheit – oder auch nur *eine* bestimmte Wahrheit – des christlichen Glaubens gegenüber ihrer internen oder externen Bestreitung begründet werden sollte, waren Argumentationen aufgrund von geltenden Prinzipien des Denkens gefragt. Schon die Selbstdarstellung der Theologie verlangt deshalb die „Klärung des Wissenschaftsbegriffs"[15] und setzt dessen Systematik[16] (Archi-

---

[13] KANT, *Der Streit der Fakultäten* (1798), A XVIII (Vorrede), in: Werke Bd. 9, 271.

[14] Vgl. W. PANNENBERG, Bd. 1 (1988), 1. Kap.; O. BAYER/ A.PETERS (1998).

[15] W. HÄRLE (1995), 4.

[16] S.o. Abschnitt B.

tektonik, Kohärenz, Kontinuum) voraus. Das besondere wissenschafts-theologische Problem besteht aber darin, dass im Kern theologischer Aussagen und ihrer Wahrheitsansprüche nicht Weltweisheit, sondern Gottes Handeln an seiner Welt und den Menschen thematisch ist. Würde diese Thematik in ein nicht-religiöses ‚System' gepresst, käme es notwendig zu dem eklatanten Widerspruch zwischen einer (Denk-)Form, die ihrem (Glaubens-)Inhalt gar nicht gemäß sein kann, ihn folglich zerstören, verstellen oder nivellieren müsste. Wenden wir das vierte Schemabild der beiden Kreise[17], die sich überschneiden, nicht nur für das Verhältnis von Religionsphilosophie und Theologie, sondern damit zugleich auch für das Verhältnis von allgemeinem Wissenschaftsbegriff und theologischer Dogmatik an, so zeigen sich aus jenem Dilemma zwei Auswege: Erstens kann im engeren Sinne eines inhaltlich bestimmten Wissenschaftsbegriffs[18] gezeigt werden, dass und wie dieser für die Kommunikationsfähigkeit der Theologie notwendig und vertretbar ist, sofern in der gegenwärtigen wissenschaftstheoretischen Diskussion weltanschauliche Letztbegründungen zugunsten der Selbstbegrenzung der Wissenschaften zurückgenommen wurden; und zweitens kann im weiteren Sinne von Wissenschaft als systematischer Welterschließung auf der kategorialen Basis von Architektonik, Kohärenz und Kontinuum gelten, dass *Glaube* und die Möglichkeit des Werdens für *Wissen* ebenso konstitutiv sind wie der mitlaufende kosmologische Lebenszusammenhang (*Kontinuum*).[19]

Mit diesem zweiten Weg ist die gesuchte Überschneidung zwischen Theologie und Religionsphilosophie wieder erreicht. Sie besteht darin, dass die für die Theologie selbst notwendige wissenschaftssystematische Klärung ihrer Voraussetzung (dass Gott – im Sinne des christlichen Bekenntnisses – in Schöpfung, Versöhnung und Erlösung handelt und dadurch *Glaube* als Lebensform real möglich macht) in gewissem Sinne mit dem Gegenstandsbereich der Religionsphilosophie (Möglichkeit, Wirklichkeit und Notwendigkeit des religiösen Glaubens bzw. seiner Inhalte systematisch zu erfassen) übereinstimmt. Dies ist genauer zu erklären:

(1) Das Erfordernis der *Stimmigkeit* (Kohärenz) gilt in gleicher Weise für die internen Wissenschaftsansprüche der Theologie wie der Religionsphilosophie, aber damit auch für ihren Überschneidungsbereich. Was dogmatisch (je nach Tradition und Konfessionalität) über den christlichen Gott und den Glauben an ihn gesagt werden kann, muss nicht identisch sein mit dem, was

---

[17] S.o. Abschnitt C.

[18] Vgl. dessen sieben Bestimmungsstücke bei HÄRLE, aaO. 18-28: „Methodisierbarkeit", „Vorurteilsfreiheit", „Wahrheitsfähigkeit und Wahrheitsgewißheit", „Hypothesenbildung", „Falsifizierbarkeit", „Widerspruchsfreiheit", „(Selbst-)Relativierung".

[19] Beide Aspekte, Gottesglaube und kosmologischer „Gesamtzusammenhang", werden von HÄRLE, aaO. 27, im Rahmen der „Selbstrelativierung" des modernen Wissenschaftsbegriffs angesprochen.

religionsphilosophisch (je nach Schultradition und methodischem Ansatz) dazu entwickelt wird; dass aber eine mögliche Vergleichbarkeit, Platzierbarkeit und Verstehbarkeit der jeweiligen Aussagen erreicht werden muss, ist eine Forderung der Stimmigkeit im gemeinsamen Wissenschaftssystem. Diese Gemeinsamkeit zu bestreiten bedeutet entweder eine vorübergehende und begrenzte Auseinandersetzung um einen zu eng oder polemisch gefassten Wissenschaftsbegriff – oder die Selbstaufhebung von Wissenschaft, nämlich als allgemeine und erfahrungsbezogene Erkenntnisleistung im Horizont ihrer Korrekturfähigkeit. Beispiel: Die Einwände Nietzsches gegen das Christentum sind entweder eine Problemanzeige für ein zeitbedingt unaufgeklärtes Mischungsverhältnis von Metaphysik und Moral (deren Zuständigkeit von da an auf die Theorie des Nicht-Theoretischen erweitert werden muss), oder der Gestus dieser Kritik hebt Verständigungs- und Entwicklungsfähigkeiten überhaupt auf und widerlegt sich damit selbst.

(2) Die Wissenschaftssystematik, verstanden als Forderung der Stimmigkeit, setzt damit allerdings die Idee der *Architektonik* schon voraus. Es geht im Überschneidungsbereich deshalb nicht nur darum, bestimmte gemeinsame Methoden zu reklamieren. Diese sind im neuzeitlich-historischen Bewusstsein, das die Theologie mit allen Geisteswissenschaften eint, längst eine Selbstverständlichkeit; sie führen aber dazu, der Theologie – wie der Religionsphilosophie, sofern sie die Grenzen der historischen Rekonstruktion überschreitet – darüber hinaus einen ‚vorwissenschaftlichen' oder ‚dogmatischen' Überschuss nachzusagen. Dieser mag dann entweder als lebensweltlich unvermeidlich oder als für wahre Wissenschaft verboten gelten, so oder so fällt das für menschliche Selbsterfahrung Entscheidende aus dem allein durch die historische Methode bestimmten Wissenschaftsgebrauch heraus.[20] Hier zu widersprechen bedeutet die erneuerte wissenschaftstheoretische Auseinandersetzung um die Bedingungen von Erfahrungserkenntnis überhaupt. Theologie *und* Religionsphilosophie haben in der Neuzeit diese Auseinandersetzung auch immer stellvertretend für die Naturwissenschaften geführt, und im Ergebnis darf wohl gesagt werden: Die Logik der Forschung schließt Glauben und Wissen (bei aller notwendigen Differenzierung nach den unterschiedlichen Einzelwissenschaften) so zusammen, wie Peirce Abduktion, Deduktion und Induktion als unterscheidbare, aber auf einander angewiesene Schlussformen aller menschlicher Erfahrungsverarbeitung nachgewiesen hat.[21] Es ist der *Geist* der Wissenschaften, der auf die spontane, instinktive, abduktive Überzeugungskraft (belief, faith) ebenso angewiesen ist wie auf die logische Erklärung und Überprüfung von Hypothesen. Beispiel: Die Entdeckung der

---

[20] S.o. Kap. IV.14.A u. B (die analoge Problemlage für die Religionssoziologie); zum geistesgeschichtlichen Kontext insgesamt vgl. V. HÖSLE (2003).

[21] S.o. Kap. I.2.D; Kap II.6.B.d; vgl. zur allgemeinen wissenschaftstheoretischen Bedeutung des (PEIRCEschen) Pragmatismus K. OEHLER (2003).

Relativitätstheorie ist ohne Zweifel mathematischen Fähigkeiten und bestimmten Entwicklungsbedingungen der Physik ebenso zu verdanken wie dem abduktiven Schluss, der sich problemlösend, überraschend und überzeugungsbildend einstellte.

(3) Bleiben Abduktion und wissenschaftssystematische Stimmigkeit korrekturfähig und auf methodische Selbstkontrolle verpflichtet, dann ist das Kontinuum, der *Entwicklungszusammenhang* der Wissenschaften wie aller menschlicher Erfahrung, der Verstehens- und Handlungshorizont, worin alle Wahrheitsbehauptungen ihren Platz finden müssen. Würde eine solche Horizontbedingung von der Theologie oder von der Religionsphilosophie bestritten, käme es zu keiner Verständigung, keinem produktiven Überschneidungsbereich. Die prozesshaft gedachte Weite des Wissenschaftsbegriffs, ohne die Bestimmtheit der einzelnen Erfahrung und ihres Wahrheitsanspruchs dadurch aufzugeben, ist folglich die Bedingung für die ins Auge gefasste Übereinstimmung von religionsphilosophischem Gegenstandsbereich und theologischer Selbstklärung eigener Voraussetzungen. Die gesuchte und im Prinzip gemeinsame *Systematik* muss dann fähig sein, die Einzelerfahrung in ihrer Kontingenz mit der Forderung nach möglichst klarer Explikation – und beides wiederum im Korrekturzusammenhang kosmologischer (prozessualer) Erfahrungen – zusammen zu denken. Das heißt nicht, jede Einzelwissenschaft müsste ständig diese Kontexte thematisch machen; verlangt wird nur, die jeweiligen systematischen Voraussetzungen nicht zu bestreiten und sich nicht von ihnen abzukapseln. Beispiele: Die Ingenieurwissenschaften sind ohne bestimmte metaphysische Klärungen des Zeit- und Raumbegriffs undenkbar, müssen diesen Tatbestand aber keineswegs zum Gegenstand ihres alltäglichen Wissenschaftsbetriebs machen; und die theologische Dogmatik arbeitet in Einzelfragen der Ekklesiologie unter der Voraussetzung bestimmter Klärungen der Trinitätslehre, ohne dass deren religionsphilosophische Implikationen (etwa im liturgischen Gebrauch) thematisch werden müssten.

(4) Es ist also offenbar die Denkbarkeit und Vorstellbarkeit einer bestimmten (systematischen) Strukturbildung, die salva veritate ihrer unterschiedlichen Realisierungen die Bedingung dafür darstellt, dass die Religionsphilosophie (im Rahmen der Philosophie bzw. bestimmter Philosophien) und die Theologie (im Rahmen bestimmter theologischer Traditionen) sich nicht nur produktiv zusammenfinden können, sondern müssen. Hier ist dann allerdings die kritische Frage zu wiederholen, ob diese Gemeinsamkeit aufgrund von Architektonik, Stimmigkeit und Entwicklungszusammenhang nicht doch darauf hinausläuft, fälschlich einen bloßen *Gottesgedanken* an die Stelle der wirklichen Gotteserfahrung bzw. an die Stelle von *Gottes Urteil* zu schieben, das doch die Ausgangsbasis aller spezifischer Gotteserkenntnis sein muss. I. Dalferth hat diese klare Trennung der Sphären gerade gegenüber der ausgeführten Notwendigkeit von Religionsphilosophie zur Bedingung nicht-

missverständlicher Kooperation gemacht: Die kritische Linie verläuft zwischen der unvermeidlichen Phänomendistanzierung (auf Seiten der Religionsphilosophie) und dem Selbstvollzug der Wirklichkeit Gottes (auf Seiten des christlichen Glaubens und der darauf beruhenden Theologie).[22] Demnach gäbe es genau genommen gar keinen Überschneidungsbereich zwischen Religionsphilosophie und Theologie, sondern eine Grenzziehung, auf deren einer Seite die *Möglichkeit* religiöser/ theologischer Gehalte – in aller religionsphilosophischer Konsequenz – erwogen würde, während auf der anderen Seite von der *Wirklichkeit* bestimmter religiöser Gewissheit – und nur diese könnte in Wahrheit die göttliche sein – ausgegangen würde. Dass diese beiden Perspektiven aufeinander einwirken, muss dabei nicht bestritten werden, das hebt aber die fundamentalere Differenz zwischen wirklichem Leben und Denkmöglichkeiten nicht auf.

Die dazu diametral entgegengesetzte Position scheint von E. Herms vertreten zu werden, wenn auf der „fundamentalanthropologischen" Ebene die Notwendigkeit wie das Faktum von religiös-weltanschaulicher Gewissheitsbildung so verankert wird, dass die Theologie ihre wissenschaftliche Begründung in der allgemeineren Religions- und diese wiederum in der allgemeinen Kulturwissenschaft findet.[23] Weil menschliches Fühlen, Erkennen und Handeln gar nicht ohne solche, der wissenschaftlichen Herstellbarkeit prinzipiell entzogenen Gewissheitsbildungen denkbar sind, ist die Religion (bzw. die Theologie) *eine* Realisierung dessen, was generell (und damit plural) geschichtlich notwendig ist: „Daseinsgewissheit" auszuprägen, zu der es einen prinzipiell „neutralen" oder distanzierten Zugang überhaupt nicht geben kann.

Dieser Gegensatz aufgrund unvereinbar erscheinender Bewertungen von gleichwohl gemeinsam als notwendig erkannter (religionsphilosophisch allgemeiner und theologisch spezifischer) Perspektivität kann zunächst wie folgt problematisiert werden:

---

[22] I.U. DALFERTH (2003), 105-110. – Vgl. die entsprechend spielerisch-freie Verbindung zwischen Theologie und Wissenschaft bzw. zwischen interner und externer Rationalität, in: DALFERTH (1991), 18ff., 92ff.; oder zwischen Wissenschaft und Leben, in: (1997), 137: „Wenn es daher ‚letzte', also jetzt nicht weiter problematisierte und problematisierbare Gewißheit gibt, dann ist diese nicht im Denken, sondern nur im Leben zu finden, wo nicht nur gedacht, sondern erlebt, erfahren und gehandelt wird. Das ist zwar eine Einsicht, auf die das Denken führt, deren Gewißheit sich aber nicht dem Denken verdankt oder auf Sicherstellung durch das Denken angewiesen wäre."

[23] E. HERMS (1998), 72: „Damit kommt als Religion jede derart wirksame Gewissheit in Betracht, ohne Rücksicht auf ihren Inhalt; also gerade auch die – aus christlicher Perspektive – irrigen Gewissheiten"; aaO. 74: „So ergibt sich bei der religionsgeschichtlichen Thematisierung des Christentums und der mit ihm interagierenden Religionen, Weltanschauungen und Philosophien seiner Umwelt *eine Perspektivenasymmetrie*: Das christliche Leben wird aus der Binnenperspektive, die anderen Positionen werden aus einer Aussenperspektive (der christlichen) wahrgenommen."

(4.1) Auf der *existenziellen* Erfahrungsebene ist die klare Trennung von distanzierter Außenperspektive und sympathetischer Binnenperspektive unvermeidlich und evident. Schmerzen zu denken und theoretisch (wissenschaftssystematisch platziert) zu bearbeiten (wie z.B. Medizin und Psychotherapie es tun) ist und bleibt etwas anderes, als dieselben Schmerzen jetzt zu haben und aushalten zu müssen. Das gilt entsprechend für die Theologie, sofern sie sich auf wirkliche religiöse Erfahrung beziehen will. Aus dieser existenziell bestimmten Erfahrung heraus zu denken bringt folglich andere Verständnisbedingungen mit, als wenn die gleichen (eben nicht dieselben!) Phänomene in labormäßiger Distanz beobachtet und analysiert werden.

(4.2) Doch sind die medizinisch analysierten Schmerzzustände oder die theologisch bedachten Gotteserfahrungen wirklich *andere* als die, die existenziell erlebt werden? Dann könnten wir uns auf die Interpretationsleistungen des Denkens letztlich nicht verlassen. Wäre es demgegenüber nicht naheliegender, dass jene evidente Differenz zwischen Möglichkeit und Wirklichkeit in das (sich dieser Differenz bewusste) theoretische Verarbeiten derselben Erfahrung aufgenommen, jedenfalls sensibel respektiert wird? Wäre dies nicht möglich, könnte es zum Erfahrungsaustausch weder im medizinischen noch im theologischen Feld kommen. Es ist offenbar möglich, eine Verweisungsstruktur auf den jeweiligen *wirklichen* Vollzug so vorzunehmen, dass zumindest eine indirekte Vergegenwärtigung vermittelbar wird. Beispielsweise bestand S. Kierkegaards religionsphilosophische wie theologische Lebensleistung genau darin, diese Problematik der Vermittlung von (existenzieller) Wirklichkeit Gottes eben nicht nur zu denken, sondern ihr zugleich auch die praktische Form von zu lesenden Texten zu geben.[24] Diese aber sollten tendenziell gerade nichts Anderes *vermitteln* als die zu machende eigene (wirkliche) Erfahrung – ohne sie zu präjudizieren!

(4.3) Auf der Basis der beiden bisherigen Überlegungen wäre dann die Situation entweder als infiniter (und damit haltloser) Progress zu beschreiben, dass sich das Denken auf Wirklichkeit bezieht, die wiederum als solche (gedachte) erfahren, erneut gedacht würde etc., und die Priorität des einen vor dem anderen müsste unentscheidbar bleiben; oder wir könnten bestimmten (systematischen) Verallgemeinerungen die angemessene Zugänglichkeit des singulär Erfahrenen zutrauen. Letzteres ist dann realistisch, wenn das, was nicht vom Denken her als wirklich nachgewiesen oder abgeleitet werden kann: die kontingente Wahrnehmungsunmittelbarkeit, in gewissem Sinne zum System des selbstkontrollierten und erfahrungsoffenen Denkens gehört. Die *kategoriale Semiotik*[25], die den unabweisbaren Vorrang abduktiver Wahrneh-

---

[24] Vgl. zur Wiederentdeckung dieser Funktion vor allem der *Erbaulichen Reden* KIERKEGAARDS, in: N.J. CAPPELØRN/ H. DEUSER (Hg.), KIERKEGAARD Studies. Yearbook 2000.

[25] S.o. Anm. 2; vgl. M. VETTER (1999),§ 8.

mung mit explikativer Klärung und selbstkontrolliertem Verhalten zu verbinden versteht, vermittelt auf diese Weise die Unmittelbarkeit des Unbestimmten mit den Folgebedingungen von Denk- und Erfahrungsprozessen. In diesen bleibt das unbestimmte *Erste* anwesend auch dann, wenn es im Zusammenhang (kategorial: Drittheit) eine wirkliche Bestimmung (kategorial: Zweitheit) erfährt. Weil aber die Vermittlung des Unmittelbaren alternativenlos als menschliche Erfahrungs- und Kommunikationsbedingung zu gelten hat, spricht (abgesehen von nominalistischer Skepsis gegenüber Allgemeinbegriffen) eigentlich gar nichts dagegen, im Sinne der scotistischen *distinctio formalis*[26] zu sagen: Zwischen der singulären Existenz und ihrer geistigen Repräsentation besteht keine *reale*, sondern nur eine *formale* Differenz aufgrund der unterschiedlichen Zugangsweisen. Auf der existenziellen Ebene bleibt zwar der gravierende Unterschied, hier kann nichts im schlechten Sinne ‚aufgehoben' werden[27]; aber daraus folgt nicht, die Repräsentation singulärer Ereignisse würde etwas anderes repräsentieren als genau diese. Beispiel: Die Trinitätslehre[28] gibt eine Denk- und Erfahrungsstruktur wieder, die genau das christlich verstandene Handeln Gottes repräsentiert – und nichts anderes. Dann ist – trotz möglicher Distanzierungen von bestimmten existenziellen Erfahrungen auf Seiten der Religionsphilosophie oder auch der Theologie (!) – der Überschneidungsbereich beider sichergestellt: Es kann dasselbe gedacht werden, auch wenn dessen jeweilige Realisierungsformen nicht vollständig oder abschließend fixiert werden können. Allein die Möglichkeit der Realisierung darf nicht ausgeschlossen werden; aber das heißt nichts anderes, als dass die religiösen Erfahrungen ernst genommen werden müssen.

(5) Trotzdem bleibt eine bestimmte *Asymmetrie* wirksam, weil existenziell gesehen nicht zum selben Zeitpunkt und auf derselben Ebene die Binnenperspektive (des eigenen Glaubens) durch eine Außenperspektive ersetzt werden kann. Andererseits können im Rahmen einer Binnenperspektive durchaus vielfältige Außenperspektiven diskutiert, verstanden und experimentell oder partiell eingenommen werden; wie es umgekehrt auch denkbar ist, dass in religionsphilosophischer Außensicht bezüglich verschiedener religiöser Realisierungen (z.B. der Gottesvorstellung) darin bestimmte Formen existenziell angeeignet werden können, andere nicht. Daraus ergibt sich die historische Relativierung der jeweiligen Stellungen und Stellungnahmen von Religionsphilosophien und Theologien im Blick auf besonders umstrittene, gesellschaftlich relevante oder exotische Themenfelder; aber auch eine systemati-

---

[26] S.o. Kap. I.3.D.

[27] Für KIERKEGAARD hat offenbar die Unterscheidung zwischen *Religiosität A* und *B*, d.h. das Sündenverständnis bzw. die selbst erlebte Differenz von Sünde und Glaube, die – zugleich auch vermittelnde – Trennungslinie zwischen der allgemeinen Darstellbarkeit und dem existentiellen Glauben als Lebensform bezeichnet, vgl. H. SCHULZ (2001), Kap. 4.

[28] S.o. Kap. II.5; vgl. H. DEUSER, Einführung (1999), § 4 u. § 11.2.

sche Relativierung der These, eine neutrale Außensicht auf Religion (d.h. bezogen auf ihre interne Glaubensgewissheit) sei prinzipiell nicht möglich.

(5.1) Gegenüber dem existenziellen Einwand ist zu sagen, dass Gewissheiten und Zweifel an ganz unterschiedlichen Stellen auftreten und sich provozieren können, so dass – gerade um des existenziellen Glaubens willen – dessen genaue Festlegung einem im schlechten Sinne ‚systematischen' Zwang zum Dogmatismus gleichkäme. Dem ist wiederum dadurch zu entgehen, dass die lehrhafte (dogmatische) Verallgemeinerung realistisch (im Sinne der *distinctio formalis*) gelten kann, ohne die korrespondierende, existenziell akute Gewissheit erzwingen zu müssen – die aber jederzeit eintreten kann. Dieses Eintreten ändert am bestimmten Lehrinhalt gerade nichts, sondern erfüllt ihn; ausgenommen die – selbstverständlich geschichtlich gesehen besonders interessanten – Fälle der Umformung von Lehrinhalten auf der Basis lebendigen Glaubens (und seiner institutionellen Wirkungen). Gerade diese Fälle bestätigen aber nur die hier vorgeschlagene Zuordnung von Unmittelbarkeit (der Glaubensgewissheit) und ihrer notwendig allgemeiner Darstellungsfähigkeit.

(5.2) Gegenüber der Universalisierung von Religion auf der fundamentalanthropologischen Basis ist eine entsprechende Relativierung angebracht, nämlich die, dass historisch gesehen (in der europäischen Neuzeit) immer wieder Anlass bestand, sich von bestimmten, institutionell erzwungenen Glaubensinhalten zu distanzieren, um gerade diesen die existenzielle Ernsthaftigkeit offen zu halten. Wenn demnach *relative* Distanz durchaus mit Gewissheit zusammengeht, dann sind die möglichen Außen- und Binnenperspektiven vielfach überkreuzt zu denken. Allgemeinperspektive (Religionswissenschaft bzw. Religionsphilosophie) und Besonderes (spezifischer Glaube bzw. Theologie) geben dann nicht mehr das primäre Prinzip der Trennung ab, sondern sie müssen gegenseitig abhängig gedacht werden. Entscheidend ist allein: Die ernsthafte Realisierungs- und Lebensform darf nicht ausgeschlossen werden. Darin besteht die Verständnisbedingung zwischen Religionsphilosophie und Theologie; wenn auch so, dass diese die existenzielle Realisierung als geschehen voraussetzt und jene sie als je und je geschehende offen hält.

(6) Dann ergibt sich bezüglich der Wissenschaftsklassifikation, dass die theologie-interne Gliederung nach Religionsphilosophie (Prinzipienfragen), Dogmatik und Ethik der *Architektonik* (im Peirceschen Sinne) wie folgt entspricht[29]: (a) Die Prinzipienfragen der Gewissheitsbildung und des religiösen Glaubens an Gott korrespondieren der lebensweltlich entwickelten *Phänomenologie* und dem Aufweis der Kategorien. (b) Dogmatik und Ethik korrespondieren, soweit es sich um Begründungsfragen handelt, der Gruppe der *normativen Wissenschaften*, d.h. sie stehen unter der Voraussetzung des *summum*

[29] S.o. Anm. 2; vgl. M. VETTER (1999), § 5; H. DEUSER, Einführung (1999), 177-184 (*Zur theologischen Enzyklopädie*).

bonum. (c) Die Fragen nach den begrifflichen Generalisierungen (etwa des Gottesbegriffs) korrespondieren, an dritter Stelle dieser Systematik, der *Metaphysik* (die nach der Phänomenologie und nach den normativen Wissenschaften auch die kategoriale Semiotik voraussetzt). – Diese Lösung zeigt, dass das praktische Lebensverhältnis der religiösen Erfahrung ernst genommen werden kann und keineswegs aus Lehrsätzen deduziert wird. Nicht eine allgemeine (allererste) ‚Metaphysik' trägt alle Begründungslasten dogmatischer Folgesätze, sondern die gelebte Religiosität wird kategorial und semiotisch auslegbar, so wie sie im – niemals neutral vorweg deduzierbaren – Lebenszusammenhang auftritt. Aus dem religiösen Glauben kann (theologische) Dogmatik folgen, nicht umgekehrt; aus der religionsphilosophischen Theoriearbeit folgt direkt keine religiöse Erfahrung, aber jene hält diese (existenziell wie konfessionell gesehen) offen. Die Theologie bildet sich auf der Basis bestimmter religiöser Voraussetzungen; die Religionsphilosophie geht (relative) Distanz übend und systembildend auf das zu, was sie in bestimmter und vollzogener Lebensform (möglicherweise) für sich selbst nicht als geschehen voraussetzen, aber in kontrollierter Weise doch denken will. Damit ist wiederum das Überschneidungsfeld zwischen Religionsphilosophie und Theologie abgesteckt, doch das Bild der beiden Kreise[30] bedarf der Modifizierung:

Überhaupt von zwei Kreisen zu sprechen war der neuzeitlichen Konkurrenzsituation geschuldet, und in einer ersten nachneuzeitlichen Verständigung bezeichnet das Bild zweier sich überschneidender Kreise die Lösung des Autoritätsproblems: zwei selbständige wissenschaftliche Disziplinen, die gleichwohl ihre systematische Gemeinsamkeit zeigen und diese von ihrer geistesgeschichtlichen Herkunft her auch gar nicht entbehren können.

In diesem historisch-systematischen Sinne der Gemeinsamkeit von Themen – so wie z.B. Vernunft und Offenbarung, Sein und Gott in der europäischen Tradition zusammengehören – bildet die Schnittfläche beider Kreise die kooperierende und dialogfähige Interessenlage ab; gerade auch dann, wenn die jeweiligen Themenbearbeitungen ganz unterschiedlichen kulturellen Situationen, Traditionen, Schulbildungen, Konfessionen, Theorieorientierungen, institutionellen Verflechtungen etc. entstammen.

Was das bisherige Bild der Überschneidung aber noch nicht enthält, ist die inzwischen ermittelte gegenläufige Übereinkunft von Religionsphilosophie und Theologie im Blick auf die Voraussetzung bzw. das Anzielen des religiösen Glaubens oder überhaupt einer irgendwie bestimmten und prägenden religiös-existenziellen Lebenserfahrung. Diese wird durch keinen theoretischen, lehrhaften Zugriff herstellbar, sondern *systematisch* so einbezogen, dass sie in ihrem kreativen Vorrang selbständig und integrationsfähig bleibt. Um im Bild zu bleiben, wäre diese gegenläufige Übereinkunft dann besser durch zwei Kreise bezeichnet, deren zwei Ebenen sich im Raum schneiden, und deren

---

[30] S.o. Abschnitt C.

Schnittlinie markiert dann die gemeinsame systematische Sachstruktur. Wo diese gemeinsame Struktur im jeweiligen Fall der ganz unterschiedlich denkbaren Religionsphilosophien und Theologien – bzw. im Vergleich der Religionen – verläuft, kann hier im Blick auf die historisch und schulmäßig vielfältigen Konstellationsmöglichkeiten offen bleiben. Jedenfalls ist deutlich, dass es sich dort, wo die beiden Kreise auf einer gemeinsamen Ebene liegen, um einen historischen (philosophie- wie theologiegeschichtlichen) Sonderfall handelt: Die Systematik ist dann nicht nur strukturell gemeinsam wie eine Schnittlinie, sondern sie besteht in der Überschneidungsfläche aus gemeinsamen, kulturgeschichtlich vermittelten Themenfeldern.

E. Pragmatismus und Religion

Die dargestellte systematische Gemeinsamkeit zwischen Religionsphilosophie und Theologie ist aufgrund einer bestimmten kategorial-semiotischen Struktur realistisch denkbar und bestreitet zugleich nicht die Unterscheidung und Vielfalt beider Disziplinen. Dass dies in begründeter Weise dem besseren Verständnis beider dient, soll abschließend noch einmal im Verweis auf die Denktradition unterstützt werden, die dem transzendalphilosophischen Schnitt zwischen Wissen und Glauben, wie er für die deutsche Diskussion seit 200 Jahren vorherrschte, nicht ausgeliefert war: die amerikanische (Religions-)Philosophie.[31] Was sie inhaltlich besonders auszeichnet, sind zwei Dinge: einmal das Festhalten und Weiterentwickeln des Zusammenhanges von Religion und *Kosmologie* – dem 19. Jahrhundert und seiner Standardphilosophie des Kantianismus zum Trotz; und zum andern das Festhalten und Weiterentwickeln eines wissenschaftstheoretischen *Praxiskriteriums* im Zusammenhang von Glauben und Handeln – allen säkularistischen Abwertungen religiöser Traditionen zum Trotz. Was aufgrund der für Europa so einschneidenden subjektphilosophischen Wende für die Religionsauffassung ausgefallen war: *Natur* und die Fundierung von Handlungsperspektiven aufgrund von *religiöser Erfahrung,* das blieb für die amerikanische Religionsphilosophie zugleich mit den Erfolgen der Naturwissenschaften – im Horizont ihrer Theoriebildung. *Kosmologie* ist dann nicht nur als Beschreibung oder Geschichte astronomischen Wissens, auch nicht nur als religionswissenschaftliche Beschreibung oder Geschichte dogmatisch-theologischer Lehrsysteme über *Welt*-Vorstellungen zu verstehen, sondern *Kosmologie* – in jenem fast verloren gegangenen Sinn – ist spekulative Naturphilosophie und gehört in den Kontext metaphysischer Fragen: Was die Natur selbst in ihrer schöpferischen

[31] S.o. Einleitung: *American Philosophy*; vgl. S.E. AHLSTROM (1972); K. OEHLER (2003).

Entwicklung und Regularität bedeutet, so dass in ihr zur Realität kommen kann, was Menschsein (in den Wissenschaften, in Kunst, Religion und Philosophie) offensichtlich ausmacht.

Nicht diese Problemanzeige als solche war der neuzeitlichen Philosophie und Theologie abhanden gekommen; im Gegenteil, sie dürfte indirekt an allen Nahtstellen ihres Krisenbewusstseins nachweisbar sein; wohl aber die Denkmöglichkeit eines prinzipiellen Vorrangs von Natur, Welt und Gott. Denn die dominierenden neuzeitlichen Theorien über die Welt waren naturwissenschaftlich quantifiziert, die Theorien über den Menschen psychologisch qualifiziert; *zwischen* Objekt und Subjekt war (wissenschaftlich gesehen) nichts mehr, von dem beide hätten herkommen können. Was die christliche Theologie als *Schöpfung* Gottes überlieferte, die Qualifizierung von Welt *vor* dem subjekt- oder objektorientierten Zugriff, ließ sich sowohl philosophisch wie theologisch kaum mehr verständlich machen.

Unter diesen beiden Aspekten, der *Kosmologie* und des *Praxiskriteriums*, hat die *American Philosophy* einen historischen wie systematischen Sonderstatus. Beides ist aus der Sichtweise europäischer Philosophie und Theologie zunächst befremdlich, genau in diesen beiden Aspekten aber zeigt sich die wieder zu entdeckende, wissenschaftsstrukturell bedingte Kontaktlinie zwischen Religionsphilosophie und Theologie an der Wende zu einer nachneuzeitlichen Wissenschaftseinstellung.[32]

Wiederum an Kant lässt sich – umgekehrt – der Gewinn des kosmologischen wie des praxisleitenden Zusammenhangs illustrieren. Die *Kritik der Urteilskraft* hatte zuletzt versucht, den doch nicht zu überspringenden, eigentlich für alle Menschen selbstverständlichen und natürlichen Umgang mit der Natur noch ins Spiel zu bringen: Wir unterstellen aus Erfahrung die „Zweckmäßigkeit der Natur“ (in der „teleologischen Urteilskraft“), dies aber geschieht weder aufgrund des vom „Verstand“ kontrollierten wirklichen „Naturbegriffs“ (*theoretischer* Philosophie) noch aufgrund des von der „Vernunft“ bestimmten „Freiheitsbegriffs“ (*praktischer* Philosophie), sondern durch „ein subjektives Prinzip (Maxime) der Urteilskraft“[33]. In diesem dritten Feld rettet sich, was objektiv gesehen keinen Ort mehr hat. Im Spiegel des modernen, von Kant geprägten Protestantismus am Ende des 19. Jahrhunderts, hier mit den Worten W. Herrmanns, liest sich die kosmologiefreie Wissenschaft und Weltanschauung dann so: Wissenschaft erklärt die Welt, aber von „der Welt der Wissenschaft gibt es keinen Übergang in die Welt des Glaubens.“[34] Der Weltbegriff hat sich verdoppelt, und dass von einem zum anderen keine Brücke mehr möglich scheint, wird als Erleichterung empfun-

[32] Vgl. R.C. NEVILLE (1992); Religious Studies (1993).

[33] KANT, *Kritik der Urteilskraft* (1790), A XXXII (Einleitung), in: Werke Bd. 8, 275; s.o. Einleitung: *American Philosophy,* Abschnitt D.

[34] W. HERRMANN, *Kants Bedeutung für das Christentum* (1884), in: Schriften (1966), 115.

den: Glaube und Naturbegriff müssen sich gegenseitig nicht mehr rechtfertigen, sie haben ihre gemeinsame Praxissituation verloren. Der Preis für ihre gegenseitige Unerreichbarkeit ist die jeweilige Isolation. Dass diese für den Glauben seither (in europäischer Perspektive) nachteiligere Folgen hatte als für naturwissenschaftliche Weltanschauungen, erscheint uns längst nicht mehr als das abschließende oder unveränderliche Resultat dieser Epoche neuzeitlicher Wissenschaftlichkeit. In ihr selbst waren trotz allem die Stimmen präsent geblieben, die nicht anders als aus dem Zusammenhang von Natur und Geist leben und denken wollten. Der romantische Ton im folgenden Textauszug aus Emersons Essay *Die Natur* darf nicht darüber täuschen, dass hier ein Sachprogramm gefordert wird, das der in Kants *Urteilskraft* gesuchten Teleologie umfassend, d.h. ohne die Welt des Glaubens abzusondern, gerecht werden könnte:

„In Untersuchungen, welche die Gesetze der Welt und die Verfassung der Dinge betreffen, ist die höchste Einsicht immer die wahrste. Was nur entfernt möglich scheint, ist so verfeinert und oft schwach und undeutlich, weil es im menschlichen Geist am tiefsten verwurzelt ist unter den ewigen Wahrheiten. Die empirische Wissenschaft neigt dazu, den Blick zu trüben und gerade durch die Kenntnis von Funktionen und Prozessen den Forschenden der aufrechten Kontemplation des Ganzen zu entziehen. Der Gelehrte wird undichterisch. Aber der kundigste Naturforscher, welcher der Wahrheit seine ungeteilte und hingebungsvolle Aufmerksamkeit widmet, wird einsehen, daß er noch viel zu lernen hat über seine Beziehung zur Welt und daß dies nicht durch irgendeine Addition oder Subtraktion oder ein anderes Vergleichen von bekannten Größen geschehen kann, sondern nur durch nicht erlernte Geistesblitze, durch beständige Selbstentdeckung und durch vollständige Demut. Er wird sehen, daß es weit bedeutendere Talente für den Forschenden gibt als Genauigkeit und Unfehlbarkeit, daß eine Mutmaßung oft fruchtbarer ist als eine unbestreitbare Behauptung und daß ein Traum uns tiefer in das Geheimnis der Natur einführen kann als hundert koordinierte Experimente."[35]

Hier wird wissenschaftliche Systematik nicht negiert, aber versucht einzuordnen in einen Naturzusammenhang, aus dem sie nur zum Schaden ihrer selbst herausfallen kann. Dass die so in ihrem Vorrang geachtete Natur gerade das nicht von sich ausschließt, was unter Geist, Gott und Freiheit zu verstehen ist, führt nicht zu Einschränkungen der Naturforschung, sondern zu ihrer Optimierung. Denn zur wissenschaftlichen Bearbeitung der Natur gehört die Lebens-, Lern- und damit Praxissituation derer, die diese Bestimmung vornehmen. Die „Geistesblitze" der Forschung sind dann nicht subjektiv-psychologische Rahmenbedingungen, sondern kommen aus dem Verhältnis zur Natur, aus „Selbstentdeckung" und „Demut". Die kosmologische Signatur von Forschung und Lebenspraxis wird damit zum Programm. Dessen wissenschaftli-

[35] R.W. EMERSON (1990), 134; s.o. Einleitung: *American Philosophy*, Abschnitt B.

che Vor- und Nachgeschichte ist natürlich ausgesprochen diffizil, verästelt und keineswegs einheitlich; doch aber niemals ohne diesen (instinktiv-abduktiven) *Geist* der Forschung, der sich Lebenserfahrung, Wissen und Glauben nicht zertrennen lassen will. Aus diesem Geist der Forschung hat Peirce die drei (kategorial unterschiedenen) „Universen der Erfahrung"[36] entworfen, wie sie hier allein in ihrer wissenschaftsklassifikatorischen Anwendung genutzt wurden: als Idee der Architektonik, Stimmigkeit und Entwicklungszusammenhang.[37] Sollte in diesem Theoriekontext, gültig für Theologie wie Religionsphilosophie, Religion definiert werden, so ließe sich sagen: *Religion* ist der Inbegriff aller Phänomene, die sich einstellen aufgrund der für Menschen notwendigen Selbstanwendung der drei *Universen der Erfahrung*.[38] Darin korrespondiert die trinitarische Struktur christlicher Theologie mit der Klassifikation der Wissenschaften und der lebensweltlichen (religiösen) Erfahrung – und genau darin liegt die jeweils eigene wie die gemeinsame Systematik.

---

[36] S.o. Kap. II.6.B.d

[37] S.o. Abschnitt B.

[38] S.o. Kap. II.5.C.a.

Nachweise

Einleitung: Veränderte Fassung eines Vortrags für die Tagung „Gottesglaube – Gotteserfahrung – Gotteserkenntnis“, Erbacher Hof, Akademie des Bistums Mainz (2002), in: *Gottesglaube – Gotteserfahrung – Gotteserkenntnis. Begründungsformen religiöser Erfahrung in der Gegenwart*, hg. v. G. Kruck, Mainz 2003, 43-68.

Kap. I.1: Beitrag zur Einführung in die Philosophie von Ch. S. Peirce für den Band *Philosophen des 19. Jahrhunderts. Eine Einführung*, hg. v. M. Fleischer/ J. Hennigfeld. Darmstadt 1998, 220-240.

Kap. I.2: Beitrag zum *Marburger Jahrbuch Theologie VI: Phänomenologie*, hg. v. W. Härle/ R. Preul. Marburg 1994, 45-67.

Kap, I.3: Beitrag zur FS für Wilfried Härle zum 60. Geburtstag, *Leben und Kirche*, hg. v. U. Andrée/ F. Miege/ Chr. Schwöbel. Marburg 2001, 139-153.

Kap. I.4: Beitrag zur Tagung „Institutionalität und Symbolisierung“ (1998) der TU Dresden, in: *Institutionalität und Symbolisierung. Verstetigung kultureller Ordnungsmuster in Vergangenheit und Gegenwart*, hg. v. G. Melville. Köln/ Weimar/ Wien 2001, 149-164.

Kap. II.5: Beitrag zum *Marburger Jahrbuch Theologie X: Trinität*, hg. v. W. Härle/ R. Preul. Marburg 1998, 95-128.

Kap. II.6: Beitrag zur 7. Werner-Reihlen-Vorlesung „Gott der Philosophen – Gott der Theologen. Zum Gesprächsstand nach der analytischen Wende“ (1998) der Theologischen Fakultät der Humboldt-Universität zu Berlin, in: *Gott der Philosophen – Gott der Theologen. Zum Gesprächsstand nach der analytischen Wende*, hg. v. Chr. Gestrich, Beiheft 1999 zur *Berliner Theologischen Zeitschrift* 16 (1999), 35-58.

Kap. II.7: Beitrag zur FS für Konrad Stock zum 60. Geburtstag, *Glauben – Lieben – Hoffen. Theologische Einsichten und Aufgaben*, hg. v. M. Roth/ K. Horstmann. Münster 2001, 40-50.

Kap. II.8: Antrittsvorlesung an der J.W. Goethe-Universität Frankfurt am Main (1998), in: *Theologische Literaturzeitung* 124 (1999), 355-370.

Kap. III.9: Beitrag zur FS für Gottfried Hornig zum 65. Geburtstag, *Theologie und Aufklärung*, hg. v. W.E. Müller/ H.H.R. Schulz. Würzburg 1992, 228-241 (engl. Fassung, übers. v. D. Beach, in: *Journal of Speculative Philosophy* 9 [1995], 1-13).

Kap. III.10: Beitrag zu dem Band *Religionsphilosophie – Historische Positionen und systematische Reflexionen*, hg. v. M. Jung/ M. Moxter/ Th. M. Schmidt. Würzburg 2000, 151-164.

Kap. III.11: Beitrag zu einer Konferenz des *Kulturwissenschaftlichen Instituts Essen* (1997) und in engl. Übers. v. D. Anderson zur „Third International Conference on Philosophical Theology" des *Highlands Institute for American Religious and Philosophical Thought*, Bad Boll 1998, in: *Religion in a Pluralistic Age*, ed. by D.A. Crosby/ Ch. D. Hardwick. New York 2001, 105-117.

Kap. III.12: Vortrag vor der *Metaphysical Society of America* (New York 1996), engl. Fassung, übers. v. C. u. U. Lincoln, in: *Journal of Speculative Philosophy* 11 [1997], 79-96.

Kap. IV.13: Beitrag zum Seminar des *Highlands Institute for American Religious Thought* (1996), engl. Übers. v. U. Lincoln, in: *American Journal of Theology & Philosophy* 18 (1997), 215-237; und in: *Interpreting Neville*, ed. by J.H. Chapman/ N.K. Frankenberry. Albany 1999, 223-243.

Kap. IV.14: Beitrag zur FS für Eilert Herms zum 60. Geburtstag, *Befreiende Wahrheit,* hg. v. W. Härle/ M. Heesch/ R. Preul. Marburg 2000, 319-335.

Kap. IV.15: Vortrag auf Einladung des Goethe-Museums, Anton-und-Katharina-Kippenberg-Stiftung, Düsseldorf (1996), in: *Gießener Universitäts-blätter* 29 (1996), 49-59.

Kap. IV.16: Beitrag zum Themenheft „Systematische Theologie" der *Berliner Theologischen Zeitschrift* 17, H. 1 (2000), 65-84.

Abkürzungen

Die verwendeten Abkürzungen richten sich in der Regel nach S.M. Schwertner: Abkürzungsverzeichnis (Theologische Realenzyklopädie), Berlin/ New York ^{2}1994, und bei Klassiker-Ausgaben nach den üblichen Standards. Für die Nachweise der Textausgaben von C.S. Peirce werden die folgenden Abkürzungen benutzt (s. Literaturverzeichnis):

CP	Collected Papers
EP	The Essential Peirce
LU	Das Denken und die Logik des Universums
NZ	Naturordnung und Zeichenprozess
RS	Religionsphilosophische Schriften
SP	Schriften zum Pragmatismus und Pragmatizismus
SS	Semiotische Schriften
ÜK	Über die Klarheit unserer Gedanken
VP	Vorlesungen über Pragmatismus
W	Writings of C.S. Peirce

Literaturverzeichnis

ADORNO, THEODOR W.: Kierkegaard. Konstruktion des Ästhetischen. Mit zwei Beilagen. Frankfurt a.M. 1966.

AHLSTROM, SYDNEY E.: A Religious History of the American People. New Haven/ London 1972.

ALTHAUS, PAUL: Die christliche Wahrheit. Lehrbuch der Dogmatik. Gütersloh ^{7}1966.

ANDERSON, DOUGLAS R.: Creativity and the Philosophy of C. S. Peirce. Dordrecht 1987.

ANDERSON, DOUGLAS R.: Strands of System. The Philosophy of Charles Peirce. West Lafayette, Indiana 1995.

ARISTOTELES: Nikomachische Ethik, hg. v. F. DIRLMEIER. Darmstadt 1979 (Werke in dt. Übers. Bd. 6).

ARISTOTELES: Kategorien, hg. v. K. OEHLER. Berlin 1984 (Werke in dt. Übers. Bd. 1/I).

ARISTOTELIS Ethica Nicomachea, ed. by I. BYWATER. Oxford 1979.

ARISTOTELIS Categoriae et liber De Interpretatione, ed. by L. MINIO-PALUELLO. Oxford 1980.

AURELIUS AUGUSTINUS: De Civitate Dei Libri I-X; Libri XI-XXII, hg. v. B. DOMBART/ A. KALB. Turnhout 1955.

AURELIUS AUGUSTINUS: De Trinitate Libri XV, hg. v. W.J. MOUNTAIN. Turnhout 1968 (CCSL, L/LA: Aurelii Augustini Opera, pars XVI, 1/2).

AURELIUS AUGUSTINUS: De trinitate (Bücher VIII-XI, XIV-XV, Anhang: Buch V), hg. v. J. KREUZER, lat.-dt. Hamburg 2001.

AURELIUS AUGUSTINUS: Vom Gottesstaat, übers. v. W. Thimme, eingel. u. hg v. C. ANDRESEN, 1. Bd.: Buch 1-10, 2. Bd.: Buch 11-22. München ^{3}1991.

AURELIUS AUGUSTINUS: Des heiligen Kirchenvaters Aurelius Augustinus Fünfzehn Bücher über die Dreieinigkeit, hg. v. M. SCHMAUS, Bd. 1. München 1935; Bd. 2. München 1936 (BKV: Augustinus, Ausgew. Schriften XI u. XII).

AURELIUS AUGUSTINUS: Corpus Augustinianum Gissense a Cornelio Mayer editum. Basel 1994.

AXT-PISCALAR, CHRISTINE: Trinitarische Entzauberung des patriarchalen Vatergottes. Eine Verständigung über die Bedeutung der Trinitätslehre als Beitrag zum Gespräch mit der feministischen Theologie, in: ZThK 91 (1994), 476-486.

BALDWIN, JAMES M.: Dictionary of Philosophy and Psychology, vol. 1/2. New York 1901.

BALTZER, ULRICH: Erkenntnis als Relationengeflecht: Kategorien bei Charles S. Peirce. Paderborn 1994.

BARTH, KARL: Die kirchliche Dogmatik. Die Lehre vom Wort Gottes. Prolegomena zur kirchlichen Dogmatik, Bd. I/1 (1932). Zürich 1964.

BARTH, KARL: Die kirchliche Dogmatik. Die Lehre vom Wort Gottes. Prolegomena zur kirchlichen Dogmatik, Bd. I/2 (1938). Zürich 1960.

BARTH, KARL: Die kirchliche Dogmatik. Die Lehre von der Schöpfung, Bd. III/1 (1945). Zürich 1970.

BAUMGARTNER, HANS-MICHAEL/ KOLMER, PETRA: Prädikabilien/ Prädikabilienlehre, in: HWP 7 (1989), 1178-1186.

BAUMGARTNER, WILHELM: Phänomenologie I, in: HWP 7 (1989), 486-490.

BAUR, JÖRG: Martin Luther im Urteil Goethes, in: Goethe-Jahrbuch 113 (1996), 11-22.

BEHNKE, KERSTIN: Repräsentation V, in: HWP 8 (1992), 846-853.

BAYER, OSWALD/ PETERS, ALBRECHT: Theologie, in: HWP 10 (1998), 1080-1095.

BEHRENS, GEORG: Peirce's „Third Argument" for the Reality of God and Its Relation to Scientific Inquiry, in: JR 75 (1995), 200-218.

BERGER, PETER L.: An die Stelle von Gewißheiten sind Meinungen getreten, in: Frankfurter Allgemeine Zeitung, Nr. 105 (7.5.1998), 14.

BERNHARDT, REINHOLD: Was heißt „Handeln Gottes"? Eine Rekonstruktion der Lehre von der Versöhnung. Gütersloh 1999.

BIRD, GRAHAM: William James. London/ New York 1986.

BLOCH, ERNST: Das Prinzip Hoffnung. Frankfurt a.M. 1967.

BLUMENBERG, HANS: Arbeit am Mythos. Frankfurt a.M. 1996.

BORSCHE, TILMAN: Zeichentheorie im Übergang von den Stoikern zu Augustin, in: AZP 19.2 (1994), 41-52.

BRECHT, MARTIN: Martin Luther. Sein Weg zur Reformation 1483-1521. Stuttgart 1981.

BURCH, ROBERT W.: Die logischen Operationen in Peirce' „Beschreibung einer Notation für die Logik der Relative", in: H. PAPE (Hg.), Kreativität und Logik (1994), 77-113.

CALVIN, JOHANNES: Unterricht in der christlichen Religion. Institutio Christianae Religionis, hg. v. O. WEBER. Neukirchen-Vluyn ^{3}1984.

CAPPELØRN, NIELS JØRGEN: Kierkegaards eigener „Gesichtspunkt": „Vorwärts zu leben, aber rückwärts zu verstehen", in: NZSTh 17 (1975), 61-75.

CAPPELØRN, NIELS JØRGEN/ DEUSER, HERMANN (Hg.): Kierkegaard Studies Yearbook 2000. Berlin/ New York.

CHAPMAN, J. HARLEY: Robert Cummings Neville, in: A New Handbook of Christian Theologians, ed. by D.W. MUSSER/ J.L. PRICE. Nashville 1996, 308-314.

CHAPMAN, J. HARLEY/ FRANKENBERRY, NANCY K. (Ed.): Interpreting Neville. Albany 1999.

CLAYTON, JOHN: Gottesbeweise II. Mittelalter, III. Systematisch/ Religionsphilosophisch, in: TRE 13 (1984), 724-784.

COHEN, HERMANN: Die Religion der Vernunft aus den Quellen des Judentums. Köln ^{2}1959.

COLAPIETRO, VINCENT M.: Peirce's Approach to the Self. A Semiotic Perspective on Human Subjectivity. Albany 1989.

COLAPIETRO, VINCENT M.: The *Ground* of Semiosis: An Implied Theory of Perspectival Realism, in: V.M. COLAPIETRO/ T.M. OLSHEWSKY (Ed.), Peirce's Doctrine of Signs. Theory, Applications, and Connections. Berlin/ New York 1996, 129-140.

CORRINGTON, ROBERT S.: An Introduction to C.S. Peirce. Philosopher, Semiotician, and Ecstatic Naturalist. Lanham 1993.

COUSINS, EWERT H.: A Theology of Interpersonal Relations, in: Thought 45 (1970), 56-82.

DALFERTH, INGOLF U.: Prozeßtheologie, in: HWP 7 (1989), 1562-1565.

DALFERTH, INGOLF U.: Kombinatorische Theologie. Probleme theologischer Rationalität. Freiburg i.Br. 1991.

DALFERTH, INGOLF U.: Gott. Philosophisch-theologische Denkversuche. Tübingen 1992.

DALFERTH, INGOLF U.: Der auferweckte Gekreuzigte. Zur Grammatik der Christologie. Tübingen 1994.

DALFERTH, INGOLF U.: Gedeutete Gegenwart. Zur Wahrnehmung Gottes in den Erfahrungen der Zeit. Tübingen 1997.

DALFERTH, INGOLF U.: Die Wirklichkeit des Möglichen. Hermeneutische Religionsphilosophie. Tübingen 2003.

DEELY, JOHN: The Human Use of Signs, or: Elements of Anthroposemiosis. Boston 1994.

DEMARCO, JOSEPH P.: Peirce's Concept of Community: Its Development & Change in: TPS 7 (1971), 24-36.

DENZINGER, HEINRICH/ HÜNERMANN, PETER [*DH*]: Kompendium der Glaubensbekenntnisse und kirchlichen Lehrentscheidungen. Freiburg i.Br.^{31}1991.

DER FRANCKFORTER (Theologia Deutsch), hg. v. W. v. HINTEN. München 1982.

DER FRANKFURTER. Eine Deutsche Theologie, hg. v. J. BERNHART. Leipzig 1920.

DEUSER, HERMANN: Phaneroskopie, Phaneron, in: HWP 7 (1989), 460f.

DEUSER, HERMANN: Gott: Geist und Natur. Theologische Konsequenzen aus Charles S. Peirce' Religionsphilosophie. Berlin/ New York 1993.

DEUSER, HERMANN, Peirce, Charles Sanders, II, in: TRE 26 (1996), 170-176.

DEUSER, HERMANN: Synechismus, in: HWP 10 (1998), 779-781.

DEUSER, HERMANN: Zeichenkonzeptionen in der Religion vom 19. Jahrhundert bis zur Gegenwart, in: Semiotik. Ein Handbuch zu den zeichentheoretischen Grundlagen von Natur und Kultur (HSK 13.2), hg. v. R. POSNER u.a., Teilbd. 2. Berlin/ New York 1998, Art. 87.

DEUSER, HERMANN: Kleine Einführung in die Systematische Theologie. Suttgart 1999.

DEUSER, HERMANN: Neville's Theology of Creation, Covenant, and Trinity, in: Interpreting Neville, ed. by J.H. CHAPMAN/ N.K. FRANKENBERRY. Albany 1999, 223-243.

DEUSER, HERMANN: Pragmatismus und Religion, in: William James, Pragmatismus, hg. v. K. OEHLER. Berlin 2000 (Klassiker Auslegen, Bd. 21), 185-212.

DEUSER, HERMANN: Die Inkommensurabilität des Kontingenten. Zwei Reden Kierkegaards: Über Besorgnis und Ewigkeit, in: Kierkegaard Studies Yearbook 2000, 163-190.

DEUSER, HERMANN, Semiotik I, in: TRE 31 (2000), 108-116.

DEUSER, HERMANN: Instinkt und Symbol. Semiotische Phänomenologie der Religiosität, in: Religion als Phänomen. Sozialwissenschaftliche, theologische und philosophische Erkundungen der Lebenswelt, hg. v. W.-E. FAILING/ H.-G. HEIMBROCK/ T. A. LOTZ. Berlin/ New York 2001, 99-120.

DEUSER, HERMANN: Die Zehn Gebote. Kleine Einführung in die theologische Ethik. Stuttgart 2002.

DEWEY, JOHN: A Common Faith, in: The Later Works, vol. 9: 1933-1934, ed. by J.A. BOYDSTON. Carbondale/ Edwardsville 1989, 1-58

DITTMER, JOHANNES: Quantenmechanik als erkenntnistheoretisches Problem, in: W. HÄRLE (Hg.), Im Kontinuum. Annäherungen an eine relationale Erkenntnistheorie und Ontologie. Marburg 1999, 271-296.

DITTMER, JOHANNES M.: Schleiermachers Wissenschaftslehre als Entwurf einer prozessualen Metaphysik in semiotischer Perspektive. Triadizität im Werden. Berlin/ New York 2001.

DREES, WILLEM B.: Quantum Cosmologies and the „Beginning“, in: Zygon. Journal of Religion & Science 26 (1991), 373-396.

DREHSEN, VOLKER: Wie religionsfähig ist die Volkskirche? Sozialisationstheoretische Erkundungen neuzeitlicher Christentumspraxis. Gütersloh 1994.

DREIER, RALF: Das kirchliche Amt. Eine kirchenrechtstheoretische Studie. München 1972.

DUCHROW, ULRICH: Sprachverständnis und biblisches Hören bei Augustin. Tübingen 1965.

DUCHROW, ULRICH: Christenheit und Weltverantwortung. Traditionsgeschichte und systematische Struktur der Zweireichelehre. Stuttgart ²1983.

DURKHEIM, EMILE: The Elementary Forms of the Religious Life, in: WAARDENBURG, J. (Ed.), Classical Approaches to the Study of Religion. Aims, Methods and Theories of Research. New York/ Berlin 1999, 301-324.

EBELING, GERHARD: Dogmatik des christlichen Glaubens, Bd. 3. Tübingen 1979.

EBERTZ, MICHAEL N.: Charisma I., in: RGG^4 2 (1999), 112f..

EDWARDS, DENIS.: An Ecological Theology of the Trinity, in: The Center for Theology and the Natural Sciences (CTNS Bulletin) 13, no. 3 (1993), 10-16.

EDWARDS, JONATHAN: A Jonathan Edwards Reader, ed. by J.E. SMITH/ H.S. STOUT/ K.P. MINKEMA. New Haven/ London 1995.

ELZE, MARTIN: Inkarnation I, in: HWP 4 (1976), 368f.

EMERSON, RALPH W.: Die Natur. Ausgewählte Essays, hg. v. M. PÜTZ. Stuttgart 1990.

EMERSON, RALPH W.: The Complete Essays and other Writings, ed. by B. ATKINSON. New York 1950.

FAHLBUSCH, ERWIN: Repräsentation, in: EKL 3 (1992), 1631-1633.

FITZGERALD, JOHN J.: Peirce's Theory of Signs as Foundation for Pragmatism. The Hague/ Paris 1966.

FLASCH, KURT: Augustin. Einführung in sein Denken. Stuttgart 1980.

FLASCH, KURT: Das philosophische Denken im Mittelalter. Von Augustin zu Machiavelli. Stuttgart 1988.

FLASCH, KURT: Geschichte der Philosophie in Text und Darstellung, Bd. 2: Mittelalter. Stuttgart 1999.

GAWLICK, GÜNTER: Deismus, in: HWP 2 (1972), 44-47.

GERHARDT, VOLKER: Immanuel Kant. Vernunft und Leben. Stuttgart 2002.

GERHARDT, VOLKER: Selbstbestimmung. Das Prinzip der Individualität. Stuttgart 1999.

GESTRICH, CHRISTOF: Christentum und Stellvertretung. Religionsphilosophische Untersuchungen zum Heilsverständnis und zur Grundlegung der Theologie. Tübingen 2001.

GIBBS, NANCY u.a.: The Message of Miracles, in: Time. The Weekly Newsmagazine, vol. 145, no. 14 (10. April 1995), 46-53.

GOETERS, J.F. GERHARD: Föderaltheologie, in: TRE 11 (1983), 246-252.

GOETHE, JOHANN WOLFGANG: Aus meinem Leben. Wahrheit und Dichtung, in: Goethes Sämmtliche Werke. Vollständige Ausgabe in fünfzehn Bänden, Einl. v. K. Goedeke. 9. Bd. Stuttgart 1881.

GOETHE, JOHANN WOLFGANG: Dichtung und Wahrheit I-III, hg. v. J. GÖRES. Frankfurt a.M. (1975) 1998.

GOETHE, JOHANN WOLFGANG: Italienische Reise. Mit Zeichnungen des Autors, hg. v. C. MICHEL. Frankfurt a.M. 1976.

GOETHE, JOHANN WOLFGANG VON: Werke, Kommentare und Register. Hamburger Ausgabe in 14 Bd., hg. v. E. TRUNZ. München 1973/74 - 1981.

GOODWIN, BRIAN C.: Woher kommt die Liebe?, in: FAZ Nr. 7, 9.1.2001, S. 7 („Welche Fragen sind verschwunden? Neun Tage 2001: Von den Dinosauriern in der Evolution des Wissens – Eine Ratsuche unter Wissenschaftlern und Publizisten").

GRAF, FRIEDRICH W.: Jesu Tod ist die Weltenwende, in: Frankfurter Allgemeine Zeitung, 9.4.1998, S. 3.

GRÜNEWALD, MARC: Realismus, II.4., in: HWP 8 (1992), 161f.

GRÜNEWALD, MARC: Charles S. Peirce's semiotischer Realismus, in: MJTh VI (1994), 101-141.

HAAS, ALOIS M: Meister Eckharts mystische Bildlehre, in: A. ZIMMERMANN (Hg.): Der Begriff der Repraesentatio im Mittelalter. Stellvertretung, Symbol, Zeichen, Bild. Berlin/ New York 1971, 113-138.

HABERMAS, JÜRGEN: Theorie des kommunikativen Handelns, Bd. 2: Zur Kritik der funktionalistischen Vernunft. Frankfurt a.M. [4]1987.

HALLER, BENEDIKT: Repräsentation II, in: HWP (1992) 8, 812-826.

HAMLIN, CYRUS: Goethe, in: RGG[4] 3 (2000), 1063-1070.

HAMM, HEINZ: Der Theoretiker Goethe. Grundpositionen seiner Weltanschauung, Philosophie und Kunsttheorie. Kronberg i.Ts. 1976.

HARDWICK, CHARLEY D.: Review Essay, in: Process Studies 14 (1993), 317-326.

HARDWICK, CHARLEY D.: Events of Grace. Naturalism, existentialism, and theology. Cambridge 1996.

HÄRLE, WILFRIED: Dogmatik. Berlin/ New York 1995.

HÄRLE, WILFRIED: Self-Fulfilling Prophecy. Beobachtungen und Überlegungen zum produktiven Erkenntnisaspekt, in: DERS. (Hg.), Im Kontinuum. Annäherungen an eine relationale Erkenntnistheorie und Ontologie. Marburg 1999, 1-16.

HARTSHORNE, CHARLES: The Logic of Perfection. Lasalle 1973.

HAUSMAN, CARL R.: A Discourse on Novelty and Creation. The Hague 1975.

HAUSMAN, CARL R.: In and Out of Peirce's Percepts, in: Transactions of the Charles S. Peirce Society 26 (1990), 271-308.

HAUSMAN, CARL R.: Charles S. Peirce's Evolutionary Philosophy. Cambridge 1993.

HAUSMAN, CARL R.: Eros und Agape in kreativer Evolution: Eine Peircesche Entdeckung, in: H. PAPE (Hg.), Kreativität und Logik, Frankfurt a.M. 1994. 264-287.

HAWKING, STEPHEN: Eine kurze Geschichte der Zeit (1988). Reinbek bei Hamburg [20]2001.

HEGEL, G.W. FRIEDRICH: Enzyklopädie der philosophischen Wissenschaften 1830, hg. v. F. NICOLIN/ O. PÖGGELER. Hamburg 1969.

HELD, KLAUS: Treffpunkt Platon. Stuttgart 1990.

HELM, PAUL: The Providence of God. Downers Grove 1993.

HERMS, EILERT: Metaphysik und Christentumstheorie. Beobachtungen und Erwägungen zu Josiah Royces „religiöser Philosophie" und Fundamentaltheologie, in: ZThK 71 (1974), 410-437.

HERMS, EILERT: Radical Empircism. Studien zur Psychologie, Metaphysik und Religionstheorie William James'. Gütersloh 1977.

HERMS, EILERT: Die Rechtfertigungslehre als Ontologie, in: W. HÄRLE/ E. HERMS (Hg.), Rechtfertigung. Das Wirklichkeitsverständnis des christlichen Glaubens. Göttingen 1979, 41-78.

HERMS, EILERT: Das Problem von „Sinn als Grundbegriff der Soziologie" bei Niklas Luhmann, in: E. HERMS: Theorie für die Praxis – Beiträge zur Theologie. München 1982, 189-213.

HERMS, EILERT: Das Kirchenrecht als Thema der theologischen Ethik, in: ZevKR 28 (1983), 199-277.

HERMS, EILERT: Gesellschaft gestalten. Beiträge zur evangelischen Sozialethik. Tübingen 1991.

HERMS, EILERT: William James: Freiheitserfahrung und wissenschaftliche Weltanschauung, in: J. SPECK (Hg.), Grundprobleme der großen Philosophen. Philosophie der Neuzeit V. Göttingen 1991, 68-114.

HERMS, EILERT: Die Bedeutung der Kirchen für die Ausbildung sozialer Identität in multikulturellen Gesellschaften. Eine systematisch-theologische Betrachtung, in: Kirchliche Zeitgeschichte 8 (1995), 61-89.

HERMS, EILERT: Theologie und Religionswissenschaft, in: Variations herméneutiques (Institut Romand d'Herméneutique et de Systématique), N°9. Neuchâtel/ Zürich 1998, 65-87.

HERON, ALASDAIR I.C.: Bund 3. Dogmatisch, in: EKL[3] 1 (1986), 570-572.

HERRMANN, WILHELM: Kants Bedeutung für das Christentum (1884), in: Schriften zur Grundlegung der Theologie, Teil 1, hg. v. P. FISCHER-APPELT. München 1966, 104-122.

HERRON, TIMOTHY: C.S. Peirce's Theories of Infinitesimals, in: Transactions of the Charles S. Peirce Society 33 (1997), 590-645.

HICK, JOHN H.: An Interpretation of Religion. London 1989.

HOFMANN, G. (Hg.): Johannes Tauler. Predigten. Freiburg i.Br. 1961.

HONDERICH, TED (Ed.): The Oxford Companion to Philosophy. Oxford/ New York 1995.

HONDRICH, KARL OTTO: Das Zwischenmenschliche zieht uns hinab, in: FAZ Nr. 95, 22.4.2000, (Bilder und Zeiten) S. If.

HOOKWAY, CHRISTOPHER.: On reading God's great poem, in: Semiotica 87 (1991), 147-166.

HOOKWAY, CHRISTOPHER: Peirce. London/ New York 1992.

HÖSLE, VITTORIO: Religion, Theology, Philosophy, in: Philotheos. International Journal for Philosophy and Theology 3 (2003), 3-13.

HUBBELING, HUBERTUS G.: Einführung in die Religionsphilosophie. Göttingen 1981.

HÜBNER, INGOLF: Schleiermachers epistemologischer Ansatz und die Erkenntnistheorie des Amerikanischen Pragmatismus, in: BTZ 12 (1995), 58-73.

HUME, DAVID: Die Naturgeschichte der Religion (1757) [u.a. Essays], hg. v. L. KREIMENDAHL. Hamburg 1984.

HUME, DAVID: The Philosophical Works, ed. by T. H. GREEN/ T. H. GROSE, vol. 2 (London 1886). Aalen 1964.

HUME, DAVID: Dialoge über natürliche Religion, neu bearbeitet u. hg. v. G. GAWLICK. Hamburg 1980.

HUME, DAVID: Dialoge über natürliche Religion, übers. u. hg. v. N. HOERSTER. Stuttgart 1981.

HUME, DAVID: Dialogues Concerning Natural Religion and the Posthumous Essays, ed. by R. H. POPKIN. Indianapolis/ Cambridge 1988.

HUSSERL, EDMUND: Die phänomenologische Methode. Ausgewählte Texte I/ Phänomenologie und Lebenswelt. Ausgewählte Texte II, hg. v. K. HELD. Stuttgart 1985/ 1986.

HUSSLIK, HEINZ: Prozeßphilosophie, in: EKL^3 3 (1992), 1360-1363.

IMBACH, RUEDI: Wilhelm von Ockham, in: Klassiker der Philosophie, Bd. 1, hg. v. O. HÖFFE. München ²1985, 220-244.

INCIARTE, FERNANDO: Natura ad unum – ratio ad opposita. Zur Transformation des Aristotelismus bei Duns Scotus, in: Philosophie im Mittelalter. Entwicklungslinien und Paradigmen, hg. v. J.P. BECKMANN u.a. Hamburg 1996, 259-273.

JACOBI, FRIEDRICH HEINRICH: Schriften zum Streit um die göttlichen Dinge und ihre Offenbarung, in: Werke, Bd. 3, hg. v. W. JAESCHKE. Hamburg 2000.

JAESCHKE, WALTER.: Religionsphilosophie, in: HWP 8 (1992), 748-763.

JAMES, WILLIAM: The Will to Believe and other Essays in popular philosophy (1897). New York 1956.

JAMES, WILLIAM: Der Wille zum Glauben, in: E. MARTENS (Hg.), Texte der Philosophie des Pragmatismus. Stuttgart 1975, 128-160.

JAMES, WILLIAM: Die Vielfalt religiöser Erfahrung. Eine Studie über die menschliche Natur, hg. v. E. HERMS. (Zürich 1982) Wiederabdruck, übers. v. E. HERMS/ C. STAHLHUT, Frankfurt a.M./ Leipzig 1997.

JAMES, WILLIAM: The Varieties of Religious Experience. A Study in Human Nature (The Gifford Lectures delivered at Edinburgh 1901/02). Glasgow 1985.

JAMES, WILLIAM: Pragmatism, New York 1995.

JAMES, WILLIAM: Pragmatismus. Ein neuer Name für einige alte Denkweisen, übers. v. K. Schubert/ A. Spree. Darmstadt 2001.

JENSON, ROBERT W.: America's Theologian. A Recommendation of Jonathan Edwards. New York/ Oxford 1992.

JOAS, HANS: Die Soziologie und das Heilige. Schlüsseltexte der Religionssoziologie, in: Merkur 53 (1999), H. 9/10, 990-998.

JOHANSEN, J. DINES: Dialogic Semiosis. An Essay on Signs and Meaning. Bloomington/ Indianapolis 1993.

JUNG, CARL G.: Versuch einer psychologischen Deutung des Trinitätsdogmas, in: Gesammelte Werke, Bd. 11: Zur Psychologie westlicher und östlicher Religion. Olten/ Freiburg i.Br. ⁵1988.

JUNG, MATTHIAS: „Qualitative thought" – Deweys holistischer Erfahrungsbegriff als Basis einer pragmatischen Religionsphilosophie, in: Gottesglaube – Gotteserfahrung – Gotteserkenntnis. Begründungsformen religiöser Erfahrung in der Gegenwart, hg. v. G. KRUCK. Mainz 2003, 69-84.

JÜNGEL, EBERHARD: Gottes Sein ist im Werden. Tübingen ²1967.

JÜNGEL, EBERHARD: Gott als Geheimnis der Welt. Tübingen ²1977.

KANITSCHEIDER, BERNULF: Kosmologie. Geschichte und Systematik in philosophischer Perspektive. Stuttgart 1984.

KANITSCHEIDER, BERNULF: Von der mechanistischen Welt zum kreativen Universum. Zu einem neuen philosophischen Verständnis der Natur. Darmstadt 1993.

KANT, IMMANUEL: Werke in zehn Bänden, hg. v. W. WEISCHEDEL. Darmstadt 1968-1971.

KANT, IMMANUEL: Kritik der reinen Vernunft, hg. v. G. MOHR/ M. WILLASCHEK. Berlin 1998 (Klassiker Auslegen Bd. 17 u. 18).

KELLETER, FRANK: „Amerikanische Aufklärung". Sprachen der Rationalität im Zeitalter der Revolution. Paderborn 2002.

KESSLER, HANS: Partikularität und Universalität Jesu Christi. Zur Hermeneutik und Kriteriologie kontextueller Christologie, in: R. SCHWAGER(Hg.), Relativierung der Wahrheit? Kontextuelle Christologie auf dem Prüfstand. Freiburg i.Br. 1998, 106-155.

KIERKEGAARD, SØREN: Der Begriff Angst (1844), übers. v. G. PERLET. Stuttgart 1992.

KIERKEGAARD, SÖREN: Einübung im Christentum (1850), in: Ges. Werke 26. Abtlg., hg. v. E. HIRSCH. Düsseldorf/ Köln 1962.

KIERKEGAARD, SÖREN: Abschließende unwissenschaftliche Nachschrift zu den Philosophischen Brocken (1846), 2. Teil, übers. v. H.M. JUNG-HANS. Düsseldorf/ Köln 1958.

KIERKEGAARD, SÖREN: Journale und Aufzeichnungen Bd. 1, hg. v. H. DEUSER/ R. PURKARTHOFER. Berlin/ New York 2004 (DSKE 1).

KIPPENBERG, HANS G.: Religionssoziologie, in: TRE 29 (1998), 20-33.

KNOBLAUCH, HUBERT: Religionssoziologie. Berlin/ New York 1999.

KNUUTTILA, SIMO: Nominalismus, in: EKL 3 (1992), 766-769.

KOBUSCH, THEO: Metaphysik V, in: HWP 5 (1980), 1226-1238.

KOBUSCH, THEO: Nominalismus, in: TRE 24 (1994), 589-604.

KODALLE, KLAUS-M.: Die Eroberung des Nutzlosen. Kritik des Wunschdenkens und der Zweckrationalität im Anschluß an Kierkegaard. Paderborn 1988.

KRAUSE, PETER: Gesellschaft, in: Handbuch philosophischer Grundbegriffe, hg. v. H. KRINGS u.a., Bd. 1. München 1973, 557-567.

KRAUTHAMMER, CHARLES: Will it be coffee, tea or He?, in: Time Magazine (15.6.1998), 108.

KRECH, VOLKHARD: Götterdämmerung. Auf der Suche nach Religion. Bielefeld 2003.

KREUZER, JOHANN: Et Ecce Est Ante Nos. Zur Kritik der Sprache bei Augustinus, in: T. BORSCHE u.a. (Hg.), Zeit und Zeichen. München 1993, 31-46.

KREUZER, JOHANN: Augustinus. Frankfurt a.M./ New York 1995.

KREUZER, JOHANN: Pulchritudo. Vom Erkennen Gottes bei Augustin. Bemerkungen zu den Büchern IX, X und XI der *Confessiones*. München 1995.

KREUZER, JOHANN: Gottesgeburt und Rückkehr zur eigenen Endlichkeit.Überlegungen zu Meister Eckhart, in: K. JACOBI (Hg.), Meister Eckhart: Lebensstationen. Redesituationen. Berlin 1997, 261-278.

KREUZER, JOHANN: Die Sprachlichkeit der Erinnerung – Überlegungen zum „inneren Wort" bei Augustin, in: Ars semeiotica 20 (1997), 217-230.

KREUZER, THOMAS: Kontexte des Selbst. Eine theologische Rekonstruktion der hermeneutischen Anthropologie Charles Taylors. Gütersloh 1999.

KULENKAMPFF, JENS: David Hume. München 1989.

LAEYENDECKER, LEO: Religionssoziologie, in: EKL^3 3 (1992), 1592-1599.

LANDGREBE, LUDWIG: Phänomenologie II, in: HWP 7 (1989), 490-498.

LARGIER, NIKLAUS (Hg.): Meister Eckhart. Werke I. Frankfurt a.M. 1993.

LATZEL, THORSTEN: „Kontinuität" bzw. „Kontinuum" als Eröffnung von Möglichkeit: Versuch einer Annäherung an einen Kernbegriff relationaler Erkenntnistheorie und Ontologie mit Hilfe von C.S. Peirce, in: W. HÄRLE (Hg.), Im Kontinuum. Annäherungen an eine relationale Erkenntnistheorie und Ontologie. Marburg 1999, 241-257.

LEE, NAM-IN: Edmund Husserls Phänomenologie der Instinkte. Dordrecht 1993.

LEIBNIZ, GOTTFRIED WILHELM: Neue Abhandlungen über den menschlichen Verstand, Buch I-II (Phil. Schriften Bd. III/1, franz.-dt., hg. v. W.V. ENGELHARDT/ H.H. HOLZ). Darmstadt 1985.

LEINSLE, ULRICH G.: Einführung in die scholastische Theologie. Paderborn 1995.

LEPPIN, VOLKER: Geglaubte Wahrheit. Das Theologieverständnis Wilhelms von Ockham. Göttingen 1995.

LOCKE, JOHN: Versuch über den menschlichen Verstand, übers. v. C. WINCKLER, Bd. 1 u. 2. Hamburg ^{4}1981.

LOEWEN, HARRY: Goethe's Response to Protestantism. Bern/ Frankfurt a.M. 1972.

LOEWENICH, WALTHER VON: Bilder VI, in: TRE 6 (1980), 546-557.

LUHMANN, NIKLAS: Soziale Systeme. Grundriß einer allgemeinen Theorie. Frankfurt a.M. 1987.

LUHMANN, NIKLAS: Die Religion der Gesellschaft, hg. v. A. KIESERLING. Frankfurt a.M. 2000.

LUTHER, MARTIN: Evangelienpredigten der Kirchenpostille, in: Ausgewählte Werke, hg. v. H.H. BORCHERDT/ G. MERZ, Erg.reihe Bd. 4. München [3]1960.

LUTHER, MARTIN: Der kleine Katechismus/ Der große Katechismus, in: Ausgewählte Werke, hg. v. H.H. BORCHERDT/ G. MERZ. Bd. 3. München [3]1962.

LUTHER, MARTIN: Von den guten Werken (1520), in: Ausgewählte Werke, hg. v. H.H. BORCHERDT/ G. MERZ, Bd. 2, München [3]1962.

LUTHER, MARTIN: Daß der freie Wille nichts sei, in: Ausgewählte Werke, hg. v. H.H. BORCHERDT/ G. MERZ, Erg.reihe Bd. 1. München 1975.

LUTHER, MARTIN: Kritische Gesamtausgabe (Weimarer Ausgabe) [*WA*], Bd. 1ff. Weimar/ Köln 1883ff.

LUTHER, MARTIN: Studienausgabe [StA], hg. v. H.-U. DELIUS, Bd. 3. Berlin 1983.

MANETTI, GIOVANNI: Theories of the Sign in Classical Antiquity. Bloomington/ Indianapolis 1993.

MACKIE, JOHN L.: Das Wunder des Theismus. Argumente für und gegen die Existenz Gottes. Stuttgart 1985.

MACQUARRIE, JOHN: Jesus Christus VII, in: TRE 17 (1988), 42-64.

MAHLMANN, THEODOR: Was ist Religionsphilosophie? Versuch einer Ortsbestimmung, in: Denkender Glaube. FS C.H. Ratschow. Berlin/ New York 1976, 309-330.

MANETTI, GIOVANNI: Sign conceptions in grammar, rhetoric, and poetics in Ancient Greece and Rome, in: Semiotik. Ein Handbuch zu den zeichentheoretischen Grundlagen von Natur und Kultur (HSK 13.1), hg. v. R. POSNER u.a., Teilbd. 1. Berlin/ New York 1997, Art. 42.

MARQUARD, ODO: Apologie des Zufälligen. Philosophische Studien. Stuttgart 1996.

MARTENS, EKKEHARD (Hg.): Texte der Philosophie des Pragmatismus. Stuttgart 1975.

MARTIN, EDWIN H.: Peirce's Attempt at a Verifiable Definition of „God", in: AJTP 16 (1995), 149-171.

MAURER, ERNSTPETER: Tendenzen neuerer Trinitätslehre, in: VuF 39 (1994), H. 2, 3-24.

MAYER, CORNELIUS P.: Die Zeichen in der geistigen Entwicklung und in der Theologie Augustins, II. Teil: Die antimanichäische Epoche. Würzburg 1974.

MAYER, CORNELIUS P.: Kenntnis und Bewertung der Zeichen als Voraussetzung der Bibelhermeneutik nach Augustinus, in: C. MAYER/ K. MÜLLER/ G. SCHMALENBERG (Hg.), Nach den Anfängen fragen. FS G. Dautzenberg. Gießen 1994, 719-738.

MEIER-OESER, STEPHAN: Repräsentation I, 3, in: HWP 8 (1992), 797-800.

MEIER-OESER, STEPHAN: Zeichenkonzeptionen in der Philosophie des lateinischen Mittelalters, in: Semiotik. Ein Handbuch zu den zeichentheoretischen Grundlagen von Natur und Kultur (HSK 13.1), hg. v. R. POSNER u.a., Teilbd. 1. Berlin/ New York 1997, Art. 49.

MEINHOLD, PETER: Goethe zur Geschichte des Christentums. München 1958.

MEISTER ECKHART: Werke I (Texte und Übers. v. J. Quint), hg. v. N. LARGIER. Frankfurt a.M. 1993.

MENAND, LOUIS: The Metaphysical Club. A Story of Ideas in America. New York 2001.

MENNE, ALBERT: Mengenlehre und Trinität, in: MThZ 3 (1957), 180-188.

MIETHKE, J.: Repräsentation und Delegation in den politischen Schriften Wilhelms von Ockham, in: A. ZIMMERMANN (Hg.): Der Begriff der Repraesentatio im Mittelalter. Stellvertretung, Symbol, Zeichen, Bild. Berlin/ New York 1971, 163-185.

MITTELSTRAß, JÜRGEN: Platon, in: Klassiker der Philosophie, hg. v. O. HÖFFE, Bd. 1. München ^{2}1985, 38-62.

MÖBIUS, GERHARD: Die Christus-Frage in Goethes Leben und Werk. Osnabrück 1964.

MOLTMANN, JÜRGEN: Der gekreuzigte Gott. München 1972.

MOLTMANN, JÜRGEN: Mensch. Christliche Anthropologie in den Konflikten der Gegenwart. Stuttgart/ Berlin ^{2}1973.

MOLTMANN, JÜRGEN: Trinität und Reich Gottes. München 1980.

MOLTMANN, JÜRGEN: Der Weg Jesu Christi. Christologie in messianischen Dimensionen, München 1989.

MOLTMANN, JÜRGEN: Der Geist des Lebens. Eine ganzheitliche Pneumatologie. München 1991.

MOLTMANN, JÜRGEN: In der Geschichte des dreieinigen Gottes. Beiträge zur trinitarischen Theologie. München 1991.

MOORE, ADRIAN W.: The Infinite. London/ New York ²2001.

MOXTER, MICHAEL: Güterbegriff und Handlungstheorie. Eine Studie zur Ethik Friedrich Schleiermachers. Kampen 1992.

MOXTER, MICHAEL: Kultur als Lebenswelt. Studien zum Problem einer Kulturtheologie. Tübingen 2000.

MOXTER, MICHAEL: Subjektivität und Kontingenz. Wandlungen im Rationalitätsverständnis zwischen Kant und Schleiermacher, in: Vernunft, Kontingenz und Gott, hg. v. I.U. DALFERTH/ P. STOELLGER. Tübingen 2000, 193-212.

MÜHLENBERG, EKKEHARD: Von Augustin bis Anselm von Canterbury, in: HDThG 1 (1989) (IV. Teil, 1. Abschn.).

MÜLLER, E.F. KARL (Hg.): Die Bekenntnisschriften der reformierten Kirche (1903). Zürich 1987.

MUSIL, ROBERT: Der Mann ohne Eigenschaften. Roman, Bd. 1, hg. v. A. FRISÉ. Reinbek bei Hamburg 1996.

MYERS, GERALD E.: William James. His Life and Thought. New Haven/ London 1986.

NAGEL, THOMAS: Was bedeutet das alles? Eine ganz kurze Einführung in die Philosophie. Stuttgart 1999.

NEVILLE, ROBERT C.: God the Creator. On the Transcendence and Presence of God (1968). Albany 1992.

NEVILLE, ROBERT C.: A Metaphysical Argument for Wholly Empirical Theology, in: God Knowable and Unknowable, ed. by R.J. ROTH. New York 1973, 215-240.

NEVILLE, ROBERT C.: The Cosmology of Freedom. Albany 1974.

NEVILLE, ROBERT C.: Creativity and God. New York 1980.

NEVILLE, ROBERT C.: Reconstruction of Thinking. Albany 1981.

NEVILLE, ROBERT C.: The Tao and the Daimon. Segments of a Religious Inquiry. Albany 1982.

NEVILLE, ROBERT C.: The Puritan Smile. A Look Toward Moral Reflection, Albany 1987.

NEVILLE, ROBERT C: Recovery of the Measure. Albany 1989.

NEVILLE, ROBERT C.: A Theology Primer. Albany 1991.

NEVILLE, ROBERT C.: Behind the Masks of God. An Essay toward Comparative Theology. Albany 1991.

NEVILLE, ROBERT C.: The Highroad Around Modernism. Albany 1992.

NEVILLE, ROBERT C.: Eternity and Time's Flow. Albany 1993.

NEVILLE, ROBERT C.: Religious Studies and Theological Studies, in: JAAR 61 (1993), 185-200.

NEVILLE, ROBERT C.: Normative Cultures. Albany 1995.

NEVILLE, ROBERT C.: The Truth of Broken Symbols. Albany 1996.

NEVILLE, ROBERT C.: Symbols of Jesus. A Christology of Symbolic Engagement. Cambridge 2001.

NEVILLE, ROBERT C.: Contextualization and the Non-obvious Meaning of Religious Symbols. New Dimensions to the Problem of Truth, in: NZSTh 44 (2002), 72-88.

NEVILLE, ROBERT C.: Religion in Late Modernity. Albany 2002.

NICOLAI, FRIEDRICH: Das Leben und die Meinungen des Herrn Magister Sebaldus Nothanker (1773). Kritische Ausgabe, hg. v. B. WITTE. Stuttgart 1991.

OEHLER, KLAUS: Charles Sanders Peirce. München 1993.

OEHLER, KLAUS: Hilary Putnams Religionsphilosophie, in: Hilary Putnam und die Tradition des Pragmatismus, hg. v. M.-L. RATERS/ M. WILLASCHEK. Frankfurt a.M. 2002, 325-343.

OEHLER, KLAUS: Pragmatismus und Religion, in: Philotheos. International Journal for Philosophy and Theology 3 (2003), 14-30.

OEVERMANN, ULRICH: Eine exemplarische Fallrekonstruktion zum Typus versozialwissenschaftlichter Identitätsformation, in: Vom Ende des Individuums zur Individualität ohne Ende, hg. v. H.-G. BROSE/ B. HILDEBRAND. Opladen 1988, 243-286.

OEVERMANN, ULRICH: Genetischer Strukturalismus und das sozialwissenschaftliche Problem der Erklärung der Entstehung des Neuen, in: Jenseits der Utopie, hg. v. S. MÜLLER-DOOHM. Frankfurt a.M. 1991, 267-336.

OEVERMANN, ULRICH: Ein Modell der Struktur von Religiosität. Zugleich ein Strukturmodell von Lebenspraxis und von sozialer Zeit, in: Biographie und Religion. Zwischen Ritual und Selbstsuche, hg. v. M. WOHLRAB-SAHR. Frankfurt a.M./ New York 1995, 27-102.

ORIGENES: De principiis Libri IV/ Vier Bücher von den Prinzipien, hg. v. H. GÖRGEMANNS/ H. KARPP. Darmstadt [3]1992.

PANNENBERG, WOLFHART: Systematische Theologie, Bd. 1-3. Göttingen 1988-1993.

PAPE, HELMUT: Erfahrung und Wirklichkeit als Zeichenprozeß. Charles S. Peirces Entwurf einer Spekulativen Grammatik des Seins. Frankfurt a.M. 1989.

PAPE, HELMUT (Hg.): Kreativität und Logik. Charles S. Peirce und das philosophische Problem des Neuen. Frankfurt a.M. 1994.

PAPE, HELMUT: Peirce, Charles Sanders, I (1839-1914), in: TRE 26 (1996), 164-170.

PAPE, HELMUT: Peirce and his followers, in: Semiotik. Ein Handbuch zu den zeichentheoretischen Grundlagen von Natur und Kultur (HSK 13.2), hg. v. R. POSNER u.a., Teilbd. 2. Berlin/ New York 1998, Art. 100.

PAPE, HELMUT: Der dramatische Reichtum der konkreten Welt. Der Ursprung des Pragmatismus im Denken von Charles S. Peirce und William James. Weilerswist 2002.

PEIRCE, CHARLES S.: Collected Papers [*CP*], vol. 1-6, ed. by C. HARTSHORNE/ P. WEISS. Cambridge, Massachusetts 1931-35; vol. 7-8, ed. by A.W. BURKS, 1958.

PEIRCE, CHARLES S.: Schriften zum Pragmatismus und Pragmatizismus [*SP*], hg. v. K.-O. APEL. Frankfurt a.M. ²1976 (Neuaufl. 1991).

PEIRCE, CHARLES S.: Writings of CHARLES S. PEIRCE [*W*]. A Chronological Edition, ed. by M. FISCH/ CH. KLOESEL/ N. HOUSER, vol. 1ff. Bloomington, 1982ff.

PEIRCE, CHARLES S.: Über die Klarheit unserer Gedanken [*ÜK*]/ How to Make Our Ideas Clear, hg. v. K. OEHLER, Frankfurt a.M.³1985.

PEIRCE, CHARLES S.: Semiotische Schriften [*SS*], Bd. 1-3, hg. v. C. KLOESEL/ H. PAPE, Frankfurt a.M. 1986/ 1990/ 1993.

PEIRCE, CHARLES S.: Naturordnung und Zeichenprozeß. Schriften über Semiotik und Naturphilosophie [*NZ*], hg. v. H. PAPE. Frankfurt a.M. 1991.

PEIRCE, CHARLES S.: Vorlesungen über Pragmatismus [*VP*], hg. v. E. WALTER. Hamburg 1991.

PEIRCE, CHARLES S.: Das Denken und die Logik des Universums [*LU*]. Die Vorlesungen der Cambridge Conferences von 1898 (hg. v. K.L. KETNER, Einl. u. Komm. v. H. PUTNAM/ K.L. KETNER, 1992), übers. u. hg. v. H. PAPE. Frankfurt a.M. 2002.

PEIRCE, CHARLES S.: The Essential PEIRCE [*EP 1*]. Selected Philosophical Writings, vol. 1 (1867-1893), ed. by N. HOUSER/ C. KLOESEL. Bloomington/ Indianapolis 1992.

PEIRCE, CHARLES S.: Religionsphilosophische Schriften [*RS*], hg. v. H. DEUSER. Hamburg (1995) 2000.

PEIRCE, CHARLES S.: The Essential Peirce [*EP 2*]. Selected Philosophical Writings, vol. 2 (1893-1913), ed. by the Peirce Edition Project. Bloomington/ Indianapolis 1998.

PETER ABAELARD: Der Briefwechsel mit Heloisa, hg. v. H.-W. KRAUTZ. Stuttgart 1997.

PETER ABAELARD: Theologia Summi boni. Tractatus de unitate et trinitate divina/ Abhandlung über die göttliche Einheit und Dreieinigkeit, hg. v. U. NIGGLI. Lat.-dt. Hamburg ^{3}1997.

PETERS, ALBRECHT: Bilder, in: TRE 6 (1980), 515-568.

PETERS, ALBRECHT: Kommentar zu Luthers Katechismen, Bd. 1: Die Zehn Gebote. Göttingen 1990.

PFAFF, PETER: Goethe, in: TRE 13 (1984), 552-558.

PIERARD, RICHARD V./ LINDER, ROBERT D.: Civil Religion & the Presidency, Grand Rapids 1988.

PLATON: Werke in acht Bänden. Griech.-dt., hg. v. G. EIGLER (dt. Übers. v. F. SCHLEIERMACHER), Darmstadt 1970-1977.

POLLACK, DETLEF: Was ist Religion? Probleme der Definition, in: ZfR 3 (1995), 163-190.

POPPER, KARL R.: Vermutungen und Widerlegungen. Das Wachstum der wissenschaftlichen Erkenntnis, Teilbd. I. Tübingen 1994.

POSER, HANS/ DEUSER, HERMANN: Kontingenz, in: TRE 19 (1990), 544-559.

PREUL, REINER: Problemskizze zur Rede vom Handeln Gottes, in: MJTh I (1987), 3-11.

PUTNAM, HILARY: Realism with a Human Face, ed. by J. CONANT. Cambridge/ London 1990.

QUINE, WILLARD VAN ORMAN: Wort und Gegenstand. Stuttgart 1987.

RAHNER, KARL: Zur Theologie des Symbols, in: Schriften zur Theologie, Bd. 4. Einsiedeln 1960, 275-311.

RAHNER, KARL: Der dreifaltige Gott als transzendenter Urgrund der Heilsgeschichte, in: MySal II (1967), 317-401.

RAPOSA, MICHAEL L.: Art, Religion and Musement, in: The Journal of Aesthetics and Art Criticism 42 (1984), 427-437.

RAPOSA, MICHAEL L.: Peirce's Philosophy of Religion. Bloomington/ Indianapolis 1989.

RAPOSA, MICHAEL L.: Jonathan Edwards' Twelfth Sign, in: IPQ 33 (1993), 153-162.

RATSCHOW, CARL HEINZ (Hg.): Lutherische Dogmatik zwischen Reformation und Aufklärung, Teil II. Gütersloh 1966.

RATSCHOW, CARL HEINZ: Charisma I, in: TRE 7 (1981), 681f.

RATZINGER, JOSEPH: Der angezweifelte Wahrheitsanspruch, in: FAZ Nr. 6, 8.1.2000 (*Bilder und Zeiten*), S. If.

REINEL, MARTIN K.: 30jähriger Wanderprediger gekreuzigt und auferstanden, in: Gießener Anzeiger, 11.4.1998, S. 11.

REINHARDT, URSULA: Religion und moderne Kunst in geistiger Verwandtschaft. Robert Musils Roman „Der Mann ohne Eigenschaften" im Spiegel christlicher Mystik. Marburg 2003.

RIEDEL, MANFRED: Gemeinschaft, in: HWP 3 (1974), 239-243.

RINGLEBEN, JOACHIM: Symbol und göttliches Sein, in: God and Being/ Gott und Sein. Das Problem der Ontologie in der philosophischen Theologie Paul Tillichs. Berlin/ New York 1989, 165-181.

RITTER, ADOLF M.: Dogma und Lehre in der Alten Kirche, in: HDThG I (1989), 99-283.

ROCKEFELLER, STEVEN C.: John Dewey. Religious faith and democratic humanism. New York 1991.

ROSENAU, HARTMUT: Religionsphilosophie I, in: TRE 28 (1997), 749-761.

ROSENTHAL, SANDRA B.: Speculative Pragmatism. Lasalle 1990.

RÖTTGERS, KURT: Prozeß II, in: HWP 7 (1989), 1558-1562.

ROYCE, JOSIAH: The Philosophy of Loyalty (1908), in: The Basic Writings of Josiah Royce, vol. 1/2, ed. by J.J. MCDERMOTT. Chicago/ London 1969.

ROYCE, JOSIAH: The Problem of Christianity (1913). With a new introduction by J.E. Smith. Chicago/ London 1968.

RUEF, HANS: Augustin über Semiotik und Sprache. Sprachtheoretische Analysen zu Augustins Schrift „De Dialectica" mit einer deutschen Überset-zung, Bern 1981.

RUH, KURT: Die trinitarische Spekulation in deutscher Mystik und Scholastik, in: ZDP 72 (1953), 24-53.

RUH, KURT: Geschichte der abendländischen Mystik, Bd. 3. München 1996.

RYBKA, KNUT: Eichendorffs Italienische Reise. Textarbeit zum „Taugenichts". Frankfurt a.M. 1993.

SAMWAY, PATRICK H. (Ed.): A Thief of Peirce. The Letters of Kenneth L. Ketner and Walker Percy. Jackson 1995.

SANDERS, JOHN: The God Who Risks. A Theology of Providence. Downers Grove 1998.

SCHAPP, JAN: Freiheit, Moral und Recht. Grundzüge einer Philosophie des Rechts, Tübingen 1994.

SCHEERER, ECKART: Repräsentation I, 1f. 4, IV, in: HWP 8 (1992), 790-797. 800-812. 834-846.

SCHELLING, FRIEDRICH W.J.: Die Weltalter. Erstes Buch: Die Vergangenheit (Druck I, 1811), in: Ausgewählte Schriften, Bd. 4 (Schriften 1807-1834). Frankfurt a.M. 1985.

SCHINDLER, ALFRED: Wort und Analogie in Augustins Trinitätslehre. Tübingen 1965.

SCHINDLER, ALFRED: Augustin/ Augustinismus I, in: TRE 4 (1979), 646-698.

SCHLEIERMACHER, FRIEDRICH D.E.: Ethik (1812/13), hg. v. H.-J. BIRKNER. Hamburg 1990.

SCHLEIERMACHER, FRIEDRICH D.E.: Der christliche Glaube (1821/22), hg. v. H. PEITER, Studienausgabe Bd. 2. Berlin/ New York 1984.

SCHLEIERMACHER, FRIEDRICH D.E.: Der christliche Glaube (1830/31), hg. v. M. REDEKER. Berlin 1960.

SCHMAUS, Michael: Die psychologische Trinitätslehre des heiligen Augustinus (1927). Münster 1967.

SCHMID, HEINRICH: Die Dogmatik der evangelisch-lutherischen Kirche dargestellt und aus den Quellen belegt. Gütersloh [7]1893.

SCHMIDT, MARTIN A.: Die Zeit der Scholastik, in: HDThG 1 (1989) (IV. Teil, 2. Abschn.).

SCHOLZ, HEINRICH: Religionsphilosophie (2. Ausg. 1922). Berlin/ New York 1974.

SCHOLZ, OLIVER R.: Repräsentation III, in: HWP 8 (1992), 826-834.

SCHÖNRICH, GERHARD: Schellings Metaphysik in der Naturphilosophie von Peirce, in: AZP 16 (1991), 1-22.

SCHRÖDER, CAROLINE: Glaubenswahrnehmung und Selbsterkenntnis. Jonathan Edwards' theologia experimentalis. Göttingen 1998.

SCHULZ, HEIKO: Theorie des Glaubens. Tübingen 2001.

SCHULZ, HEIKO: Doppelte Wahrheit. Überlegungen zum Verhältnis von Theologie und Philosophie, in: Theologie und Kirchenleitung. FS P. Steinacker, hg. v. H. DEUSER/ G. LINDE/ S. RINK. Marburg 2003, 89-105.

SCHWÖBEL, CHRISTOPH (Ed.): Trinitarian Theology Today. Essays on Divine Being and Act. Edinburgh 1995.

SCHWÖBEL, CHRISTOPH: Divine Agency and Providence, in: Modern Theology 3 (1987), 225-244.

SCHWÖBEL, CHRISTOPH: The Triune God of Grace: The Doctrine of the Trinity in the Theology of the Reformers, in: The Christian Understanding of God Today, ed. by J.M. BYRNE. Dublin 1993, 49-64.

SFENDONI-MENTZOU, DEMETRA: Peirce on Continuity and Laws of Nature, in: Transactions of the Charles S. Peirce Society 33 (1997), 646-678.

SIMM, HANS-JOACHIM (Hg.): Goethe und die Religion. Aus seinen Werken, Briefen, Tagebüchern und Gesprächen. Frankfurt a.M. 2000.

SIMONIS, WALTER: Trinität und Vernunft. Untersuchungen zur Möglichkeit einer rationalen Trinitätslehre bei Anselm, Abaelard, den Viktorinern, A. Günther und J. Frohschammer. Frankfurt a.M. 1972.

SMITH, JOHN E.: Jonathan Edwards. Puritan, Preacher, Philosopher. London 1992.

SMITH, JOHN E.: Experience and God (1968). New York 1995.

SMULLYAN, RAYMOND: Ist Gott Taoist?, in: DERS.: Das Tao ist Stille. Frankfurt a.M. [2]1998, 125-159.

SOOSTEN, JOACHIM VON: Gerechtigkeit ohne Solidarität? Deontologische Ethik in der Kritik, in: ZEE 36 (1992), 61-74.

SWINBURNE, RICHARD: The Argument from Design – A Defence, in: Religious Studies (1972), zit. bei J. C. A. GASKIN, Hume's Philosophy of Religion, London/ Basingstoke 1978.

SWINBURNE, RICHARD: Die Existenz Gottes. Stuttgart 1987.

TAYLOR, CHARLES: Quellen des Selbst. Die Entstehung der neuzeitlichen Identität. Frankfurt a.M. 1996.

THEISSEN, GERD/ MERZ, ANNETTE: Der historische Jesus. Ein Lehrbuch. Göttingen ^{2}1997.

THEUNISSEN, MICHAEL: Der Andere. Studien zur Sozialontologie der Gegenwart. Berlin 1965.

THOMAS V. AQUIN: Die deutsche Thomas-Ausgabe, Summa theologiae, übersetzt und kommentiert von Dominikanern und Benediktinern Deutschlands und Österreichs, vollständige, ungekürzte dt.-lat. Ausgabe. Salzburg u.a. 1933ff.

THOMAS V. AQUIN: Summe gegen die Heiden/ Summa contra gentiles libri quattuor, hg. v. K. ALBERT/ P. ENGELHARDT. Darmstadt 1974.

THOMAS, GÜNTER: Implizite Religion. Theoriegeschichtliche und theoretische Untersuchungen zum Problem ihrer Identifikation. Würzburg 2001.

TILLICH, PAUL: Systematische Theologie. Stuttgart: Bd. I (^{3}1956); Bd. II (^{3}1958); Bd. III (1966).

TILLICH, PAUL: Main Works/ Hauptwerke, Bd. 4: Religionsphilosophische Schriften, hg. v. J. CLAYTON. Berlin 1987.

TÖNNIES, FERDINAND: Gemeinschaft und Gesellschaft. Grundbegriffe der reinen Soziologie (1887). Darmstadt 1979.

TROELTSCH, ERNST: Die Absolutheit des Christentums und die Religionsgeschichte (1902/1912), hg. v. T. RENDTORFF/ S. PAUTLER. Berlin/ New York 1998 (KGA 5).

VETTER, FERDINAND (Hg.): Die Predigten Taulers. Berlin 1910.

VETTER, MARTIN: Zeichen deuten auf Gott. Der zeichentheoretische Beitrag von Charles S. Peirce zur Theologie der Sakramente. Marburg 1999.

VETTER, MARTIN: Theologie und Semiotik (Literaturbericht). In: Zeitschrift für Semiotik 24 (2002), 111-129.

WAARDENBURG, JACQUES: Religionsphänomenologie, in: TRE 28 (1997), 731-749.

WACHSMUTH, ANDREAS B.: Stationen der religiösen Entwicklung Goethes, in: Jahrbuch des Freien Deutschen Hochstifts 1967. Tübingen, 271-316.

WAGNER, FALK: Was ist Religion? Studien zu ihrem Begriff und Thema in Geschichte und Gegenwart. Gütersloh 1986.

WALD, BERTHOLD: Substanz II, in: HWP 10 (1998), 507-521.

WATSON, S.Y.: A Problem for Realism: Our Multiple Concepts of Individual Things and the Solution of Duns Scotus, in: John Duns Scotus 1265-1965, ed. by JOHN K. RYAN/ BERNARDINE M. BONANSEA. Washington D.C. 1965, 61-82.

WEBER, DIETER: Die Geschichte Gottes und die Geschichte der Natur – eine Familienähnlichkeit? Münster 2000.

WELKER, MICHAEL: Prozeßtheologie, in: EKL[3] 3 (1992), 1363-1366.

WELKER, MICHAEL: Auferstehung, in: Glaube und Lernen 9 (1994), 39-49.

WELKER, MICHAEL: Biblical Theology and the Authority of Scripture: Theology in the Service of the Church. Essays in Honour of Thomas W. Gillespie, ed. by W.M. ALSTON, JR. Grand Rapids/ Cambridge 2000, 232-241.

WHITEHEAD, ALFRED N.: Process and Reality. An Essay in Cosmology. Corrected Edition, ed. by D.R. GRIFFITH/ D.W. SHERBURNE. New York 1978.

WILHELM VON OCKHAM: Dialogus de potestate papae et imperatoris (1328), Nachdr. der Ausg. v. 1614. Torini 1959.

WILHELM VON OCKHAM: Texte zur Theorie der Erkenntnis und der Wissenschaft. Lat.-dt., hg. v. R. IMBACH. Stuttgart 1996.

WILHELM VON OCKHAM: Summe der Logik. Aus Teil I: Über die Termini, hg. v. P. KUNZE. Hamburg 1999.

WILHELM VON OCKHAM: Texte zu Theologie und Ethik. Lat.-dt., hg. v. V. LEPPIN/ S. MÜLLER. Stuttgart 2000.

WILLIAMS, ROWAN D./ FAHLBUSCH, ERWIN: Inkarnation, in: EKL 2 (1989), 671-682.

WIMMER, REINER: Kants kritische Religionsphilosophie. Berlin/ New York 1990.

WIPPEL, JOHN F.: Essence and Existence, in: The Cambridge History of Later Medieval Philosophy, ed. by N. KRETZMANN/ A. KENNY/ J. PINBORG. Cambridge 1982, 385-410.

WITTGENSTEIN, LUDWIG: Philosophische Untersuchungen. Frankfurt a.M. 1975.

WITTGENSTEIN, LUDWIG: Vorlesungen über den religiösen Glauben, in: Vorlesungen und Gespräche über Ästhetik, Psychologie und Religion, hg. v. C. BARRET/ E. BUBSER. Göttingen [2]1971.

WÖHLER, HANS-ULRICH (Hg.): Texte zum Universalienstreit, Bd. 1: Vom Ausgang der Antike bis zur Frühscholastik. Berlin 1992.

WÖLFEL, EBERHARD: Seinsstruktur und Trinitätsproblem. Untersuchungen zur Grundlegung der natürlichen Theologie bei Johannes Duns Scotus. Münster 1965.

WÖLFEL, EBERHARD: Welt als Schöpfung. Zu den Fundamentalsätzen der christlichen Schöpfungslehre heute. München 1981.

WÖLFEL, EBERHARD: Naturwissenschaft II, in: TRE 24 (1994), 216ff.

WOLTER, ALLAN B.: The Formal Distinction, in: John Duns Scotus 1265-1965, ed. by JOHN K. RYAN/ BERNARDINE M. BONANSEA. Washington D.C. 1965, 45-60.

ZIMMERMANN, ROLF C.: Das Weltbild des jungen Goethe. Studien zur hermetischen Tradition des deutschen 18. Jahrhunderts, 1. Bd.: Elemente und Fundamente. München 1969.

Namensregister

Sachregister

Religion in Philosophy and Theology

Numerical Index:

1 *Vernunft, Kontingenz und Gott.* Konstellationen eines offenen Problems. Herausgegeben von Ingolf U. Dalferth und Philipp Stoellger. 2000. X, 422 pages.

2 *Heiko Schulz:* Theorie des Glaubens. 2001. XII, 505 pages.

3 *Lance Ashdown:* Anonymous Skeptics. Swinburne, Hick, and Alston. 2002. X, 286 pages.

4 *Ethik der Liebe.* Studien zu Kierkegaards 'Taten der Liebe'. Herausgegeben von Ingolf U. Dalferth. 2002. X, 184 pages.

5 *Gregory L. Reece:* Irony and Religious Belief. 2002. VIII, 178 pages.

6 *Schleiermachers Dialektik.* Die Liebe zum Wissen in Philosophie und Theologie. Herausgegeben von Christine Helmer, Christiane Kranich und Birgit Rehme-Iffert. 2003. IX, 324 pages.

7 *Cornelia Richter:* Die Religion in der Sprache der Kultur. Schleiermacher und Cassirer – Kulturphilosophische Symmetrien und Divergenzen. 2004. X, 325 pages.

8 *Subjektivität im Kontext.* Herausgegeben von Dietrich Korsch und Jörg Dierken. 2004. X, 240 pages.

9 *Petra Bahr:* Darstellung des Undarstellbaren. Religionstheoretische Studien zum Darstellungsbegriff bei A.G. Baumgarten und I. Kant. 2004. IX, 332 pages.

10 *Religious Apologetics – Philosophical Argumentation.* Edited by Yossef Schwartz and Volkhard Krech. 2004. X, 574 pages.

11 *Eberhard Herrmann:* Religion, Reality, and a Good Life. 2004. IX, 221 pages.

12 *Hermann Deuser:* Gottesinstinkt. Semiotische Religionstheorie und Pragmatismus. 2004. XII, 352 pages.

13 *Roderich Barth:* Absolute Wahrheit und endliches Wahrheitsbewußtsein. Das Verhältnis von logischem und theologischem Wahrheitsbegriff – Thomas von Aquin, Kant, Fichte und Frege. 2004. XI, 430 pages.

For a complete catalogue please write to the publisher
Mohr Siebeck • P.O. Box 2030 • D-72010 Tübingen/Germany
Up-to-date information on the internet at www.mohr.de